Isabelle Lévy

Écrivain, conférencière et formatrice en milieu hospitalier et en institution, Isabelle Lévy intervient sur les sujets religieux et culturels. Elle est l'auteur de nombreux guides de référence rédigés à l'attention des personnels de santé et des éducateurs sociaux, notamment *Soin, cultures et croyances* (Éditions Estem, 2008), *Pour comprendre les pratiques religieuses des juifs, des chrétiens et des musulmans* (Presses de la Renaissance, 2010) ou encore *Français et musulman : est-ce possible?* (Presses de la Renaissance, 2010).

Retrouvez l'actualité de l'auteur sur www.levyisabelle.net

POUR COMPRENDRE LES PRATIQUES RELIGIEUSES DES JUIFS, DES CHRÉTIENS ET DES MUSULMANS

ISABELLE LÉVY

POUR COMPRENDRE LES PRATIQUES RELIGIEUSES DES JUIFS, DES CHRÉTIENS ET DES MUSULMANS

Édition revue et augmentée

PRESSES DE LA RENAISSANCE

MIXTE
Papier issu de sources responsables
FSC® C003309

Pocket, une marque d'Univers Poche, est un éditeur qui s'engage pour la préservation de son environnement et qui utilise du papier fabriqué à partir de bois provenant de forêts gérées de manière responsable.

ISBN : 978-2-266-20647-1

Remerciements

Isabelle Lévy et les Presses de la Renaissance remercient chaleureusement pour leur aimable collaboration et leurs précieux conseils :

- *Michaël Dahan,*

Rabbin, ministre officiant à la synagogue de Créteil (Val-de-Marne), aumônier militaire et des hôpitaux.

- *Monseigneur André Dupleix,*

Secrétaire général adjoint de la Conférence des évêques de France (Paris).

- *Gilles Ceausescu,*

Professeur à l'Institut Saint-Serge (Paris).

- *Khalil Merroun,*

Recteur de la grande mosquée d'Évry-Courcouronnes (Essonne).

- *Martine Millet,*

Pasteur de l'Église réformée (Paris).

« Ne fais pas à l'autre ce que tu n'aimerais pas que l'on te fasse. C'est là toute la Torah, et le reste n'est que commentaire. Va et apprends »

(Talmud)[1]

« Si Dieu nous a aimés ainsi, nous devons, nous aussi, nous aimer les uns les autres. »

(1 Jean 4, 11)

« Si Dieu l'avait voulu, il aurait fait de vous tous un seul peuple ; mais il a voulu éprouver votre fidélité à observer ce qu'il vous a donné. Courez à l'envi les uns les autres vers les bonnes actions ; vous retournerez tous à Dieu ; il vous éclairera lui-même sur l'objet de vos différends. »

(Coran 5, 48)

1. Propos rapporté par le rabbin Hillel.

Introduction

« Quittez l'ignorance et vous vivrez. »
(Proverbes 9, 6)

Pourquoi un juif se couvre-t-il dans une synagogue alors qu'un chrétien se découvre dans une église ? Pourquoi juifs et musulmans ont-ils interdiction de consommer du porc et obligation de circoncire leurs enfants mâles ? Pourquoi le christianisme a-t-il préféré le baptême à la circoncision ? Pourquoi existe-t-il plusieurs Églises chrétiennes ? Pourquoi respecter le *minyan* dans le judaïsme ? Pourquoi les chrétiens se confessent-ils ? Pourquoi les musulmans jeûnent-ils pendant le mois de *Ramadan* et les juifs le jour de *Kippour* ? Pourquoi les juifs font-ils des cadeaux aux enfants à *Hanoukka* et les chrétiens le jour de Noël ? Pourquoi un chrétien dépose-t-il des fleurs et un juif une pierre sur la tombe d'un proche ? Pourquoi l'inhumation est-elle privilégiée par rapport à la crémation par la Bible et le Coran ?...

Qui sont Abraham, Moïse, Jésus, Luther, Calvin et Mohammad[1] ? Quelles différences entre Ashkénazes et Séfarades ? Qui sont les chiites et les sunnites ? Le dogme de l'Immaculée Conception confirme-t-il la virginité de Marie ? La charité et la bienfaisance sont-elles communes aux trois religions monothéistes ?…

« Comment pourrai-je comprendre
si je n'ai pas de guide[2] ? »

Comme beaucoup d'entre vous, je me suis posé toutes ces questions et bien d'autres sans savoir où trouver les réponses. Alors je suis allée à la rencontre de religieux et de fidèles du judaïsme, du christianisme et de l'islam. Pour confirmer leurs dires et parfaire mes connaissances, je me suis plongée dans la lecture de la Bible (Ancien et Nouveau Testament) et du Coran.

« Chacun appelle barbarie
ce qui n'est pas de son usage[3]. »

Pourquoi une telle démarche ? Je voulais comprendre, surtout mieux saisir le sens originel des croyances et des rites religieux, parfois entremêlés de traditions millénaires. Ils font trop souvent l'objet d'interprétations falsifiées, de préjugés, voire d'un certain mépris

1. Le Prophète est appelé Mahomet par les Occidentaux, mais, selon le recteur Khalil Merroun, « cette nomination frise le blasphème ». C'est pourquoi, d'un commun accord, nous le nommerons « Mohammad » dans cet ouvrage.

2. Actes des Apôtres 8, 31.

3. Michel de Montaigne.

de la part de ceux qui ne possèdent pas de culture religieuse.

« Heureux les artisans de paix[1]... »

Plus encore, en découvrant ce qui nous différencie et ce qui nous rapproche dans la Bible et le Coran, apprenons à mieux nous connaître, à nous comprendre et à nous aimer les uns les autres, que l'on soit juif, chrétien, musulman, athée ou agnostique, pour des lendemains de paix et de tolérance, au-delà des frontières et des croyances.

1. Matthieu 5, 9.

Liminaire

Pour en savoir plus sur le thème abordé, vous pouvez vous référer au chapitre dont le numéro figure entre crochets.

Cet ouvrage pouvant être aussi consulté par thème, le lecteur ne sera pas surpris de retrouver la reprise d'éléments de référence dans plusieurs questions.

Chapitre premier

Les croyances

1. Quelles sont les religions monothéistes ?

Judaïsme, christianisme et islam ont en commun le Dieu unique et les prophètes de l'Ancien Testament. Le cours de l'Histoire a voulu que de saints personnages viennent enrichir le message divin. Certains hommes y ont adhéré, d'autres pas.

Les juifs s'attachent uniquement aux prophètes et aux événements relatés dans l'Ancien Testament (Torah ou Pentateuque) [10].

Les chrétiens suivent l'Ancien et le Nouveau Testament [11]. Ils ont reconnu dans Jésus le Fils de Dieu. Pour les juifs, il n'était qu'un blasphémateur et ils attendent toujours le Messie [156] annoncé par les Saintes Écritures.

Les musulmans (de l'arabe *moslem*, « qui se soumet à Dieu ») concèdent leur fidélité – comme le font les juifs et les chrétiens – aux prophètes de l'Ancien Testament ; ils suivent le message du prophète Jésus, envoyé de Dieu [5] (et non du fils de Dieu à la différence des chrétiens) et considèrent Mohammad [7] comme le dernier prophète (son message n'a été repris ni par les juifs ni par les chrétiens). C'est pourquoi ils disent posséder le message divin dans son intégralité.

2. Quels sont les noms donnés à ce dieu unique par les trois religions monothéistes ?

Selon Malachie, nous avons « un seul Dieu qui nous a créés » (2, 10). Pourtant, le judaïsme, le christianisme et l'islam donnent diverses appellations au divin.

Dans l'Ancien Testament [10], Dieu révèle à Moïse son nom sacré constitué du tétragramme YHWH[1]. La tradition rabbinique refusant de prononcer, voire d'écrire[2] le nom de Dieu par respect pour sa grandeur, d'innombrables spéculations suivirent : Yahvé, Jéhovah… Les juifs leur préfèrent *Adonaï* (de l'hébreu « mon Seigneur ») ou encore *Elohim* (de l'hébreu « l'Éternel »), car Dieu est au-delà du temps. Ces noms n'ont volontairement aucun lien avec les consonnes énoncées dans le tétragramme. D'ailleurs, dans le quotidien, les juifs l'appellent volontiers *Hachem* (de l'hébreu « le Nom ») pour ne pas prononcer le nom divin en vain.

---

1. Ou YHVH (en hébreu *Shem Ha-M'forash*, « l'Ineffable Nom »).

2. Les juifs n'écrivent jamais « Dieu » en son entier, mais « D.ieu », voire simplement « D. » pour éviter qu'un document comportant l'un des noms de Dieu soit malencontreusement effacé, déchiré ou jeté.

« Moïse dit à Dieu : “J’irai donc vers les enfants d’Israël, et je leur dirai : ‘Le Dieu de vos pères m’envoie vers vous.’ Mais, s’ils me demandent quel est son nom, que leur répondrai-je ?” Dieu dit à Moïse : “Je suis celui qui suis.” Et il ajouta : “C’est ainsi que tu répondras aux enfants d’Israël : Celui qui s’appelle ‘je suis’ m’a envoyé vers vous.” Dieu dit encore à Moïse : “Tu parleras ainsi aux enfants d’Israël : ‘L’Éternel, le Dieu de vos pères, le Dieu d’Abraham, le Dieu d’Isaac et le Dieu de Jacob, m’envoie vers vous.’ Voilà mon nom pour l’éternité, voilà mon nom pour les générations futures” » (Exode 3, 13-15).

Dans le Nouveau Testament [11], Jésus demande à ses disciples d’appeler Dieu « Père[1] », comme le dévoilent des extraits de l’Évangile selon saint Matthieu :

« [...] afin que vous soyez fils de votre Père qui est dans les cieux ; car il fait lever son soleil sur les méchants et sur les bons, et il fait pleuvoir sur les justes et sur les injustes » (5, 45).
« Soyez donc parfaits, comme votre Père céleste est parfait » (5, 48).
« Gardez-vous de pratiquer votre justice devant les hommes, pour en être vus ; autrement, vous n’aurez point de récompense auprès de votre Père qui est dans les cieux » (6, 1).
« Mais quand tu pries, entre dans ta chambre, ferme ta porte et prie ton Père qui est là dans le lieu secret ;

1. « Abbé », de l’araméen *abba*, signifie « père ».

et ton Père, qui voit dans le secret, te le rendra » (6, 6).
« Voici donc comment vous devez prier : Notre Père qui es aux cieux ! Que ton nom soit sanctifié [...] » (6, 9).
« Si vous pardonnez aux hommes leurs offenses, votre Père céleste vous pardonnera aussi ; mais si vous ne pardonnez pas aux hommes, votre Père ne vous pardonnera pas non plus vos offenses [...] » (6, 14-15).

Quant à Jésus, il reçut son prénom conformément à la recommandation de l'ange Gabriel faite à Joseph :

« Le huitième jour, auquel l'enfant devait être circoncis, étant arrivé, on lui donna le nom de Jésus ["le Seigneur est le salut"], nom qu'avait indiqué l'ange avant qu'il fût conçu dans le sein de sa mère » (Luc 2, 21).
Puis celui d'Emmanuel : « Voici, la vierge sera enceinte, elle enfantera un fils, et on lui donnera le nom d'Emmanuel, ce qui signifie "Dieu avec nous" » (Matthieu 1, 23).

Selon l'islam, Dieu dispose de quatre-vingt-dix-neuf attributs différents : Allah, l'Unique, le Souverain, le Saint, la Majesté, le Créateur, le Bienfaiteur, le Très Miséricordieux, le Roi, le Saint, la Paix, le Croyant, le Vigilant, le Très Fort, le Superbe, le Créateur absolu, le Pur, le Connaisseur, l'Indulgent, le Généreux, l'Apaisant, Celui qui élève, le Clément, l'Omniprésent, le Très Patient, le Compatissant, la Lumière, le Tout-Puissant, etc.

Selon le Coran, « les plus beaux noms appartiennent à Dieu ! [...] » (7, 180). Plus encore, d'après les marabouts, « avec les quatre-vingt-dix-neuf noms de Dieu, on peut tout faire, tout obtenir, tout guérir » !

Selon un hadith[1], « Dieu possède quatre-vingt-dix neuf noms ou cent moins un ; celui qui les retiendra dans sa mémoire entrera au paradis [155] ». Aussi le musulman dispose-t-il d'un chapelet [47] de quatre-vingt-dix-neuf grains[2] pour énoncer les différents noms de Dieu. Un dernier élément (une plume, une perle de couleur, etc.) est réservé au centième nom ignoré de la plupart des hommes à l'exclusion du Prophète et des croyants pénétrés de savoir religieux.

Le commandement divin [8], « Tu n'invoqueras point le nom de l'Éternel ton Dieu à l'appui du mensonge », nous invite à ne jamais prononcer le nom de Dieu en vain, et toujours avec respect.

3. Abraham, père de tous les croyants

Abraham (à l'origine Abram), le patriarche fondateur du peuple d'Israël, est né dans la ville d'Ur (Chaldée) il y a environ trois mille cinq cents ans. Il est le fils de Térah. Il a deux frères, Nahor et Haran, et une demi-sœur, Sarah (à l'origine Saraï), qu'il épousera. Son histoire est rapportée dans la Genèse (chapitres 11 à 25).

1. Propos attribué au prophète Mohammad.
2. Si l'on possède un chapelet musulman comptant trente-trois grains, on en fait le tour par trois fois pour les réciter.

À la mort de son père, sculpteur d'idoles, Dieu lui ordonne : « Pars de ton pays, de ta famille et de la maison de ton père vers le pays que je te ferai voir. » Avec son épouse et son neveu Loth, il s'en va vers d'autres horizons. Ils s'établissent à Mambré où ils vivent avec leurs troupeaux. À Sichem, Dieu lui annonce que bientôt le pays de Canaan lui sera donné, à lui et à sa descendance qui sera « aussi nombreuse que les étoiles ». La circoncision [134] est le signe de cette Alliance. Mais la famine les contraint de quitter les lieux pour aller se réfugier en Égypte. Abraham y est rejeté pour avoir présenté Sarah comme sa sœur et non comme son épouse. Tous deux s'en retournent à Canaan, alors que Loth choisit de vivre à Sodome.

Dieu promet à Abraham un enfant mâle qui naîtra de Sarah pourtant stérile, lui rappelle que bientôt sa descendance sera maître de Canaan et lui renouvelle son pacte. Alors Abram, « le père puissant », prend le prénom d'Abraham, « le père d'une multitude de nations ». Quant à Saraï, elle devient Sarah.

En raison de leurs mœurs sexuelles débridées et de leur égoïsme à l'égard des pauvres et des étrangers, les habitants de Sodome[1], Gomorrhe, Adma et Ceboyim seront anéantis par le feu et le soufre. Par son plaidoyer, Abraham obtient de Dieu la promesse de sauver chaque ville s'Il y trouve dix hommes bons [40]. Dix justes n'étant pas dénombrés dans aucune des cités, elles seront détruites. Seul Loth, reconnu comme Juste par Dieu, sera épargné avec sa famille. Malgré l'ordre de

1. Le mot « sodomie » tire son origine du nom de la ville de Sodome.

ne pas se retourner pendant leur fuite, « sa femme regarda derrière elle et fut transformée en colonne de sel » (Genèse 19, 26).

Bientôt naîtra Isaac, fils d'Abraham et de Sarah. Entre-temps, Sarah lui avait donné pour seconde épouse sa servante Agar pour qu'il puisse avoir une descendance légitime. De cette union naîtra Ismaël.

En signe de foi, Dieu ordonne à Abraham de sacrifier son fils Isaac (pour le judaïsme et le christianisme), ou son fils Ismaël (pour les musulmans). Alors qu'il s'apprête à exécuter l'ordre divin, Dieu arrête son geste, exigeant que jamais plus on n'immole en son nom un être humain. Abraham égorgera, en lieu et place de son fils, un bélier empêtré par ses cornes dans un buisson situé à proximité.

Après la mort de Sarah, Abraham épousera Cétura, dont il aura six enfants. Il vivra à Beer Sheva jusqu'à sa mort. Abraham est enterré aux côtés de Sarah dans la grotte de Makhpelah (Hébron, Cisjordanie), appelée « le tombeau des Patriarches ».

4. Moïse et les Tables de la Loi

En terre d'Égypte, le peuple d'Israël est devenu puissant. Jaloux et inquiets de sa prospérité, les Égyptiens lui imposent un rude esclavage. Deux siècles plus tard, un jeune pharaon ordonne : « Tout fils nouveau-né, vous le jetterez dans le fleuve, et toute fille, vous la laisserez en vie » (Genèse 1, 22). Pour sauver son fils âgé de trois mois, sa mère Yokébed, de la tribu de Lévi, aidée de sa fille Myriam, cache son petit garçon[1] dans un panier qu'elle confie aux eaux du Nil. Batiya, la fille de Pharaon, le découvre. Elle le prénomme Moïse[2] (selon la Bible, « sauvé des eaux » ; en égyptien, « fils » ou « enfant ») et l'élève pendant quarante ans comme un prince. Sa mère naturelle sera sa nourrice. Moïse[3] a pour père Amram et frère aîné Aaron.

Devenu adulte et informé de ses origines hébraïques, Moïse découvre la misère de son peuple alors qu'il visite l'un des chantiers où travaillent durement les Hébreux. Il est révolté de l'atrocité de leurs gardiens. Il tue un Égyptien qui persécute une femme. Pour éviter les représailles, il s'enfuit d'Égypte et se réfugie au pays de Madian. Il y rencontre le prêtre Jéthro. Il épousera l'une de ses filles, Tsippora. Pendant ce temps, les Hébreux implorent l'Éternel de les délivrer de l'esclavage.

Un jour, alors qu'il se rend sur le mont Sinaï pour faire paître le troupeau de son beau-père, l'ange de Dieu lui apparaît au milieu d'un buisson qui ne se consume pas malgré les flammes. Une importante mission lui est confiée : « Va, je t'envoie auprès de Pharaon, fais sortir d'Égypte mon peuple, les Hébreux. » Alors Moïse retourne en Égypte pour accomplir son devoir.

Aidé de son frère Aaron, Moïse obtient une audience auprès du souverain égyptien, auquel il demande de

---

1. Né à Goshen.

2. Moshé dans le judaïsme, Moïse dans le christianisme, Mussa dans l'islam.

3. Lorsque Moïse est né, la chambre se serait remplie de lumière ; alors qu'à la naissance de Mohammad, une si puissante lumière jaillit de sa mère qu'elle éclaira le monde.

laisser partir libre le peuple juif. Pharaon refuse. Moïse transforme le bâton d'Aaron en serpent. Pharaon ne plie pas. Les persécutions contre les Hébreux s'intensifient. Moïse ne se décourage pas, intercède de nouveau auprès de Pharaon – sans succès. Aussi, par l'intermédiaire de Moïse et d'Aaron, Dieu envoie-t-il une série de fléaux sur l'Égypte : les dix plaies d'Égypte. Après chacune d'elles, Pharaon se refuse de libérer les Hébreux. À la dernière – la mort des premiers-nés mâles égyptiens –, il accepte de les laisser quitter le pays librement (son fils aîné était décédé dans la nuit) et reconnaît alors la supériorité du Dieu des juifs sur ceux de l'Égypte.

Dans leur hâte, les Hébreux emportent un pain dont la pâte n'a pas encore levé [57]. À peine se sont-ils mis en route que Pharaon se rétracte et envoie son armée à leur poursuite. Grâce à l'intervention divine, les Hébreux franchiront la mer Rouge (« la mer des Roseaux ») à pied sec, alors que la cavalerie égyptienne sera engloutie sous les flots. Pour le peuple juif débute alors une longue marche à travers le désert. Moïse les guide vers le pays de leurs ancêtres, Abraham [3] et sa descendance. Pour se nourrir, Dieu leur envoie un vol de cailles, puis de la rosée qui se transforme en manne. Pour s'abreuver, Dieu lui demande de parler au rocher pour en faire surgir de l'eau. Mais Moïse doute et frappe à deux reprises le rocher. De l'eau douce en jaillit.

Trois mois après avoir quitté l'Égypte, les Hébreux atteignent le désert du Sinaï. Moïse confie le peuple à son frère Aaron et se rend au mont Sinaï pour recevoir la Loi divine, fondement de l'Alliance entre Yahvé et son peuple. Il y séjourne quarante jours et quarante nuits, pendant lesquels il jeûne. Le dernier jour, impatients[1] d'attendre son retour, les Hébreux fabriquent un Veau d'or avec le métal fondu de leurs bijoux et le déifient. Les femmes refusent de leur remettre leurs bijoux, gardant leur confiance en Moïse. L'Éternel informe Moïse de la déification du Veau d'or et proclame l'anéantissement de son peuple. Moïse obtient sa grâce. Il redescend auprès des siens, brise les Tables de la Loi et fait exécuter les trois mille meneurs. La tribu de Lévi (celle d'Aaron et de Moïse), restée en dehors de cette dépravation, reçoit le monopole de la prêtrise, auparavant assurée par les aînés des douze tribus. Peu après, de nouveau au mont Sinaï, Dieu donne à Moïse de nouvelles tables de pierre sur lesquelles sont gravés les dix commandements [8]. Le premier monothéisme est né avec la loi de Moïse (ou loi mosaïque).

Dieu ordonne aux Hébreux la construction du Tabernacle [34], espace de rencontre entre les hommes et Lui. Aaron (grand prêtre) et ses fils (prêtres) sont chargés du service. Moïse quant à lui est chargé de transmettre à son peuple le respect de nombreuses lois divines (alimentation, impureté, etc.).

Sur l'ordre de Dieu, et secondé par les chefs des douze tribus, Moïse procède au dénombrement des israélites. Non loin de la terre de Canaan, il envoie douze hommes (un par tribu) en éclaireurs. Dix, sauf Caleb et Josué, en rapportent une représentation effroyable. Le peuple perd confiance. Pour son manque de confiance, la génération est condamnée à errer dans le désert pendant quarante ans. Korah' et ses complices organisent une révolte. Sans succès. Moïse et Aaron,

1. En fait, ils s'étaient trompés de quelques heures, comptant à tort le jour du départ de Moïse comme le premier.

qui n'ont pas su sanctifier Dieu devant leur peuple désœuvré, ne seront pas autorisés à entrer le temps venu en Terre promise.

La quarantième année, les Hébreux arrivent au terme de leur périple dans le pays de Canaan. Moïse n'a pas l'autorisation divine d'y pénétrer : alors qu'il lui avait été demandé de parler au rocher pour en faire surgir de l'eau pour que son peuple puisse assouvir sa soif, il l'avait frappé à deux reprises. Sans doute n'a-t-il pas observé strictement l'ordre divin, affecté par le récent décès de sa sœur aînée Myriam.

Avant de quitter les siens, Moïse leur livre une véritable profession de foi, le *Shema* – « Écoute Israël, l'Éternel est notre Dieu, l'Éternel est Un » (6, 4) –, leur rappelle les événements qui suivirent le don des dix commandements, complète les principales lois religieuses et civiles. Il désigne Josué comme successeur, bénit les douze tribus d'Israël avant de s'en aller, seul, à travers le désert. À 120 ans, Moïse meurt sur le mont Nébo (face à la ville de Jéricho). Mais qui donc l'a enseveli ? L'Éternel lui-même, selon un Midrash[1]. C'est pourquoi nul ne connaît le lieu exact de sa sépulture jusqu'à ce jour.

5. Jésus et la Nouvelle Alliance

Né dans des conditions de grande pauvreté à Bethléem (Judée), lors d'un voyage imposé par le recense-

1. De l'hébreu, « recherche ». Ouvrage de la littérature talmudique, il est constitué de commentaires et d'enseignements rabbiniques compilés du IVe au XIIe siècle.

ment de la population décrété par l'occupant romain, Jésus est le fils d'une jeune fille, Marie, dont la réputation est irréprochable [26]. Choisie par Dieu pour porter le Sauveur, elle est enceinte sans avoir eu de rapports sexuels avec Joseph, charpentier et descendant du roi David, que sa famille lui destine comme époux. Chacun accepte cette naissance surnaturelle. De retour à Nazareth, Jésus grandit comme les enfants de son âge. Il étudie les Saintes Écritures et suit la tradition juive.

À 30 ans, Jésus quitte sa vie paisible. Pendant trois ans, il enseigne à travers le pays une nouvelle façon d'accomplir la loi de Moïse. Son message : « Dieu est amour » (Jean 4, 8). Il se dit Fils de Dieu et affirme être celui qui renouvelle l'alliance d'Abraham en l'étendant à tous les peuples. Beaucoup voient en lui le prophète annoncé dans l'Ancien Testament.

Jésus guérit les malades, fait des miracles et enseigne par paraboles (du grec *parabolê*, « comparaisons »). Il choisit douze apôtres[1] (du grec *apostolos*, « envoyé de Dieu ») : Simon Pierre, André, Barthélemy, Jacques fils d'Alphée, Jacques le Majeur, Jean, Judas, Matthieu, Philippe, Simon, Thomas, Thaddée. D'autres disciples s'adjoindront aux apôtres – le Nouveau Testament précise soixante-dix[2] personnes. Au début, Jésus n'enseigne qu'aux juifs. Progressivement, il s'adressera aussi aux païens.

---

1. Les premiers messagers qui répandirent le message du Christ furent appelés « évangélistes ». Plus tard, on les appela « apôtres », réservant le premier terme aux rédacteurs des Évangiles : Matthieu, Marc, Luc et Jean.

2. Nombre identique à celui des nations du monde mentionné dans l'Ancien Testament.

Respectant préceptes et fêtes du judaïsme [52-57, 59], il démontre une parfaite connaissance des textes bibliques. Son attitude lui attire l'animosité : les autorités romaines le suspectent de préparer un soulèvement populaire, alors que des chefs religieux jugent ses paroles blasphématoires, car elles incitent les juifs à ignorer certains rites trop sévères des lois alimentaires [99 à 104] et du *shabbat* [9] entre autres. Jésus prêchera avec plus d'ardeur lors d'importants rassemblements de foule.

La nuit précédant son arrestation, il retrouve ses amis pour célébrer la Pâque juive [57]. Partageant ce dernier repas avec eux, il institue la première eucharistie [41] et leur demande de la réitérer avec les fidèles (la Cène). Trahi pour trente pièces d'argent par Judas, Jésus est arrêté pour s'être proclamé Fils du Seigneur et sera jugé par Ponce Pilate, procurateur de Rome en Judée. Selon la coutume, un criminel doit être amnistié pour la Pâque. Ponce Pilate demande au peuple de choisir entre Barabbas, bandit notoire, et Jésus. Barabbas est gracié, Jésus sera crucifié, supplice réservé aux esclaves et aux rebelles.

Le riche juif Joseph d'Arimathie[1], disciple de Jésus, réclame à Ponce Pilate le corps du Christ afin qu'il soit enterré avant le *shabbat* [9]. Son corps, enveloppé d'un linceul [148], est enseveli dans une sépulture taillée dans le roc. Le caveau est refermé par une lourde pierre. Le dimanche suivant, dans la matinée, des femmes doivent embaumer le corps. Marie-Madeleine arrive la première. La pierre du tombeau est déplacée, le corps a disparu et le linceul est plié. Des anges lui annoncent : « Jésus est vivant. » Elle doute. Jésus lui apparaît.

---

1. Il est fêté le 17 mars dans l'Église d'Occident, le 31 juillet dans l'Église d'Orient.

Pendant quarante jours, Jésus se manifeste plusieurs fois à ses disciples, témoignant ainsi la gloire de la vie éternelle qu'il leur avait annoncée. À la Pentecôte [59], les apôtres reçoivent l'Esprit-Saint [25]. Remplis d'un enthousiasme nouveau, ces derniers vont parcourir le monde pour annoncer la Bonne Nouvelle, comme Jésus leur a recommandé de le faire. Puis Jésus, rejoignant le Père, disparaît à leurs yeux (événement célébré à l'Ascension [70]). Les disciples se rassemblent en Église (du grec *Ecclesia*).

Dans les rues de Jérusalem, les apôtres proclament que Jésus est le Fils de Dieu et qu'il est ressuscité des morts. Par le baptême [134], ceux qui le reconnaîtront comme le Messie seront délivrés de leurs péchés, appelés à la conversion, et rentreront dans la communauté des croyants. D'abord en Palestine, puis au-delà des mers, les missionnaires apportent la bonne parole. Ils présentent Jésus comme l'accomplissement de la promesse de Dieu faite à Abraham, Isaac et Jacob.

Pour le judaïsme, Jésus ne peut être le Messie annoncé par les Écritures, « censé amener une nouvelle ère de paix, de compassion et d'amour. Or, il est évident que ce n'est pas ce qui s'est produit. Par ailleurs, pour les juifs, personne, pas même le Messie, ne peut être un Dieu ni même l'unique "Fils de Dieu". Dans la conception juive du monde, tous les êtres humains sont les "fils" et les "filles" de Dieu[1] ».

1. Ted Falcon, David Blatner, Josy Eisenberg (pour l'adaptation française), *Le Judaïsme pour les nuls*, First Éditions, 2008.

Pour l'islam, Jésus (en arabe *Issa*) est le prophète qui a précédé Mohammad. Il ne peut être le Fils de Dieu lequel, par essence immatériel, ne peut engendrer une incarnation de lui-même. À propos de sa crucifixion, le Coran sous-entend qu'un homme (Simon, sans doute) a pris la place de Jésus sur la croix. En revanche, si la maternité miraculeuse de Marie est retenue, sa qualité de « mère de Dieu » est réfutée. Quant à la Trinité [25], elle n'est pas retenue par l'islam, car elle serait assimilée à une forme de polythéisme, pratique strictement prohibée par l'islam.

6. Luther et Calvin, les pères du protestantisme

Martin Luther est né à Eisleben (Saxe) en 1483 dans une famille d'origine paysanne. Il suit ses études primaires et secondaires à Mansfeld, Magdebourg et Eisenach. En 1501, il entre à l'université d'Erfurt. Un an après, il est bachelier. En 1505, il obtient une maîtrise en vue d'étudier le droit, comme le souhaitait son père.

Pendant l'été de cette même année, il abandonne l'idée de poursuivre ses études et entre au couvent des Ermites de Saint-Augustin d'Erfurt, à la plus grande consternation de tous. Au monastère, il observe les règles imposées aux novices sans trouver la paix spirituelle. Néanmoins, il est ordonné prêtre en avril 1507.

Luther étudie la théologie pour devenir professeur dans l'une des universités allemandes où l'enseignement est alors dispensé par les moines. Il donne des cours de philosophie morale à l'université de Wittenberg (Saxe), mais revient à Erfurt en 1509 poursuivre ses études de théologie tout en assumant ses obligations d'enseignant. En 1510, il se rend à Rome (Italie), son seul voyage hors de son pays natal. Là, il juge sévèrement le clergé romain : « Je ne suis pas resté longtemps à Rome, [mais] j'y ai dit beaucoup de messes et ai assisté à beaucoup d'autres. Quand j'y repense, j'en ai le frisson. J'entendis entre autres propos grossiers des gens de la curie rire à table en se vantant de toutes les messes qu'ils avaient célébrées en disant sur le pain et le vin : pain es-tu et pain demeures-tu. […] J'étais un jeune moine pieux, et ces paroles me faisaient mal[1]. » Il revient en Allemagne (Erfurt et Wittenberg) poursuivre son doctorat en théologie, qu'il obtient en 1512. Il restera titulaire de la chaire de théologie biblique de Wittenberg jusqu'à la fin de sa vie.

Selon Luther, les chrétiens n'obtiennent pas le salut par leurs propres efforts, mais par le don de la grâce de Dieu qu'il accorde à celui qui croit en Jésus-Christ : « Comme je méditais jour et nuit sur ces paroles : "La justice de Dieu se révèle en lui, comme il est écrit : le juste vit de la foi", Dieu eut enfin pitié de moi ; je compris que la justice de Dieu, c'est celle dont vit le juste par le bienfait de Dieu, c'est-à-dire de la Foi, et que le passage signifiait : l'Évangile révèle la justice de Dieu, justice passive par laquelle le Dieu miséricordieux nous justifie par la foi. Alors je me sentis renaître, et il sembla que

1. Extrait rapporté dans *Mémoire du christianisme*, traduit de l'allemand par Jean-Pierre Bagot, éd. Larousse, 1999, p. 227.

j'entrais, à portes ouvertes, dans le paradis[1]. » Ce point de vue l'incita à rejeter de nombreux dogmes de l'Église catholique.

Plus encore, il s'oppose aux indulgences. Le 31 octobre 1517, il publie ses quatre-vingt-quinze thèses[2] par lesquelles il condamne la rémission des peines temporelles des péchés par le pape en échange d'un paiement financier. Le but premier du Vatican [23] : collecter des fonds pour poursuivre la construction de la basilique Saint-Pierre de Rome. Immédiatement traduites en allemand, ses thèses sont largement diffusées et suscitent de vives réactions. Alors que Luther défend sa position avec ardeur au cours de débats publics à l'université de Wittenberg et aux alentours, il fait l'objet d'une enquête de la curie romaine. Son enseignement est condamné par l'Église catholique le 15 juin 1520. Quelques mois plus tard, Luther est excommunié par une bulle papale (3 janvier 1521). Cet événement marque le début de violentes oppositions dans toute l'Europe entre les détracteurs et les protecteurs de Luther.

Convoqué devant l'empereur Charles Quint à la diète de Worms en avril 1521, Luther est invité à renier ses thèses. Convaincu de la justesse de ses convictions, il refuse. Condamné par le monarque, il se voit offrir l'hospitalité par le duc-électeur Frédéric de Saxe, dans son château de la Wartburg. Il y

1. *Ibid.*

2. Selon la tradition, il cloua ses thèses sur les portes de l'église du château à Wittenberg. Cet événement n'est avéré par aucun document historique.

traduit le Nouveau Testament en allemand. Ensuite, il publie plusieurs ouvrages où il ébauche sa doctrine entre 1520 et 1525[1].

En 1529, il publie son *Petit Catéchisme*, un livre où il expose sa théologie de la Réforme dans un langage volontairement accessible à tous.

En 1530, ne pouvant assister à la diète d'Augsbourg (Bavière), Luther confie la présentation de la profession de foi des Réformés à Melanchthon devant l'empereur Charles Quint. Sans surprise, la Confession d'Augsbourg est rejetée par l'Église catholique. En revanche, elle marque la naissance du protestantisme : le retour à la Loi divine, fidèle aux Évangiles.

En 1532, il publie sa traduction allemande de l'Ancien Testament pour que chacun – saint et pécheur à la fois – puisse avoir accès à la Loi des Anciens.

Désormais, son influence s'étend dans le nord et l'est de l'Europe. Son plaidoyer pour l'indépendance des gouvernants à l'égard de l'Église lui apporte le soutien de nombreux princes.

En 1537, la santé de Luther se détériore. Son combat ne faiblit pas pour autant contre la papauté et tous ceux qui s'opposent à la Réforme.

En 1546, il décède à Eisleben, le combat de sa vie accompli.

Né Jean Cauvin, **Jean Calvin** voit le jour le 10 juillet 1509 à Noyon (Picardie) d'un père notaire et conseiller juridique du diocèse de la ville et d'une mère très pieuse. Il reçoit une instruction classique à Paris aux collèges de

1. Cette même année, il épouse Katharina von Bora, ex-religieuse.

la Marche et de Montaigu. Suivant le chemin de son père et de son frère aîné, il se destine à la prêtrise. À la suite d'un différend entre l'évêque de Noyon et son père, ce dernier en décide autrement : Jean sera juriste. Au cours de ses études de droit dans les universités d'Orléans, Bourges et Paris, il découvre avec intérêt les mouvements humanistes et réformateurs (Luther, Zwingli). Il entreprend alors l'étude de la Bible en grec.

En 1531, à la mort de son père, il se sent libre d'abandonner le droit pour les lettres. Son commentaire du *De clementia* de Sénèque ne remportant aucun succès, il se tourne vers la théologie.

En 1533, à la demande de Nicolas Cop, recteur de l'université de Paris, il rédige un discours favorable aux idées de la Réforme. Les foudres de l'Église leur tombent dessus. Ils quittent Paris sans délai.

En 1534, Calvin se convertit au protestantisme, qu'il confesse en ces termes en 1577 : « Dieu [...] par sa providence secrète me fit finalement tourner bride d'un autre côté. [...] Comme ainsi soit que je fusse si obstinément adonné aux superstitions de la papauté, qu'il était bien malaisé qu'on me puisse tirer de ce bourbier si profond, par une conversion subite il dompta et rangea à docilité mon cœur, lequel, eu égard à l'âge, était par trop endurci en telles choses[1]. »

Après l'affaire des Placards – des affiches en faveur de la Réforme avaient été placardées jusque sur la porte de la chambre du roi –, François Ier déclenche les premières persécutions contre les protestants. Parce que Calvin a pris leur défense, il doit s'exiler à Bâle

1. Extrait rapporté dans *Mémoire du christianisme*, *op. cit.*, p. 247.

(Suisse). Il y rédige son ouvrage majeur, *Institution de la religion chrétienne* (1536), qui connaît un grand succès. Les premières versions latines sont sans cesse remaniées et augmentées, il publie sa version définitive en 1559. Il traduit son livre en français en 1541. Son but : réorganiser la théologie biblique sous une forme compréhensible par tous.

Peu après sa publication, Calvin s'installe à Genève auprès du réformateur Guillaume Farel, qui l'invite à réformer la vie de la cité suivant les principes évangéliques. Il rédige alors les *Ordonnances ecclésiastiques* : ce sont les débuts du calvinisme. Deux ans plus tard, en raison de leur sévérité, la communauté protestante les pousse au départ.

Calvin se réfugie à Strasbourg[1], où il prend la charge de la communauté protestante française qui a fui pour échapper aux persécutions du royaume (1538-1541). Parallèlement, il publie ses premiers commentaires de la Bible.

En 1541, à la demande des autorités de la ville, Calvin revient à Genève, qui adopte ses *Ordonnances* pour constitution. Elles établissent durablement le cadre de l'organisation des Églises presbytériennes. Néanmoins, Calvin doit faire face à une vive hostilité de Genevois opposés farouchement à ses réformes : la gloire souveraine de Dieu, la prédestination des élus, l'autorité des Écritures, etc. Un de ses plus grands opposants, l'humaniste Michel Servet, sera condamné par le conseil de Genève à être brûlé vif en 1553.

1. Il y épousera Idelette de Bure.

Calvin consacre les dernières années de sa vie à l'étude et à l'enseignement. En 1559, il fonde l'Académie de Genève (université internationale de théologie) et encourage l'usage du français dans les églises. Ses diplômés se font missionnaires de la foi réformée en Europe et même au-delà. Il meurt à Genève le 27 mai 1564, sa mission prophétique accomplie.

Les principes de Calvin « se différencient des conceptions de Luther, notamment en ce qui concerne la prédestination de la grâce. Cependant, l'Église calviniste, ou réformée, ou presbytérienne, s'accorde avec l'Église luthérienne pour n'admettre le salut que par la grâce seule, par le moyen de la foi, et ne reconnaître que deux sacrements [17], le baptême [134] et la Cène [41]. Le culte n'est rendu qu'au Dieu trinitaire [25], Père, Fils et Saint-Esprit, et la Vierge et les saints en sont exclus[1] ».

Calvin et Luther ne se sont jamais rencontrés, mais ils ont entretenu une correspondance régulière.

7. Mohammad et la Révélation

Dans la nuit où Mohammad[2] (de l'arabe « le louangé ») vint au monde (vers 570) à La Mecque (Arabie), de sa mère jaillit une si puissante lumière qu'elle éclaira le monde. Des anges l'ont assistée. Il naît circoncis, signe d'un grand destin. 'Abd al-Mottalib, grand-père de l'enfant, le porte au sanctuaire de la

1. Robert-Jacques Thibaud, *Dictionnaire des religions*, éd. Maxi-Poche, coll. « Références », 2000.

2. De son nom complet 'Abd al-Kasim Mohammad ibn 'Abd Allah.

Kaaba [38], prie Dieu et lui donne pour nourrice Halima.

À 25 ans, orphelin de père et de mère, Mohammad apprend que Khadîdja (qui en a 40) veut l'épouser[1], alors qu'elle repousse les demandes en mariage présentées par des hommes de haute noblesse. Pourquoi ? Tous ceux qui faisaient du commerce pour elle ont vendu ses marchandises au-delà des frontières et sont revenus avec une bourse bien pleine. Mohammad a été le seul à avoir eu l'excellente idée d'acheter avec la recette de nouveaux biens, qu'il a revendus à son retour. Grâce à lui, Khadîdja a perçu un double bénéfice. Par l'intermédiaire d'un serviteur, elle cherche à savoir si Mohammad a fait vœu de chasteté. Il n'en est rien : il n'a simplement pas les moyens financiers de demander une femme en mariage. Ce point n'est pas un obstacle pour la belle Khadîdja.

Évidemment, tout cela n'est pas du goût de son père, Khuwaylid, riche commanditaire de caravanes. Aussi demande-t-elle à Abou Tâlib (l'oncle de Mohammad) d'intercéder auprès de lui en sa faveur. Il obtiendra gain de cause. De leur union naîtront deux fils et quatre filles (seules les filles survivront).

Désormais, jouissant d'une fortune confortable, Mohammad se retire souvent dans une caverne du mont Hirâ, non loin de La Mecque, pour méditer. Un soir du printemps 610, l'ange Gabriel (en arabe *Djibril* ou *Jibrail*) lui transmet la parole divine : reconnaître le Dieu unique, être juste et charitable, aider

1. Il épousera quinze femmes après la mort de sa première épouse.

les pauvres et les orphelins. « Lis au nom de ton Seigneur » est le premier verset coranique. Une longue période s'écoule entre la première révélation et les suivantes. L'ange reviendra vers lui, alternant périodes de transmission et de silence. Mohammad répand le message coranique – l'islam (« soumission » en arabe) – auprès de ses compagnons, les musulmans[1]. « Je ne prétends pas disposer des réserves de Dieu ni connaître le mystère. Je ne prétends pas non plus être un ange. Je ne fais que suivre ce qui m'est révélé » (Coran 6, 50).

Si les marchands de La Mecque s'amusent des fidèles prônant l'aumône [51] et dénonçant la richesse, les autorités les suspectent de mauvaises intentions. Après le mépris vient la persécution. Mohammad se réfugie (16 juillet 622) avec ses partisans à Yathrib (aujourd'hui Médine[2], « la ville du Prophète »). C'est l'hégire (« émigration » en arabe), l'an 1 du calendrier musulman [50].

À Yathrib, Mohammad érige la première mosquée [37]. Il accède à une certaine autorité à la demande des deux tribus arabes Aws et Khajraj. En 630, La Mecque capitule. Mohammad et ses compagnons soumettent la ville à la loi du Coran [12] et en font le centre du monde musulman. Au début de l'année 632, Mohammad se rend une dernière fois de Médine à La Mecque

1. Ils furent longtemps appelés les « mahométans » par les orientalistes (Montesquieu, etc.) comme par les gouvernants (Bonaparte, etc.).

2. Selon la tradition populaire, Médine est l'endroit le plus sain de la terre : aucune épidémie n'y entrera, même l'Antéchrist. Sa poussière est un remède efficace contre la lèpre. Y sont enterrés le prophète Mohammad et ses compagnons.

pour accomplir son dernier pèlerinage, appelé le « pèlerinage de l'Adieu » [49]. Plus de trente mille pèlerins, hommes et femmes, l'accompagnent. Sur le chemin, d'autres se joignent au cortège. C'est au cours de ce pèlerinage que le Prophète prononcera son dernier sermon.

Il meurt peu après son retour à Médine d'une maladie, le 8 juin 632, sur les genoux de son épouse 'Aïcha, qui a beaucoup apporté à la tradition reprise dans la Sunna. Conformément à ses dernières volontés, il sera enterré dans sa maison. Depuis, une mosquée a été élevée au-dessus de son tombeau. Elle est considérée comme l'une des trois mosquées sacrées de l'islam. Les deux autres sont celles de La Mecque et de Jérusalem (Al-Aqsa).

Son ami Abou Bakr confirma la mort du Prophète aux musulmans par ces mots : « Que celui d'entre vous qui adorait Mohammad sache que Mohammad est mort ; quant à celui qui adorait Dieu, en vérité, Dieu est vivant, Il ne meurt jamais. »

Alors qu'il était très affaibli par la maladie, le Prophète avait désigné Abou Bakr pour diriger la prière. Naturellement, il aurait dû être désigné comme son successeur en qualité de premier calife. Mais Mohammad n'ayant pas imposé son choix à ses compagnons, ils restaient libres de leur décision à venir. Aussi, à sa mort, des divisions éclatent : selon les sunnites (90 %), la tradition issue des pratiques du Prophète doit être la ligne à suivre par tous. Pour les chiites (10 %), l'héritage de Mohammad doit être transmis par ses descendants [24].

Malgré cette scission, l'islam se répand à travers le monde.

8. Quels sont les dix commandements ?

Après la déification du Veau d'or par les Hébreux, l'Éternel proclame l'anéantissement de son peuple. Moïse brise les Tables de la Loi, redescend auprès des siens et fait exécuter les trois mille meneurs[1]. Peu après, Moïse remonte sur le mont Sinaï où il obtient la grâce divine après quarante jours de pénitence. Dieu grave[2] sur de nouvelles tables de pierre le Décalogue (« dix paroles » en grec), appelé aussi les dix commandements[3], car toute parole divine est un ordre :

1. Tu n'auras point d'autre dieu que moi.
2. Tu ne te feras point d'idole […].
3. Tu n'invoqueras point le nom de l'Éternel ton Dieu à l'appui du mensonge […].
4. Souviens-toi du jour du *shabbat* pour le sanctifier […].
5. Honore ton père et ta mère […].
6. Ne commets point d'homicide.
7. Ne commets point d'adultère.
8. Ne commets point de larcin[4].

---

1. La tribu de Lévi (celle d'Aaron et de Moïse), restée en dehors de cette dépravation, recevra le monopole de la prêtrise, auparavant assurée par les aînés des douze tribus.
2. Selon la tradition, le 10 *Tichri*, le jour du jeûne du Kippour ou Grand Pardon.
3. Il ne faut pas confondre les dix commandements avec les sept péchés capitaux de l'Église – l'orgueil, l'envie, la luxure, la colère, l'intempérance, l'avidité et la paresse – identifiés par le pape Grégoire le Grand au VIe siècle.
4. Le vol lié aux choses et aux personnes comme le kidnapping.

9. Ne rends point contre ton prochain un faux témoignage.
10. Ne convoite [...] rien de ce qui est à ton prochain.

(Exode 20, 3-17)

Les nouvelles Tables de la Loi et les débris des premières seront déposés dans l'Arche d'Alliance[1] [34], sans oublier un pot de manne et les cendres de la vache rousse[2]. Ils trouveront leur place dans le Saint des Saints du temple construit par Salomon à Jérusalem.

Si les dix commandements sont connus de chacun, beaucoup ne connaissent pas les six cent treize commandements : « La Torah [10] est une règle de vie [...]. Chaque nation a un art spécifique. Le peuple d'Israël est le lien avec le divin, la spiritualité. C'est le peuple d'élection. Depuis le don de la Torah, les autres peuples doivent respecter les sept commandements édictés au temps de Noé interdisant le blasphème, l'idolâtrie, les perversions sexuelles, le meurtre, le vol, la vivisection, et exigeant l'institution de tribunaux de justice. Ceux-là sont sous le même

1. Selon certains commentateurs rabbiniques, le livre écrit de la main de Moïse s'y trouverait aussi.

2. « L'Éternel parla à Moïse et à Aaron, et dit : "Voici ce qui est ordonné par la Loi que l'Éternel a prescrite : Parle aux enfants d'Israël, et qu'ils t'amènent une vache rousse, sans tache, sans défaut corporel, et qui n'ait point porté le joug. Vous la remettrez au sacrificateur Éléazar, qui la fera sortir du camp, et on l'égorgera devant lui. Le sacrificateur Éléazar prendra du sang de la vache avec le doigt, et il en fera sept fois l'aspersion sur le devant de la tente d'assignation. On brûlera la vache sous ses yeux [...] » (Nombres 19, 1-5).

regard de Dieu que le peuple d'Israël qui doit respecter, lui, les six cent treize commandements[1] » (rabbin Michaël Dahan).

En effet, les cinq livres constituant l'Ancien Testament renferment six cent treize préceptes décrivant précisément le mode de vie quotidien du fidèle juif. Selon le Talmud, trois cent soixante-cinq d'entre eux sont des interdits, chiffre identique au nombre de jours nécessaires à la révolution de la Terre autour du Soleil, comme si leur importance numérique empêchait l'homme de quitter le chemin à suivre. Quant aux deux cent quarante-huit autres prescriptions positives, leur nombre est étonnamment identique aux éléments du corps humain, tous essentiels à la vie.

« La Kabbale explique ces chiffres si précis. L'homme possède deux cent quarante-huit organes et trois cent soixante-cinq vaisseaux et nerfs. Chaque organe de l'homme est donc en relation avec un commandement. La pratique exemplaire de tous les commandements, véritables correspondances entre la Loi et la vie, rendrait l'homme invulnérable. Vous remarquez que 365 correspond également au nombre de jours de l'année solaire. Comme si chaque jour avait son propre défi à relever ! [...] La Tradition nous dit dans le *Traité des Pères* : "Ne pèse pas les commandements, ne choisis pas un commandement plutôt qu'un autre, parce que tu ne sais pas quel est le salaire ou la sanction afférente à chacun." Aucun article de la Loi n'est donc plus fort ou important

1. Cité *in* Isabelle Lévy, *Vivre en couple mixte. Quand les religions s'emmêlent...*, Presses de la Renaissance, 2007.

qu'un autre. Et chacun contribue à l'équilibre du monde, comme nous l'avons vu pour le nombre des commandements qui correspondent exactement à l'équilibre de notre corps et du temps[1]. »

9. Pourquoi des jours hebdomadaires de spiritualité différents selon les trois religions ?

Le samedi, jour du shabbat *dans le judaïsme*

Le *shabbat* (de l'hébreu, « cesser un travail », « chômer ») est fixé au samedi[2] en souvenir de l'apogée de la création du monde :

« Souviens-toi du jour du *shabbat* pour le sanctifier. Durant six jours tu travailleras, et tu t'occuperas de toutes tes affaires ; mais le septième jour est la trêve de l'Éternel ton Dieu : tu n'y feras aucun travail, toi, ton fils, ni ta fille, ton esclave mâle ou femelle, ton bétail, ni l'étranger qui est dans tes murs. Car en six jours l'Éternel a fait le ciel, la terre, la mer et tout ce qu'ils renferment, et il s'est reposé le septième jour ; c'est pourquoi l'Éternel a béni le jour du *shabbat* et l'a sanctifié » (Exode 20, 8-11).

1. Rabbin Haïm Korsia, *La Kabbale pour débutants*, éd. Trajectoire, 2009.
2. Septième jour de la semaine et non le sixième, la semaine débutant le dimanche et non le lundi.

Il débute le vendredi soir, vingt minutes avant le coucher du soleil, pour se finir le samedi à la tombée de la nuit, dès l'apparition des trois premières étoiles[1].

Selon le Talmud, pendant ce jour de joie, de recueillement, de ressourcement et de régénération morale, trente-neuf travaux sont prohibés. La Loi orale cite l'interdiction de labourer, semer, récolter, moudre, cuire, etc. Quant à la Bible, elle cite expressément celle relative au feu[2] : « Vous n'allumerez pas de feu dans toutes vos habitations le jour du *shabbat.* » En s'abstenant de tout travail (y compris à son domicile) et en se refusant de voyager, le juif concède qu'il jouit des richesses et des beautés du monde grâce à la bienveillance de son Créateur. Ce jour est consacré à la prière, à l'étude de la Torah [10], au repos et aux retrouvailles en famille et entre amis.

Sa célébration commence le vendredi à la synagogue [33] et se poursuit dans les foyers où les membres en habit de fête se retrouvent autour d'une belle table. Avant le repas, le chef de famille chante avec les siens : « Paix sur vous, anges de paix... », puis un hymne en l'honneur de la femme juive chargée de la tenue du foyer. Le lavage rituel des mains est précédé du *Kiddouch*[3], bénédiction sur une coupe

1. Le calendrier hébraïque précise les horaires de début et de fin.
2. Les rabbins ont associé à cette interdiction tous les appareils fonctionnant à l'électricité (téléphone, radio, télévision, ascenseur, etc.) comme l'éclairage.
3. « Béni sois-Tu, Éternel notre Dieu, Roi de l'Univers, qui crées le fruit de la vigne. »

de vin. Il est suivi du *Motsi*[1], prière effectuée par le père de famille sur deux *'Halloth* (de l'hébreu « pains tressés ») en souvenir de la double portion de manne tombée dans le désert, le vendredi, pour nourrir les Hébreux pendant deux jours consécutifs. Lors de l'exode, chaque jour le peuple d'Israël récoltait la manne. Le vendredi, il en cueillait une double ration (une pour le vendredi, l'autre pour le samedi) afin de ne pas enfreindre les lois de ce jour (interdiction de travailler, de transporter quelque chose du domaine public dans le domaine privé...).

Non loin de la table se consument les lumières shabbatiques allumées avant le départ vers la synagogue par la maîtresse de maison. Leur nombre est de deux selon l'usage. Après le repas, les convives entonnent des *Zemiroth* et le *Birkath-Hamazone,* auxquels succédera l'histoire de la *sidrah*[2] de la semaine racontée par le père ou un membre de la famille. Le lendemain samedi, ils retourneront à la synagogue pour assister aux différents offices.

Pendant le *shabbat*, les pratiquants n'utilisent ni voiture, ni téléphone, ni électricité, ni ascenseur, etc. Ces

1. « Béni sois-Tu, Éternel notre Dieu, Roi de l'Univers, qui fais sortir le pain de la terre. » En parallèle, voici le bénédicité catholique au début des repas : « Bénissez-nous, Seigneur, bénissez ce repas, ceux qui l'ont préparé, et procurez du pain à ceux qui n'en ont pas... »

2. La Torah a été divisée en cinquante-quatre sections (en hébreu, au pluriel, *sidroth*) correspondant au nombre des *shabbats* de l'année la plus longue. Chaque samedi, on lit à la synagogue la *sidrah* de la semaine. Parfois, les nécessités du calendrier obligent à réunir deux *sidroth* pour la lecture d'un même samedi. En famille, on en fait le commentaire.

règles peuvent être transgressées dès qu'une vie est en danger, mais jamais lors d'un décès[1] : « Un nouveau-né : pour lui, on peut profaner le *shabbat*. En revanche, le roi David meurt : on ne peut, en cette occasion, profaner le *shabbat* » (*Shabbat* 151 a).

Le dimanche, jour du Seigneur dans le christianisme

Les Actes des Apôtres rapportent que les membres des premières communautés chrétiennes avaient l'habitude de se réunir le dimanche, le jour de la résurrection du Christ, pour aller à la rencontre de Jésus vivant et ressuscité.

Au IVe siècle, saint Basile le Grand voyait dans le dimanche à la fois le premier jour – création de la lumière du monde – et le huitième jour de la semaine – anniversaire de la création et des Pâques [58] –, le jour où la lumière de la résurrection a inondé l'univers –, l'origine et la fin. Plus simplement, les chrétiens ont adopté le dimanche, jour où Jésus est ressuscité des morts. Aussi est-il communément appelé « le jour du Seigneur » (du latin, *dies Domini* ; en français, le dimanche).

Le dimanche[2] matin – conformément aux Actes des Apôtres : « Le premier jour de la semaine, nous

1. C'est pourquoi les proches de Jésus s'étaient donné rendez-vous le dimanche matin pour effectuer sa toilette funéraire, et non le samedi. Ils ont découvert le sépulcre vide : Jésus est ressuscité. Cela explique pourquoi la messe est célébrée principalement ce jour et le matin.

2. En France, à la fin du XIXe siècle, le dimanche devint le jour de repos hebdomadaire par obligation légale.

étions réunis pour rompre le pain » (20, 7) –, les chrétiens se retrouvent dans l'enceinte des églises pour lire des extraits de la Bible (Ancien et Nouveau Testament) et entendre les commentaires du prêtre (sermon[1] ou homélie[2]), prier en silence, entonner des chants, écouter la louange de Dieu. D'ailleurs, il est appelé « le jour du Seigneur » dans l'Apocalypse (1, 7).

« L'Église catholique professe que la messe n'est pas simplement la répétition de la Cène où Jésus prit du vin et du pain et dit ces paroles : "Ceci est mon Corps, ceci est mon Sang" (Matthieu 26, 26-29). Plus que la représentation symbolique d'un rituel antique, la messe combine à la fois le passé, le présent et le futur.

« Passé : les paroles prononcées sont exactement et fidèlement celles que Jésus a dites lors de la Cène avec les apôtres, le soir du jeudi saint[3].

« Présent : la messe apporte grâce, nourriture et enseignement au peuple présent.

« Futur : la messe est une préfiguration du banquet céleste qui attend les hommes au ciel. Jésus a souvent parlé d'un banquet ou de noces célestes où les convives

---

1. Commentaire sur la parole de Dieu avec un enseignement de type moral ou doctrinal.

2. Commentaire des textes des Écritures lus pendant la messe par un membre du clergé (diacre, prêtre, évêque) après la lecture des Évangiles.

3. Dans les pays anglophones, il est appelé « jeudi du lavement des pieds » en mémoire du geste d'humilité de Jésus lors de son dernier repas avec les apôtres. Il est d'ailleurs reproduit dans chaque église ce même jour par le prêtre.

seront rassasiés, pour l'éternité, même après la fin du monde[1]. »

Le dimanche et les jours de fête, l'homélie est suivie du Credo, véritable profession de foi : « Je crois en un seul Dieu, le Père tout-puissant, créateur du ciel et de la terre, de l'univers visible et invisible. Je crois en un seul Seigneur, Jésus-Christ, le Fils unique de Dieu, né du Père avant tous les siècles : Il est Dieu, né de Dieu, lumière, né de la lumière, vrai Dieu, né du vrai Dieu, engendré non pas créé, de même nature que le Père ; et par lui tout a été fait [...]. »

Vient alors la communion au corps et au sang du Christ au pied de l'autel[2], l'eucharistie [41] : « Prenez et mangez, ceci est mon corps [...] prenez et buvez, ceci est mon sang, versé pour vous en signe d'alliance [...] » (Matthieu 26, 26-28). Jésus est alors « au milieu d'eux ». Ainsi la messe commémore essentiellement le dernier repas de Jésus avec les apôtres la veille de sa Passion [69] et de sa mort sur la Croix [14].

Les familles se retrouvent ensuite autour d'un déjeuner de fête et de convivialité. « La grand-messe donne faim, surtout si l'on communie, ce qui suppose d'être à

---

1. John Trigilio (père), Kenneth Brighenti (père), Pierre Lartigue (père ; pour l'adaptation française), *Le Catholicisme pour les nuls*, First Éditions, 2006.

2. L'autel rappelle la table autour de laquelle Jésus et les apôtres étaient assis lors de la première eucharistie. Il est toujours recouvert d'une nappe en rappel du repas de fête qui était alors célébré : la Pâque juive. D'ailleurs, la tradition juive exige qu'une nappe recouvre la table ce jour-là.

jeun depuis minuit[1]. Le repas dominical est donc le complément naturel et nécessaire de la cérémonie religieuse[2]. »

Conformément aux paroles du pape Jean-Paul II[3], les catholiques doivent ce jour-là, autant que faire se peut, s'abstenir de travaux et activités non nécessaires et assister à la messe[4].

Notons que depuis les réformes instaurées par le concile Vatican II, la messe du dimanche peut être célébrée le samedi soir. Cette pratique est en harmonie avec celle des premiers chrétiens qui comptaient les jours d'un coucher du soleil à l'autre, comme les juifs d'alors et d'aujourd'hui.

Le vendredi, jour de la grande prière pour l'islam

Le vendredi (en arabe *yum al-jumaa*, « jour du rassemblement »), sixième jour de la semaine et dernier jour de la création du monde, n'est pas réellement un jour de repos hebdomadaire pour les musulmans, même si de nombreux pays l'ont adopté comme tel. « Dieu n'a pas eu besoin de se reposer après avoir créé le monde », affirment-ils. C'est le jour consacré, instauré par le prophète Mohammad, où chacun doit se rendre obligatoirement (principalement les hommes, sauf en cas de maladie ou de raisons sérieuses, par exemple un voyage) à la mosquée pour la grande prière publique de

1. Depuis le concile de Vatican II, une heure de jeûne avant la communion est demandée (exception faite pour les malades).

2. François Lebrette et François Guénet, *Fêtes et célébrations religieuses d'antan*, Presses de la Renaissance, 2008.

3. Cf. son article *Dies Domini*, « Le jour du Seigneur ».

4. Code de droit canonique, 1247.

midi. Comme toutes les prières, elle est précédée par l'appel du *muezzin* constitué de phrases mélodiques d'une grande intensité entrecoupées de longs silences [43].

Dans les mosquées [37], avant la grande prière du vendredi, un extrait du Coran est lu, suivi d'un enseignement coranique prononcé par l'imam depuis le *minbar*[1]. Pendant sa prise de parole, l'imam fait le bilan des événements de la semaine : il encourage chacun à continuer à améliorer sa bonne conduite, il rappelle à l'ordre ceux qui sont sortis du droit chemin, afin que personne ne quitte la voie tracée par le Coran et la Sunna. Suit la prière. L'obéissance à Dieu et la reconnaissance de sa grandeur sont exprimées par les paroles et les prosternations répétées.

L'office est suivi d'une réunion festive amicale ou/et familiale. Ensuite, chacun peut remplir ses obligations professionnelles ou familiales habituelles. Aucun interdit n'est édicté.

10. Qu'est-ce que la Torah ?

La Bible est la base du judaïsme (du nom d'une des douze tribus d'Israël, *Juda*), avant de devenir celle des religions chrétienne et islamique. Elle se divise en trois parties : le Pentateuque ou la Torah, appelé « Ancien Testament » par les non-juifs (5 livres), écrit par Moïse sous la dictée de Dieu ; les livres des Prophètes (8 livres) et les Hagiographes (12 livres), par leurs auteurs respectifs. Tous ont

1. Chaire toujours placée à la droite du *mihrab*, niche indiquant la direction de la prière, vers La Mecque.

rédigé leurs ouvrages sous l'inspiration divine. Leur ensemble constitue la Torah écrite. S'y ajoute la Torah orale[1] (Talmud[2], Mishna[3], etc.), constituée des enseignements et des commentaires de la Torah écrite transmis de maîtres à élèves au fil des générations conformément au verset : « Tu les inculqueras à tes enfants et tu t'en entretiendras soit dans ta maison, soit en voyage, en te couchant et en te levant » (Deutéronome 6, 7). Cette compilation de plusieurs milliers de pages, élaborée par les écoles de Babylone et de Jérusalem pendant environ sept cents ans, s'est transmise de sages en prophètes et a permis d'éviter l'oubli de ce savoir prodigieux en tous domaines : lois civiles et pénales, célébration des fêtes [52-57], la loi de pureté familiale [83], etc.

Le Pentateuque ou la Torah désigne les cinq premiers livres de la Bible : la Genèse, l'Exode, le Lévitique, les Nombres et le Deutéronome. Inspiré par Dieu à Moïse sur le mont Sinaï, il contient six cent treize préceptes décrivant précisément le mode de vie quotidien et le devenir de tout fidèle. Selon le Talmud, trois cent soixante-cinq

1. Selon la tradition, Moïse a reçu par le Divin les Tables de la Loi (soit les dix commandements) ainsi que la Torah écrite et orale sur le mont Sinaï. La seconde fois, après qu'il a gravé les secondes Tables, l'Éternel lui rappelle toutes les lois écrites et orales à observer par le peuple hébreu. Ces lois ont été transmises par Moïse à Josué, de Josué aux Anciens, des Anciens aux prophètes, des prophètes aux fidèles.

2. De l'hébreu « étude », le Talmud est la compilation de la Mishna (pratique de la loi juive) et de la Gemara (commentaires de rabbins érudits à propos des divers enseignements de la Mishna).

3. De l'hébreu « répétition de la doctrine », la Mishna aborde le côté pratique des différentes lois liées aux prières, au *shabbat*, aux fêtes, à la famille, aux prescriptions alimentaires et de pureté, etc.

d'entre eux sont des interdits, chiffre identique au nombre de jours nécessaires à la révolution de la Terre autour du Soleil, comme si leur importance numérique empêchait l'homme de quitter le chemin à suivre. Quant aux deux cent quarante-huit autres prescriptions, leur nombre est étonnamment identique aux éléments du corps humain, tous essentiels à l'existence.

La Genèse (« création » en grec) : au commencement, Dieu créa[1] le ciel, la terre, les eaux, les végétaux, la lumière[2], les animaux. Au sixième jour, le premier homme, Adam (en hébreu « la terre »), à partir de la terre[3]. Dieu créa la femme à partir d'une

---

1. Beaucoup se demandent comment le Divin aurait pu créer l'univers en six jours, d'autres comment les religieux peuvent ignorer la préhistoire. Selon la Kabbale, Dieu a « fait et défait des mondes » de manière à parfaire son œuvre. Quant à la notion de jour, le rabbin

2. Selon la tradition juive, le Soleil fut créé au début de la nuit du quatrième jour du mois de *nissan*, jour de l'équinoxe du printemps (Genèse 14-19). Aussi, les juifs louent le Créateur chaque fois que le Soleil passe par cette même position, soit tous les vingt-huit ans : les mercredis 8 avril 1981, 2009, 2037… Chacun sait aujourd'hui qu'un décalage de dix-huit jours persiste. « Selon la pensée juive, le Temps est fait pour l'Homme et non l'inverse. Il importe peu à Dieu que nous prononcions cette bénédiction précisément à l'instant astronomique de l'équinoxe, car les astres et leurs mouvements ne furent créés que pour nous être utiles » (Yehoshoua et Gabriel Lévy, « Bénir le soleil », *Éden 94*, n° 5, avril-mai 2009).

3. Selon un Midrash, Adam a été créé à partir de la terre provenant de tous les pays du monde afin que l'homme se sente partout chez lui et de nulle part. Plus encore, comme Ève est née d'Adam, tous les hommes et les femmes descendent eux aussi du même homme. Peu importent nos origines, nous sommes tous égaux sous le regard du Divin.

côte d'Adam. Il la prénomma Ève. Tous deux vivaient dans le jardin d'Éden. Ils étaient nus, ils n'en avaient aucunement honte. Poussés par le serpent, Ève puis Adam mangèrent un fruit de l'arbre défendu[1]... et découvrirent leur nudité [81]. Parce qu'ils ont désobéi à Dieu, ils sont expulsés du paradis [155]. Leur descendance n'est pas pour autant condamnée à l'imperfection.

Après eux, les hommes se multiplièrent. Actes et pensées leur sont dictés par le Mal. Dieu dit : « Je vais les détruire avec la terre » (6, 13). Avec l'autorisation divine, Noé construisit une arche (6, 14-22). En déclenchant un déluge de quarante[2] jours, Dieu extermina tous les êtres vivants de la surface de la Terre. Seuls Noé, sa famille et les animaux embarqués échappèrent au châtiment divin. La fin du déluge fut annoncée par une colombe[3] rapportant de la côte un rameau d'olivier[4]. Les trois fils de Noé – Sem, Cham et Japhet – engendrèrent soixante-dix descendants[5]. Dieu les dispersa « sur toute la surface de la terre », avant de confondre leurs langues[6] alors

1. Le texte de la Genèse ne précise aucunement la nature du fruit consommé. La tradition de la pomme provient d'une erreur de traduction entre les mots latins *malum*, « pomme », et *malus*, « mal ».

2. Le nombre quarante symbolise l'attente dans l'épreuve : les quarante jours du déluge, les quarante ans pendant lesquels le peuple hébreu a erré dans le désert du Sinaï, les quarante ans de règne du roi David, etc.

3. Dans le Nouveau Testament, la colombe représente le Saint-Esprit.

4. Cet arbre est devenu le symbole de la paix.

5. Selon la tradition juive, soixante-dix est le nombre de nations disséminées sur la terre.

6. D'où la multiplicité des langues utilisées dans le monde.

qu'ils construisaient la tour de Babel par laquelle ils voulaient atteindre le ciel.

Polygames [120], les Hébreux vivent d'élevage et d'agriculture. L'Éternel leur demande de croire en Lui, Dieu unique, et de rejeter les idoles. Abraham [3], berger de Mésopotamie, reçoit l'ordre divin de quitter la ville d'Ur avec les siens pour s'établir au pays de Canaan. Dieu lui promet une descendance aussi nombreuse que les étoiles dans le ciel et lui ordonne de sacrifier son fils Isaac en signe de foi. Alors qu'Abraham s'apprête à exécuter l'ordre divin, Dieu arrête son geste, exigeant que jamais plus on n'immole en son nom un être humain. Abraham égorgera, en lieu et place de son fils, un bélier empêtré par ses cornes dans un buisson situé à proximité [134].

Les civilisations de Sodome, Gomorrhe, Adma et Ceboyim seront bientôt anéanties par le feu en raison de leurs mœurs sexuelles débridées et de leur égoïsme à l'égard des pauvres et des étrangers. Par son plaidoyer, Abraham obtient de Dieu la promesse de sauver chaque ville s'Il y trouve dix hommes bons [40]. Dix justes n'étant pas dénombrés dans aucune des cités, ces dernières seront détruites. Seul Loth, reconnu juste par Dieu, sera épargné avec sa famille. Malgré l'ordre de ne pas se retourner pendant leur fuite, « sa femme regarda derrière elle et fut transformée en colonne de sel » (Genèse 19, 26).

Chassée par la famine, la famille d'Isaac s'établit en Égypte où elle prospère. Dans la nuit précédant sa rencontre avec Ésaü, Jacob[1] lutte avec courage contre ce qu'il croit être un homme. C'est un ange envoyé par le Seigneur. Dieu donne à Jacob, vainqueur du combat, le

1. Ésaü et Jacob sont les fils d'Isaac.

nom d'« Israël[1] » car, dit-Il : « Tu as été fort comme un Dieu. » Ses douze fils, symboles des douze tribus d'Israël, sont appelés *Beneï Israël* (en hébreu, « enfants d'Israël »). Lorsque Jacob, puis son fils Joseph (vice-roi d'Égypte) décéderont, ils demanderont à être inhumés en Terre sainte lorsque leurs descendants en prendront possession[2]. Au fil des siècles suivants, les Hébreux entretiendront de bonnes relations avec l'Égypte.

L'Exode : le peuple d'Israël est devenu puissant. Jaloux et inquiets de sa prospérité, les Égyptiens lui imposent un rude esclavage. Deux siècles plus tard, un jeune pharaon ordonne : « Tout fils, nouveau-né, vous le jetterez dans le fleuve, et toute fille, vous la laisserez en vie » (1, 22). Aidée de sa fille Myriam, une juive de la tribu de Lévi cache son garçon dans un panier qu'elle confie au Nil. La fille du pharaon le découvre et le prénomme Moïse (« *Sauvé des eaux* »). Elle l'élève pendant quarante ans comme un prince. Sa mère naturelle sera sa nourrice.

Après que le peuple l'a imploré de le délivrer de l'esclavage, Dieu, par l'intermédiaire de Moïse et d'Aaron[3], envoie dix plaies sur l'Égypte avant que le pharaon n'accepte de les laisser partir. À la suite de la dernière plaie (la mort des premiers-nés mâles[4] égyptiens), il les autorise enfin à quitter le pays. À peine se sont-ils mis en

1. La première racine de ce mot évoque l'idée de domination ; la seconde, que Dieu est l'horloger de l'Univers.

2. D'où le désir de nombreux juifs d'être enterrés en terre d'Israël.

3. Frère aîné de Moïse.

4. Humains et animaux.

route que Pharaon se rétracte et envoie son armée à leur poursuite. Grâce à l'intervention divine, les Hébreux[1] franchiront la mer Rouge à pied sec alors que la cavalerie égyptienne sera immergée sous les flots. Pour le peuple juif débute alors une longue marche à travers le désert.

Peu après, Dieu se révèle au peuple tout entier. Moïse reçoit les dix commandements sur le mont Sinaï où il séjourne quarante jours et quarante nuits. Dans l'attente de son retour, les Hébreux, peuple élu par Dieu, fabriquent un Veau d'or avec le métal fondu de leurs bijoux et le déifient. L'Éternel en informe Moïse et proclame l'anéantissement de son peuple. Moïse obtient sa grâce. Il redescend auprès des siens, brise les Tables de la Loi et fait exécuter les trois mille meneurs. La tribu de Lévi (celle d'Aaron et de Moïse), restée en dehors de cette dépravation, reçoit le monopole de la prêtrise, auparavant assurée par les aînés des douze tribus. Peu après, de nouveau au mont Sinaï, Dieu donne à Moïse de nouvelles tables de pierre sur lesquelles est gravé le Décalogue (ou les dix commandements [8]).

Dieu leur ordonne la construction du Tabernacle, espace de rencontre entre les hommes et Lui.

---

1. Pourquoi les Hébreux furent-ils le peuple élu de Dieu ? « Ce n'est pas parce que vous étiez les plus nombreux de tous les peuples que Dieu s'est épris de vous et vous a choisis, car vous êtes le moindre de tous les peuples. Mais parce que Dieu vous a aimés » (Deutéronome 7, 7-8). Cette préférence comporte plus de responsabilités que de privilèges. En effet, Dieu leur dit : « Vous garderez mes commandements et les mettrez en pratique : c'est ce qui vous rendra sages et intelligents aux yeux des peuples qui entendront toutes ces lois » (Deutéronome 4, 6). Ailleurs : « Je t'ai destiné à être la lumière des nations afin que mon salut parvienne jusqu'à l'extrémité de la terre » (Ésaïe 49, 6).

Le Lévitique : Aaron (grand prêtre) et ses fils (prêtres) sont chargés du service du Tabernacle. Chaque jour, ils présentent sur l'autel des animaux offerts en sacrifice à Dieu par les Hébreux.

Dieu met en garde le peuple contre certains interdits alimentaires [99 à 104] et l'impureté sous ses diverses formes. Il proclame la loi d'amour du prochain et charge Moïse de transmettre à son peuple l'obligation de célébrer annuellement de nombreuses fêtes [52 à 57, 59] et de laisser la terre reposer tous les sept ans.

Les Nombres : sur l'ordre de Dieu et secondé par les chefs des douze tribus, Moïse procède au dénombrement des Hébreux. Non loin de la terre de Canaan, il envoie douze hommes (un par tribu) en éclaireurs. Dix, sauf Caleb et Josué, en rapportent une représentation effroyable. Le peuple perd confiance. Pour son manque de confiance, la génération est condamnée à errer dans le désert pendant quarante ans. Korah' et ses complices organisent une révolte. Sans succès. Moïse et Aaron, qui n'ont pas su sanctifier Dieu devant leur peuple désœuvré, ne seront pas autorisés à entrer quand le temps sera venu en Terre promise.

Dans le désert, un nuage guide les Hébreux le jour, une colonne de feu les protège la nuit. Lorsqu'ils s'arrêtent, ils s'installent autour du Tabernacle. Ils s'alimentent de la manne, nourriture céleste. La dernière année de leur traversée, ils remportent leur première victoire face aux guerriers des pays d'Emori et de Bachan (rive est du Jourdain). Inquiets, les Moabites cherchent à se débarrasser de leurs nouveaux voisins. Ils chargent Bileam, prophète païen, de les maudire ; seules des bénédictions sortiront de sa bouche. Après un rude combat contre les Moabites, le peuple d'Israël atteint le Jourdain, face à Jéricho.

Le Deutéronome : la quarantième année, les Hébreux arrivent au terme de leur périple. Avant de quitter son peuple, Moïse lui livre une véritable profession de foi, le *Shema* – « Écoute Israël, l'Éternel est notre Dieu, l'Éternel est Un » (6, 4) –, lui remémore les événements qui suivirent le don des dix commandements, complète les principales lois religieuses et civiles. Moïse nomme Josué comme son successeur, bénit les douze tribus d'Israël avant de s'en aller, seul, à travers le désert. À 120 ans, il décédera sur le mont Nébo.

Les livres des Prophètes, de Josué, des Juges, de Samuel et des Rois relatent l'Histoire du peuple juif, de son arrivée en terre de Canaan jusqu'à la première destruction du Temple de Jérusalem.

Ceux d'Ésaïe, Jérémie, Ézéchiel, Osée, Joël, Amos, Obadia, Jonas, Michée, Nahum, Habacuc, Cephonia, Haggaï, Zacharie et Malachie rapportent des récits historiques, les paroles de quinze prophètes contemporains des derniers rois d'Israël et de Juda et leurs propos sur la captivité des Hébreux à Babylone.

Les Hagiographes (du grec *hagios*, « saint » ; *graphos*, « ce qui est écrit ») sont composés de douze livres :

Le livre des Psaumes : soixante-quatorze psaumes sont attribués au roi David, douze à son fils Salomon, un à Moïse, dix à divers auteurs, plusieurs à des anonymes. Certaines louanges acclament Dieu ; dans d'autres, des pénitents recherchent la délivrance. Plusieurs sont des chants de foi, des méditations ou des enseignements.

Le livre des Proverbes rassemble des maximes fustigeant le vice et ses conséquences néfastes. Selon les traditions, celles-ci sont attribuées au roi Salomon ou à de sages enseignants.

Cet ouvrage se conclut par un poème, portrait de la femme idéale. Chaque vers débute par une des vingt-deux lettres de l'alphabet hébraïque.

Le livre de Job : Dieu interroge Satan sur la piété et l'intégrité de Job, homme pieux, riche et père d'une grande famille. Satan affirme que celui-ci maudira Dieu s'il perd ses biens. Ils décident de mettre Job à l'épreuve en lui enlevant ses propriétés et ses fils, tout en l'affligeant de furoncles. Job refuse cependant de maudire Dieu. Trois de ses amis lui rappellent ses mauvaises actions, Job clame son innocence et poursuit sa quête de l'origine de ses tourments. Dieu humilie Job en le défiant d'expliquer la création de l'univers et son ordonnancement et le réprimande pour ses questions à son propos. Job s'en repent. Dieu gronde ses trois amis parce qu'ils n'ont pas « parlé de moi avec droiture comme l'a fait mon serviteur Job » (42, 7). En récompense, Il offre à Job le double de ses biens, sept fils et trois filles. Job vivra une vieillesse [144] heureuse.

Le Cantique des Cantiques est un recueil de chants d'amour attribué par la tradition à Salomon. Selon le Talmud et les commentateurs juifs du Moyen Âge, c'est le dialogue allégorique de Dieu et de son amante,

Israël. La tradition ecclésiastique chrétienne y lit le mariage mystique du Christ avec l'Église ; des théologiens, la louange de la fidélité et de l'amour dans le mariage. Ce poème est lu dans les synagogues au début du *shabbat* [9] et à la Pâque juive [57].

Le livre de Ruth, écrit selon la tradition par Samuel, raconte l'histoire d'une famille de Bethléem se réfugiant dans le pays de Moab après une famine. Les fils y épousent Ruth et Orpa, femmes moabites. À la mort du père et des fils, Noémi, mère et épouse endeuillée, décide de retourner à Bethléem. Elle conseille à ses brus de rester parmi leur peuple. Ruth insiste pour l'accompagner. Sa dévotion et sa bonté attirent l'attention de Booz. Bientôt, il la demande en mariage. De leur union naîtra Obed, grand-père du roi David. Ruth se convertira au judaïsme. De nos jours, les lois relatives à la conversion s'en inspirent.

Les Lamentations, attribuées au prophète Jérémie, rapportent la douleur de Sion après la chute de Juda et la destruction du premier Temple par les Babyloniens. Elles sont récitées le jour de jeûne observé chaque année en souvenir de ces tragédies (9 *Av* – *Tishah beab*). Rappelant la miséricorde de Dieu, elles expriment l'espoir du rétablissement prochain du peuple d'Israël.

Le livre de l'Ecclésiaste : Kohélet, fils de David, roi de Jérusalem, nous entretient sur le but et la nature de la vie – « Vanité des vanités, tout est vanité » (1, 2) – et sur la nature cyclique des phénomènes naturels. Ce livre est lu lors de la fête de *Souccoth* [54] dans certaines synagogues selon les usages.

Le livre d'Esther : après avoir répudié la reine Vasthi qui a refusé de le rejoindre nue, le roi Assuérus (successeur de Nabuchodonosor) fait rechercher dans son empire une jeune fille pour lui succéder. Esther, orpheline élevée par son oncle Mardoché, haut dignitaire juif, est choisie parmi les plus belles. Mardoché suscite la haine d'Haman, le grand vizir, en refusant de se prosterner devant lui. Offensé, Haman persuade le roi de publier un édit autorisant l'extermination du peuple juif. Mardoché demande à la reine Esther d'intervenir auprès d'Assuérus afin de sauver son peuple. Au péril de sa vie en apparaissant devant le roi sans y être conviée, elle dénonce les intrigues d'Haman. Les découvrant, Assuérus le condamne à la pendaison. Mardoché succède à Haman et l'édit est annulé. Assuérus autorise les juifs à se défendre de leurs ennemis de l'empire un jour donné. Pour célébrer leur délivrance, les sages instaurent la fête de *Pourim* [56].

Le livre de Daniel[1] conte six histoires distinctes, dont cinq concernent ce prophète : l'interprétation du songe d'un roi babylonien ; la lecture d'une inscription mystérieuse ; l'épisode où Daniel est jeté dans la fosse aux lions… La sixième raconte comment ses amis Abed-Nego, Méshak et Shadrak sortirent vivants d'un bûcher où ils avaient été jetés pour avoir refusé d'adorer une idole.

1. Plusieurs fragments du livre ont été retrouvés dans des grottes, près de Qumran, en 1947, par un berger.

Le livre d'Esra, second fondateur (après Moïse) de la nation juive. Il est à l'origine de la codification des lois régissant le culte du Temple et le canon des Écritures. Après avoir évoqué l'édit du roi perse, Cyrus le Grand, autorisant les juifs exilés à retourner à Jérusalem après 538 avant J.-C., il décrit la reconstruction du Temple. En seconde partie, il raconte son départ de Babylone et ses activités à Jérusalem.

Le livre de Néhémie : homme de confiance du roi de Perse, Artaxerxès Ier[1], puis gouverneur de Juda, Néhémie persuada la population de reconstruire les remparts de Jérusalem (444 avant J.-C.). Cela fut accompli en cinquante-deux jours. Pour lutter contre les injustices sociales, il édicta des réformes : abaissement des taux d'intérêt, annulation des dettes des pauvres, exclusion des non-israélites de l'assemblée de Dieu, interdiction des mariages mixtes [118], injonction contre le travail et le commerce le jour du *shabbat* [9].

Le livre des Chroniques relate l'histoire des royaumes d'Israël et de Juda. Son auteur, sans doute un lévite, donne des détails sur la construction et les rites du premier Temple. Après les généalogies des tribus d'Israël depuis Adam, il conte les règnes de David et de Salomon, l'histoire du royaume de Juda jusqu'à la captivité à Babylone.

1. Il régna de 465 à 424 avant J.-C.

11. Qu'est-ce que le Nouveau Testament ?

« Ne pensez pas que je sois venu abolir la Loi ou les prophètes. Je ne suis pas venu abolir, mais parfaire » (Matthieu 5, 17). Jésus [5] n'est pas venu abolir le judaïsme ni créer le christianisme[1] (du grec *kristos*, « oint », « messie »), mais parfaire la foi des hommes. Cependant, les juifs ne l'ont pas reconnu comme Fils de Dieu (christianisme) ni comme prophète (islam). Pour eux, il n'est pas le Messie annoncé dans les Écritures. Les Évangiles de Matthieu, Marc, Luc et Jean nous racontent son histoire ; les Actes des Apôtres les débuts du christianisme.

La vie et l'enseignement de Jésus nous sont relatés par **les Évangiles** (du grec *Evangelion*, « Bonne Nouvelle »), rédigés sous l'influence de l'Esprit-Saint :

Matthieu transcrit son Évangile en Palestine ou en Syrie, vers l'an 80 après J.-C. Par référence aux textes sacrés et à la loi juive, il conte la généalogie de Jésus depuis Abraham et David, sa naissance, son enfance, ses miracles, ses paraboles. Il rapporte l'instruction du Christ à ses disciples leur enjoignant de prêcher « aux brebis perdues de la maison d'Israël » (10, 6). Il relate les doutes et la violence de certains hommes contre Jésus, la description qu'il fait de l'avènement du Royaume des Cieux et du Jugement dernier, son voyage à travers la Judée jusqu'à Jérusalem, sa Passion et sa résurrection. Il s'attache à démontrer que Jésus est le Messie [156], héritier légitime du roi David.

---

1. Déclaré religion officielle en l'an 392 par l'édit de Théodose *« Contre les hérétiques et les païens »*.

Nombre de ses passages sont très connus, tels les *Béatitudes*, le *Notre Père* et les récits relatifs à la Passion du Christ.

Marc rédige son Évangile vers l'an 70 après J.-C., à Rome, en Galilée ou en Syrie. Il sera exécuté sous Néron à Alexandrie. Ses écrits, considérés comme la prédication de Pierre, racontent l'histoire de Jésus adulte, de son baptême [114] par Jean-Baptiste jusqu'à sa crucifixion et l'annonce par un ange de sa résurrection en Galilée, où il apparaît à ses disciples.

Selon la tradition, il existe deux versions de la fin de ses écrits. La version longue aurait été achevée par un scribe au IIe siècle, inspirée par l'Évangile selon saint Luc.

Luc consigne son Évangile vers 70-80 après J.-C. Médecin d'origine païenne et de langue grecque, Luc est très proche de Paul, en amitié et en doctrine. Il raconte comment l'ange Gabriel fut envoyé par Dieu à Marie, jeune fille promise en mariage à Joseph, pour lui annoncer qu'elle concevrait et mettrait au monde un fils. Marie s'interrogeait car elle était vierge [26]. L'ange lui dit que l'enfant qu'elle portera sera conçu par la puissance de Dieu. Ensuite, Luc conte la naissance et l'enfance de Jésus, son ministère en Galilée, son séjour à Jérusalem, sa Passion, sa résurrection et son ascension. Dans son récit, il insiste sur l'universalité du salut et le bien-fondé de relations sociales plus justes. Luc est également l'auteur des Actes des Apôtres.

Jean achève, entre l'an 100 et 110 après J.-C., son Évangile, à haute teneur symbolique, commencé bien plus tôt, en Asie Mineure, sans doute à Éphèse. Après avoir évoqué les origines de Jésus, il le présente comme le Messie, rappelant ses miracles et ses voyages. Il apporte son témoignage sur les derniers jours de la vie terrestre de Jésus : sa prédication, la trahison de Judas, son arrestation, son jugement, sa crucifixion, sa mise au tombeau, sa résurrection et ses apparitions aux disciples.

Les Actes des Apôtres (ou Évangile de l'Esprit) sont attribués à Luc, converti au judaïsme avant d'être gagné au Christ et d'être devenu le compagnon de Paul. Rédigés vers 80-90 après J.-C., ils racontent la naissance de l'Église à Jérusalem, le martyre d'Étienne, la conversion de Paul, la révélation faite à Pierre de l'intention de Dieu d'inclure les païens dans l'Église, la mission de Paul et son dernier voyage à Jérusalem, son arrestation, son emprisonnement, son procès, son voyage en Italie et son internement dans une prison romaine où il dut attendre son jugement par César. Ainsi nous est conté le développement de l'Église chrétienne sous l'impulsion du Saint-Esprit [25], de sa fondation à Jérusalem jusqu'à Rome sur une trentaine d'années.

Les Épîtres : vingt et une épîtres[1] figurent dans le Nouveau Testament. Treize épîtres sont attribuées à Paul ou à ses proches, rédigées à l'intention des Romains, Corinthiens, Galates, etc., une épître anonyme adressée aux Hébreux et sept épîtres de Jacques, Pierre, Jean et Jude. Exposant les fondements de la doctrine de la foi chrétienne et cadrant les règles de vie des diverses communautés, leur rédaction est antérieure à celle des Évangiles.

---

1. Lettres revêtant de l'importance.

Les Apocryphes (du grec *apocruphos*, « secret » ou « caché ») du Nouveau Testament sont constitués des Évangiles de Pierre, Thomas, Jacques, Nicodème... ; des Actes des Apôtres évoquant les voyages de Jean, Thomas, Philippe, Barthélemy... ; de diverses épîtres et autres Apocalypses.

En raison de certains développements ayant peu de rapport avec les écrits historiques, ces ouvrages n'ont pas été retenus parmi les écrits canoniques.

L'Apocalypse de saint Jean[1] (du grec *apocaluptein*, « retirer le voile ») a été rédigée à la fin du Iᵉʳ siècle, après de longues persécutions contre les chrétiens. Par des allégories, Jean annonce la fin des temps, le Jugement dernier et un monde nouveau qui verra l'instauration du règne de Dieu. Les persécutions subies par les chrétiens témoignent des combats entre le Christ et Satan (le diable[2]). « Je l'atteste à quiconque entend les paroles prophétiques de ce livre : si quelqu'un y ajoute, Dieu lui ajoutera les fléaux décrits dans ce livre. Et si quelqu'un retranche aux paroles de ce livre prophétique, Dieu retranchera sa part de l'arbre de vie et de la cité sainte » (22, 18-19). Telle est la conclusion de cet ouvrage, support de prophéties, de doctrines sur le sort ultime de l'homme et objet de multiples pam-

1. Les historiens préfèrent l'attribuer à un disciple de sa communauté.

2. Saviez-vous qu'il existe une centaine de prêtres exorcistes en France ? Un par diocèse...

phlets, particulièrement lors de la Réforme menée par les protestants.

12. Que représentent le Coran et la Sunna pour l'islam ?

Selon le Coran, il existait de nombreux livres sacrés révélés, mais beaucoup ont été égarés. De l'ouvrage de Moïse, il nous reste le Pentateuque [10]. Viennent ensuite les Évangiles et les Actes des Apôtres [11]. Les musulmans[1] affirment que ces écrits, corrompus au cours des siècles par la volonté des hommes ou des erreurs de copie ou/et de traduction, ont perdu leur message originel. C'est pourquoi Mohammad a reçu de nouveau le texte révélé par Dieu, par l'intermédiaire de l'ange Gabriel, au cours des vingt-deux années de sa vie prophétique (610-632). Si, dans le christianisme, la Parole de Dieu s'est faite chair (ou homme), dans l'islam elle s'est faite Livre : « J'ai en ce jour parachevé pour vous votre religion, vous ai comblés de ma Grâce et agréé pour vous l'islam comme doctrine religieuse » (Coran 5, 3).

Comme le confirme le Coran, les musulmans sont attachés à l'Ancien et au Nouveau Testament :

> « Le Messager a cru à ce qui lui a été révélé et les croyants ont cru en Dieu et à ce qui nous a été révélé et à ce qui a été révélé à ceux qu'Il a fait descendre

1. 1,5 milliard de musulmans dans le monde. L'Indonésie est le premier pays musulman. L'islam est la deuxième religion en France après le catholicisme.

parmi nous : Abraham, Ismaël, Isaac, Jacob et les douze tribus d'*Israël*, et en ce qui a été donné à Moïse et à Jésus et en ce qui a été donné aux prophètes de la part de leur Seigneur. Nous ne faisons de différence entre aucun d'eux et à Lui nous sommes soumis » (2, 136).

Mohammad le confirme : « Le Coran est l'histoire de ceux qui vous ont précédés, mais aussi le récit de votre vécu et l'annonce du futur. »

Le Coran (« lecture à haute voix » en arabe) a pris sa forme définitive dans les années 644-656, grâce aux travaux d'érudits sous la direction du calife 'Othman. D'abord recueilli sur des feuilles de palmier ou des omoplates de chameaux auprès de nombreux musulmans qui l'avaient appris par cœur, à la virgule près, le texte coranique fut stabilisé au VIIIe siècle. Le corpus officiel fut alors déclaré clos et à jamais fixé. Il est composé de cent quatorze sourates (« chapitres » en arabe) ordonnées selon un ordre de longueur décroissante, n'ayant rien à voir avec un classement chronologique ou thématique. Une exception pour la Fatiha : la première sourate coranique compte seulement sept versets :

« Au nom de Dieu, le Tout Miséricordieux, le Très Miséricordieux. Louange à Dieu, Seigneur de l'univers, Le Tout Miséricordieux, le Très Miséricordieux, Maître du jour de la rétribution. C'est Toi seul que nous adorons et c'est Toi seul dont nous implorons le secours. Guide-nous dans le droit chemin, le chemin de ceux que Tu as comblés de faveurs, non pas le chemin de ceux qui ont encouru Ta colère ni celui des égarés. »

Censée contenir à elle seule la totalité du Coran, la *Fatiha* reste la sourate la plus récitée[1]. Sans elle, sa prière ne saurait être exaucée.

Les mots du Coran étant considérés comme la parole de Dieu, ils sont lus et étudiés dans sa langue d'origine, l'arabe. Les traductions ne sont pas utilisées pour le culte. Le Livre énonce les prescriptions divines concernant la vie quotidienne, la loi et les interdits. Il est le fondement de la vie religieuse, sociale, économique, juridique, alimentaire [99, 109 à 111], hygiénique et politique des musulmans.

Contrairement au Coran, qui a été appris par cœur par de nombreux fidèles au temps de Mohammad et qui a été collationné sous forme écrite par ses compagnons lettrés, les hadiths (« conversation », en arabe) sont issus des traditions orales fondées sur les sentences et les prescriptions à la communauté, les observations et les jugements sur les situations rencontrées, la manière d'accomplir les devoirs religieux de Mohammad. Les hadiths éclairent la lecture et la mise en pratique du Coran.

Les recueils des notes des compagnons du Prophète ont été élaborés au IXe siècle, à l'époque des

1. Outre les dix-sept fois à l'occasion des prières quotidiennes, les musulmans prononcent la *Fatiha* en toutes circonstances : lors de la signature d'un contrat, en hommage à un défunt, pour demander la guérison d'une personne, etc. On termine sa lecture par « amen », mot commun aux trois religions monothéistes.

Omeyyades. Leur authenticité a été soigneusement contrôlée, des savants les classèrent par matière : la foi, les piliers de l'islam [18], le culte, les relations sociales, le droit privé et public, les relations humaines, la morale, etc. Ils composent la Sunna (« tradition », en arabe). « Pourquoi n'a-t-elle pas été rédigée dans le même temps que le Coran ? Parce que le Prophète ne voulait pas que la Sunna prenne le dessus sur le Coran », précise le recteur Khalil Merroun.

13. L'étoile et le chandelier dans le judaïsme

L'étoile de David (ou sceau de Salomon) est une étoile à six branches, constituée de deux triangles entrecroisés : la pointe de l'un se dirige vers le haut, le ciel ; la pointe de l'autre vers le bas, la terre.

« Mais pourquoi ces deux triangles qui s'imbriquent l'un dans l'autre ? Le premier triangle dont la base est en bas et la pointe en haut représente l'aspiration de l'homme vers Dieu ; le deuxième triangle dont la base est en haut et la pointe vers le bas, c'est l'aspiration de Dieu vers l'homme. [...] Mais ces deux triangles sont également une représentation plus profonde car le triangle du haut qui va vers le bas représente la femme et le triangle qui va vers le haut représente l'homme[1]. »

Elle prend le nom de *magen* (« bouclier » en hébreu) dans un texte kabbalistique du XIVe siècle et orne volon-

1. J.-M. Rosenfeld, *Mazal Tov, le premier guide de la cérémonie juive*, éd. Consistoire israélite de Paris, 2008-2009.

tiers le fronton des synagogues. Les fidèles la portent parfois en pendentif, sans pour autant obéir à un commandement (comme le font les chrétiens avec le port d'une croix [14]).

Dieu dit à Moïse : « [...] Tu feras un candélabre d'or pur [...]. Ses calices, ses corolles et ses fleurs feront corps avec lui. Six branches s'en détacheront sur les côtés, trois branches du candélabre d'un côté, trois branches de l'autre [...]. Tu le feras avec tous ses accessoires d'un talent d'or pur [...]. Regarde et exécute selon le modèle qui t'est montré dans la montagne [...] » (Exode 25, 31-40). Ce chandelier (en hébreu, *menorah*) à sept branches est devenu le symbole du peuple d'Israël.

Déposée les premiers temps dans le Sanctuaire du désert, puis à l'intérieur du Temple de Jérusalem non loin de l'Arche d'alliance [34], la *menorah* devait être constamment allumée [55]. Si dans le premier Temple, dix chandeliers trouvent leur place (1 Rois 7, 49), dans le second Temple[1] trône un seul chandelier, bien plus grand. Il disparut en 70, lors de la destruction du Temple par les Romains. L'arc de triomphe de Titus, élevé à Rome par son frère Domitien, est orné d'une *menorah*, symbole de sa victoire en Judée. Serait-elle toujours à Rome ? L'Histoire ne le dit pas, mais beaucoup le croient.

1. « Qui n'a pas vu le temple d'Hérode n'a jamais vu dans sa vie un édifice aussi beau » (Talmud de Babylone).

14. La croix et le poisson dans le christianisme

« Celui qui ne porte pas sa croix [...] ne peut être mon disciple » (Luc 14, 27). La croix est le symbole de la crucifixion de Jésus. Aussi tout chrétien porte cet emblème chrétien dont la forme varie selon son Église [22].

Dans les églises catholiques, si au Moyen Âge le Christ en croix est présenté majestueux, à la Renaissance il est souffrant et brisé. Il en est de même sur les pendentifs actuels portés par les fidèles.

Chez les protestants, la croix est simple, sans Christ, dans le respect du deuxième commandement [8] : « Tu ne feras pas d'idole, ni aucune image de ce qui est dans les cieux en haut et de ce qui est sur terre en bas... » Plus connue, la croix huguenote fut créée par un orfèvre nîmois vers 1688, après la révocation de l'édit de Nantes (1685) : il s'agit d'une croix de Malte avec échancrures triangulaires à l'extrémité de chaque branche. Les branches sont reliées entre elles par des fleurs de lys. Sous la croix, en pendentif, une colombe représente le Saint-Esprit descendant vers les hommes. Parfois, la colombe est remplacée par une larme, symbole des pleurs de l'Église réformée affligée après la révocation de l'édit de Nantes ou des langues de feu soufflées sur les apôtres par l'Esprit-Saint le jour de la Pentecôte [59].

La croix orthodoxe comprend trois barres. « La barre horizontale supérieure rappelle le *titulus* romain sur lequel étaient généralement inscrites les raisons de la condamnation du supplicié. Celui du Christ [5] porte l'inscription “INRI”, “Jésus de Nazareth, roi des Juifs”, ultime insulte de Ponce Pilate, procurateur de Rome, au peuple de Judée[1]. La barre intermédiaire est celle où les bras du supplicié étaient étendus, alors que la barre inférieure inclinée sert d'appui à ses pieds. À la différence de la tradition catholique romaine, où ils sont cloués l'un sur l'autre, l'iconographie orthodoxe représente les pieds cloués séparément[2]. »

Si les protestants ne se signent pas, le signe de croix des catholiques et des orthodoxes diffère. Chez les catholiques, on se signe en posant le bout des doigts de la main droite sur le front (« Au nom du Père ») puis sur la poitrine (« du Fils »), puis sur l'épaule gauche (« et du Saint-Esprit »), puis sur l'épaule droite (« Ainsi soit-il »). Quant aux orthodoxes, ils se signent souvent trois fois consécutives : leur main droite[3] se place successivement sur le front, la poitrine, l'épaule droite puis l'épaule gauche. Pour tous, le signe de croix invoque la sainte Trinité [25].

Principe de vie et d'abondance, le poisson [107] était l'emblème des premiers chrétiens. Jésus dit à Pierre et à André : « Venez à ma suite et je vous ferai pêcheurs d'hommes » (Matthieu 4, 19). Les chré-

1. « Pilate fit une inscription, qu'il plaça sur la croix, et qui était ainsi conçue : "Jésus de Nazareth, roi des Juifs." Beaucoup de Juifs lurent cette inscription, parce que le lieu où Jésus fut crucifié était près de la ville : elle était en hébreu, en grec et en latin. Les principaux sacrificateurs des juifs dirent à Pilate : "N'écris pas : roi des Juifs. Mais écris qu'il a dit : je suis roi des Juifs." Pilate répondit : "Ce que j'ai écrit, je l'ai écrit" » (Jean 19, 19-22).

2. Patrick Banon, *Signes et symboles religieux*, éd. Flammarion, coll. « Les ABCdaires », 2005.

3. Les trois doigts pliés : pouce, index, majeur, en référence à la sainte Trinité.

tiens utilisèrent le mot *ichthus* (« poisson », en grec), parce que ces lettres étaient l'idéogramme de *Iesu Kristos Théou Uios Sôter* (« Jésus-Christ, Fils de Dieu, Sauveur »). Avant d'être des pêcheurs d'âmes [112], les apôtres furent de véritables pêcheurs : « Le poisson figure [...] la multitude des chrétiens et l'ensemble de l'humanité, dans lesquels Jésus puis les apôtres jettent leurs filets[1]. » Le filet symbolise également l'action divine ramenant les hommes à la lumière. Quant à l'eau, élément vital du poisson, elle renvoie au baptême [134], à la vie triomphant sur la mort.

15. Le croissant et la main dans l'islam

Le croissant de lune et une étoile sont les symboles du calendrier lunaire dont s'inspire l'islam [50]. Les mois débutent à chaque nouvelle lune, cet astre qui détermine le début et la fin du jeûne du *Ramadan* [75-76]. Tous deux se retrouvent sur de nombreux drapeaux de pays musulmans.

La main est l'expression de la puissance et de la protection divine qui se tient au-dessus de l'homme. La « main de Fatima » fait référence à la fille de Mohammad [7] et de Khadîdja. Vénérée dans le monde musulman, Fatima apporterait sa protection à celui ou celle qui porte ce talisman. Selon la tradition populaire, il repousserait le mauvais œil, les maladies et le malheur. Lorsqu'un œil en céramique

1. Pierre Norma, *Dictionnaire encyclopédique de la Bible*, éd. Maxi-Poche, coll. « Références », 2002.

y est inséré, il aurait le pouvoir de retourner le mauvais sort contre le malveillant. Si les cinq doigts symbolisent les cinq piliers de l'islam [18], ils rappellent que tout en étant indépendants, ils restent solidaires. Ainsi doivent se comporter les membres d'une famille ou d'une communauté : toujours unis comme les cinq doigts d'une main.

Nombreux religieux s'insurgent contre ces croyances populaires attachées au port d'une amulette : « La protection qui émane de Dieu est la seule qui protège » (recteur Khalil Merroun).

16. La Kabbale

« La Kabbale a existé avant Madonna, affirme le rabbin Haïm Korsia. Si certains découvrent le mot parce que cette chanteuse de talent le remet au-devant de la scène et en fait le moteur de sa nouvelle vie, si d'autres arborent un petit fil rouge au poignet après un voyage à Jérusalem comme un talisman kabbalistique et plus probablement comme un gri-gri, cette sagesse est présente depuis que le monde est monde. [...] La Torah [10] est la parole de Dieu. Mais dès qu'elle fut donnée aux hommes sur le mont Sinaï, elle nécessita une interprétation afin de ne pas être déjà périmée. C'est le secret de la sagesse juive que d'avoir adjoint à la Loi écrite la Loi orale. Ce sont les commentaires éclairés sur le texte divin. Notre tradition nous enseigne que durant quarante jours et quarante nuits sur le mont Sinaï, Moïse a étudié tous les commentaires possibles de la Bible avec Dieu lui-même. Ainsi, *tout ce qu'un élève sincère pourra comprendre et innover par la suite aura déjà été donné à Moïse sur le mont Sinaï*[1]. La Kabbale est née[2]. »

La Kabbale (du verbe hébreu *lekabel*, « recevoir ») est une méthode de lecture des textes permettant de découvrir leur aspect ésotérique et caché, entre autres par le décryptage des proximités phonétiques ou numériques ou la *Guematria*[3] consistant à donner une valeur numérique à chacune des vingt-deux lettres et des cinq finales de l'alphabet hébraïque. « Ainsi nous découvrons des proximités de valeurs numériques entre des mots qui apportent un nouveau sens à ces deux termes », poursuit le rabbin Haïm Korsia. Elle est « fondée sur une connaissance parfaite de l'hébreu et de sa grammaire, puis des textes eux-mêmes, pour pouvoir les comprendre et les exploiter d'une manière concrète, c'est-à-dire en ne les réduisant pas à une philosophie, mais en les considérant au contraire comme la base même de la vie, et de la pratique de la vie ».

Son but : accéder à une réalité supérieure.

Sa méthode d'enseignement : de maître à disciples, de génération en génération.

Son support : les textes bibliques et les dix *Sefirot*[4] (ou l'Arbre de la Vie).

Pour les mystiques juifs, il n'y a pas de séparation entre l'être humain et le Divin ; chaque action, pensée ou

1. En italique dans le texte.
2. In *La Kabbale pour débutants*, *op. cit*.
3. Provenant du grec, ce nom a donné le mot « géométrie » en français.
4. Couronne, sagesse, discernement, bonté, rigueur, beauté, victoire, splendeur, fondement, souveraineté.

parole a une résonance dans l'univers ; le respect des commandements [8] permet de perfectionner la Création de Dieu ; la rédemption provient de chaque individu…

S'il est impossible de dater les débuts de la tradition orale de la mystique juive, le *Zohar* (*Livre de la splendeur*) en est l'ouvrage le plus important. Certains accordent sa paternité au rabbin Moïse de León (1286), d'autres au rabbin Shimon bar Yohaï, grand sage du IIe siècle.

Le *Zohar* est composé de plusieurs volumes de commentaires de la Torah et de multiples récits. En voici un parmi tant d'autres : « […] Alors Rabbi Siméon parla […] : "Et il poursuivit ses pérégrinations, depuis le midi jusqu'à Béthel, jusqu'à l'endroit où avait été sa tente pour la première fois, entre Béthel et Aï" (Genèse 13, 3). Il dit : Nous nous serions attendus ici à lire "sa pérégrination", mais il est écrit : "ses pérégrinations", ce qui nous indique que, dans sa pérégrination, il est accompagné par la *Shekhina*, la Présence divine […][1]. »

17. Les sacrements et les Églises chrétiennes

Les sacrements (du latin *sacramentum*, « serment ») sont le signe visible de la grâce invisible… même si le mot « sacrement » n'est jamais cité dans la Bible. Ils sont essentiels à la foi catholique et orthodoxe.

1. Extraits choisis et présentés par Gershom Scholem, *La Kabbale*, trad. Édith Ochs, Seuil, 1980.

Le catéchisme de l'Église catholique définit les sept sacrements comme « des signes efficaces de la grâce, institués par le Christ et confiés à l'Église, par lesquels la vie divine nous est dispensée ».

Pourquoi sept ? Pour les catholiques, Jésus les a institués. Selon saint Thomas d'Aquin, sept est le nombre d'étapes nécessaires au développement de la nature humaine :

– naître : le baptême [134] ;
– se nourrir : l'Eucharistie [41] ;
– grandir : la confirmation [139] ;
– se soigner : la pénitence [48] ;
– guérir : l'onction des malades[1] ;
– vivre en famille : le mariage[2] [114 à 116] ;
– être guidé : l'ordination des prêtres [29].

Leur liste a été arrêtée au XIIIe siècle par l'Église catholique.

Les orthodoxes reconnaissent les mêmes sept sacrements. Ils sont pratiqués avec quelques différences rituelles :

– Le baptême orthodoxe est accompli par trois immersions, alors que l'Église catholique le pratique par aspersion.

---

1. En référence au verset : « L'un de vous est-il malade ? Qu'il fasse appeler les anciens de l'Église, et qu'ils prient après avoir fait sur lui une onction d'huile au nom du Seigneur. La prière de la foi sauvera le malade et le Seigneur le relèvera. S'il a commis des fautes, il sera pardonné » (Jacques 5, 14-15).

2. Le concile de Trente (1563) décréta que tout mariage chrétien, pour être valide et sacramentel, doit être célébré en présence d'un prêtre et de deux témoins après une annonce publique trois semaines auparavant (publication des bans).

– La confirmation orthodoxe suit le baptême, alors qu'il est donné vers l'âge de 11, 12 ans chez les catholiques.

– L'eucharistie est pratiquée sur le pain levé et le vin avec invocation du Saint-Esprit chez les orthodoxes. Depuis le XIe siècle, l'Église catholique célèbre ce sacrement sur du pain sans levain ; le fidèle communie sur l'hostie uniquement, réservant le calice au prêtre ; le religieux n'invoque pas le Saint-Esprit.

Le protestantisme admet deux sacrements, le baptême et la sainte Cène (eucharistie), ceux-là mêmes instaurés par Jésus :

– Il a été baptisé par Jean-Baptiste et a invité ses disciples de toutes les nations à faire de même.

– Il a institué l'eucharistie lors de son dernier repas pris avec les apôtres avant son arrestation.

18. Les cinq piliers de l'islam

L'islam repose sur cinq obligations rituelles que chaque fidèle se doit de respecter. Elles sont appelées « piliers de l'islam » :

La profession de foi (en arabe *shahada*) : « Je témoigne qu'il n'y a pas de divinité sauf Allah et je témoigne que Mohammad est l'Envoyé de Dieu. » En quelle circonstance doit-on la prononcer ? À la naissance de son enfant, le père chuchote à son oreille droite l'appel à la prière et à son oreille gauche l'annonce de la prière. Les hommes la récitent à la personne en fin de vie ou lorsqu'ils accompagnent un convoi funèbre. Celui ou celle qui veut se convertir à l'islam se doit de la prononcer avec conviction. La *shahada* est la base même de l'appel à la prière. D'ailleurs, les fidèles la répètent à la fin de chaque prière quotidienne. En fait, tout musulman est tenu de la prononcer avec conviction et à voix haute au moins une fois dans sa vie afin de s'assurer le salut éternel.

– Les cinq prières quotidiennes (*sala'*) sont effectuées après une purification (ablutions), avec des prosternations liturgiques ritualisées, en direction de La Mecque (*qibla*) [38] : la première à l'aube avant l'apparition du soleil (*sobh*), la deuxième à midi après le zénith (*dhohr*), la troisième dans l'après-midi (*asr*), la quatrième au coucher du soleil (*maghrib*) et la cinquième dans le dernier tiers de la nuit (*isha*) [43].

– L'aumône (*zakat*) est destinée à purifier les biens matériels acquis. Plus encore, elle permet de porter secours aux malades et aux nécessiteux : « Celui qui pourvoit aux besoins de la veuve et du pauvre est comparable à celui qui combat pour la cause de Dieu, ou à celui qui se tient éveillé la nuit [pour prier] et jeûne le jour[1] » [51].

– Pendant le mois de *Ramadan*, les musulmans jeûnent (*sawm*) du lever au coucher du soleil pour montrer leur soumission à Dieu, expier les fautes commises et avoir plus de compassion envers ceux qui ont faim. Pendant ce laps de temps, ils relisent entièrement le Coran [12] à la mosquée : un extrait chaque soir [75].

– Le pèlerinage (*hajj*) à La Mecque (ville natale de Mohammad) et à Médine (ville où il s'est réfugié en 622) est obligatoire une fois dans la vie de tout musulman, adulte (homme ou femme), libre, exempt d'une maladie mentale ou contagieuse et disposant de moyens

1. Hadith rapporté par Bokhari.

financiers suffisants. Il permet le retour sur les lieux du premier sanctuaire [49] pendant la période des fêtes du dernier mois de l'année islamique.

19. La guerre sainte et l'islam

Le terme « djihad » est l'abréviation d'une expression tirée du Coran signifiant « effort dans la voie de Dieu », la volonté de lutter contre le Mal pour la victoire du Bien.

« Les écoles fondamentalistes et les non-musulmans traduisent improprement ce terme par "guerre sainte[1]". En réalité, le mot désigne le "combat intérieur", l'effort du fidèle pour atteindre la perfection individuelle. La lutte armée pour défendre la foi et la terre de l'islam [...] se fait appeler djihad mineur [...][2]. » Cela fait référence aux versets coraniques : « Combattez dans le chemin de Dieu ceux qui vous combattent s'ils vous imposent de renier votre foi » (2, 190-191).

« Il est à distinguer du djihad majeur [...] relatif à la lutte de l'homme contre ses mauvais instincts[3] » qui sont[4] l'avarice, la lâcheté, la tyrannie, l'ignorance, la soumission aux passions.

« Nous ne pouvons conclure [...] sans mentionner un autre effort louable : l'*ijtihad*. C'est l'effort intensif intellectuel, cérébral et mental. C'est aussi l'effort per-

1. Traduit improprement ainsi par les croisés, selon le recteur Khalil Merroun.

2. Henri Tincq, *Le Monde*, 22 septembre 2001.

3. *Ibid.*

4. Selon un hadith rapporté par Al-Ashnawy.

sonnel du savant jusqu'à l'épuisement. L'affirmation du primat de la plume sur l'épée est une constante dans l'islam[1]. »

20. Martyrs, une exigence chrétienne ?

Pendant les persécutions romaines, de l'an 6 à la fin du Xe siècle, beaucoup de chrétiens périrent en martyrs (du grec, « témoin »), refusant de renier leur foi en Jésus [5] qu'ils reconnaissaient comme le Fils de Dieu.

Saint Étienne, le premier diacre [29], fut aussi le premier martyr de l'Église : il « fut arrêté par les autorités religieuses juives à la suite du conflit qui les opposait au christianisme naissant, et après un témoignage inspiré, il fut lapidé[2] ».

Saül de Tarse, le futur apôtre Paul, fut décapité à Rome sur ordre de l'empereur Néron. Son statut de citoyen romain ne permettait pas qu'on le crucifiât. Avant sa conversion au christianisme, Paul avait approuvé la lapidation d'Étienne et avait vigoureusement persécuté les chrétiens.

Saint Pierre[3], qui exerça son sacerdoce à Rome, fut crucifié la tête en bas, conformément à sa demande. Il ne voulait pas mourir de la même manière que Jésus.

---

1. Ghaleb Bencheikh, *Alors, c'est quoi l'islam ?*, Presses de la Renaissance, 2001.

2. Greg Dues, *Guide des coutumes et traditions catholiques*, traduit de l'anglais et adapté par Emmanuelle Billoteau, éd. Bayard, 2004.

3. Les martyres de Pierre et de Paul sont commémorés le 29 juin, celui d'Étienne le 26 décembre, par l'Église catholique.

La basilique Saint-Pierre de Rome lui est consacrée [23].

Sur les douze apôtres, tous moururent en martyrs, sauf saint Jean. Exilé sur l'île de Pathmos, probablement dans des mines, il y écrivit le livre de l'Apocalypse [11].

Bien d'autres, des hommes et des femmes, ont connu une mort horrible : donnés en pâture aux bêtes féroces dans les cirques romains, dépecés vivants, brûlés vifs, empoisonnés, poignardés, fouettés… Leur seul crime : être chrétiens.

Selon les rabbins du Talmud, peut prétendre au titre de martyr celui qui est mort (ou qui s'est donné la mort) pour échapper à l'inceste, à l'adultère, à la vénération d'idoles ou au meurtre. Au demeurant, les juifs morts lors de persécutions religieuses peuvent également y prétendre.

Dans l'islam, Hussein, petit-fils du prophète Mohammad [7], est un martyr aux yeux des chiites [24]. Si certains fondamentalistes islamiques pensent que mourir en martyr dans des attentats-suicides permet d'accéder au paradis [155], cela va pourtant à l'encontre du sixième commandement divin : « Tu ne tueras point » [8].

21. Ashkénazes et Séfarades : les juifs de la diaspora

Les juifs quittèrent la Palestine dans un premier temps lors de la captivité de Babylone (VIe siècle avant notre ère), puis dans un second temps après la prise de

Jérusalem par Titus (Ier siècle). D'autres événements tragiques suivirent – les expulsions ordonnées en France par Philippe le Bel ou en Espagne par Isabelle la Catholique, les pogroms de Pologne ou de Russie, la Shoah de la Seconde Guerre mondiale... –, qui s'accompagnèrent tous de migrations des populations juives en pays étrangers. Depuis la création de l'État d'Israël en 1948, 60 % des juifs vivent en diaspora (« dispersion » en grec), les 40 % autres se sont installés en Israël.

Les descendants des juifs d'Europe du Nord-Ouest (France, Allemagne, etc.), d'Europe centrale et de l'Est (Russie, Ukraine, Lituanie, etc.) sont appelés *Ashénazim* (de l'hébreu *Ashkénaze*, « Allemagne »). S'ils parlent parfois entre eux en yiddish (dialecte tiré de l'allemand et de l'hébreu), ils prient en hébreu comme se doivent de le faire tous les juifs du monde.

Quant aux *Séfardim* (de l'hébreu *Sefarad*, « Espagne »), ils sont les descendants des juifs qui vécurent en Espagne jusqu'au XVe siècle, parlant entre eux un dialecte issu du castillan, le ladino. Expulsés, ils se réfugièrent en Afrique du Nord, en Italie, dans l'Empire ottoman (Turquie) et au Proche-Orient.

Si *Ashénazim* et *Séfardim* se distinguent par leurs origines géographiques, leurs croyances sont strictement identiques.

22. Quelles sont les diverses Églises chrétiennes ?

Malgré la supplique de saint Paul – « Je vous en conjure, frères, par le nom de notre Seigneur Jésus-

Christ, ayez tous un même sentiment ; qu'il n'y ait point parmi vous de divisions, mais soyez tous unis dans le même esprit et dans la même pensée » (1 Corinthiens 1, 10) –, le christianisme[1] rassemble de nombreuses traditions nées de désaccords sur l'organisation de l'Église, l'enseignement ou la célébration du culte.

L'Église catholique[2] est l'héritière du christianisme de tradition latine. Celui-ci s'est répandu dans le monde entier par le biais des missionnaires. Pour des raisons historiques, elle est fortement marquée par une uniformisation des rites et une importante centralisation. Néanmoins, l'Église catholique comprend aussi des Églises orientales : **maronites, chaldéens, arméniens catholiques**, etc. Elles ont des traditions diverses et jouissent d'une grande autonomie.

L'évêque de Rome, appelé le pape[3], est considéré comme le successeur de saint Pierre et le dépositaire des promesses que Jésus lui avait faites [5]. En union avec lui, spécialement par des conciles [23], les évêques portent collégialement le souci de toute l'Église et ils gouvernent directement le diocèse qui leur est confié.

Les catholiques reconnaissent l'autorité du pape comme garant de l'unité, y compris en matière de doctrine. En plus des dogmes communs à la majorité des chrétiens (la Trinité [25], l'Incarnation, le péché

1. 1,8 milliard de fidèles dans le monde.
2. 1 milliard de fidèles dans le monde. Aujourd'hui, les trois premiers pays catholiques sont le Mexique, le Brésil et les Philippines.
3. Appelé aussi « Saint-Père » ou « souverain pontife », il s'adresse aux catholiques par des bulles ou des encycliques.

originel[1] et le Salut par Jésus-Christ, la Résurrection...), le pape Pie IX, au XIXe siècle, a exprimé la foi de l'Église catholique en définissant les dogmes de l'Immaculée Conception [27] et de l'Assomption de Marie, mère de Jésus. Cette Église accorde aussi une grande place à la présence du Christ dans l'eucharistie, le pain et le vin consacrés lors de la messe [9]. **L'Église catholique** est la plus importante Église chrétienne.

La première division de l'Église, qui a encore des conséquences aujourd'hui, vient des grands conciles [23] christologiques du Ve siècle. Elle s'explique autant par des rivalités culturelles et politiques entre Byzance et les pays chrétiens du pourtour méditerranéen que par des raisons théologiques :

À la suite du concile d'Éphèse (an 431), les Églises de Syrie orientale, qui avaient évangélisé jusqu'en Inde et en Chine, rompirent leur communion avec Byzance et par suite avec Rome et l'Occident. Ces chrétiens constituèrent l'**Église assyrienne de l'Orient** (dont une partie, par exemple l'Église chaldéenne, a rétabli plus tard la communion avec Rome).

À la suite du concile de Chalcédoine (an 451), un ensemble d'Églises, souvent appelées « orthodoxes orientales » et attachées à la théologie de Cyrille d'Alexandrie, rompirent à leur tour avec Constantinople, et par conséquent aussi avec Rome. Cela concerna la majorité des fidèles des patriarcats d'Alexandrie (**Église copte orthodoxe** d'Égypte, **Église orthodoxe Tewa-**

1. Relatif à la faute d'Adam et Ève qui les conduisit à être chassés du jardin d'Éden.

hedo d'Éthiopie et d'Érythrée) et d'Antioche (**Église syrienne orthodoxe** dite jacobite), sans oublier les Arméniens (**Église arménienne apostolique**). Des communautés relevant de ces Églises ont rétabli plus tard la communion avec Rome.

La seconde rupture, souvent datée de 1054, a eu lieu entre l'Orient et l'Occident chrétiens. Elle a conduit à la séparation **des Églises orthodoxes**[1] **de rite byzantin** avec l'Église catholique : depuis les débuts du christianisme, de nombreux malentendus théologiques ont compromis les relations entre Rome et Constantinople (langue, liturgie, célibat des prêtres [29], port de la barbe, etc.). En 1054, un nouvel incident entraîne l'excommunication réciproque du pape Léon IX et de Michel Cérulaire, patriarche de Constantinople, et de leurs fidèles respectifs. Elle sera levée solennellement le 7 décembre 1965 par Athénagoras Ier et le pape Paul VI. Toutes les conséquences ne sont pas encore surmontées : le souvenir du pillage de Constantinople par les croisés en 1204 reste présent dans bien des mémoires.

Aujourd'hui, les débats les plus importants entre les deux Églises sont de deux ordres :

– Le premier est lié au mystère de la sainte Trinité [25] et au *filioque* : si l'Église catholique, dans sa confession de foi, dit : « Je crois en l'Esprit-Saint [...] il procède du Père et du Fils », les orthodoxes contestent la formule « et du Fils » modifiée en 1014. Pour eux, l'Esprit-Saint procède du Père seul. Elle a entraîné le schisme entre les deux Églises.

---

1. Du grec *orthos*, « droit » et *doxa*, « opinion ». 150 millions de fidèles dans le monde.

– Le second a trait à la primauté pontificale et à la structure de l'Église : si les catholiques mettent l'accent sur la mission spécifique confiée par le Christ à Pierre (puis à ses successeurs) par le pouvoir de juridiction du pape sur les évêques, les orthodoxes ont une conception plus collégiale de l'épiscopat.

La troisième rupture fut celle qui affecta l'Église latine dans son sein à partir du XVIe siècle. On peut y repérer trois fractures principales :

La fracture protestante

Les luthériens[1] : le prêtre catholique Martin Luther [6] (1483-1546) affiche en 1517 ses quatre-vingt-quinze thèses contre le trafic des indulgences[2] et la primauté du pape sur les portes de l'église de Wittenberg (Allemagne). Excommunié par le pape Léon X (1520), il refusera de se rétracter devant la diète impériale de Worms (1521). Des princes allemands et des chrétiens le soutiendront dans sa rupture définitive avec Rome. Luther publie la Bible et deux catéchismes en langue allemande (1529). Les délégués d'État du Saint Empire germanique à la diète de Spire rompent avec certaines pratiques (interdits alimentaires [105], célibat des prêtres [29], proscription du prêt à intérêts, condamnation du divorce [117], etc.) et forment un nouveau courant religieux insistant sur l'autorité souveraine de la Bible et sur le salut par la foi seule, et non par les bonnes œuvres des fidèles. Aujourd'hui, le luthé-

1. 80 millions dans le monde.
2. Il s'agissait d'éviter les peines de l'au-delà en payant à l'Église des montants déterminés par le clergé selon la gravité des péchés commis.

ranisme est la religion officielle de plusieurs pays d'Europe du Nord.

Les réformés[1] **(parfois appelés « calvinistes »).** Parallèlement à Luther, d'autres réformateurs mènent un combat identique en Suisse : Ulrich Zwingli (1484-1531) à Zurich et, un peu plus tard, Jean Calvin [6] (1509-1564) à Genève, en publiant *Institution de la religion chrétienne* (régulièrement complétée de 1536 à 1561) et *Premier Catéchisme de Genève* (1537). Leur doctrine : la souveraineté absolue de Dieu, Créateur et Rédempteur. L'homme, pécheur et dépravé, est incapable d'être sauvé sans la grâce divine. Dieu donne la foi aux élus qui lui témoignent leur amour par un puritanisme quotidien.

Appelés dans les premiers temps « huguenots », les réformés ont pour effigie une croix de Malte [14] à laquelle est suspendue une colombe, symbole de l'Esprit-Saint [25]. Le mouvement de la Réforme se répandra en Suisse, Hongrie, France[2], au Palatinat, en Écosse, aux Pays-Bas espagnols, aux États-Unis… et influencera largement l'Angleterre.

Les évangéliques sont les héritiers du protestantisme radical du XVIe siècle (anabaptistes[3]) et d'une succession de « réveils » spirituels, parmi lesquels on peut mentionner chronologiquement : les **mennonites**, les

1. 70 millions dans le monde.

2. Après le massacre de la Saint-Barthélemy (1572), l'édit de Nantes du 13 avril 1598 signé par Henri IV accorde aux huguenots la liberté religieuse. Sa révocation en octobre 1685 par Louis XIV conduit à un exode important des protestants. Il sera rétabli par l'édit de Tolérance en 1787.

3. Le sacrement du baptême n'est jamais administré aux enfants, uniquement aux adultes consentants.

baptistes, les méthodistes, les darbystes[1]**, les pentecôtistes**. Très divers, et plus ou moins ouverts au dialogue œcuménique, ils ont depuis 2001 une structure de concertation : le Conseil national des évangéliques de France.

– Les mennonites[2] suivent la réforme de Menno Simons, anabaptiste néerlandais (1496-1561), opposé au baptême des enfants et à tout lien avec l'État. Ils sont très engagés dans les mouvements non violents. À ce groupe se rattachent les **amishs**, fondés en 1693 et notamment présents aux États-Unis (500 000), qui refusent toute influence de la civilisation moderne (télévision, cinéma, téléphone, automobile, etc.).

– Les baptistes[3] sont les adeptes d'une doctrine religieuse protestante fondée par les pasteurs anglais dissidents John Smith et Thomas Helwys en Hollande (1609), qu'ils développèrent en Angleterre (1612) et aux États-Unis (1638). Les baptistes administrent le baptême par immersion [135] aux adultes après le libre repentir de leurs péchés et l'expression publique de leur profession de foi, proclamant Jésus-Christ Dieu et Sauveur. Ils refusent le baptême des enfants (il n'est pas mentionné dans la Bible) et célèbrent la sainte Cène [41]. Les Églises locales (équivalents des paroisses)

---

1. Prône un calvinisme strict, il admet pour seule autorité la parole divine. Aussi, il rejette toute organisation d'Église et tout ministère. Cette doctrine religieuse a été fondée vers 1828 par John Darby en Angleterre.
2. 3 millions dans le monde, dont 70 000 aux Pays-Bas, 164 000 aux États-Unis.
3. 125 millions dans le monde, en comptant les pratiquants non baptisés.

sont autonomes (« congrégationalisme »). La Fédération des Églises évangéliques baptistes de France est membre de la Fédération protestante de France [30].

– **Les adventistes du septième jour**[1] : fondée en 1831 par William Miller, fermier puis prédicateur, cette communauté présume le retour du Christ sur la terre pour le 21 octobre 1844. La date passée, son échéance est depuis sans cesse retardée. Cette Église se réfère strictement au texte biblique, administre le baptême par immersion, pratique le lavement des pieds en commémoration du rite qui précéda la sainte Cène, respecte le *shabbat* [9] et les interdits alimentaires [95 à 103] énoncés dans le livre du Lévitique [10]. Certains choisissent le végétarisme. Le corps étant le temple de l'Esprit-Saint, la santé est un don divin. Pour mieux la préserver, ils s'abstiennent de tout excitant (alcool, café, thé, tabac, etc.). Ils sont membres de la Fédération protestante de France.

La fracture britannique

Après le règne d'Henri VIII, des influences calvinistes se firent sentir en Grande-Bretagne. De nouveaux courants apparurent et se répandirent jusqu'en Amérique du Nord : principalement les **anglicans**, qui resteront attachés à l'« épiscopat historique » et à une liturgie traditionnelle ; des **groupes protestants** : presbytériens calvinistes (Écosse), congrégationalistes et dissidents puritains ; le **méthodisme**, qui est l'un des réveils sources du **pentecôtisme**.

1. 2 millions dans le monde.

Les anglicans[1] : voulant obtenir l'annulation de son mariage avec Catherine d'Aragon (dont il n'a pas de fils pour lui succéder sur le trône), le roi Henri VIII se heurte au refus papal (1539). Sans hésitation, il sépare l'Église d'Angleterre de l'Église catholique romaine. En 1531, le clergé anglais déclare le roi chef de l'Église anglicane. Rome excommunie Henri VIII à partir de son mariage avec Anne Boleyn, en 1533. Un an plus tard, le roi promulgue l'« Acte de suprématie » soumettant l'Église d'Angleterre à sa seule autorité. Aujourd'hui encore, le souverain d'Angleterre est toujours le chef suprême de l'Église anglicane.

L'expansion de l'Empire britannique permit à l'Église d'Angleterre de s'étendre à travers le monde et de donner naissance à la Communion anglicane, où chaque Église est autonome. En France, elle est représentée par l'Église d'Angleterre (diocèse de Gibraltar) et par l'Église épiscopale américaine.

Les quakers sont les membres d'un mouvement religieux fondé en Angleterre au XVIIe siècle par le prêcheur John Fox (1624-1691) réfutant toute organisation hiérarchique. Fuyant les persécutions, Fox et ses amis émigrent en Amérique, où ils fondent l'État de Pennsylvanie (1682) avec l'intention d'en faire une terre de paix et de tolérance. Cette doctrine privilégie le rapport intime avec Dieu, remet en cause l'existence de tout intercesseur, prône la croyance en la bonté humaine et la prière silencieuse, refuse l'idée de prédestination et dénie toute valeur aux sacrements [17]. Les quakers sont présents en Afrique, Amérique centrale, Australie,

1. 69,1 millions dans le monde.

au Canada, aux États-Unis, en Europe, Nouvelle-Zélande… Ils refusent de faire serment et d'accomplir tout service militaire.

Les communautés anglaise et américaine ont été lauréates du prix Nobel de la paix en 1947 pour avoir apporté « leur aide charitable dans tous les pays accablés par le conflit, aux victimes des camps de concentration, aux rapatriés du Service du travail obligatoire, aux prisonniers de guerre en pays ennemi, aux personnes dites déplacées, aux orphelins…[1] ».

Les méthodistes[2] : l'Église protestante méthodiste est fondée en Angleterre à la fin du XVIIIe siècle par deux prêcheurs itinérants, John Wesley (1703-1791) et son frère Charles, en réaction au ritualisme de l'Église anglicane. Leur nom vient de leur façon « méthodiste » d'étudier la Bible. Réfutant la prédestination, elle prêche le salut personnel par la foi. Leurs principaux sacrements : le baptême (par immersion ou aspersion) et l'eucharistie [41]. Les Églises méthodistes, bien que regroupées en fédération mondiale, sont autonomes.

Les pentecôtistes : issus d'un réveil aux États-Unis entre 1901 et 1906, ils constituent aujourd'hui le deuxième ensemble chrétien après l'Église catholique[3]. Leur nom vient de leur conviction de revivre l'expérience de l'effusion spectaculaire de l'Esprit-Saint

1. Isabelle Lévy, *Nobel, 100 ans de prix, 100 ans d'histoires*, éd. Josette Lyon – Municipalité de Sevran, 2001.

2. Environ 75 millions dans le monde.

3. Environ 350 millions, sans compter les groupes charismatiques des grandes Églises catholique et protestante.

qu'ont vécue les disciples de Jésus le jour de la Pentecôte (Actes des Apôtres 2). Après une première expérience spirituelle de conversion comprise comme une « nouvelle naissance », à laquelle le pentecôtiste a répondu par une profession de foi personnelle suivie du baptême par immersion dans l'eau, survient une nouvelle expérience : une immersion spirituelle (« baptême dans l'Esprit »), manifestée par la glossolalie et d'autres dons (prophétie, guérison, exorcisme). Une formule célèbre résume l'expérience des pentecôtistes : « Jésus sauve, Jésus guérit, Jésus baptise, Jésus revient. » On distingue les grandes Églises « pentecôtistes classiques » nées au début du XXe siècle, comme les Assemblées de Dieu[1], et des communautés ou réseaux plus récents, les « néocharismatiques », souvent marqués par la théologie de la prospérité, qui se développent beaucoup en Amérique latine, Afrique et Asie.

Depuis le début du XXe siècle, un dialogue et une recherche d'unité institutionnelle entre les principaux courants du christianisme, appelés « œcuménisme » (du grec *oikoumene*, « ensemble de la terre habitée »), ont été instaurés. Depuis 1948, ce mouvement est porté par le Conseil œcuménique des Églises, dont le siège est à Genève. Il rassemble aujourd'hui trois cent quarante-neuf Églises orthodoxes, anglicanes et protestantes, et entretient des liens étroits avec l'Église catholique. D'ailleurs, depuis 1935, à l'initiative de l'abbé Couturier, une semaine de prière pour l'unité de tous

1. Environ 50 millions dans le monde ; 150 000 pratiquants dans plus de 500 communautés en France.

les chrétiens (catholiques, orthodoxes et protestants) a été instituée chaque année entre le 18 et le 25 janvier, histoire de transformer en actes les paroles de Jésus : « Qu'ils soient un… » (Jean 17, 22).

La fracture au sein même du catholicisme

Issue des derniers conciles, cette fracture a donné naissance principalement à deux nouveaux courants :

Les vieux-catholiques (1871) : à Munich, des catholiques romains ont voulu ainsi protester contre le dogme, proclamé l'année précédente par le premier concile du Vatican, à propos de l'infaillibilité du pape dans toutes les déclarations *ex cathedra.*

Les lefebvristes (30 juin 1988) : mouvement dirigé par Mgr Lefebvre qui a sacré des évêques à Écône sans l'aval du pape. Un tel acte de désobéissance ne pouvait qu'être considéré comme une rupture objective, explicite et délibérée avec le Saint-Siège et l'Église catholique romaine. Mgr Lefebvre fut excommunié *ipso facto* après la publication de la lettre apostolique *Ecclesia Dei Afflicta* de Jean-Paul II le 2 juillet 1988. Il en serait de même pour les évêques… Il faut souligner qu'ils avaient refusé en bloc toutes les réformes libérales introduites par Jean XXIII et Paul VI lors du concile Vatican II. Au début de l'année 2009, l'excommunication des évêques lefebvristes a été levée par le pape Benoît XVI.

Pour finir, nous pouvons citer les mormons et les Témoins de Jéhovah. Ces deux communautés, qui ont des convictions religieuses assez différentes des Églises que nous venons de présenter, sont tout à fait marginales dans le monde chrétien.

Les mormons[1] : l'Église de Jésus-Christ des saints des derniers jours est fondée par Joseph Smith (1805-1844) aux États-Unis (1827). Il aurait reçu l'inspiration de sa mission de l'ange Moroni qui lui aurait indiqué l'endroit où était caché un livre aux feuilles d'or, le *Livre de Mormon*, publié en 1830. « Cet ouvrage, de style biblique, annonce la venue en Amérique d'hommes qui, après l'échec de la tour de Babel, se seraient enfuis vers ce continent. Jésus ressuscité leur serait apparu, à eux et à un second groupe qui, venant d'Israël, aurait franchi le Pacifique vers 600. Après leur avoir répété le sermon sur la montagne du Nouveau Testament et institué la cène, il serait remonté au ciel[2]. »

Les mormons se différencient des protestants sur la nature de Dieu, le concept d'Église et la définition du salut. Ils sont opposés à la monogamie[3] [120], à l'homosexualité [121], à l'avortement [128], au contrôle des naissances [126], aux relations sexuelles hors mariage [113], au baptême des enfants [134], à l'incinération des défunts [149]… Ils préconisent de se nourrir sainement (recommandation de ne pas manger de sang) et d'éviter tout excitant (alcool, café, thé, tabac). Ils consacrent deux ans de leur vie à l'« œuvre de conversion » et versent la « dîme des

1. 10 millions dans le monde.
2. *Mémoire du christianisme*, *op. cit.*, p. 343.
3. Ils ne pratiquent plus la polygamie depuis 1890. Mais des intégristes vont encore à l'encontre de la loi américaine.

fidèles » à leur Église (10 % de leurs revenus annuels). Ils ont conçu de remarquables études généalogiques sur deux cents millions d'individus et les ont baptisés rétroactivement, sans leur consentement, « pour sauver leurs âmes » : ainsi de William Shakespeare, Albert Einstein, Elvis Presley... entre autres. Des anonymes peuvent en faire autant moyennant finance. Leurs bureaux sont situés à Salt Lake City (États-Unis).

Les Témoins de Jéhovah[1] : fondé aux États-Unis en 1874, le mouvement entretient une conception conservatrice de la nature et de l'interprétation des Écritures. Son fondateur, Charles Taze Russell (1852-1916), Américain de famille presbytérienne (protestant de tendance calviniste), s'était écarté de la pratique chrétienne et de l'Église originelle lorsqu'il s'unit, en 1870, à un groupe adventiste. Après quelques années d'action commune, il s'en sépara pour fonder un périodique, *La Tour de Garde de Sion*, destiné à faciliter la lecture de la Bible (Ancien et Nouveau Testament) selon ses propres interprétations. Il se convainquit que le retour du Christ devait être invisible. Cette présence du Christ dans le monde – visible aux seuls yeux de la foi – devait commencer en 1874.

Taze Russell affirme que la Terre deviendra le séjour des vivants, le temps des gentils et des ressuscités à l'issue de la justification de la souveraineté du Dieu Créateur (annoncée en 1914 puis en 1975 par erreur). Il prêche ses idées par la parole, mais aussi par ses

1. 70 000 en France.

écrits prolifiques. Il s'attribue un rôle messianique annonciateur des événements de la fin. Ses voyages le mènent dans de nombreux pays où il établit des congrégations. En 1884, il organise officiellement son mouvement. En 1931, ses adhérents prennent le nom de Témoins de Jéhovah.

À sa mort, le juge J. F. Rutherford (1869-1942) prend la tête de la communauté. Écrivain plus prolifique encore que son prédécesseur, il rédige ses enseignements. Pour lui, l'année 1914 marque non pas la fin, mais le début de la fin des temps. Depuis, les Témoins de Jéhovah croient que cette même année une bataille s'est livrée dans le Ciel, à la suite de laquelle Satan a été précipité sur la Terre. De là viennent les malheurs actuels de l'humanité. Rutherford avait annoncé pour 1925 la résurrection des Justes et l'introduction du millénium. Il mourut en 1942 sans avoir vu le retour des patriarches pour lesquels il avait fait bâtir une maison en Californie.

Il existe bien d'autres Églises dissidentes issues du catholicisme et du protestantisme[1]. Il nous est difficile ici de toutes les exposer.

23. Le Vatican, berceau du christianisme, et les conciles

Saint Pierre [11] acheva son ministère à Rome (Italie) où il mourut en martyr [20] crucifié la tête en bas (67 après J.-C.). Il en fut ainsi conformément à sa

1. Pour en savoir plus sur les Églises protestantes, consulter le site de la Fédération protestante de France : http://www.protestants.org

demande : il ne voulait pas qu'on le confondît avec Jésus [5].

Autour de sa sépulture, des pèlerinages [49] s'organisent depuis plus de deux millénaires. Plus encore, autour d'elle s'étend une immense nécropole chrétienne. L'empereur Constantin[1] y ordonna la construction d'une basilique dédiée à l'apôtre, au centre de laquelle se trouverait sa tombe (an 324). Les pierres de l'ancien cirque de l'empereur Néron furent utilisées pour bâtir l'édifice. Pour mieux le défendre, le pape Léon IV (847-855) fit édifier les premiers murs de la cité. Autour du palais du Latran, résidence des papes [29], s'élevèrent de nombreuses constructions. Tous les travaux d'aménagement cessèrent pendant les années où le siège de la papauté fut déplacé à Avignon[2] (de 1309 à 1377) afin d'échapper à l'instabilité politique de l'Italie.

Un demi-siècle après son retour, Rome retrouva enfin sa splendeur. Quant à la basilique, son agrandissement fut envisagé. Le pape Nicolas V[3] s'attela à la réalisation de ce projet avec l'architecte Bernardo Rossellino. L'avancée des Turcs et la chute de Constantinople les empêchèrent de le concrétiser.

Entre 1477 et 1480, le pape Sixte IV[4] lança la construction de la célèbre chapelle Sixtine, qui fut inaugurée le 15 août 1483.

1. 306-337 après J.-C.
2. Le pape Clément VI acheta la ville en 1348 à Jeanne 1re, reine de Sicile et comtesse de Provence. La ville resta la propriété de l'Église jusqu'en 1791, date à laquelle elle fut rendue à la France. On peut y visiter le somptueux palais des Papes.
3. 1447-1455.
4. 1471-1484.

Le pape Jules II[1] fit détruire la basilique édifiée par Constantin pour commencer la construction de l'actuelle basilique Saint-Pierre de Rome. Il confia le projet à l'architecte Bramante (1505). Deux siècles et plusieurs papes successifs en vinrent à bout. Les plus grands artistes de l'époque y participèrent, dont Raphaël et Michel-Ange : le premier peignit des fresques dans les appartements du pape, le second dans la chapelle Sixtine. Le Bernin dessina la splendide place Saint-Pierre.

De nos jours, la Cité du Vatican[2] est le plus petit État indépendant du monde, tant par son nombre d'habitants que par son étendue territoriale (0,44 kilomètre carré) ! Il a été créé par les accords du Latran, signés le 11 février 1929 par le Saint-Siège et l'Italie (le premier représenté par le cardinal Gasparri, la seconde par Mussolini) et ratifiés le 7 juin 1929. Selon l'introduction dudit traité, le but de ces accords était d'assurer au Saint-Siège, en sa qualité d'institution supérieure de l'Église catholique, « l'indépendance absolue et visible et [de] lui garantir une souveraineté indiscutable, même dans le domaine international ». Il est le seul État reconnu non membre de l'ONU.

À la tête du Saint-Siège est le souverain pontife (ou pape), élu au décès de son prédécesseur par un collège de cardinaux internationaux âgés de moins de 80 ans [29]. Il dispose de la totalité des pouvoirs législatif,

1. 1503-1513.

2. Pour en savoir plus sur le Saint-Siège, consulter le site : http://www.vatican.va

exécutif et judiciaire. Il est assisté par plusieurs commissions ecclésiales (congrégations et conseils) dirigées par des cardinaux. Leurs décisions sont publiées dans *Acta Apostolicae Sedis*, le *Journal officiel* de la papauté.

Comme tout État, le Vatican a son propre drapeau[1], frappe sa monnaie[2], émet ses timbres postaux, édite un journal quotidien, *L'Osservatore romano* (1861), et diffuse des émissions en différentes langues dans le monde entier sur les ondes de Radio Vatican (1931).

Si la sécurité du pape revient au corps des gardes suisses (1506), dont l'uniforme aurait été dessiné par Michel-Ange, celle de l'État du Vatican est assurée par ses services de police.

Vingt et un conciles

Un concile est une réunion d'évêques lors de laquelle ceux-ci débattent de questions autour de la doctrine spirituelle ou de l'organisation de la communauté. Il peut être :

– soit « œcuménique » ou « universel » : tous les évêques chrétiens y sont rassemblés (les huit conciles qui ont précédé le schisme en 1054) ;

– soit « général » : seuls les évêques catholiques du monde y sont conviés (par exemple, le concile Vatican II) ;

– soit « national » ou « provincial » : les évêques d'un pays ou d'une province sont réunis.

---

1. Il est divisé en deux champs verticaux : le premier est jaune, l'autre blanc. Sur ce dernier sont dessinées la tiare pontificale et les clefs décussées.

2. Les euros frappés à l'effigie des papes sont très prisés par les numismates, étant donné leur rareté.

Si les décisions des conciles œcuménique et général sont irrévocables pour l'ensemble des catholiques, celles des conciles national et provincial concernent uniquement les fidèles représentés par leurs évêques respectifs.

Sur les vingt et un conciles œcuméniques de l'histoire chrétienne :

– les quatre premiers sont reconnus par toutes les Églises chrétiennes ;

– l'Église orthodoxe retient les huit conciles qui se sont tenus avant la séparation de l'Église d'Orient et d'Occident (schisme de 1054) ;

– tous sont reconnus par l'Église catholique.

Le premier d'entre eux n'a pas été pris en compte ; il est appelé l'assemblée de Jérusalem (48 ou 49). Pourtant, les Actes des Apôtres [11] (15, 2-29) témoignent de sa tenue. Il « réunit à Jérusalem les douze apôtres, les anciens et les nouveaux missionnaires, Paul et Barnabé, et [...] eut pour principal objet de régler le problème de la circoncision [134] des nouveaux chrétiens. La résolution adoptée permit de libérer les païens convertis de cette obligation de la loi mosaïque afin de rendre illimitée la diffusion de l'Évangile. Ce premier concile établissait les bases de l'Église chrétienne universelle[1] ».

1° Le premier concile de Nicée (325) est convoqué par l'empereur de Rome, Constantin Ier dit le Grand.

• Il condamne l'arianisme qui nie la divinité de Jésus-Christ.

---

1. Pierre Norma, *Dictionnaire encyclopédique de la Bible*, *op. cit.*

• Il rédige le symbole de foi, dit « symbole de Nicée », qui proclame la consubstantialité du Père et du Fils, c'est-à-dire que le Fils est de même nature que le Père, sans préjuger de son incarnation.

• Il fixe la date de célébration de Pâques [58, 69].

• Il accorde à l'évêque d'Alexandrie une autorité sur l'Orient semblable à celle du pape, sans pour autant le reconnaître comme étant son égal. Ce consentement sera à l'origine des patriarcats de l'Église par Justinien.

2° **Le premier concile de Constantinople** (381) est convoqué par l'empereur romain Théodose Ier.

• Il condamne pour la seconde fois l'arianisme.

• Sur la base du premier concile de Nicée, il développe la formulation de l'article sur l'Esprit-Saint donnant ainsi les bases du dogme de la Trinité [25], soit l'unité du Père, du Fils et du Saint-Esprit.

• Il reconnaît une prééminence d'honneur de l'évêque de Rome sur celui de Constantinople.

3° **Le concile d'Éphèse**[1] (431) est convoqué par Théodose II, empereur d'Orient, et Valentinien III, empereur romain, pour résoudre la controverse suscitée par la doctrine hérétique du nestorianisme (du nom du patriarche de Constantinople, Nestorius).

• Il condamne les fidèles du nestorianisme. Selon eux, Dieu serait venu « habiter » Jésus, fils de Marie. Nestorius est démis de ses fonctions de patriarche et condamné à l'exil.

• Il affirme que Marie peut être appelée « Mère de Dieu » (en grec, *theotokos*, « celle qui engendre

1. De nos jours, en Turquie.

Dieu ») et que Jésus a deux natures – humaine et divine –, toutes deux réunies en une seule personne.

4° Le concile de Chalcédoine (451) est convoqué par l'empereur d'Orient Marcien, sur ordre du pape Léon Ier, pour annuler les décisions du concile dit « le brigandage d'Éphèse » réuni en 449.

• Il condamne le monophysisme (ou l'eutychianisme), doctrine selon laquelle Jésus-Christ n'aurait possédé qu'une nature divine et pas de nature humaine. Ses deux natures étaient inséparables en lui.

5° Le deuxième concile de Constantinople (553) est convoqué par l'empereur byzantin Justinien Ier.

• Il renouvelle la condamnation des monophysites ainsi que de l'origénisme.

6° Le troisième concile de Constantinople (680-681) est convoqué par l'empereur byzantin Constantin IV.

• Il condamne le monothélisme, doctrine prétendant que Jésus-Christ n'avait qu'une seule volonté, la volonté divine, même s'il avait deux natures (humaine et divine).

7° Le deuxième concile de Nicée (787) est convoqué par Irène, impératrice d'Orient.

• Il condamne l'iconoclasme, c'est-à-dire le fait de reconnaître le culte des images saintes comme de l'idolâtrie.

• Il permet la vénération des images (Jésus, Marie, les saints), non pas pour elles-mêmes, mais pour ce qu'elles représentent, et ordonne leur rétablissement dans les églises de l'Empire romain.

8° Le quatrième concile de Constantinople (869-870) est convoqué par l'empereur Basile Ier.

• Tribunal plus que concile, il dépose le patriarche usurpateur Photios et rétablit Ignace sur le siège de Constantinople.

9° Le premier concile du Latran (1123) est convoqué par le pape Calixte II.

• Il approuve le concordat de Worms selon lequel les évêques sont nommés par le pape et non par l'empereur qui peut seulement les investir des biens matériels et des pouvoirs juridiques afférents.

• Il s'oppose au nicolaïsme, soit le mariage et le concubinage des prêtres [29].

• Il condamne l'aliénation de biens d'Église à une autorité et le trafic des biens sacrés (simonie).

10° Le deuxième concile du Latran (1139) est convoqué par le pape Innocent II.

• Il condamne une fois encore le trafic des biens sacrés (simonie), l'usure et le nicolaïsme.

11° Le troisième concile du Latran (1179) est convoqué par le pape Alexandre III.

• Il condamne les vaudois et l'hérésie cathare professée par les albigeois.

• Il réfléchit sur le mode d'élection des papes.

12° Le quatrième concile du Latran (1215) est convoqué par le pape Innocent III.

• Il réitère la lutte contre les hérésies, notamment les cathares et les vaudois.

• Il fixe les obligations des fidèles face aux différents sacrements. Il décide que le secret de la confession ne peut en aucun cas être transgressé par le prêtre.

• Il légifère à propos de la vie religieuse : croisades, ordres monastiques, etc.

• Il demande la libération de la Terre sainte.

13° Le premier concile de Lyon (1245) est convoqué par le pape Innocent IV.

• Il dépose l'empereur germanique Frédéric II qui empiète sur les droits de l'Église en Italie.

• Il redemande la libération de la Terre sainte.

14° Le deuxième concile de Lyon (1274) est convoqué par le pape Grégoire X.

• Il tente un rapprochement entre l'Église catholique latine et l'Église grecque. L'union des Églises est provisoirement rétablie.

• De nouveau, il s'interroge sur le mode d'élection des papes.

15° Le concile de Vienne (1311-1312) est convoqué par le pape Clément V.

• Il condamne l'ordre des Templiers et les « spirituels » franciscains.

• Il réforme les ordres mendiants.

16° Le concile de Constance (1414-1418) est convoqué par le pape Jean XXIII à la demande de l'empereur germanique Sigismond de Luxembourg.

• Il met fin au grand schisme d'Occident en élisant le pape Martin V après avoir déposé le pape Grégoire XII et l'antipape Jean XXII.

• Il proclame la supériorité du concile sur le pape, tenant cette autorité du Christ lui-même. Cela lui permet de disposer d'une juridiction universelle en matière de foi, y compris sur le pape.

• Il condamne Jan Hus et John Wycliff, tous deux attachés à une prompte réforme de l'Église catholique.

17° Le concile de Bâle, Ferrare et Florence (1431-1445) convoqué par le pape Martin V.

• Il tente un nouveau rapprochement avec les Églises d'Orient.

• Il proclame de nouveau que le concile est au-dessus du pape.

18° Le cinquième concile du Latran (1512-1517) convoqué par le pape Innocent III.

• Il condamne les différentes thèses de la suprématie des conciles sur le pape. Par conséquent, il reconnaît le pape comme l'autorité première dans l'Église.

• Le concordat de Bologne entre le pape et François Ier, roi de France, est signé. Il réforme certaines institutions ecclésiastiques.

19° Le concile de Trente (1545-1563) est convoqué par le pape Paul III à la demande de l'empereur Charles Quint.

• Il fut appelé le concile de la Contre-Réforme, par opposition à la Réforme protestante. Il s'attacha en effet à redéfinir de nombreux points de doctrine de l'Église catholique : le péché originel, la justification, les sacrements, la messe, l'eucharistie, le mariage, la vénération des saints, la pénitence et l'extrême-onction, la relation entre l'Écriture et la Tradition, etc.

• Il fixe de nouvelles obligations pour les clercs : résidence des évêques et des curés, institution des séminaires.

20° Le premier concile du Vatican (1869-1870) convoqué par le pape Pie IX.

• Il adapte la législation ecclésiastique datant du concile de Trente aux temps actuels.

• Il définit la position de l'Église sur la Révélation et la foi tout en condamnant le rationalisme.

• Il proclame le dogme de l'infaillibilité pontificale dans la constitution conciliaire *Pastor aeternus* du 18 juillet 1870.

21° Le deuxième concile du Vatican (1962-1965) est convoqué par le pape Jean XXIII.

• Il promulgue des constitutions autour de la liturgie[1], de la Révélation et de l'Église autour de l'évêque de Rome. Surtout, il a contribué à la levée des anathèmes réciproques entre les Églises catholique romaine et orthodoxe. Il réintroduit l'usage ancien du culte en différentes langues autres que le latin. Il encourage le dialogue entre les religions et se prononce en faveur de la liberté religieuse. L'Église se veut ainsi résolument ouverte sur le monde actuel.

---

1. Entre autres, demande d'une révision du rituel des funérailles qui devra désormais « exprimer de façon plus manifeste le caractère pascal de la mort chrétienne et répondre mieux aux situations et aux traditions de chaque région, même en ce qui concerne la couleur liturgique » (*Sacrosanctum Concilium*, 81). Ainsi, le noir n'est plus de rigueur, il est désormais remplacé par le violet pour les adultes ou le blanc pour les enfants.

24. Chiites et sunnites : quelles différences ?

Selon les chiites (de *chi'a*, « le parti de »), l'héritage de Mohammad [7] revient à ses descendants. Selon eux, après son pèlerinage de l'Adieu, le Prophète se serait arrêté à l'oasis de Khum et y aurait désigné pour successeur Ali ibn Abi Talib (600-661), son cousin et gendre, époux de sa fille Fatima (née de sa première femme Khadîdja) et père de Hassan et de Hussein.

Quant aux sunnites[1] (de *Sunna*, « tradition »), ils respectent les pratiques adoptées par Mohammad et ses compagnons, conformément au Coran et à la Sunna [12]. Ils représentent la tradition.

Si les sunnites reconnaissent comme légitimes les trois premiers califes – Abû Bakr (632-634), Omar (634-644) et Othman (644-656) –, les chiites les considèrent comme des usurpateurs et font commencer le califat avec Ali (656-661).

Proclamé calife après l'assassinat de Othman, Ali fut choisi comme successeur du Prophète dont il fut l'un des premiers disciples. Si cette nomination a été acceptée par la majeure partie des musulmans de Médine, elle fut contestée par les kharijites. Aussi le firent-ils abattre. Depuis, les chiites le considèrent comme le premier imam, héritier du Prophète. Il en est de même pour ses descendants directs. Naturellement, le fils aîné d'Ali, Hassan, fut proclamé imam, puis calife. Les tensions étaient telles qu'il renonça rapidement au califat. Il vécut paisiblement le reste de sa vie à Médine, à l'écart des tourments politiques. Hussein, le second fils

1. 90 % des musulmans.

d'Ali, fut appelé au poste de calife à la mort de Mou'awiya qui assurait la fonction depuis le retrait de Hassan. Pour les uns, le fils du calife décédé, Yazid, devait être nommé. Pour les autres, c'était le fils d'Ali (680). Cette dissension donna lieu à des affrontements sanglants entre les deux partis, et Hussein trouva la mort lors de la bataille de Kerbela (Irak).

La mort de Hussein est l'événement principal qui fit du chiisme un mouvement religieux et explique l'importance accordée par les chiites à la souffrance et au martyre. Selon eux, Hussein aurait été trahi.

Chaque année, pendant les dix jours du mois de *Muharram*, les chiites revivent les derniers moments de la vie de Hussein. Le chef de la communauté chiite d'alors s'était reproché de ne pas avoir tenté de secourir Hussein et ses compagnons. En novembre 684, il organisa une longue marche funèbre de contrition de Koufa jusqu'à Kerbela (Irak). Les repentants avaient le visage recouvert d'une cagoule noire. Au lendemain de leur arrivée à Kerbela, les troupes des Omeyyades les massacrèrent. Depuis, lors de la fête de l'*Achoura* [77], les chiites y commémorent leurs martyrs par d'impressionnantes processions où lamentations et automutilations avec couteaux, chaînes et lames de rasoir sont de rigueur. Ces pratiques de s'infliger des souffrances corporelles sont contraires à l'islam.

Dans la pratique religieuse, il y a peu de différences entre chiisme et sunnisme, puisque l'un et l'autre respectent les cinq piliers de l'islam [18]. Notons cependant quelques spécificités des chiites :

• Dans l'appel à la prière, ils ajoutent : « J'atteste qu'Ali est proche. »

• Ils font trois prières quotidiennes au lieu des cinq requises par les sunnites (ils joignent la deuxième à la troisième, la quatrième à la cinquième).

• Lors du pèlerinage à La Mecque, ils font une déambulation supplémentaire autour de la Kaaba.

25. La Trinité, le Dieu des chrétiens

La sainte Trinité[1] (du latin, « trois en un ») est un point fondamental pour les chrétiens. Selon eux, la première vision biblique de la Trinité est mentionnée dans la Genèse : « L'Éternel lui apparut parmi les chênes de Mambré, comme il [Abraham] était assis à l'entrée de sa tente, pendant la chaleur du jour. Il leva les yeux et regarda : et voici, trois hommes étaient debout près de lui » (18, 1-2).

L'Évangile de saint Matthieu la confirme en rapportant les paroles de Jésus – « Allez donc, de toutes les nations faites des disciples, les baptisant au nom du Père et du Fils et du Saint-Esprit » (28, 19) –, comme de nombreux faits racontés dans le Nouveau Testament : « Le même "Esprit a couvert Marie de son ombre" (Luc 1, 35) pour qu'elle enfante le Sauveur des hommes. Il vient sur un homme pour le constituer chrétien, il vient sur un chrétien pour en faire un confirmé, il vient sur un amour humain pour le consacrer en amour trinitaire dans le mariage. L'Esprit-Saint vient sur le pain et le vin au cours de l'eucharistie pour les faire présence du Christ. Il vient dans le sacrement du pardon pour prendre le pécheur

1. Célébrée par l'Église universelle le dimanche suivant la Pentecôte depuis 1334 selon les vœux du pape Jean XXIII.

et le restaurer par la puissance de la Résurrection. Il vient dans le sacrement de l'Ordre faire d'un homme un prêtre du seigneur[1]. »

Si le premier concile de Nicée (325) [23] proclame la consubstantialité du Père et du Fils, c'est-à-dire que Dieu s'est fait homme en la personne de Jésus-Christ, donc qu'il est le « Fils de Dieu », le premier concile de Constantinople (381) annonce : un seul Dieu existe en Trois Personnes.

« Attention : le mot "personne" lorsque l'on parle de la Trinité n'a pas le même sens qu'en français courant. En français, une "personne" désigne un homme ou une femme. Pour parler de la Trinité, on emploie un mot de la philosophie grecque qu'on traduit par "personne", mais qui désigne un centre débordant d'amour gratuit pour les autres. "Gratuit" signifie "sans attendre de retour"[2]. »

Pour les catholiques, la sainte Trinité se compose de Trois Personnes distinctes, égales et consubstantielles[3] en une seule et indivisible nature :

• Le Père est le Créateur de toutes choses, visibles ou invisibles.

• Le Fils (Jésus), engendré par le Père de toute éternité, est la parole du père qui s'est faite chair.

1. *La chapelle du Saint-Esprit-de-Rue et son pèlerinage de la Pentecôte*, brochure éditée par l'Association des Amis de la chapelle du Saint-Esprit-de-Rue et du Pèlerinage de la Pentecôte, juillet 2007.

2. John Trigilio (père), Kenneth Brighenti (père), Pierre Lartigue (père), *Le Catholicisme pour les nuls*, *op. cit.*

3. C'est-à-dire de même substance.

• Le Saint-Esprit, qui procède du Père et du Fils, est l'amour[1] à la fois du Père et du Fils.

La formule accompagnant le signe de croix catholique en témoigne : « Au nom du Père, et du Fils et du Saint-Esprit. Amen. »

Si le Credo pour l'Église catholique est : « Je crois en l'Esprit-Saint [...] il procède du Père et du Fils », l'Église orthodoxe conteste la formule « et du Fils ». Selon elle, l'Esprit-Saint procède du Père seul, conformément à l'Évangile de Jean : « Je vous enverrai l'Esprit de vérité qui procède du Père » (15, 26). Cette distinction est la principale raison du schisme qui sépara les deux Églises en 1054.

En revanche, sur le plan strictement théologique, il n'y a pas de différence entre le catholicisme et le protestantisme quant à la doctrine de la sainte Trinité. La déclaration de foi de l'Église réformée de France le confirme :

« Cette Écriture sainte [confession de la Rochelle] nous enseigne qu'en la seule et simple essence divine que nous avons confessée, il y a Trois Personnes, le Père, le Fils et le Saint-Esprit :

« – le Père, cause première, principe et origine de toutes choses ;

« – le Fils, sa Parole et sa sagesse éternelle ;

« – le Saint-Esprit, sa force, sa puissance et son efficacité.

« Le Fils est éternellement engendré du Père ; le Saint-Esprit procède éternellement du Père et du Fils.

1. « [...] Voici les fruits de l'Esprit : amour, joie, paix, patience, bonté, bienveillance, foi, douceur, maîtrise de soi » (Galates 5, 22).

« Les Trois Personnes de la Trinité ne sont pas confondues, mais distinctes ; elles ne sont pourtant pas séparées, car elles possèdent une essence, une éternité, une puissance identiques, et sont égales en gloire et en majesté. »

S'il ne peut en être question pour le judaïsme qui ne reconnaît Jésus ni comme le Fils de Dieu, ni comme prophète, l'islam s'en écarte, comme le souligne le Coran : « Ne dites pas "trois" ; cessez de le faire, ce sera mieux pour vous. Dieu est unique ! Gloire à lui ! Comment aurait-il un fils ? » (4, 171).

26. À propos de la Vierge Marie

« L'ange [Gabriel] entra chez elle et dit : "Je te salue, toi à qui une grâce a été faite ; le Seigneur est avec toi." Troublée par cette parole, Marie se demandait ce que pouvait signifier une telle salutation. L'ange lui dit : "Ne crains point, Marie ; car tu as trouvé grâce devant Dieu. Et voici, tu deviendras enceinte, et tu enfanteras un fils, et tu lui donneras le nom de Jésus. Il sera grand et sera appelé Fils du Très-Haut, et le Seigneur Dieu lui donnera le trône de David, son père. Il régnera sur la maison de Jacob éternellement, et son règne n'aura point de fin." Marie dit à l'ange : "Comment cela se fera-t-il, puisque je ne connais point d'homme ?" L'ange lui répondit : "Le Saint-Esprit viendra sur toi, et la puissance du Très-Haut te couvrira de son ombre. C'est pourquoi le saint enfant qui naîtra de toi sera appelé Fils de Dieu." [...] Marie dit : "Je suis la servante du

Seigneur ; qu'il me soit fait selon ta parole !" Et l'ange la quitta[1]. »

On sait peu de chose sur Marie, figure discrète des Évangiles. Elle venait de Nazareth où l'ange Gabriel lui apparut. Il lui annonça [60] qu'elle allait avoir un fils qu'elle nommerait Jésus [5]. Elle était alors fiancée à un charpentier, Joseph, descendant de la famille du roi David.

En 431, lors du concile d'Éphèse [23], l'Église affirme que Marie est mère de Dieu puisque Jésus est le Fils de Dieu et Dieu lui-même [25].

En 1963, au concile Vatican II, le pape Paul VI proclame Marie « Mère de l'Église », c'est-à-dire mère de ses fidèles et de ses pasteurs.

La virginité de Marie, souvent contestée, n'est pas un mépris de la sexualité [122], mais souligne l'origine divine de son fils Jésus. Pour autant, Marie a-t-elle été la mère d'autres enfants ? Pour les catholiques, la mère de Dieu s'est entièrement consacrée à son fils unique et ne pouvait pas avoir d'intimité conjugale. Mais alors, que signifie la mention des frères et sœurs de Jésus dans l'Évangile de Marc (6, 3) ? Sont-ils à considérer au sens propre (lien de sang) ou dans un sens plus large (lien de parenté) ? Bien des protestants ne refusent pas l'idée que Marie ait eu d'autres enfants après Jésus, alors que le concile du Latran affirme Marie « toujours vierge » après la naissance de Jésus.

1. Luc 1, 28-38. La fête de la Sainte-Famille est célébrée le dimanche entre Noël et l'Épiphanie.

Si Marie a été préservée de la tache du péché originel, son corps n'a pas pu subir la corruption du tombeau. De cette certitude est née la conviction que Marie a été élevée, corps et âme, au ciel par la puissance de Dieu dès le jour de son trépas pour resplendir à la droite de son Fils. Alors que le Nouveau Testament ne fait aucunement mention du fait, le pape Pie XII, après consultation de tous les évêques unanimes, a proclamé le 1er novembre 1950 le dogme suivant : « L'Immaculée mère de Dieu, après avoir achevé le cours de sa vie terrestre, a été élevée en corps et en âme à la gloire céleste. » Depuis, les catholiques célèbrent la mort de Marie et son élévation au ciel par d'impressionnantes processions le 15 août, jour de l'Assomption [71]. Les orthodoxes en font autant depuis le VIe siècle (« la Dormition »), alors que les protestants se refusent depuis toujours à célébrer un événement nullement attesté par les Évangiles. D'ailleurs, ils ne rendent aucun culte à Marie et rejettent le dogme de l'Immaculée Conception [27].

Si les juifs ne reconnaissent ni Jésus, ni Marie, ni toute autre personnalité du Nouveau Testament, il n'en est pas de même des musulmans qui « [...] reconnaissent Jésus comme le Verbe de Dieu qui s'est fait chair. [...] Cependant, nous reconnaissons comme les chrétiens la naissance virginale et miraculeuse de Jésus, signe de l'omnipotence divine. [...] Sans voir en lui le Fils de Dieu, Jésus est reconnu comme le Messie – l'oint de Dieu – et éminent prophète. [...] Les musulmans attendent son retour – sa parousie –, puisqu'il est annonce de l'Heure, celle du Jugement dernier [156]. [...] Seule femme citée nommément dans le Coran, elle [Marie] est considérée comme la "first Lady" du paradis : “Ô Marie ! Dieu t'a élue en vérité ; Il t'a purifiée ; Il t'a choisie de préférence à toutes les femmes de l'univers”[1] ».

27. Qu'est-ce que l'Immaculée Conception ?

Par la publication d'un décret du pape Pie IX le 8 décembre 1854, l'Immaculée Conception (à ne pas confondre avec la naissance virginale) devient un dogme essentiel de l'Église catholique : la Vierge Marie [26] est née pure de toute souillure physique ou morale (c'est-à-dire sans avoir été atteinte par le péché originel) alors qu'elle est née, à la différence de Jésus [5], d'une relation charnelle entre Anne et Joachim[2] [11].

« Pourquoi déclarer sans péché un embryon ? Parce que la future Marie devrait être le “vase très pur”, le “ventre béni” du Sauveur à venir. [...] La confusion entre l'Immaculée Conception de Marie et la naissance virginale de Jésus vient de ce rapprochement hâtif : puisque Jésus a été “conçu du Saint-Esprit”, sa conception est bien immaculée[3]. »

Quelques années après la reconnaissance papale, le 25 mars 1858, Bernadette Soubirous aurait entendu, dans la grotte de Massabielle, la Vierge Marie lui dire : *Que soy era immaculada counception.* La jeune bergère de Lourdes [49] était analphabète et ne pouvait

1. Ghaleb Bencheikh, *Alors, c'est quoi l'islam ?*, *op. cit.*
2. Selon le Protévangile de Jacques écrit vers l'an 150.
3. Odon Vallet, *Petit lexique des idées fausses sur les religions*, éd. Albin Michel, 2002.

avoir connaissance d'une décision des plus hautes autorités de Rome.

Le dogme de l'Immaculée Conception n'apparaît pas dans les Évangiles : Marie est bien « comblée de grâce[1] », mais rien ne dit qu'elle a été conçue préservée du péché. Seuls les catholiques reconnaissent ce dogme. Pour les protestants et les orthodoxes, il n'a aucune signification.

1. Luc 1, 28.

Chapitre II

Les cultes

28. Petite histoire du Consistoire israélite de France[1]

Alors que le mot « consistoire » désigne, dans l'Église catholique, l'assemblée des cardinaux et, dans les Églises protestantes, la réunion des « anciens » autour du pasteur, dans le judaïsme, il définit une institution d'origine française.

Après que la Révolution de 1789 a proclamé la liberté religieuse pour tous, de nombreuses mesures sont prises vis-à-vis des ordres religieux catholiques. À leur tour, les juifs requièrent un statut officiel de reconnaissance, analogue aux accords de concordat des Églises catholique (1801) et protestante (1802). Pour Napoléon Ier, c'est un moyen efficace de contrôler l'évolution des communautés

1. D'après le site Internet du Consistoire israélite de France.

juives. Aussi s'empresse-t-il de satisfaire leur demande. En février-mars 1807, il convoque le Grand Sanhédrin à l'Hôtel de Ville de Paris, réunissant rabbins et notables de l'Empire, qui doivent définir ensemble les principes du culte israélite en répondant à douze questions. « Elles traitaient de problèmes de doctrine et de loi juive : mariage mixte ou prêts à intérêts, obligations religieuses du juif appelé sous les drapeaux. Elles concernaient l'attitude que le judaïsme adoptait face à l'État et à la patrie : droits et devoirs civiques, relations entre les juifs et leurs concitoyens chrétiens. Il était aussi question de l'organisation des communautés, du rôle et du pouvoir des rabbins[1]. »

Par décret du 11 novembre 1808, le Consistoire israélite de France (siégeant à Paris) est fondé, avec à sa tête David Sintzheim[2] (1745-1812), premier grand rabbin de France. Les fondements essentiels du judaïsme français sont désormais posés.

« Depuis deux cents ans, en toutes circonstances, et conformément au contrat passé, les juifs de France sont restés fidèles à la France. Intégration dans la société et dans la République, défense acharnée et sans concession des valeurs de la République et des droits de l'homme, recherche permanente de la justice, attachement sans faille à la laïcité. De l'engagement massif des juifs de France dans la Grande Guerre à la partici-

1. Joël Mergui, président du Consistoire de Paris-Île-de-France, in *Bicentenaire du Grand Sanhédrin (1807-2007)*, brochure éditée par les Consistoire central / Union des communautés juives de Paris et Consistoire de Paris-Île-de-France, 2007.

2. Personnalité rabbinique et érudit alsacien, commentateur du Talmud, il fut le président du Grand Sanhédrin. Sa réputation alla au-delà des frontières de l'Empire.

pation active dans les réseaux de Résistance quelque trente ans plus tard, en passant par une contribution reconnue dans la vie politique, économique, sociale, scientifique ou culturelle d'une France sans cesse en évolution, en deux cents ans, les juifs de France ont répondu présents à la France et à son Histoire [...][1]. »

Le Consistoire a pour principale vocation d'être le gardien de la tradition, de développer et d'organiser la vie religieuse avec l'entretien et la construction de synagogues, la formation des rabbins[2], la célébration des mariages, l'accompagnement des défunts, l'éducation de la jeunesse, l'aumônerie (hôpitaux, armées, prisons), la bienfaisance [51], l'alimentation casher [99 à 104], etc. Il a aussi pour mission de représenter le judaïsme français auprès des pouvoirs publics et des médias. En 1946, le président d'alors, Georges Wormser, avait résumé l'importance de l'institution auprès des fidèles : « Tout juif a, a eu, ou aura des relations avec le Consistoire. »

Les conquêtes napoléoniennes étendirent cette réforme à de nombreux pays d'Europe occidentale, accueillie avec beaucoup de réticences par les différentes communautés qui ne pensaient pas qu'il fût de bon augure que l'État se mêlât de leurs affaires internes. Pourtant, la création du Consistoire permit la reconnaissance du judaïsme français par l'État et de favoriser l'éman-

1. Joël Mergui, *ibid.*

2. En France, le titre de rabbin s'obtient au Séminaire israélite de France (Paris). Cinq ans d'études après le baccalauréat sont requis. Parmi les matières enseignées figurent la Bible, le Talmud, la Halakha, la pensée juive, mais aussi l'histoire et la philosophie générale.

cipation civique et sociale des juifs à travers ces deux derniers siècles. Il en fut de même sous d'autres cieux.

29. Le Vatican et le clergé catholique

Le pape (en italien *il papa*, « le père »), appelé aussi Saint-Père ou souverain pontife, est l'évêque de Rome et le chef de l'Église catholique. Successeur de saint Pierre[1] – « Tu es Pierre et sur cette pierre je bâtirai mon Église » (Matthieu 16, 18) –, il est élu par le Collège des cardinaux[2] de toutes les nations lorsque le précédent est décédé ou a démissionné[3].

Entre le quinzième jour et le vingtième jour après la mort du pape, les cardinaux se réunissent à Rome en conclave (du latin *cum clave*, « mis sous clef »). En effet, les cardinaux sont enfermés dans la chapelle Sixtine jusqu'à ce qu'ils aient élu un nouveau pape, le plus souvent l'un d'entre eux. Dans les faits, un évêque, un prêtre, un diacre ou un laïc peut être élu. Néanmoins, pour atteindre le sommet de la hiérarchie ecclésiastique, chacun doit passer par les différents degrés. Aussi, parce que les cardinaux forment un cercle plus restreint que celui des évêques ou des prêtres, ils choisissent le successeur du pape parmi leur collège.

« Une fois que tous les cardinaux se sont réunis en conclave, les discussions et les délibérations peuvent

---

1. Benoît XVI est son 265e successeur.
2. Cent vingt électeurs au maximum, âgés de moins de 80 ans.
3. Seulement quatre papes sur les 265 ont démissionné : Pontien en 235, Félix II en 358, Grégoire VI en 1046 et Célestin V en 1294.

commencer. Pendant toute la durée du conclave, les cardinaux sont comme séquestrés et ne peuvent avoir aucun contact avec l'extérieur. Sous peine d'être excommuniés, les cardinaux ont l'interdiction absolue de commenter ce qui se passe au sein du conclave, cela pour réduire au maximum toute influence politique ou extérieure.

« Pour être élu, le nouveau pape doit obtenir une majorité des deux tiers. Chaque cardinal écrit sur une feuille le nom du candidat qu'il retient. Ce papier est déposé sur une patène (assiette) en or. La patène est ensuite retournée pour que le bulletin tombe directement dans le calice (coupe) qui est placé juste en dessous. Ce geste a une valeur symbolique très profonde car le calice et la patène sont les deux objets utilisés au cours de la messe pour présenter le pain et le vin qui, une fois consacrés, deviennent le corps et le sang du Christ (au moment de la Consécration).

« Si personne n'obtient la majorité des deux tiers (comme ce fut le cas à deux reprises pour l'élection de Benoît XVI) ou si l'élu refuse sa nomination, on mélange de la paille mouillée avec les bulletins de vote qui sont brûlés dans la cheminée. Il s'en dégage alors une fumée noire qui prévient la foule amassée dehors que le nouveau pape n'est pas encore élu. Il y a deux votes par jour : un le matin, un le soir. On procède ainsi jusqu'à vingt et une fois. Au vingt-deuxième tour, si aucun candidat n'est élu à la majorité des deux tiers, le nouveau pape est élu à la majorité simple (50 % des voix plus une). Une fois que la majorité requise est atteinte et que l'élu accepte sa nomination, les bulletins de vote sont brûlés, sans ajout de paille, ce qui produit une fumée blanche très attendue par la foule qui attend le résultat de l'élection[1]. »

Élu à vie et responsable de plus d'un milliard d'âmes, le pape a pour mission d'être un guide spirituel dans l'enseignement de la foi et de la doctrine. Il peut consulter les cardinaux appelés alors à siéger en concile [23].

Mais pourquoi s'habille-t-il en blanc ? Le pape Pie V (1566) décida de continuer à porter son habit blanc de dominicain et adopta ensuite une soutane blanche. Ses successeurs le suivirent naturellement pour se distinguer des cardinaux habillés de rouge, des évêques de violet et des prêtres de noir [93]. Quant à leur calotte, de la même couleur que leur habit, elle rappelle la *kippa* portée par les juifs [86].

Dans la hiérarchie catholique romaine, les cardinaux (du latin *cardinalis,* « pivot », « principal ») sont la plus haute dignité après le pape. On leur donne le titre d'« éminence ». Élus par le Saint-Père, ils ont pour première fonction d'élire le chef de l'Église, comme nous venons de le voir. Ils sont surtout ses plus proches conseillers sur les questions essentielles relatives à la vie de l'Église. Ils forment le Sacré Collège.

À la tête de chaque congrégation (un ministère, en fait), il y a un cardinal. Ces neuf congrégations forment la curie romaine : la doctrine de la foi ; les Églises orientales ; le culte divin et la discipline des sacrements ; les causes des saints ; l'évangélisation des peuples ; le clergé ; les instituts de vie consacrée et les

1. John Trigilio (père), Kenneth Brighenti (père), Pierre Lartigue (père), *Le Catholicisme pour les nuls*, *op. cit.*

sociétés de vie apostolique ; l'éducation catholique ; les évêques. Elles sont comparables à des ministères autour d'un président.

Les cardinaux[1] peuvent se trouver également à la tête de commissions, de conseils, voire de tribunaux compétents en matière de droit canonique [32], ou diriger un archidiocèse[2]. Comme un archevêque, ils ont pour missions l'ordination des prêtres et la gestion des affaires courantes.

Suivent les évêques (du grec *episkopos,* « surveillant »). Responsables de la vie spirituelle de tous les fidèles et des institutions ecclésiastiques de leur diocèse (correspondant souvent à un département), ils ordonnent prêtres et diacres, donnent le sacrement de confirmation [139], etc. Quant aux archevêques métropolitains, leurs juridictions épiscopales s'étendent sur plusieurs diocèses regroupés en provinces (en France).

Si les vicaires généraux, premiers adjoints des évêques, sont nommés par ces derniers afin de les aider à diriger l'Église locale, les vicaires épiscopaux sont chargés de domaines particuliers, comme les vocations, le tribunal des causes matrimoniales, la pastorale des minorités (gens du voyage), etc.

Les curés, nommés par l'évêque du diocèse dont ils dépendent, le représentent dans leur paroisse respective. Ils peuvent être assistés, si besoin est, par un vicaire pour dire la messe tous les jours et assurer

1. En 2006, près de deux cents cardinaux étaient en exercice dans le monde.

2. Province composée de plusieurs diocèses (Lyon ou Bordeaux, par exemple).

confessions, préparations au mariage, baptêmes, confirmations, catéchisme des enfants, catéchuménat[1], sans oublier la formation permanente des adultes.

Qu'ils soient pape, cardinaux, archevêques, évêques, prêtres ou vicaires, tous se doivent d'être célibataires, selon l'Église catholique. Pourquoi ? En Occident, le célibat devient la norme au concile d'Elvira (Espagne, 306 après J.-C.). Il est obligatoire en 1074 avec le pape Grégoire VII. Il est réaffirmé en 1139 au deuxième concile du Latran [23]. Pourtant, si des extraits du Nouveau Testament défendent l'idée du mariage des prêtres, d'autres prônent la valeur du célibat et de la virginité, tel l'apôtre Paul.

De nos jours, l'obligation du célibat pour les prêtres est une règle de discipline, pas une doctrine ni un dogme. Aussi, en théorie, le pape pourrait la modifier, voire la supprimer. Mais il semble bien difficile à tout successeur de saint Pierre de vouloir remettre en cause une longue tradition à laquelle Jésus et les apôtres ont adhéré en leur temps. Plus encore quand on sait qu'un tel changement ne viendrait pas à bout de la crise des vocations que traverse l'Église catholique depuis quelques décennies. Le célibat des prêtres en est une des causes, mais pas l'unique.

Dans le protestantisme, les pasteurs ont le droit de se marier. Il en est de même pour les prêtres orthodoxes, si toutefois ils se marient avant leur ordination. Néanmoins, le grade d'évêque n'est accessible qu'aux célibataires ou aux veufs. Quant aux moines orthodoxes, ils

1. Préparation au baptême des adultes.

se doivent d'être célibataires, cela va de soi avec la vie monacale.

Dans le judaïsme et dans l'islam, le célibat [114] des rabbins et des imans n'a jamais été envisagé au fil des siècles.

30. La Fédération protestante de France[1]

Deux facteurs importants ont contribué à la création de la Fédération protestante de France : la grande division régnant au sein du protestantisme au début du XXe siècle et le projet de loi de séparation des Églises et de l'État. Guère consultés par les différents promoteurs de cette loi (Aristide Briand, entre autres), les protestants ressentent la nécessité de s'organiser pour adopter une attitude commune face au gouvernement.

Pour ce faire, les synodes[2] de cinq Églises (Église méthodiste, Églises réformées libérales, Église réformée de France, Église luthérienne, Union des Églises libres) se prononcent entre 1904 et 1905 en faveur de la création de la Fédération protestante de France. Elle sera fondée le 25 octobre 1905, quelques semaines avant que cette loi essentielle soit promulguée le 9 décembre 1905. Son premier conseil se réunira en 1907. Deux ans plus tard se tiendra la première Assemblée générale à Nîmes (haut lieu du protestantisme).

D'autres Églises appartenant aux diverses sensibilités du protestantisme rejoindront la Fédération : les baptistes (1916), l'Église apostolique (1972), la Mission évangé-

1. D'après le site Internet de la Fédération protestante de France.
2. Réunions de pasteurs.

lique tsigane (1975), l'Église de Dieu et l'Union des Églises de réveil (1983), l'Armée du Salut (1995), l'Église du Nazaréen (2001), la Communauté des Églises africaines en France (2003), l'Union d'Assemblées protestantes en mission, l'Union des fédérations adventistes de France et la Communion des Églises de l'espace francophone (2006). S'y ajoutent de nombreuses associations protestantes intervenant dans de multiples domaines : éducation, action sanitaire et sociale…

La fédération « a pour vocation de contribuer au rapprochement de ses membres, de coordonner leurs actions et de les aider à assumer leurs responsabilités. Elle assure également un certain nombre de services communs : télévision, radio, information et communication, aumônerie aux armées et dans les prisons, recherche biblique, relation œcuménique, documentation ». Elle a « par ailleurs pour mission de représenter le protestantisme français auprès des pouvoirs publics et des médias[1] ».

31. Le rôle du Conseil français du culte musulman

« Depuis le début des années 1990, les pouvoirs publics français se sont mobilisés pour la création d'une instance représentative du culte musulman qui serait l'interlocuteur de l'État et des collectivités territoriales pour les questions liées à l'exercice du culte, telles que la construction de mosquées, l'abattage rituel, les “carrés” musulmans dans les cimetières, la

1. Éric Denimal, *Oui, nous sommes protestants*, Presses du Châtelet, 2002.

désignation d'aumôniers dans les écoles, les hôpitaux et les prisons, la formation des imams…

« En 1997, une vaste consultation nationale des musulmans de France a été menée auprès de sept fédérations musulmanes, de cinq grandes mosquées et d'une vingtaine de personnalités qualifiées. Elle a abouti à la création du Conseil français du culte musulman (CFCM), officiellement né le 3 mai 2003. Les premières élections se sont tenues entre avril et juin 2003 [...].

« Le CFCM, compétent au niveau national, est relayé par les conseils régionaux du culte musulman (CRCM) qui ont une compétence au niveau régional et qui servent d'interlocuteurs aux préfectures et élus locaux.

« Le CFCM représente le culte musulman ; il a vocation à régler les questions relatives au culte, mais n'exerce pas d'autorité spirituelle dans le sens où il n'est pas une instance théologique qui émettrait des avis religieux. Ses missions sont :

« • défendre la dignité et les intérêts du culte musulman en France ;

« • favoriser et organiser le partage d'informations et de services entres les lieux de culte ;

« • encourager le dialogue entre les religions ;

« • assurer la représentation des lieux de culte musulmans auprès des pouvoirs publics.

« Depuis sa création, le CFCM est intervenu notamment pour faciliter la mise en œuvre de la loi du 15 mars 2004 interdisant le port ostensible de signes d'appartenance religieuse dans les établissements scolaires[1]. »

---

1. D'après « Le culte musulman en France », *La France à la loupe*, ministère des Affaires étrangères, mars 2007.

À ce propos, le recteur Khalil Merroun souligne : « Le CFCM n'était pas favorable à cette loi contre le foulard. Néanmoins, une fois votée, le CFCM a expliqué et a informé les musulmans de la nécessité de son respect, car l'islam demande aux musulmans de respecter les lois du pays où ils vivent, en l'occurrence les lois de la République française. »

32. *Halakha*, droit canon et *fatwa*

La *halakha* (en hébreu, « aller ») est le guide officiel de la vie religieuse et civile du judaïsme. Elle traite différents points tels que le respect du *shabbat* [9] et des fêtes [52 à 57], la prière quotidienne [44], la pureté familiale [83], les règles alimentaires [99 à 104], les préceptes de morale et de vie en société, les rites de passage, la conversion, etc. Décrétée par les autorités rabbiniques, elle est la Loi, la référence à suivre pour tout juif orthodoxe. Elle prend directement sa source dans la Torah [10] et les six cent treize commandements [8] divins. La *halakha* est un signe d'alliance entre le Divin et les hommes.

Le code du droit canon (ou droit canonique) a été fondé par Gratien en 1140. Dans son ouvrage *Décret ou concorde des canons discordants*, il ordonne l'ensemble des règles concernant la foi et la discipline au sein de l'Église catholique et tente de résoudre leurs contradictions en les émaillant de ses commentaires. En 1917, le pape Benoît XV promulgue le nouveau code du droit canon. Révisé à partir de 1963 sous l'impulsion de Jean XXIII, il sera promulgué par Jean-Paul II vingt ans après. En plus des écrits apostoliques, il prend en compte les prescriptions des premiers papes jusqu'aux décisions des derniers conciles [23] et synodes.

Une *fatwa* (pluriel *fatawat*) n'est pas une « condamnation à mort » et n'a pas force de loi. C'est l'avis, étayé par des arguments juridiques et théologiques, d'un mufti sur une question de droit. Elle supplée aux règles et législations du Coran ou de la Sunna [12]. « Aussi, précise le recteur Khalil Merroun, le mufti se doit de connaître et de maîtriser parfaitement la langue arabe, de même pour l'interprétation du Coran et de la Sunna. De plus, il reste propriétaire de sa *fatwa* et les fidèles sont libres de la suivre ou non. L'islam considère le cœur du fidèle comme le meilleur des muftis. »

« Il s'agit souvent de problèmes liés à la propriété et aux successions, ou aux dispositions matrimoniales, ainsi qu'aux rapports établis entre le droit coranique et la société moderne, ou étrangère à l'islam, qui doit incorporer des activités relevant des technologies contemporaines telles que médias, médecine, chirurgie, réglementations sociales et démocratie. Selon une tradition bien établie, les comités décrétant les *fatwas* peuvent être composés aussi bien de femmes que d'hommes, de laïcs que de religieux, pourvu que les études et leur connaissance de la loi et de l'enseignement coranique soient profondes et véritables[1]. »

Le recteur Khalil Merroun ajoute : « Il n'y a pas d'homme de religion en islam puisqu'il n'y existe pas

1. Robert-Jacques Thibaud, *Dictionnaire des religions*, *op. cit.*

de clergé. Il n'y a que des hommes de foi, de savoir et de science. »

Fatwa et *chari'a* (en arabe, « la voie à suivre ») sont très souvent confondues. Si la première est un avis, la seconde regroupe l'ensemble des prescriptions et interdits de la loi liée aux obligations du culte et aux relations civiles et sociales des musulmans.

33. Qu'est-ce qu'une synagogue pour les juifs ?

Après leur sortie d'Égypte, les Hébreux effectuent le culte autour du Tabernacle pendant leur périple de quarante ans dans le désert. C'est un véritable sanctuaire itinérant : un coffre sacré en bois d'acacia contient l'Arche d'alliance [34], un pot de manne, les tables en pierre sur lesquelles sont gravés les dix commandements [8] et les débris des premières Tables de la Loi. Cette arche est transportée sur deux barres placées sur chaque côté.

Après la conquête de Jérusalem, le roi David conçoit le projet d'y bâtir un temple, symbole de la paix universelle. Dieu le lui interdit parce qu'il a versé trop de sang pendant son règne. Salomon, son fils, réalisera son vœu sur la colline Moria (Xe siècle avant J.-C.), l'emplacement choisi par son père. L'Arche et les Tables de la Loi seront déposées dans le Saint des Saints. Quelques siècles plus tard, le Temple est détruit par Nabuchodonosor, roi de Babylone (586 avant J.-C.). Reconstruit soixante-dix ans plus tard, l'édifice est de nouveau anéanti par les Romains en l'an 70. Nul ne sait aujourd'hui où se trouve l'Arche d'alliance.

Les synagogues[1] (du grec *sunagôgé*, « assemblée » ; en hébreu *beth haknesset*, « maison de la réunion ») se sont substituées au Temple de Jérusalem dès sa première destruction. Toutes sont construites dans sa direction[2]. Lieux de culte et d'étude, elles sont de véritables centres communautaires. Conformément au Décalogue – « Tu ne te feras aucune image sculptée, rien qui ressemble à ce qui est dans les cieux, là-haut, ou sur la terre, ici-bas, ou dans les eaux, au-dessous de la terre » (Exode 20, 4) –, aucune sculpture ni peinture figurative ne décore leur enceinte.

Si, dans le Temple de Jérusalem, des animaux étaient offerts en sacrifice au divin, ce ne fut jamais le cas dans les synagogues où les prières les remplacèrent : « Nous offrirons, au lieu de taureau, l'hommage de nos lèvres » (Osée, 14, 3).

Selon la tradition, hommes et femmes ne s'assoient jamais côte à côte lors des offices afin que l'attention des premiers ne soit pas détournée de la prière par les appas du beau sexe. L'architecture des synagogues des siècles précédents ne prévoyait pas toujours leur place : la femme, à la différence de l'homme, n'a pas le devoir de remplir les préceptes liés au temps (entre autres, prier).

---

1. La plus ancienne du monde : celle de Djerba (Tunisie) ; la plus ancienne d'Europe de l'Est : Prague (Tchécoslovaquie) ; la plus grande d'Europe de l'Est : Budapest (Hongrie)… La plus émouvante : celle de Massada (Israël), qui a accueilli les juifs insurgés contre Rome en l'an 70 après J.-C. Pour ne pas se rendre à l'ennemi, ils choisirent de se suicider.

2. Certains architectes n'ont pas respecté ce point essentiel, plus attentifs à l'alignement des rues qu'au respect des exigences religieuses.

L'*Aron Hakodech* (Arche sainte) contient les rouleaux de la Torah[1]. Fermée par un rideau, elle est située sur le mur orienté vers Jérusalem. Comme on se place toujours face à l'Éternel, le juif prie en face de l'Arche. Elle contient les cinq livres du Pentateuque, en hébreu, écrits entièrement à la main avec une plume d'oie ou un roseau par un scribe sur des rouleaux en parchemin, cousus ensemble, sans voyelles et sans accents musicaux. Avant de s'adonner à ce travail méticuleux, le scribe aura sanctifié son acte par une prière. Certains se purifient chaque jour dans un bain rituel [83]. Une année entière est nécessaire pour mener ce travail méticuleux à son terme.

Chaque rouleau est protégé par un manteau de velours, orné d'une *tass* (plaque ornementale d'argent) et de *rimonim* (couronne portant des clochettes), enveloppe rappelant les vêtements portés par les prêtres du Temple de Jérusalem.

Une *yad* (main en argent) est suspendue à l'un des deux axes en bois autour desquels est enroulé le parchemin. Le lecteur l'utilise pour suivre les lignes du texte pendant la lecture, évitant le contact du doigt sur le parchemin. L'altération d'une seule lettre ou une mauvaise calligraphie rendrait le rouleau inutilisable.

Pour sa lecture publique le jour du *shabbat* [9], le *Séfer Torah* est retiré de l'Arche sainte et déroulé sur la *bimah* ou la *teba*. Un fidèle portant le nom de Cohen,

---

1. « Les plus anciens rouleaux connus de la Torah remontent au Moyen Âge. Mais des parchemins incomplets de ces rouleaux peuvent être plus anciens, comme certains manuscrits de la mer Morte (Ier siècle après J.-C.) qui peuvent être admirés aujourd'hui au musée du Livre de Jérusalem » (Dan Jaffré, « Les plus anciennes Torah », *Biblia*, n° 73, novembre 2008).

puis un autre s'appelant Lévi, puis cinq Israël (soit cinq autres membres de la communauté) en liront un passage. Un huitième lecteur conclura avec la *Haftarah* (extrait du livre des Prophètes).

Semblable à l'autel du milieu du Temple de Jérusalem où les prêtres (*cohanim*) effectuaient les sacrifices, la *bimah* est l'estrade où se tient le rabbin pour diriger la prière et lire la Torah posée sur un lutrin.

Une lampe suspendue au plafond de l'édifice rappelle celle du Temple (*Ner Tamid*). Elle reste allumée constamment pour rappeler aux fidèles que la lumière éternelle de la Torah éclaire chacun de ses jours.

Un chandelier à sept branches rappelle aussi celui du Temple : six de ces branches représentent la science universelle, la septième (au centre) symbolise la grandeur et la plénitude de la Torah. Aussi cette dernière brûlait sans cesse, alors que les six autres étaient allumées exclusivement la nuit.

En vertu du verset « Tu les inscriras [les paroles de Dieu] sur les poteaux de ta maison et sur tes portes » (Deutéronome 6, 9), le *shema* est recopié à la main par un scribe sur un parchemin (*mezouzah*). Roulé, il est placé dans un étui sur lequel est inscrit le mot *chaddaï*, l'un des noms de Dieu. Dans les synagogues et les maisons, la *mezouzah* est apposée à l'entrée des pièces (sauf les toilettes, pièce impure), sur le montant de la porte, à droite en entrant. Lorsqu'un juif passe devant elle, il la touche avec la main droite qu'il porte à sa bouche. Par ce geste, il rappelle son état de serviteur de Dieu, à l'intérieur comme à l'extérieur de sa demeure. Jamais la *mezouzah* ne doit être considérée comme un talisman.

34. L'Arche d'alliance

Fabriquée par l'artisan Betsabel sur les ordres de Moïse, selon les indications d'un commandement divin, l'Arche d'alliance était un coffre en bois d'acacia recouvert intérieurement et extérieurement de lamelles d'or, long de 1,10 à 1,30 mètre et haut de 70 à 80 centimètres, avec quatre anneaux d'or pour y passer les barres servant à le porter. Il était surmonté par deux chérubins d'or pur aux ailes déployées se faisant face. À l'intérieur étaient entreposés les Tables de la Loi et les débris des premières [8] reçues par Moïse sur le mont Sinaï ainsi qu'un pot de la manne qui avait nourri le peuple hébreu dans le désert.

L'Arche, qui commémorait la conclusion de l'Alliance passée entre Dieu et le peuple hébreu, accompagnait les tribus nomades à travers leurs pérégrinations dans le désert. Après la révélation du Sinaï, elle fut conservée sous une tente. Si le roi David la fit entrer dans Jérusalem, c'est son fils Salomon qui lui donna une place d'honneur dans le lieu le plus sacré du Temple, le Saint des Saints.

Depuis 587 ou 586 avant notre ère, lors du pillage et de la destruction du Temple par Nabuchodonosor, l'Arche a disparu. Selon certains, le prophète Jérémie l'aurait cachée dans une caverne du mont Nébo. Pour d'autres, elle se serait enfoncée littéralement dans le sol du Temple lors de sa seconde destruction en 70 après J.-C. par les Romains. Quant aux autres objets du Temple, ils seraient actuellement entreposés dans les caves du Vatican [23]…

Selon une légende, la fille de l'empereur romain César était atteinte d'une maladie psychosomatique : le démon l'habitait. Aucun médecin n'arrivait à la guérir. Sur les conseils de son entourage, César convia un rabbin pour l'exorciser. Elle recouvra la santé mentale grâce à lui. Pour le remercier de ses loyaux services, César l'invita à se rendre dans les caves de Rome pour qu'il prît le bien qui lui plaisait. Le rabbin y découvrit les objets du Temple, mais choisit d'emporter le décret cacheté réclamant l'extermination imminente des juifs. Bien que certains rabbins lui reprochèrent ce choix, il avait, lui, préféré sauver des milliers de vies plutôt que de récupérer des objets qu'un jour prochain, c'est certain, on redonnerait au peuple juif… Il ne précisa pas quand.

35. Quels sont les lieux de culte pour les chrétiens ?

L'église et le temple sont les lieux où s'exerce le culte chrétien :

> « Et moi je te dis que tu es Pierre : sur cette pierre je bâtirai mon Église et les portes de l'Enfer ne prévaudront pas contre elle. Je te donnerai les clefs du Royaume des Cieux ; tout ce que tu lieras sur la terre sera lié dans les cieux, et tout ce que tu délieras sur la terre sera délié dans les cieux » (Matthieu 16, 18-19).

Les croyants s'y réunissent pour écouter la parole de Dieu, participer aux sacrements [17] et s'adresser au Seigneur par le chant et la prière. La première messe a été célébrée par Jésus, la nuit précédant son arrestation au jardin de Gethsémani, veille de la Pâque juive [57].

Aucun dogme ne prescrit la forme de l'édifice. Traditionnellement, les églises occidentales ont la forme d'une croix [14] (emblème du Christ mort crucifié) et elles sont orientées vers l'est et le soleil levant, image du Christ dissipant les ténèbres ; les églises orientales sont plus carrées, surmontées d'un ou plusieurs dômes. Les trois portes des cathédrales symbolisent la foi, l'espérance et la charité. La plupart sont richement décorées de peintures, statues et vitraux [36].

Dans les premiers siècles, les églises sont construites de telle sorte que « ce qui est du côté gauche appartient à l'Ancien Testament [10], à l'enseignement et au baptême [114], tandis que sur le côté droit se trouvent les images issues du Nouveau Testament [11], représentant Jésus [5], les apôtres puis les évêques et personnages locaux. Depuis la Renaissance, cette disposition selon la marche du soleil n'est pratiquement plus respectée[1] ».

« Les temples protestants sont généralement d'une grande sobriété, sans vitraux, sans statues, et souvent sans beauté ni confort. L'austérité du protestantisme se mesure, dit-on, à la dureté de ses bancs[2] ! »

Les protestants restent fidèles au deuxième commandement divin [8] :

« Tu n'auras point d'autre dieu que moi. Tu ne te feras point d'idole ni une image quelconque de ce qui est en haut dans le ciel, ou en bas sur la terre, ou dans

1. Robert-Jacques Thibaud, *Dictionnaire des religions*, *op. cit.*
2. Éric Denimal, *Oui, nous sommes protestants*, *op. cit.*

les eaux au-dessous de la terre. Tu ne te prosterneras point devant elles, tu ne les adoreras point ; car moi, l'Éternel, ton Dieu, je suis un Dieu jaloux [...] » (Exode 20, 3-5).

Sur le fronton des édifices chrétiens est parfois gravé *DOM*, sigle de l'expression latine *Deo optimo maximo*, « À Dieu très bon, très grand ».

Ces lieux de culte sont surmontés d'un clocher. Le bedeau sonne les cloches[1] pour annoncer la messe (catholique ou orthodoxe) ou le culte (protestant) à la communauté, ou bien la célébration d'un rite de passage.

À l'entrée de l'église catholique, le bénitier contient de l'eau bénie par le prêtre, symbole du devoir de se purifier avant de s'approcher de la présence divine. En mémoire de son baptême [134], le fidèle y trempe le bout des doigts de la main droite [82] avant de se signer en disant : « Au nom du Père, du Fils et du Saint-Esprit [25]. Amen. »

Le bénitier a eu la forme d'un énorme coquillage (symbole du corps humain). On a souvent utilisé une des deux valves du mollusque vivant dans les mers chaudes appelé « tridacne géant » ou « bénitier » pour son usage. Le diamètre de l'animal peut atteindre cent vingt centimètres. Il prend parfois aussi la forme de la coquille Saint-Jacques, symbole adopté par les pèlerins de Saint-Jacques-de-Compostelle [49].

1. Les cloches dans les églises datent de l'époque de Charlemagne. Elles sonnent à l'heure de la messe ou de la prière, pour annoncer les rites de passages (baptême, mariage, décès) ou dans les grandes occasions : élection du nouveau pape, fin de la guerre, etc.

Les fonts baptismaux ont une base octogonale, huit étant le chiffre de la résurrection. Le baptême lave l'homme de la souillure morale et lui octroie la vie surnaturelle en le faisant renaître dans l'eau sainte.

Le prêtre proclame et commente la Parole divine (homélie) inspirée de l'Évangile, de l'ambon (tribune située dans le chœur face aux fidèles). Quant à l'autel, lieu de célébration du sacrifice eucharistique, il symbolise chez les catholiques la présence du Christ. Dans les églises orthodoxes, il se situe derrière l'iconostase. Il est une simple table de communion non consacrée pour les protestants.

Derrière l'autel des églises catholiques se trouvent un crucifix et des représentations picturales ou sculpturales de la Passion du Christ. Dans les églises orthodoxes, les icônes sont peintes et surmontées d'une plaque en argent. Les fidèles se prosternent devant elles et les embrassent par respect comme ils baisent les mains des prêtres[1].

De l'encens (symbole de pureté : sa fumée monte vers le divin) est utilisé lors des célébrations (catholicisme, orthodoxie).

Les fidèles catholiques[2] s'agenouillent[3] devant le tabernacle[4] (du latin *tabernaculum*, « tente », en rappel

---

1. En Espagne, on pratique le baisemain des prêtres catholiques.

2. Les églises orthodoxes ne disposent pas de tabernacle. Il est interdit aux fidèles de faire des prosternations lors de l'office du dimanche.

3. En signe de pénitence, de supplication ou d'adoration tel Paul priant à genoux avec les chrétiens de Milet (Actes des Apôtres 20, 36).

4. Réserve contenant le pain eucharistique.

de la tente du désert servant de lieu de culte aux Hébreux) et lors des célébrations de l'Eucharistie [41] (étymologiquement, « action de grâces »). Ils sont à jeun ou non, ils se prosternent parfois tel Jésus, dans le jardin de Gethsémani, la veille de sa mort : « Il s'éloigna de quelques pas, se jeta face contre terre et pria » (Matthieu 26, 39).

« La croix chez les protestants est vide pour manifester la résurrection, souligne le pasteur Martine Millet. La cène est célébrée différemment deux fois par mois ou tous les dimanches. C'est un des deux sacrements [17], signe visible de la grâce invisible. Le pain reste pain, le vin reste vin. Les paroissiens se passent le plat et la coupe. C'est la Parole prêchée et la communauté rassemblée en cercle dans l'Esprit qui sont signe du Seigneur crucifié et ressuscité. » Ils ne se prosternent pas devant le crucifix ni ne se signent pour communier.

Si, dans le judaïsme, les fidèles concluent les prières collectives par « Amen » (en hébreu, « qu'il en soit ainsi »), dans le christianisme, ils préfèrent « Alléluia » (en hébreu, « louez Dieu »). Ces deux rites sont en conformité avec le psaume suivant : « Béni soit l'Éternel, le Dieu d'Israël, d'éternité en éternité ! Et que tout le peuple dise : Amen ! Louez l'Éternel ! » (106, 48).

36. Les représentations de Dieu[1]

« Tu ne feras pas d'idole, ni rien qui ait la forme de ce qui se trouve au ciel là-haut, sur terre ici-bas ou dans les eaux sous la terre » (Exode 20, 4). Tel est le second

1. D'après Maurice Prou, *Les Représentations de Dieu*, « Le Monde de l'art », http://www.cosmovisions.com

commandement divin [8] respecté strictement dans le judaïsme : puisque l'homme a été créé à l'image de Dieu – c'est-à-dire à l'image de la bonté, de la paix, de la justice et de la vérité, toutes quatre des vertus divines –, il ne faut représenter ni l'un ni l'autre. Aussi dans les synagogues, pas de statues, pas d'images.

Pour l'islam, comme le souligne le Coran, « Dieu a créé l'homme dans la meilleure proportion » et se doit d'agir selon les attributs divins : miséricordieux, généreux, clément, etc. Une fois encore, aucune représentation du divin n'a sa place dans les mosquées.

Mais qu'en est-il hors du lieu de culte ? À propos d'un homme qui dessinait, Mohammad aurait déclaré : « Gardez-vous de représenter le Seigneur ou la créature ; ne peignez que les arbres, les fleurs, les objets inanimés, car au jour du Jugement, les êtres représentés viendront réclamer une âme à l'artiste qui, impuissant à les satisfaire, subira les tourments du feu éternel. » Cette interdiction ne s'applique ni à la calligraphie ni aux décors paysagers ou géométriques. C'est l'idolâtrie qui est prohibée (Exode 32, 1-4 [le Veau d'or]) et non la représentation (les chérubins de l'Arche d'alliance [34]). D'où l'acceptation par le plus grand nombre des planches anatomiques, de l'art pictural ou sculptural, par exemple. Ce n'est pas le point de vue des talibans (musulmans fondamentalistes) qui ont détruit les bouddhas de Bamiyam (Afghanistan).

« À l'origine, la chrétienté a elle aussi interdit les images ; elle représentait toutefois des symboles tels que la croix [14], l'agneau [97], le poisson [107], l'étoile de la Nativité et quelques autres manifestations du mystère chrétien. Au Moyen Âge, l'interdit disparut, et de nombreuses images, notamment sculptées, de Jésus [5], de la Vierge [26] et des saints, ornèrent les monuments romans et clunisiens, provoquant une réaction de saint Bernard et des Cisterciens qui dénoncèrent ces débordements imagiers et prônèrent un retour à la rigueur et au dépouillement[1]. » Ce fut le choix des protestants, adeptes de la sobriété dans leurs temples, se refusant à l'adoration des images comme des reliques. Quant aux catholiques et orthodoxes, ils offrirent des richesses inégalées à l'histoire de l'art à travers les siècles.

Si la Trinité chrétienne [25] – le Père, le Fils et le Saint-Esprit – est invisible, sa représentation n'est pas pour autant interdite. Pourtant, les premiers chrétiens s'y opposèrent violemment, tels Tertullien, Hippolyte ou saint Augustin : « Tout ce qui peut, quand il s'agit de Dieu, réveiller l'idée d'une similitude corporelle, tu dois le chasser de ta pensée, le renier, le répudier, le fuir. » Jusqu'au XIIe siècle, on choisit le plus souvent de présenter symboliquement Dieu le Père par sa puissante main créatrice bénissant au sortir des nuages. Parfois, le bras divin tend une couronne, parure de la vertu, à son Fils ou des saints. De temps à autre, il tient un livre, emblème de la Loi chrétienne.

Au Ve siècle, les artistes représentent rarement Dieu le Père sous la forme d'un homme, pour s'y conformer sans hésitation au XIIIe siècle : le Père et le Fils sont côte à côte, visage barbu et tête auréolée. Lors du XIVe siècle, les deux figures commencent à se différencier pour mieux en dégager l'idée de paternité et de filiation.

À partir du XVe siècle, si le globe terrestre passe des mains du Père au Fils, l'un ou l'autre tient le Livre (ouvert ou non). Quant au nimbe triangulaire, il est

1. Robert-Jacques Thibaud, *Dictionnaire des religions*, *op. cit.*

ordinairement réservé au Père. Comment représenter la puissance divine autrement que par un symbole ? Après la main, un triangle mystique encadrant un œil grand ouvert, parfois le tétragramme, le tout placé au centre d'un cercle rayonnant.

La représentation de l'image du Christ, en raison de l'humanité de Jésus, fut moins problématique pour les artistes. Donnant libre cours à leur talent et à leur imaginaire, ils créèrent des œuvres de toute beauté. Parfois, ils eurent recours au symbolisme pour faire allusion à Jésus dans leurs œuvres : l'agneau, le poisson, etc.

Quant au Saint-Esprit, représenté jusqu'au Xe siècle sous la forme d'une colombe planant au-dessus du Père et du Fils ou d'une langue de feu à l'occasion de la Pentecôte [59], il prend forme humaine par la suite. Il se tient à la gauche du Père alors que Jésus est à sa droite. Le Saint-Esprit tient souvent une colombe dans sa main, parfois le Livre. Il est souvent le plus jeune de la sainte Trinité. Au XIIIe siècle, la Trinité est traduite par un triangle ; les siècles suivants, les artistes opteront pour un corps à trois têtes. En revanche, les papes Urbain VIII (1628) et Benoît XIV (1745) s'élevèrent contre sa représentation par un visage d'un homme à trois bouches ou trois nez.

37. Qu'est-ce qu'une mosquée pour les musulmans ?

D'après les hadiths, « la première mosquée fut l'espace de prière soutenu par des troncs de palmiers au sein même de la demeure de Mohammad, à

Médine[1] ». Les deux autres mosquées sacrées sont celles de La Mecque et de Jérusalem.

Les mosquées[2] (de l'arabe *masjid*, « lieu de la prosternation devant Dieu ») sont construites en direction de La Mecque [38]. Dans les foyers musulmans, un *mirhab* (« marque ») l'indique ; dans les mosquées, c'est une alcôve creusée dans le mur.

Du minaret[3], le *muezzin* appelle les fidèles à la prière cinq fois par jour (en arabe, *adhan*) par les phrases suivantes : « Dieu est grand [quatre fois ou deux fois selon les écoles]. Je témoigne qu'il n'y a pas de Dieu que Dieu [deux fois]. Je témoigne que Mohammad est l'envoyé de Dieu [deux fois]. Venez à la prière [deux fois]. Venez au salut [deux fois]. Dieu est grand [deux fois]. Il n'y a de Dieu que Dieu [une fois]. » Le matin on ajoute : « La prière vaut mieux que le sommeil [94] [deux fois]. »

« Il n'existe pas de mélodie particulière pour moduler l'appel, le principal étant que les mots soient correctement prononcés[4]. »

Le sol de la *mussalla* (salle de prière) est recouvert entièrement de tapis sur lesquels on prie déchaussé. Sur une *dakka* (estrade) se regroupent les chantres. Chaque édifice dispose de bassins et de fontaines où les fidèles procèdent à leurs ablutions [43] rituelles avant la prière. Les femmes peuvent assister aux offices dans une aire séparée ou une galerie à l'étage

1. Yves Torahval, *L'ABCdaire de l'islam*, éd. Flammarion, 2000.
2. Le plus ancien monument religieux musulman est le dôme du Rocher à Jérusalem.
3. Les premières mosquées n'en possédant pas, l'appel à la prière était lancé de leur toit en terrasse.
4. Yves Torahval, *L'ABCdaire de l'islam*, *op. cit.*

(en arabe, *maqsura*). Dans la continuité de l'interdiction biblique, les images [8, 36] sont interdites par l'islam.

Lors de la grande prière du vendredi, après la lecture d'un extrait du Coran, le *khatib* ou l'imam prononce du *minbar* (chaire) un sermon : il encourage chacun à continuer à améliorer sa bonne conduite, il rappelle à l'ordre ceux qui sont sortis du droit chemin afin que personne ne quitte la voie dictée par le Coran et la Sunna. Suit la prière. L'obéissance à Dieu et la reconnaissance de sa grandeur sont exprimées par les paroles et les prosternations répétées. Le *khatib* célèbre les mariages et les enterrements, dirige la communauté locale, prodigue ses conseils, rappelle la Loi et les pratiques islamiques. Il est choisi pour sa sagesse et ses qualités de dirigeant.

38. Dans quelle direction un musulman doit-il prier ?

Au début de ses prédications, Mohammad, comme les juifs, se tournait, pour prier, vers Jérusalem, ville où le Temple fut bâti à la gloire du Dieu unique par le roi Salomon.

À Médine, Dieu révèle au Prophète la bonne direction pour prier : « De quelque lieu que tu sortes, oriente ton visage vers la Mosquée sacrée » (Coran 2, 144), soit La Mecque [18, 49], ville où Adam puis Abraham édifièrent le premier Temple plusieurs siècles avant l'initiative du roi Salomon [33]. Quant aux chrétiens, ils prient en direction de l'est et du soleil levant, image du Christ dissipant les ténèbres.

39. Quels noms donne-t-on aux ministres du culte ?

Dans le judaïsme : le rabbin[1]

À l'époque du Temple de Jérusalem, les grands prêtres (descendants d'Aaron) et les prêtres (de la tribu des Lévi) héritaient de leur charge de père en fils. Les seconds interprétaient la musique sacrée (inconnue aujourd'hui) et les Psaumes. Ils ne jouissaient d'aucune prérogative en dehors de celles destinées à assurer le culte. Pour toutes ressources, ils bénéficiaient d'un prélèvement sur les récoltes des fidèles. Les prêtres étaient de service deux fois par an pendant une semaine. Disséminés à travers le pays, ils se rendaient à Jérusalem le moment venu. La majorité des habitants de leur région les accompagnaient. Ceux qui restaient dans les villages participaient par procuration à ces journées solennelles en respectant divers rituels. Toutefois, chaque juif avait pour obligation de se rendre au Temple au moins trois fois par an aux fêtes de *Pessah* [57], *Souccoth* [54] et *Chavouoth* [59].

Après sa seconde destruction, en 70 après J.-C., les sages pharisiens créent un réseau d'écoles et de synagogues [33] pour l'éducation des futurs rabbins (de l'hébreu *rabbi*, « mon maître »). Plus aucune filiation n'est exigée. Depuis le Moyen Âge, chefs spirituels d'une communauté, ils officient lors des cérémonies religieuses et familiales, enseignent la Torah [10] et sont sollicités pour résoudre les questions d'interprétation de la Loi [32].

---

1. Des hommes uniquement (sauf dans le judaïsme libéral), car seuls des hommes étaient prêtres au Temple de Jérusalem.

Dans le catholicisme : le prêtre

D'après l'Épître aux Hébreux, Jésus-Christ réalisa la médiation entre Dieu et les hommes en leur apportant le salut. Ordonné par l'évêque [29], le prêtre (un homme, exclusivement) reçoit les pouvoirs confiés par Jésus à ses apôtres et devient son représentant en célébrant les sacrements [17]. Il fait vœu de célibat et de vie humble.

Dans le protestantisme : le pasteur

Selon les Églises protestantes, tous les croyants sont aptes au sacerdoce universel. « La Première Épître de Pierre (2, 4-5) insiste sur l'égalité en dignité de tous les baptisés dans la mission commune dans le monde, souligne le pasteur Martine Millet. Les pasteurs engagés comme tous les autres baptisés dans la mission commune de l'Église ont un ministère professionnel dont les tâches principales sont la prédication, l'enseignement, la célébration des sacrements [17] et l'accompagnement pastoral (appelé "cure d'âme"). » Aussi, ne reconnaissant pas le besoin d'un médiateur spécifique, le fidèle est l'égal du pasteur. Néanmoins, selon la *Confession d'Augsbourg* (Bavière, 1530), profession de foi adoptée par la plupart des protestants luthériens, « nul ne peut prêcher ou administrer les sacrements s'il n'est régulièrement ordonné, s'il n'est appelé rituellement ».

Les pasteurs protestants et les prêtres anglicans, des hommes et des femmes, ont le droit de se marier et de fonder une famille.

Dans l'Église orthodoxe : le prêtre[1]

Comme dans l'Église catholique, le prêtre orthodoxe est au service de sa communauté. L'ordination est reconnue comme un sacrement.

Si un homme marié orthodoxe peut être ordonné prêtre, un diacre ou un prêtre ne peut se (re)marier sous peine d'être réduit à l'état laïc.

Dans l'Église orthodoxe, les fidèles embrassent la main des prêtres car il est le *typos*, soit la figure ou la représentation du Christ.

Dans l'islam : l'imam[2]

L'imam (en arabe « celui qui montre le chemin droit ») est considéré comme le chef religieux d'une communauté, d'une école juridique ou théologique. Élu par ses pairs pour sa piété et son savoir, il préside les assemblées religieuses, dirige la prière[3], promulgue l'enseignement coranique, recherche les réponses appropriées aux questions liées aux aspects juridiques ou rituels de la vie des musulmans dans la société française et compatibles avec les exigences des lois de la République et des réalités de l'environnement social[4]. L'imam peut être une femme si elle guide une assemblée composée strictement de femmes.

---

1. L'appellation « pope » pour un prêtre orthodoxe est considérée comme péjorative, voire injurieuse.

2. Ancienne appellation des conducteurs de caravanes.

3. En fait, tout homme musulman peut assurer cette tâche. Dans une même assemblée sera choisi celui qui mémorise le mieux le Coran, celui qui est reconnu par tous comme le plus pieux et le plus digne de confiance. Dans une demeure, selon les recommandations du Prophète, il ne pourra pas diriger la prière sans la permission de son hôte.

4. Conformément à la Charte du culte musulman en France (1994).

Si le *muezzin* appelle les fidèles à la prière du haut du minaret, le *mouaqqit* en détermine l'horaire.

Le *mufti*, spécialiste de la doctrine, donne son avis sur les situations qui lui sont présentées, en s'appuyant sur le Coran et la Sunna [12]. Il existe un conseil de la *fatwa* dans chaque pays (de même en France [31]) où siègent plusieurs muftis. Ils se doivent de débattre en tenant compte des trois points suivants : le temps, le lieu et la situation, sans jamais omettre de considérer l'un d'entre eux.

Le *cadi* (« juge » en arabe) est le magistrat chargé des affaires civiles et des questions strictement religieuses.

40. Qu'est-ce que l'obligation du *minyan* dans le judaïsme ?

La présence d'un *minyan* (en hébreu, « quorum de dix personnes du sexe masculin ayant atteint la majorité religieuse ») est requise pour les prières publiques (par exemple le *kaddish*) et les rites de passage. Elle ne se substitue pas à la prière individuelle.

Dix-neuf siècles avant J.-C., les habitants de Sodome, Gomorrhe, Adma et Ceboyim vivent dans l'indécence de pratiques sexuelles perverses et l'égoïsme à l'égard des pauvres, des faibles et des étrangers. Afin de les sauver d'un cataclysme divin annoncé, Abraham intervient en leur faveur auprès de l'Éternel :

> « "Anéantirais-tu, d'un même coup, l'innocent avec le coupable ? Peut-être y a-t-il cinquante justes dans cette ville : les feras-tu périr aussi, et ne pardonneras-

tu pas à la contrée en faveur des cinquante justes qui s'y trouvent ? Loin de toi d'agir ainsi, de frapper l'innocent avec le coupable, les traitant tous deux de même façon ! Loin de toi ! Celui qui juge toute la terre serait-il un juge inique ?" Le Seigneur répondit : "Si je trouve à Sodome, au sein de la ville, cinquante justes, je pardonnerai à toute la contrée à cause d'eux." Abraham reprit en disant : "De grâce ! J'ai entrepris de parler à mon Souverain, moi poussière et cendre. Peut-être, à ces cinquante justes, en manquera-t-il cinq : détruiras-tu, pour cinq, une ville entière ?" Il répondit : "Je ne sévirai point, si j'en trouve quarante-cinq." Abraham insista encore, en lui disant : "Peut-être s'en trouvera-t-il quarante ?" Il répondit : "Je m'abstiendrai à cause de ces quarante." Abraham reprit : "De grâce, que mon Souverain ne s'irrite point de mes paroles ! Peut-être s'en trouvera-t-il trente ?" Il répondit : "Je m'abstiendrai si j'en trouve trente." Il reprit : "De grâce, puisque j'ai osé parler à mon Souverain, peut-être s'en trouvera-t-il vingt ?" Il répondit : "Je renoncerai à détruire, en faveur de ces vingt." Il dit encore : "De grâce, que mon Souverain ne s'irrite pas, je ne parlerai plus que cette fois. Peut-être s'en trouvera-t-il dix ?" Dieu répondit : "Je renoncerai à détruire en faveur de ces dix" » (Genèse 18, 23-32).

Abraham obtient de Dieu la promesse de sauver les quatre villes s'il y trouve dix justes – dix hommes œuvrant au péril de leur vie pour sauver leurs concitoyens coupables –, chacun étant responsable devant tous. Ceux qui cultivent leurs vertus sans se préoccuper d'autrui sont promis au châtiment divin. Par malheur, dix justes ne seront pas dénombrés dans l'enceinte de chacune des cités : elles seront donc détruites par le soufre et le feu. Seul Loth sera reconnu comme juste. Aussi, lui et sa famille échapperont au cataclysme, à l'exception de son épouse qui, malgré l'ordre divin, se retournera et sera transformée en statue de sel. Depuis, un quorum de dix hommes est requis pour la prière commune et la célébration d'un rite de passage : circoncision [134], *bar-mitsva* [138], mariage [114 à 116]… et la lecture de la Torah [10].

41. Que signifie l'eucharistie pour les chrétiens ?

> « Quand ce fut l'heure, Jésus se mit à table avec les apôtres et leur dit : "J'ai beaucoup désiré manger cette Pâque avec vous avant de souffrir. Car je vous le dis, jamais plus je ne la mangerai jusqu'à ce qu'elle soit accomplie dans le royaume de Dieu" » (Luc 22, 15-16).

Le jeudi soir, Jésus s'était retrouvé avec eux pour célébrer la Pâque juive commémorant la sortie de l'esclavage du peuple d'Israël en pays d'Égypte. Au début du repas (appelé la cène, du latin *cena*, « souper »), Jésus consacra le pain et le vin avec ses amis, comme le font aujourd'hui encore les juifs lors du *seder* – repas célébré lors de la Pâque juive [57] – et du *shabbat* [9], pour remercier Dieu d'avoir donné aux hommes les fruits de la terre et de la vigne afin qu'ils se nourrissent par le *Kiddouch* (bénédiction du vin) et le *Motsi* (bénédiction du pain). Mais Jésus chargea ces deux aliments – le pain et le vin – d'une autre symbolique : « […] Prenez et mangez, ceci est mon corps […]

prenez et buvez, ceci est mon sang, versé pour vous en signe d'alliance » (Matthieu 26, 26-28). « Celui qui mange ma chair et boit mon sang a la vie éternelle et moi, je le ressusciterai au dernier jour » (Jean 6, 54). Le croyant communie ainsi au corps et au sang du Christ. Selon le concile Vatican II [23], « l'eucharistie [est la] source et [le] sommet de la vie chrétienne ».

La première eucharistie (du grec *eukharistia*, « action de grâces », « louanges », « remerciements ») de l'histoire chrétienne est commémorée chaque jeudi saint [69] et lors de la messe. L'hostie[1] (du latin *hostia*, « victime offerte ») est composée de pain azyme (sans levain) dans le culte catholique, de pain avec levain[2] dans les cultes orthodoxe et protestant. Ce sacrement est appelé « eucharistie » par les catholiques, « sainte Cène » par les protestants. L'office orthodoxe dans son entier où est donnée la communion aux fidèles est appelé « divine liturgie ».

Chez les premiers chrétiens, l'eucharistie fortifiait et sanctifiait le croyant et sa communauté : « Nous appelons cet aliment "eucharistie". Personne ne peut y prendre part s'il ne croit pas à la vérité de notre doctrine, s'il n'a pas reçu le bain [le baptême] pour la rémission des péchés et la régénération, et s'il ne vit pas selon les préceptes du Christ. Car nous ne prenons pas cet aliment comme un pain commun et une boisson commune », explique Justin[3] à l'empereur romain. D'ailleurs, ceux qui voulaient recevoir la communion

1. Sa forme ronde illustre l'éternité et l'universalité de la vie.
2. Le pain avec levain est le symbole la Résurrection.
3. Philosophe païen converti au christianisme, mort en martyr par décapitation vers 165.

devaient s'abstenir de nourriture et de boisson (y compris d'eau), la veille à partir de minuit. Il en était de même pour le prêtre qui célébrait. Si dans les années 1950, l'eau fut autorisée, au cours des années 1960, il fut possible de manger et de boire une heure avant la communion[1].

Les différentes Églises chrétiennes divergent sur la définition de la « présence » du Christ dans le pain et le vin consacrés et son action sur les communiants. Selon les Églises catholique et orthodoxe, le pain et le vin deviennent la substance même du corps et du sang du Christ, soit la réalité de sa présence ; les protestants leur confèrent une dimension symbolique. Pour tous, l'eucharistie est la parole de Dieu pour la rémission des péchés, la mort et la résurrection du Christ dans l'attente de son retour.

42. Le chemin de croix et le catholicisme

Le vendredi matin, au terme de son procès présidé par Ponce Pilate, procurateur de Rome en Judée, Jésus [5] est condamné à être crucifié, supplice réservé aux citoyens non romains. Selon la coutume, il accomplit le trajet de la forteresse Antonia, où il est emprisonné, à la colline du Calvaire. Entrecoupé de chutes, ponctué de coups, ce parcours à travers les ruelles sinueuses de Jérusalem fut une grande souffrance[2].

---

1. Des aménagements sont possibles pour les malades. La dernière eucharistie prise avant la mort s'appelle viatique (du latin *viaticus*, « voie », « voyage »).

2. D'où les expressions populaires : « chemin de croix », « porter sa croix » ou « vivre un véritable calvaire ».

Tous les chrétiens du monde viennent en pèlerinage dans la ville sainte pour suivre à leur tour le « chemin de douleur » (en latin, *via dolorosa*) emprunté par le Christ il y a plus de deux mille ans. « Ces stations variaient en nombre, de cinq à vingt, jusqu'à ce que le pape Clément XII, au XVIIIe siècle, les fixe à quatorze[1]. » Pourtant, seules huit sont mentionnées par les Évangiles [11] :

1° Jésus est condamné à mort par Ponce Pilate, procurateur de Rome en Judée. « Pilate prononça que ce qu'ils demandaient serait fait » (Luc 23, 24).

2° Jésus porte la croix. « Jésus, portant sa croix, arriva au lieu du crâne, qui se nomme en hébreu Golgotha » (Jean 19, 17).

3° Jésus tombe pour la première fois (cette scène ne figure pas dans les Écritures).

4° Jésus croise sa mère, Marie [26]. « Jésus, voyant sa mère, et auprès d'elle le disciple qu'il aimait, dit à sa mère : "Femme, voilà ton fils" » (Jean 19, 26).

5° Simon de Cyrène aide Jésus à porter sa croix. « Ils forcèrent à porter la croix de Jésus un passant qui revenait des champs, Simon de Cyrène, père d'Alexandre et de Rufus » (Marc 15, 21).

6° Véronique essuie le visage ensanglanté de Jésus avec son suaire (cette scène ne figure pas dans les Écritures).

7° Jésus tombe pour la deuxième fois (cette scène ne figure pas dans les Écritures).

1. Greg Dues, *Guide des coutumes et traditions catholiques*, *op. cit.*

8° Jésus console les femmes de Jérusalem. « Jésus se tourna vers elles et dit : “Filles de Jérusalem, ne pleurez pas sur moi ; mais pleurez sur vous et sur vos enfants” » (Luc 23, 28).

9° Jésus tombe pour la troisième fois (cette scène ne figure pas dans les Écritures).

10° Jésus est dépouillé de ses vêtements. « Les soldats, après avoir crucifié Jésus, prirent ses vêtements, et ils en firent quatre parts, une part pour chaque soldat. Ils prirent aussi sa tunique, qui était sans couture, d'un seul tissu depuis le haut jusqu'en bas » (Jean 19, 23).

11° Jésus est cloué sur la croix. « Ils le crucifièrent, et se partagèrent ses vêtements, en tirant au sort pour savoir ce que chacun aurait » (Marc 15, 24).

12° Jésus meurt sur la croix. « Mais Jésus, ayant poussé un grand cri, expira » (Marc 15, 37).

13° Le corps de Jésus est descendu de la croix. « Il [Joseph d'Arimathie] le descendit de la croix, l'enveloppa d'un linceul et le déposa dans un sépulcre taillé dans le roc, où personne n'avait encore été mis » (Luc 23, 53).

14° Le corps de Jésus est mis au tombeau. « Puis il [Joseph d'Arimathie] roula une grande pierre à l'entrée du sépulcre, et il s'en alla » (Matthieu 27, 60).

Depuis 1750, sur les murs intérieurs des églises catholiques [35] sont représentées les quatorze stations du chemin de croix parcouru par le Christ. Le vendredi saint [69], les fidèles parcourent l'église derrière le prêtre, s'arrêtant devant chacune d'elles pour réciter prières et cantiques. Cette cérémonie s'appelle le « chemin de croix ».

Dans tous les hauts lieux du catholicisme (Lourdes, Rome ou Jérusalem par exemple [49]), on trouve ces mêmes itinéraires invitant au recueillement. Parfois, le vendredi saint, les rues des villes accueillent ces longues processions où les fidèles portent une lourde croix, chacun à son tour, à l'instar de Jésus.

43. En quoi consistent les prières quotidiennes de l'islam ?

S'il n'y avait pas eu Moïse pour tempérer les ardeurs du prophète Mohammad, les musulmans auraient dû prier cinquante fois par jour ! Dans un hadith, on apprend :

> « Ensuite, l'Ange m'enleva jusqu'à ce qu'il m'eût conduit sur une éminence d'où j'entendais grincer les calames des scribes angéliques (consignant les décrets divins) [...]. Dieu prescrivit alors à mon peuple cinquante prières (par jour). Comme je m'en retournais avec cette prescription, je passai auprès de Moïse : "Que t'a prescrit Dieu pour ton peuple ? me demanda-t-il. — Il m'a prescrit cinquante prières. — Retourne auprès du Seigneur, me dit Moïse, car ton peuple n'aura pas la force de supporter cela." Je retournai donc auprès de Dieu qui réduisit le nombre de moitié. Puis, repassant près de Moïse, je lui dis : "Le nombre a été ramené à la moitié. — Retourne auprès du Seigneur, reprit Moïse, car ton peuple n'aura pas la force de supporter cela." Je remontai auprès de Dieu qui me dit : "Ce seront donc cinq prières qui en vaudront cinquante à mes yeux, car rien de ce qui a été dit en ma présence ne saurait être changé." Je revins donc à Moïse qui me répéta : "Retourne vers le Seigneur." »

Le Prophète s'y refusa, par soumission, humilité et pudeur envers Dieu. Ainsi a été arrêté le nombre de cinq prières quotidiennes (en arabe *sala*, « aller vers » ou « établir une relation ») pour tout musulman (homme ou femme) : la première avant le lever du soleil, la deuxième en tout début d'après-midi, la troisième en fin d'après-midi, la quatrième après le coucher du soleil et la cinquième avant de se coucher (après le coucher du soleil et avant l'apparition de l'aube). « La prière est le pilier de l'islam [18] le plus important après la profession de foi, souligne le recteur Khalil Merroun. C'est une véritable ascension de l'homme vers le divin cinq fois par jour. »

Conformément au Coran, le musulman prie déchaussé[1], décemment habillé, la tête éventuellement couverte et en état de pureté rituelle. « Aucune prière n'est agréée sans elles [les ablutions] », a dit le Prophète. Selon l'état d'impureté contracté, la purification rituelle sera majeure (contact avec un cadavre, émission de sperme, menstrues ou lochies) ou mineure (urine, gaz, etc.).

Un verset coranique décrit les ablutions mineures : « Croyants ! Pour vous mettre en état de prière, lavez-vous le visage et les mains jusqu'aux coudes, passez-vous les mains sur la tête et lavez-vous les pieds jusqu'aux chevilles » (5, 6). Quant aux ablutions majeures, elles débutent par le lavage des parties intimes, des mains et des poignets ; du rinçage de la bouche et des narines avec un doigt mouillé, le visage,

1. Le musulman peut prier chaussé dans certaines circonstances (en voyage, par exemple), si toutefois ses chaussures sont indemnes de toute impureté.

l'avant-bras droit, l'avant-bras gauche jusqu'aux coudes, les oreilles et le cou, le pied droit et enfin le pied gauche jusqu'aux chevilles. Chaque lavage est répété trois fois avant de passer au suivant, toujours en commençant par les membres du côté droit [82].

Certains de ces gestes émanent de la recommandation divine, d'autres de la tradition. Les uns et les autres se doivent d'être respectés et appliqués par le fidèle musulman.

Qu'elles soient mineures ou majeures, les ablutions sont effectuées avec de l'eau, sans savon ni parfum. L'eau de mer est acceptée. Dans un milieu naturel aride, lorsque le musulman n'a pas assez d'eau pour effectuer ses ablutions, il utilise le *tayamoum* (sable ou roche) pour se madéfier[1] : « [...] Si vous êtes malades ou en voyage, ou si l'un de vous vient du lieu secret ou si vous avez caressé vos femmes et que vous ne trouviez point d'eau, recourez à du bon sable et passez-vous-en sur le visage et les mains ! [...] » (Coran 4, 46).

« Avant tout geste, il faut se rappeler que les actes ne valent que par l'intention qui les inspire, souligne le professeur Tebbal. C'est la complémentarité de l'intention et de l'ablution qui donne son sens véritable à l'accomplissement de la prière[2]. »

Ces cinq prières rituelles sont obligatoires pour tous[3] ; les malades, les femmes ayant leurs menstruations et les voyageurs en sont exemptés. Chacune

1. S'humidifier ou s'humecter.

2. « L'eau et la purification en islam », *Es-Salam*, n° 23, juillet/août 2001.

3. Les filles prient dès leur puberté, les garçons dès l'âge de 7 ans, selon la tradition.

nécessite quelques minutes. L'islam est la seule religion à offrir la possibilité de reporter à la suivante une prière qu'on n'aura pas pu faire, ou deux tout au plus : celles de midi et de l'après-midi, qu'il faudra effectuer avant le coucher ; ou celles du coucher et de la nuit, qu'il faudra faire avant l'aube. La prière du matin[1] est à faire obligatoirement en son temps. La semaine, les prières sont effectuées n'importe où ; le vendredi midi [9], la prière a lieu à la mosquée, si toutefois l'on peut s'y rendre sans se mettre en difficulté par rapport à ses obligations (professionnelles, par exemple).

En plus des prières quotidiennes, les musulmans se doivent de respecter les quatre autres piliers de l'islam : la profession de foi, le jeûne du *Ramadan*, l'aumône et le pèlerinage à La Mecque [18].

44. Quels sont les objets liés à la prière juive ?

L'Éternel dit à Moïse :

> « Parle aux enfants d'Israël et dis-leur de se faire des franges aux coins de leurs vêtements, dans toutes leurs générations, et d'ajouter à la frange de chaque coin un cordon bleu azur. Cela formera pour vous des franges dont la vue vous rappellera tous les commandements [8] de l'Éternel, afin que vous

1. Si des fidèles se réfèrent à l'horaire indiqué par leur calendrier pour effectuer la première prière au lever du jour, certains musulmans suivent la prescription coranique recommandant de la faire au moment où il est impossible à la vue de l'homme de distinguer la couleur d'un fil blanc de celle d'un fil noir. Dans la tradition juive, on relève la même prescription, avec une nuance de couleur : le fil noir est remplacé par un fil bleu, couleur azur.

les exécutiez et ne vous égariez pas à la suite de votre cœur et de vos yeux, qui entraînent à l'infidélité » (Nombres 15, 38-39).

Depuis, l'homme se couvre les épaules et la tête d'un *talith gadol* [1] (en hébreu « vêtement », « manteau ») lors de la prière du matin. Ce châle de prière est en laine, soie, coton..., blanc ou écru. Il est orné de bandes noires ou bleues : noires en signe de deuil de la destruction du Temple de Jérusalem, bleues en souvenir du fil bleu azur de sa frange, couleur du ciel, couleur du divin.

Aux quatre coins du châle, à trois centimètres du bord, sont noués des *tsitsith* (huit fils noués entre eux, ou plus exactement quatre fils pliés en deux).

De là vient l'habitude « laïque » de faire un nœud à son mouchoir, pour se souvenir non pas des commandements divins, mais de ce que l'on a à faire dans les prochaines heures.

Avant de prier chaque matin, selon le principe que l'on doit toujours progresser en sainteté, après s'être couvert du *talith*, l'homme fixe sur son bras gauche et sur son front (près du cerveau, siège de l'intelligence) des *tefillines* ou phylactères (du grec *phullatein,* « protéger »), deux petites boîtes carrées de cuir noir, chacune reliée à une lanière de cuir.

1. Pour s'envelopper en permanence de la présence divine, les hommes juifs traditionalistes portent la journée à même la peau un *talith qatan.* De forme rectangulaire avec une échancrure pour le passage de la tête, ils laissent parfois dépasser leurs franges de dessous leurs vêtements.

Chaque *tefilline* renferme un petit rouleau de parchemin sur lequel un scribe a calligraphié, à l'encre noire, sur des petits parchemins fabriqués dans la peau d'un animal pur, quatre passages[1] du Pentateuque [10], en vertu de l'Alliance divine avec le peuple d'Israël. Celle du bras gauche, proche du cœur, est liée à la commémoration de la sortie d'Égypte et au bras secourable que Dieu tendit aux israélites ; celle du front rappelle à l'homme de toujours diriger ses actes, ses émotions et ses pensées vers l'Éternel.

On fixe d'abord la lanière destinée au bras, pour figurer la primauté de l'action, puis, immédiatement après, afin qu'il n'y ait aucun hiatus entre l'action et la pensée, celle du front. « Que Ses paroles soient un signe sur ton bras et un souvenir entre tes yeux, afin que la Loi de l'Éternel soit constamment dans ta bouche » (Exode 13, 9). Près de l'esprit et du cœur, ces mots s'attachent aux actes effectués par nos mains. Quant au balancement d'avant en arrière accompagnant la prière, il est un moyen d'entrer en prière corps et âme [112].

Les hommes pratiquants gardent par tradition la tête couverte en permanence par une *kippa* (en hébreu « calotte[2] »), en signe de soumission divine – « Couvre-toi la tête afin que tu puisses avoir la crainte du ciel » (*Shabbat* 156 b). Le plus souvent, les femmes portent par pudeur un foulard ou une perruque pour dissimuler

1. Exode 13, 1-10 ; 13, 11-16 ; Deutéronome 6, 4-9 ; 11, 13-21.

2. Cette coiffe se retrouve dans le clergé catholique : le pape en porte une blanche ; les évêques, une violette.

leur chevelure à la synagogue ou lors de la prière, ou encore dans les lieux publics pour les plus pieuses [86].

Si le musulman fait individuellement cinq prières par jour [43], le juif prie seulement trois fois : « L'origine de ces [...] [prières quotidiennes] remonte certainement à l'époque biblique : "Je crie vers Dieu et le Seigneur me délivre. Soir, matin, midi, je veux gémir et soupirer. Il entend ma voix" (Psaumes 15, 17-18). Abraham a fixé la prière du matin (Genèse 19, 27), Isaac celle de l'après-midi (Genèse 24, 63) et Jacob celle du soir (Genèse 28, 11) [...][1]. » À moins que les horaires des prières correspondent à ceux des sacrifices donnés dans le Temple... Voilà l'objet d'une belle polémique talmudique sur laquelle nous refusons de prendre position !

45. Qu'est ce qu'une *genizah* ?

Quand un rouleau de la Torah ou un livre de prières est trop usé (effacement de lettres) et est par conséquent devenu impropre à la lecture liturgique, il est déposé dans une *genizah* (de l'hébreu « caché », « mis au rebut ») : soit un espace fermé dans l'enceinte d'une synagogue [33], soit (plus communément de nos jours) une concession achetée par la communauté dans un carré confessionnel israélite d'un cimetière [149].

La loi juive interdit de détruire par le feu ou par un autre moyen tout objet de culte, car le nom divin y est inscrit.

La *genizah* la plus connue reste celle de la synagogue du Caire (Égypte), découverte à la fin du XIXe siècle par le professeur Salomon Schechter. On y a retrouvé des

1. Ernest Gugenheim, *Le Judaïsme dans la vie quotidienne*, éd. Albin Michel, 1992.

manuscrits datant de 870 à 1880, écrits en hébreu, arabe et araméen, sur des supports variés (vélin, papier, tissu ou papyrus). Véritable trésor pour les archéologues et les rabbins du monde entier, ils nous ont offert des traductions et des commentaires de la Bible, des copies de la Torah, des grammaires hébraïques, etc. Des documents inestimables pour la mémoire de l'humanité.

46. Quels sont les objets accompagnant la dévotion chrétienne ?

Dans le catholicisme, la prière peut être effectuée les mains jointes, les yeux clos, debout ou agenouillé. Cet abaissement physique, véritable descente en soi, prépare l'ascension spirituelle vers Dieu : « Quiconque s'élèvera sera abaissé et quiconque s'abaissera sera élevé » (Matthieu 23, 12). Dans le protestantisme, le fidèle peut adopter la position debout ou assise. Dans l'orthodoxie, il est le plus souvent debout. Pour tous, prier est avant tout une attitude intérieure, une rencontre avec Dieu.

En plus de la lecture d'extraits de la Bible, des prières quotidiennes (matin, midi et soir) sont préconisées. Une manière de sanctifier le jour et la nuit conformément au Psaume : « Le soir, le matin et le midi » (55, 17). C'est sous l'autorité du pape Pie V que furent publiés les premiers bréviaires (prières quotidiennes à l'usage des prêtres, établies en 1568) et missels (prières hebdomadaires et cérémonies à l'usage des laïcs, depuis 1570).

Le Notre-Père enseigné par Jésus à ses disciples reste la prière essentielle des chrétiens : « Notre Père qui es aux cieux, que ton nom soit sanctifié, que ton règne vienne, que ta volonté soit faite sur la terre comme au ciel. Donne-nous aujourd'hui notre pain de ce jour. Pardonne-nous nos offenses, comme nous pardonnons aussi à ceux qui nous ont offensés. Et ne nous soumets pas à la tentation, mais délivre-nous du Mal » (Matthieu 6, 9-13). Elle rassemble tous les fidèles malgré la division des Églises chrétiennes [22].

Le crucifix est le symbole rappelant Jésus-Christ mort sur la croix [14] pour le salut des hommes. Au début de l'ère chrétienne, les représentants du clergé utilisent de petites croix pour bénir les fidèles, alors que d'autres, beaucoup plus imposantes par leurs dimensions, sont portées lors des processions [42]. Au fil des siècles, des croix sont érigées sur les autels des églises, les places des villages ou les bords des routes. De nos jours, à l'instar des membres du clergé, les fidèles les portent sous forme d'insigne ou de médaille, en témoignage de leur piété.

Les premières croix ne portent pas le corps du Christ sculpté, par respect pour les fidèles issus de la religion juive interdisant le culte des images [36]. La croix nue représentait moins la mort du Christ que sa résurrection. À partir du VIIe siècle, les artistes sculptent Jésus sur la croix sans qu'il y soit attaché. Peu après, ils le représentent cloué sur la croix par les quatre membres, avec une couronne d'épines et vêtu d'un simple pagne, laissant visible sa blessure sous le cœur. Ils mettent ainsi l'accent sur les souffrances et la mort du Christ.

Le concile de Nicée II (787) [23], réuni par l'empereur Constantin VI et l'impératrice Irène, encouragera le culte des images, d'où leur multiplicité dans le catholicisme et l'orthodoxie. Plus tard, le protestantisme s'y refusera, conformément au second commandement divin [8] qui interdit l'adoration des images. Quant aux orthodoxes, ils diront qu'ils vénèrent les images sans les adorer.

Toute prière chrétienne débute et se termine par le signe de croix (sauf chez les protestants). Pour les catholiques, tandis que la main droite se place sur le front, on prononce : « Au nom du Père », puis l'on touche le cœur et l'on dit « et du Fils », puis l'épaule gauche en disant « et du Saint-Esprit » et enfin l'épaule droite sur ces mots, « ainsi soit-il » ou « amen ». Ce geste ne s'associe pas au souvenir de la crucifixion de Jésus, mais à la sainte Trinité [25] (en latin « trois en un »), qui désigne l'existence d'un seul Dieu en Trois Personnes égales et distinctes : le Père, créateur de toutes choses visibles et invisibles ; le Fils, engendré de toute éternité qui s'est fait homme (Jésus-Christ) ; le Saint-Esprit, l'amour du Père et du Fils.

Le chapelet[1] catholique est composé de cinq séries de dix grains séparées les unes des autres par un grain plus gros, et terminé par trois grains, un gros grain et une petite croix. Sur cette croix est récité le Credo[2] (en latin, « je crois »), la profession de foi chrétienne ;

1. Le mot français « chapelet », dérivé de « chapelle », est apparu au XIe siècle pour désigner la couronne de fleurs posée sur la tête de la Vierge.

2. « Je crois en Dieu, le Père tout-puissant, Créateur du ciel et de la terre. Et en Jésus-Christ, son Fils unique, notre Seigneur, qui a été conçu du Saint-Esprit, est né de la Vierge Marie, a souffert sous Ponce Pilate, a été crucifié, est mort, a été enseveli, est descendu aux enfers, le troisième jour est ressuscité des morts, est monté aux cieux, est assis à la droite de Dieu le Père tout-puissant, d'où il viendra juger les vivants et les morts. Je crois au Saint-Esprit, à la sainte Église catholique, à la communion des saints, à la rémission des péchés, à la résurrection de la chair, à la vie éternelle. Ainsi soit-il. »

sur chacun des trois grains, un Ave Maria[1] (en latin, « je vous salue Marie[2] ») ; sur les cinq dizaines de grains, un nouvel Ave Maria. Chaque dizaine est conclue par un « Gloire au Père[3] » et un Notre-Père (en latin *Pater Noster*), tous deux énoncés sur les gros grains.

Quant au chapelet composé de quinze dizaines de petits grains séparés par un grain plus gros, il est destiné au culte de la Vierge Marie. Avec lui, on récite le « rosaire », le résumé des faits relatés dans les Évangiles. En effet, parallèlement à la récitation de prières (Ave Maria, Notre-Père...), le fidèle médite autour des principaux événements de la vie de Jésus et de Marie :

• les mystères joyeux (Annonciation, Visitation, Nativité, Présentation au Temple, vie cachée à Nazareth) ;

• les mystères lumineux[4] (baptême du Christ, automanifestation aux noces de Cana, prédication du Royaume, appel à la conversion, transfiguration de Jésus, institution de l'eucharistie) ;

---

1. Selon l'évangéliste Luc (1, 28), l'ange Gabriel apparut à Marie, la fiancée de Joseph, pour lui annoncer qu'elle allait concevoir un fils : « Il entra chez elle et lui dit : "Salut, comblée de grâce, le Seigneur est avec toi." » Le texte de Luc fut plus tard traduit du grec en latin. Dans cette langue, « Salut ! » se dit *Ave*.

2. « Je vous salue, Marie, pleine de grâce, le Seigneur est avec vous ; vous êtes bénie entre toutes les femmes, et Jésus, le fruit de vos entrailles, est béni. Sainte Marie, Mère de Dieu, priez pour nous, pauvres pécheurs, maintenant et à l'heure de notre mort. Ainsi soit-il. »

3. « Gloire au Père, au Fils, et au Saint-Esprit, comme il était au commencement, maintenant et toujours, et dans les siècles des siècles. Ainsi soit-il. »

4. Ajoutés par le pape Jean-Paul II.

• les mystères douloureux (agonie de Jésus à Gethsémani, flagellation, couronne d'épines, chemin de croix, crucifixion) ;

• les mystères glorieux (Résurrection, Ascension, Pentecôte, Assomption et consécration de Marie au ciel).

47. Quels sont les objets liés à la prière islamique ?

« Louange à Dieu, Seigneur des mondes, le Tout Miséricordieux, le Très Miséricordieux, le maître du jour du Jugement. C'est toi que nous adorons, c'est toi dont nous implorons le secours. Guide-nous dans la voie droite, la voie de ceux que tu as comblés, et non pas de ceux qui provoquent ta colère et qui sont dans l'erreur » (Coran 1, 1-7).

Toutes les prières consistent à louer Dieu. On débute par la *Fatiha* (sourate obligatoirement prononcée pendant toute la période de l'inclinaison), suivie de la récitation de versets du Coran, le plus souvent la sourate 112 : « Dis que Lui, Dieu, est Unique. Dis qu'Allah est Absolu. Il n'a pas engendré. Il n'a pas été engendré, il n'y a personne qui Lui soit égal. » Puis le fidèle répète : « Dieu est Grand. » Le fidèle s'incline, les mains sur les genoux en répétant deux ou trois fois : « Gloire à mon Seigneur, le Grand » ; il se redresse en levant les mains à hauteur de visage et il dit : « Allah écoute ceux qui le louent » ; il courbe la tête, tenant son front entre ses mains, et dit : « Gloire à mon Seigneur, le Très Haut. » Les prosternations terminées, le fidèle s'assoit sur les talons. Il prononce encore une fois :

« Dieu est Grand » et lui demande de protéger Abraham, Mohammad et sa descendance. Pour finir, le fidèle tourne la tête vers ses voisins, à droite et à gauche, et leur dit : « Que la paix et la miséricorde d'Allah soient avec toi » (en arabe, *As-salam wa rahmatu Allah takun ma'ak*). Assis sur les talons, le croyant récite une dernière fois la *shahada*, la profession de foi, le premier des cinq piliers de l'islam [18].

Le musulman effectue sa prière sur un tapis ou une natte, décemment habillé, pieds nus[1] ou en chaussettes, la tête éventuellement couverte. Considéré comme un espace sacré, le tapis isole spirituellement le croyant du reste du monde. D'ailleurs, il se doit de regarder son lieu de prosternation et non pas autour de lui. Il prie en direction de la Kaaba (en arabe, « cube » ; elle fut bâtie par les prophètes Abraham et Ismaël à La Mecque [38], ville sainte de l'Arabie saoudite, et son accès est strictement interdit aux non-musulmans). Conformément au Coran, le musulman se sera mis auparavant en état de pureté en effectuant ses ablutions [43].

Le musulman dispose d'un chapelet (en arabe, *soubha*) comptant trente-trois[2] ou quatre-vingt-dix-neuf grains pour énoncer les attributs de beauté et de sagesse de Dieu : Allah, l'Unique, le Souverain, le Saint, la Majesté, le Créateur, le Bienfaiteur, le Très Miséricordieux, le Roi, la Paix, le Croyant, le Vigi-

1. Comme Moïse qui avait reçu l'ordre d'enlever ses chaussures devant le Buisson ardent (représentation de l'Éternel), se déchausser est une façon de se détacher des biens matériels et des apparences pour se laisser habiter par la présence divine.

2. Si l'on possède un chapelet musulman comptant trente-trois grains, on en fait le tour par trois fois.

lant, le Très Fort, le Superbe, le Créateur absolu, le Pur, le Connaisseur, l'Indulgent, le Généreux, l'Apaisant, Celui qui élève, le Clément, l'Omniprésent, le Très Patient, le Compatissant, la Lumière, le Tout-Puissant, etc. Le dernier élément (une plume, une perle de couleur, etc.) est réservé au centième nom de Dieu inconnu des hommes. Lorsqu'il ne dispose pas de chapelet, il est recommandé au musulman d'énoncer les différents noms d'Allah en comptant sur les phalanges de ses doigts. D'ailleurs, il n'existe aucune mention coranique à propos du chapelet. Aussi, certains musulmans conservateurs, les wahhabites d'Arabie saoudite par exemple, en rejettent l'usage.

48. Quel sens revêt la pénitence selon les trois religions ?

Une fois par an, à l'occasion de *Yom Kippour* [53], jour du Grand Pardon, le juif est invité à avouer ses fautes à ceux qu'il a offensés. Outre les interdictions relatives au *shabbat* [9], un jeûne strict de vingt-cinq heures (sans boisson ni nourriture) est observé.

Cette journée est réservée au repentir des fautes commises pendant l'année, à son engagement dans la voie du Bien et à la prière pour demander pardon au divin.

> « L'Éternel parla à Moïse en ces termes : “Mais au dixième jour de ce septième mois, qui est le jour des expiations, il y aura pour vous convocation sainte : vous mortifierez vos personnes, vous offrirez un sacrifice à l'Éternel, et vous ne ferez aucun travail en

ce même jour ; car c'est un jour d'expiation, destiné à vous réhabiliter devant l'Éternel votre Dieu. Aussi, toute personne qui ne se mortifiera pas en ce même jour sera supprimée de son peuple ; et toute personne qui fera un travail quelconque en ce même jour, j'anéantirai cette personne-là du milieu de son peuple" » (Lévitique 23, 26-30).

Son observance est obligatoire par tous les fidèles dès leur majorité religieuse[1], car « il n'est pas d'homme juste sur terre qui fasse le bien sans jamais faillir » (Ecclésiaste 7, 20).

Le jeûne est précédé par une période d'austérité et de pénitence de dix jours destinée à promouvoir l'examen de conscience des fidèles débutant à *Roch Hachana* (en hébreu, « tête de l'année », soit le nouvel an) [52]. Chacun passe devant l'Éternel comme une brebis devant son berger afin qu'Il examine ses mérites et ses fautes. Selon la tradition, à cette période, trois livres sont ouverts devant Dieu : le premier réservé aux justes, le second aux moyens, le troisième aux méchants. Si les justes sont inscrits immédiatement dans le Livre de la Vie alors que les méchants sont immédiatement condamnés à mourir, les moyens attendront la fin de *Yom Kippour* pour connaître leur sort. Ces derniers ont dix jours pour faire pénitence de leurs fautes en actions, pensées ou paroles. S'ils se repentent de leur comportement envers l'Éternel ou autrui et promettent de mieux se conduire à l'avenir, Dieu les inscrira dans le Livre de la Vie.

Comme on peut le constater, la confession dans le judaïsme ne revêt pas le même sens que dans le chris-

1. 13 ans pour les garçons, 12 ans pour les filles.

tianisme : les fidèles s'adressent directement à l'Éternel pour demander le pardon de leurs fautes commises vis-à-vis de Lui. En revanche, celles commises envers leur prochain devront être absoutes par l'offensé lui-même après que le coupable aura demandé pardon. Au bout de trois demandes se révélant sans suite, le repentant sera pardonné par le divin.

Pour obtenir l'absolution des péchés et la réconciliation avec Dieu et l'Église, la tradition chrétienne a instauré la confession, appelée sacrement de la pénitence (du pardon) ou de la réconciliation. Il existe la confession privée d'un fidèle à un prêtre et les absolutions collectives devant la communauté. Plus qu'un examen de conscience, c'est un acte de foi dont l'importance réside dans la simplicité et la sincérité de la démarche accomplie. « Seigneur, tu sais tout, tu sais bien que je t'aime ! » (Jean 21, 17). C'est un véritable rite de purification spirituelle.

Les catholiques sont tenus de se confesser au moins une fois par an, à l'occasion de Pâques [58]. Ils peuvent renouveler ce sacrement à l'Avent [61], pendant l'année et lors des rites de passage (mariage, fin de vie, etc.).

Lors de la confession, le prêtre écoute, cite la Parole de Dieu et conseille le pénitent avant de procéder à son absolution (pardon des péchés) : « Par le ministère de l'Église, qu'il vous donne le pardon et la paix. Et moi, au nom du Père et du Fils et du Saint-Esprit, je vous pardonne tous vos péchés. » En prononçant ces mots, le prêtre trace le signe de la croix sur le front ou au-devant du pénitent. Ce dernier répond « amen » et fait le signe de croix [14]. Le prêtre lui donne ensuite une pénitence : un texte biblique à méditer, voire des prières à réciter. Cet acte de pénitence a lieu dans le confessionnal[1] ou dans un parloir.

Depuis le quatrième concile du Latran IV (1215), le secret de la confession ne peut en aucun cas être transgressé par le prêtre. Selon Jacques Le Goff[2] :

> « Le pénitent est tenu d'expliquer son péché en fonction de sa situation familiale, sociale, professionnelle, des circonstances et de sa motivation. Le confesseur doit tenir compte de ces paramètres individuels, et autant que la "satisfaction", c'est-à-dire la pénitence, sinon davantage, rechercher l'aveu du pécheur, recueillir sa contrition. Il doit plutôt laver une personne que châtier une faute. [...] Le pénitent doit s'interroger sur sa conduite et ses intentions, se livrer à un examen de conscience. »

> « Si un prêtre viole le secret de la confession, il est automatiquement excommunié comme ayant commis un crime et ne peut recevoir l'absolution que du pape [29][3]. »

À l'origine, le protestantisme aurait désiré maintenir le sacrement de la confession. Tant d'abus furent commis dans la pratique des indulgences que le mouvement de la Réforme (protestantisme [6]) s'empressa

1. Conçu par saint Charles Borromée, il permet de garantir l'anonymat du pénitent.
2. *La Bourse et la vie. Économie et religion au Moyen Âge*, éd. Hachette Littératures, coll. « Pluriel », 1997.
3. John Trigilio (père), Kenneth Brighenti (père), Pierre Lartigue (père), *Le Catholicisme pour les nuls*, *op. cit.*

de dénier aux religieux le droit d'absoudre les péchés de leurs ouailles.

« Au départ – les origines de la pratique remontent au Moyen Âge –, il s'agit de s'adresser aux fidèles pour que, tout en priant, ils mettent la main à la bourse. Objectif : construire, le plus souvent achever les églises et cathédrales qui sortent de terre partout dans l'immense chrétienté. [...] Pour les inciter à devenir plus généreux, l'Église annonce que les donateurs bénéficieront [...] de la mansuétude de Dieu au jour du Jugement. On vient d'inventer les indulgences. [...] L'événement qui va pousser Luther [...] à tonner contre les indulgences est relativement simple. Jules II (1503-1513), en 1505, a confié à l'architecte Bramante le soin de construire [...] l'actuel Saint-Pierre de Rome [23]. Le monument coûte cher. Jules II et son successeur, Léon X (1514), accordent une indulgence plénière à tous les chrétiens qui verseront pour Saint-Pierre de Rome », explique Georges Suffert[1].

Dans les Églises copte, orientale et anglicane, la confession est prescrite dans des conditions analogues à celles de l'Église catholique. Chez les orthodoxes, les perspectives de la confession sont quelque peu différentes. Si la pratique de la confession auriculaire connut en Angleterre un regain au XIXe siècle lors du mouvement d'Oxford, de nombreux anglicans lui préfèrent aujourd'hui l'absolution collective pendant l'office.

1. *Tu es Pierre. L'histoire des vingt premiers siècles de l'Église*, Le Livre de Poche, 2001.

Le musulman est invité à avouer ses fautes directement à ceux qu'il a offensés avant de mourir pour qu'il quitte ce monde l'esprit apaisé et chaque fois qu'il commet une faute. La période du *Ramadan* [75] est propice à la demande de pardon. « Dieu pardonne les fautes commises par le fidèle envers Lui. Celles faites à un tiers doivent être pardonnées par le tiers lui-même », souligne le recteur Khalil Merroun. Cela est conforme au hadith : « L'injustice est ténèbre et Dieu a dit : "J'interdis l'injustice à moi-même. Je l'ai rendue interdite entre vous. Ne commettez pas d'injustice entre vous." »

Le mois de *Ramadan* correspond à l'époque de l'année où Mohammad reçut les premières révélations du Coran par l'ange Gabriel. Comme le Prophète jeûnait au moment où l'ange lui est apparu, les musulmans font de même. Ce mois de jeûne est envisagé comme la maîtrise de soi et de ses passions, l'acceptation de la faim en union avec les pauvres. Celui qui suit les prescriptions du jeûne de l'aube au crépuscule pendant ce mois-là, avec foi, verra le pardon de ses péchés. Son corps sera purifié. Son âme sera pieuse et vertueuse.

Le jeûne ne doit rien changer aux occupations quotidiennes ni servir de prétexte pour négliger ses devoirs. Il implique un effort supplémentaire pour leur accomplissement habituel. Le *Ramadan* est en quelque sorte « une école du bon comportement » vis-à-vis de ses obligations personnelles comme des membres de sa famille et de sa communauté.

Le Coran exempte du jeûne les femmes pendant leurs périodes menstruelles, les femmes enceintes ou allaitant s'il y a mise en péril de la santé de la mère et/ou de l'enfant, les enfants n'ayant pas atteint l'âge de la puberté (pratique le plus souvent d'un jeûne limité), les voyageurs, les infirmes, les malades et les vieillards. Si cela leur est possible, ils récupèrent ultérieurement les jours de jeûne non effectués ou, si leurs moyens financiers le leur permettent, ils nourrissent un pauvre pendant cette même période. L'*Aïd el-fitr* [76] clôt le jeûne. À cette occasion, la *zakat* (en arabe, « aumône ») est versée pour tous les membres d'une même famille (même un nourrisson), cela pour permettre aux pauvres de participer à la fête dans la joie et l'abondance.

Nombre de nos contemporains préfèrent se confier à un laïc, voire à un psychanalyste (en grec, « celui qui délie les âmes ») plutôt qu'à un représentant du culte. « Faute avouée, faute à demi pardonnée », rappelle la sagesse populaire.

49. Qu'est-ce qui a donné lieu aux pèlerinages ?

Chez les juifs

Au début du judaïsme, les Hébreux effectuaient des pèlerinages (du latin *peregrinus*, « étranger ») – moments de célébration, foi, dévotion, partage et réflexion – dans les villes de Shiloh et de Dan (aujourd'hui en Israël), mais aussi de Béthel (Jordanie).

Depuis la construction du Temple de Jérusalem et de nos jours encore, les juifs qui le peuvent se rendent en pèlerinage trois fois par an – à *Chavouoth* [59], *Pessah* [57], *Souccoth* [54] – dans la ville sainte auprès du mur occidental – appelé « le Mur des lamentations » en Occident, « le Mur » (en hébreu *kotel*) en Israël –, vestige de la muraille ouest du Temple. Comme les musulmans, ils se recueillent sur les tombes des patriarches,

Abraham, Isaac et Jacob (Hébron, Cisjordanie), ou de Rachel (Bethléem)… et des grands rabbins de la *Kabbale* [16] (Mérone, Safed et Tibériade).

Des juifs séfarades ou ashkénazes aiment à retourner aux sources de leurs origines ou sur les sombres lieux de l'histoire du peuple juif (Russie, Pologne, République tchèque, etc.). De nombreux pèlerinages sont organisés à Djerba (Tunisie) où s'élève la plus vieille synagogue du monde datant de l'époque du roi Salomon (900 avant J.-C.), ou encore à Ouman (Ukraine) où est enterré le rabbin Nahman de Breslev – son grand-père fut le fondateur du mouvement hassidique, dont lui-même est considéré comme un des grands maîtres.

Le christianisme propose plusieurs lieux de pèlerinages en Terre sainte (Israël) retraçant les différents épisodes de la vie de Jésus-Christ [5] : Bethléem, ville de sa naissance ; Nazareth, ville de son enfance ; auprès du Jourdain, fleuve où il fut baptisé ; Jérusalem, ville où il fut crucifié et ressuscité…, sans omettre le tombeau du Saint-Sépulcre. Il en existe aussi dans de nombreux lieux d'apparition, liés le plus souvent à la Vierge Marie [26].

Chez les catholiques

À Lourdes (France), la jeune bergère Bernadette Soubirous (1844-1879) déclare avoir vu apparaître à plusieurs reprises (dix-huit fois exactement) la Vierge Marie au fond de la grotte de Massabielle (1858). Au début, les gens du village la prirent pour une folle, jusqu'à ce que, le 25 février, Marie lui demandât de creuser le sol pour en faire jaillir une source… Et la source apparut ! Depuis, les eaux de la source souterraine sont réputées pour leurs pouvoirs miraculeux. Lourdes accueille plusieurs milliers de pèlerins par an, parmi lesquels des malades en quête de guérison.

Le 25 mars 1858, Marie se présente à elle comme étant l'Immaculée Conception [27]. Ironie de l'histoire, quatre ans plus tôt le pape Pie IX venait de définir le dogme de l'Immaculée Conception, et des spécialistes affirmèrent qu'il était impossible qu'une petite paysanne illettrée ait pu en entendre parler, plus encore qu'elle ait pu comprendre de quoi il s'agissait.

Peu après la période des apparitions mariales, Bernadette Soubirous entra chez les Sœurs de Notre-Dame à Nevers (1866). Elle y mourut en 1879 d'une maladie semblable à la tuberculose qui, selon elle, ne pouvait pas se guérir avec de l'eau de Lourdes. Elle fut canonisée en 1933.

Aux Saintes-Maries-de-la-Mer (France), des Tsiganes[1] se retrouvent chaque année les 24 et 25 mai. Selon la tradition, Marie-Jacobé, sœur de la Vierge, Marie-Salomé, mère des apôtres Jacques le Majeur et Jean, Lazare (le ressuscité) et ses deux sœurs Marthe et Marie Madeleine, Maximin et Sidoine, ainsi que la servante noire des deux Marie, Sara, ont été chassés de Judée en raison de leur attachement au Christ. On les entassa dans une barque, sans voile, ni rame, ni vivres. Ils débarquèrent à l'emplacement même de la ville actuelle. Tous se dispersèrent dans la région pour y

1. Les Tsiganes sont catholiques, orthodoxes, protestants, pentecôtistes, évangélistes, musulmans ou Témoins de Jéhovah.

répandre les paroles de Jésus. Les deux Marie et Sara choisirent de rester en Camargue où elles moururent. Leur tombeau devint rapidement un lieu de culte pour les Gitans sillonnant la région.

La basilique Saint-Pierre de Rome (Italie) est édifiée là même où les apôtres Pierre et Paul furent martyrisés et enterrés. Rappelons que Pierre fut le premier évêque de Rome. Le pape [29], chef de l'Église catholique romaine, est son successeur. Le Vatican [23], État indépendant depuis 1929, est le siège de la papauté. Les catholiques de tous les pays, s'ils le peuvent, viennent y recevoir la bénédiction papale les dimanches et jours de fêtes, sans oublier de découvrir les richesses artistiques de la chapelle Sixtine peinte par Michel-Ange en quatre ans.

Depuis le Moyen Âge, des milliers de pèlerins catholiques de toute l'Europe se rendent, le plus souvent à pied, jusqu'à Saint-Jacques-de-Compostelle (Galice, Espagne). La cathédrale romane, élevée en 1120, renfermerait les restes de la dépouille de Jacques le Majeur, apôtre de Jésus, mort à Jérusalem, et dont les reliques auraient été déposées miraculeusement en ce lieu. Ce pèlerinage est l'un des plus importants d'Espagne. Pendant très longtemps, les pèlerins de retour de Compostelle arboraient une coquille[1] et prenaient le nom de « jacquots ». Aujourd'hui, ce pèlerinage connaît un grand regain d'intérêt.

On peut y ajouter :

– Assise (Italie), ville d'élection de saint François d'Assise (1182-1226), mystique et prédicateur italien

1. Symbole de vie éternelle.

canonisé en 1228, qui fonda l'ordre des Franciscains. Il est le créateur de la première crèche de Noël [64].

– Chartres (France), dont la cathédrale Notre-Dame, édifiée au XIe siècle par l'évêque Fulbert sur un ancien lieu de culte païen, est l'un des plus célèbres édifices religieux d'art gothique du monde, par la magnificence de ses vitraux et de ses sculptures. Avant même la construction de l'édifice, « le roi Charles le Chauve confia à la paroisse de Chartres la relique qu'on appelait la chemise de la Vierge ; en réalité, un long voile de soie écrue[1] ».

– Lisieux (France), où une basilique est dédiée à la carmélite sainte Thérèse de l'Enfant-Jésus et de la Sainte Face (1873-1897), canonisée en 1925. En 1997, le pape Jean-Paul II la proclame docteur de l'Église.

– Montserrat (Espagne), où un monastère bénédictin abrite la statue en bois sculpté d'une Vierge noire, vénérée autrefois par les pèlerins.

– Fatima (Portugal), où Marie apparut six fois à trois petits bergers (Lucie, Jacinthe et François) en 1917. Elle annonça l'imminence de la Seconde Guerre mondiale et l'expansion du communisme, en particulier à partir de l'Union soviétique…

Chez les orthodoxes

Fondée par Constantin, le premier empereur romain devenu chrétien, Istanbul (Turquie) fut pendant des siècles le centre de l'Église orthodoxe. Aujourd'hui encore, les pèlerins se bousculent aux portes des quartiers byzantins et ottomans où sont concentrés les plus

1. François Lebrette et François Guénet, *Fêtes et célébrations religieuses d'antan*, *op. cit.*

beaux monuments de la ville : la basilique Sainte-Sophie, la mosquée Kahriye Camii (ex-église Saint-Sauveur), la mosquée Kilise Camii (ex-église Saint-Théodore), la mosquée de Soliman le Magnifique, la mosquée bleue du sultan Ahmed… sans oublier le Vieux Sérail situé dans le palais de Topkapi Sarayi, devenu un musée de réputation internationale. Entre autres objets inestimables, on peut y découvrir l'exemplaire original du Coran, à partir duquel Othman, le troisième calife (644-656), effectua les premières copies.

Chez les protestants

Si les protestants ne pratiquent pas le pèlerinage, ils ne manquent pas de se réunir dans les Cévennes, théâtre de la persécution des protestants en France, pour la commémoration annuelle de la période du Désert[1], en référence au siècle des persécutions dont ils furent les victimes, de l'édit de Fontainebleau (1685), qui révoqua l'édit de Nantes, à l'édit de Tolérance (1787), qui accorda aux protestants (comme aux juifs) un état civil, sans pour autant leur octroyer la liberté religieuse.

Chez les musulmans

Cinquième pilier de l'islam [18], le grand pèlerinage à La Mecque[2] (ville natale du Prophète) et à Médine[3] (ville où le Prophète s'est réfugié en 622) est

1. Terme renvoyant à l'errance dans le désert des Hébreux vers la Terre promise.

2. Premier lieu saint de l'islam, La Mecque est appelée « la mère des Cités » par le Coran. L'accès des villes de Médine et de La Mecque est strictement interdit aux non-musulmans.

3. Médine, « la ville illuminée » selon le Coran, se situe à 21 kilomètres de La Mecque.

obligatoire une fois dans la vie de tout musulman adulte (homme ou femme), libre, nullement atteint d'une maladie mentale ou contagieuse et disposant de moyens financiers suffisants. Il permet le retour sur les lieux du premier sanctuaire du Prophète.

En effet, selon la tradition, cet édifice a été construit par Adam et rebâti par son fils Seth, puis par Abraham et son fils Ismaël. Les travaux terminés, Dieu ordonna à Abraham d'inciter l'humanité à s'y rendre en pèlerinage. Par la suite, la Kaaba fut reconstruite par les descendants de Noé.

Le pèlerinage se déroule pendant les dix premiers jours du dernier mois de l'année lunaire. Effectué à une autre période de l'année, c'est le « petit pèlerinage » (en arabe, *omra*). Il sera considéré comme un acte pieux égal à un autre.

Il exige des pèlerins un état de purification et de sacralisation par des ablutions ritualisées. Si les femmes ne sont pas tenues de revêtir un habit spécifique, les hommes doivent se draper d'une pièce d'étoffe blanche en coton, l'*irham*[1], laissant l'épaule droite nue (au cours de leur premier tour autour de la Kaaba, à leur arrivée) ; un autre linge est noué autour de leur taille en guise de ceinture. Cette tenue ne comporte aucune couture. Identique pour tous, elle abolit toutes différences sociales et ethniques. Pour être sacralisé, le pèlerin accomplit une prière accompagnée de deux prosternations. Dès ce moment, il s'abstient d'avoir des relations sexuelles, de se raser la tête, de se couper les ongles, de tuer un animal (sauf cas de force majeure).

---

1. Les pèlerins la revêtiront une seconde fois, après leur mort : elle leur servira de linceul.

Les principaux moments de ce pèlerinage se situent en différents lieux :

• La Kaaba : autour de cet édifice cubique[1], élevé au centre de la cour de la mosquée principale, les pèlerins effectuent sept tours, en tentant d'embrasser après chacun d'eux la pierre noire, enchâssée dans le pilier de l'angle oriental de la chambre. Selon la légende, elle aurait été apportée par l'archange Gabriel. Blanche à l'origine, elle aurait été noircie par les péchés des pèlerins.

• Zemzem : les fidèles s'empressent de boire un peu d'eau jaillissant de la source miraculeuse que Dieu fit jaillir pour qu'Agar puisse étancher la soif de son fils Ismaël. Les pèlerins y plongent tout habillés avec volupté.

En effet, à la demande réitérée de Sarah (sa première femme) et avec l'autorisation divine, Abraham avait chassé du campement Agar (sa seconde épouse) et son fils Ismaël. Au cours de leur périple dans le désert, tous deux furent assaillis par la soif. Craignant pour la vie de son fils, Agar chercha du secours, allant et venant sept fois entre les deux collines Safâ (en arabe « pureté ») et Marova (en arabe « évocation de se désaltérer »), sans succès. L'ange Gabriel lui apparut et lui ordonna de se relever et de prendre l'enfant dans ses bras. Quand elle rouvrit les yeux, Agar vit une source jaillir du sable. La source Zemzem permit de réhydrater

1. Les angles de l'édifice sont orientés aux quatre points cardinaux. D'une hauteur de 15 mètres et de 12 mètres de côté, la Kaaba est recouverte de tentures noires ornées de calligraphies coraniques brodées avec du fil d'or. Ces dernières sont changées chaque année. C'est vers elle que les musulmans du monde entier orientent leurs prières quotidiennes.

l'enfant et de le sauver. Conformément à l'annonce de l'ange, Dieu fit de sa descendance une grande nation : les musulmans.

• Minan : les hanafites et les malékites exigent que les pèlerins se rendent ensuite à Minan, petit village inhabité situé à 7 kilomètres de La Mecque, où les fidèles s'assemblent pour passer la nuit jusqu'à la prière de l'aube. Les autres courants quant à eux considèrent ce séjour comme facultatif et permettent aux fidèles de se rendre directement au mont Arafat.

• Le mont Arafat[1] : pendant un après-midi, debout, tête nue[2], les pèlerins prient. Ils récitent plusieurs fois la prière par laquelle le patriarche Abraham rappelle les faveurs divines par le respect de ce pèlerinage par les musulmans : « Aujourd'hui, j'ai parachevé votre religion et je vous ai accordé mon entier bienfait. J'agrée pour vous l'islam comme religion » (Coran 5, 5). À la nuit tombée, ils rejoignent Mouzdalifa où ils récitent ensemble la prière du soir avant de se reposer.

• Minan : après la prière de l'aube, les pèlerins ramassent quarante-neuf petits cailloux et retournent à Minan. Contre trois stèles symbolisant Satan qui a incité par trois fois Abraham à désobéir à Dieu, ils jettent leurs cailloux. Ils accompagnent leurs gestes de ces mots : « Dieu est grand ! Me voici, Seigneur ! Dieu est grand ! »

Le pèlerinage se clôt par le sacrifice d'un mouton (ou d'une chèvre) en souvenir d'Abraham prêt au sacrifice

1. Si le pèlerin ne se rend pas le neuvième jour sur le mont Arafat, de la prière du matin jusqu'au coucher du soleil, son pèlerinage est considéré comme caduc, car le Prophète a dit : « Le pèlerinage est Arafat. »

2. La protection sous une ombrelle est autorisée.

de son fils Ismaël réclamé par Dieu. Tous les musulmans du monde entier font de même le jour de l'*Aïd el-kébir* (en arabe « la grande fête ») [76]. Il est suivi de la coupe de cheveux pour les hommes, d'une mèche symbolique pour les femmes. Le pèlerin peut reprendre ensuite ses habits et le cours de sa vie : le fidèle est alors désacralisé.

Beaucoup terminent (ou débutent) leur pèlerinage à Médine, ville où le Prophète est inhumé ainsi que sa fille Fatima[1]. À leur retour, ils ajoutent à leur nom le titre de *Hadj* (en arabe « pèlerin ») afin que nul n'ignore qu'ils ont accompli le cinquième pilier de l'islam.

D'autres lieux traditionnels de pèlerinage existent pour les musulmans : Kairouan (Tunisie), Ouezzane (Maroc), Kerbela[2], siège du martyre de l'imam Hussein (Irak), Meshed appelé aussi An-Najaf (Iran)... Sans oublier Jérusalem (étape du voyage nocturne de Mohammad, commémoré pendant la fête de *Mi'raj* [79]) et Hébron (Cisjordanie), ville où sont enterrés Abraham, Isaac, Jacob et Joseph, patriarches reconnus par les trois religions monothéistes [1].

50. Quels sont les calendriers liturgiques des trois religions ?

Le quatrième concile du Latran débute à partir de la création de l'homme[3] telle qu'elle est mentionnée dans

1. Épouse d'Ali, mère de Hassan et Hussein.
2. Pour les chiites.
3. Le rabbin Hillel, se fondant sur les données de la Bible et du Talmud, fixa au 7 octobre 3761 avant J.-C. la date de la création du monde.

la Bible, soit en l'an 3760 avant l'ère chrétienne. Il remonte dans sa forme actuelle au IVe siècle après J.-C.

Il compte douze mois lunaires de vingt-neuf ou trente jours, chacun commençant à la nouvelle lune. Un treizième mois est ajouté lors des troisième, sixième, huitième, onzième, treizième et dix-septième années du cycle solaire (qui en compte dix-neuf) afin de rattraper le décalage entre l'année lunaire[1] (354 jours) et l'année solaire[2] (365 jours et quart).

L'année de douze mois est appelée « commune », celle de treize mois « embolismique ». L'année commune peut contenir 353 jours (défective), 354 jours (régulière) ou 355 jours (abondante). Quant à l'année embolismique, elle présente les mêmes caractéristiques : 383 jours (défective), 384 jours (régulière) ou 385 jours (abondante). Du fait de ces différenciations, les fêtes tombent toujours aux mêmes périodes, mais pas toujours aux mêmes mois. Par exemple, *Roch Hachana* (nouvel an) est toujours célébré au cours des mois de septembre ou d'octobre du calendrier grégorien. Il commémore la création de l'homme (3760 avant J.-C.) et marque naturellement le début du calendrier hébraïque [52].

Le quatrième concile du Latran marque le début de l'ère chrétienne en Occident : il prend pour référence l'année de la naissance de Jésus [5] telle qu'elle a été fixée par les hommes. Selon les historiens, une

1. « […] Pour gouverner sur la nuit » (Genèse 1, 16).
2. « […] Pour gouverner sur le jour » (Genèse 1, 16).

marge d'erreur de quatre à six ans se serait glissée dès son origine. Mais ce n'est pas tout…

Sur l'ordre du pape Jean Ier, Denys le Petit, moine arménien, fixe au VIe siècle les règles de calcul du calendrier chrétien, en vigueur dès le VIIIe siècle. Ses principes reposent sur l'année julienne[1]. Les erreurs s'y multiplient et les fêtes ne coïncident plus avec les saisons (par exemple : Pâques [58] est fixé le premier dimanche qui suit la pleine lune de l'équinoxe du printemps[2]). Le concile de Trente [23] charge le pape Grégoire XIII[3] de le réformer. Des savants (Clavius, Lilio…) lui viennent en aide. La bulle pontificale du 24 février 1582 témoigne du terme de leurs travaux.

La réforme consista à supprimer dix jours au cours de la première année pour rétablir la coïncidence du début des saisons avec les dates assignées. Le jeudi 4 octobre fut suivi par le vendredi 15 octobre 1582 et nul ne s'en offusqua ! En France, cela se fit en décembre, où l'on passa du 9 au 20 en une nuit. Bien plus tard encore en Pologne, en Angleterre… et seulement en 1586 en Lettonie.

Pour éviter une nouvelle dérive du calendrier, il fut décidé de supprimer trois années bissextiles en quatre siècles : 1700, 1800, 1900 et 2000. De même, 2100, 2200, 2300 ne seront pas bissextiles (2400 le sera). Ainsi, la durée moyenne de l'année grégorienne

1. Calendrier solaire datant de Jules César (quarante-six ans avant notre ère). Auparavant, les Romains utilisaient un calendrier lunaire.

2. À partir de cette date, on fixe celles du mercredi des Cendres et du début du carême. Le pape Paul VI avait suggéré que pour tous les chrétiens la fête de Pâques soit fixée au dimanche qui tombe entre le 9 et le 16 avril, mais sa proposition ne fut pas retenue.

3. D'où le nom de « calendrier grégorien ».

devient égale à 365,2425 jours. D'ici à dix mille ans, un excès de trois jours sera escompté. Nul n'envisage à ce jour une quelconque correction. Comment nos descendants s'y prendront pour corriger cette petite erreur de calcul ?...

Si l'Église catholique a adopté le calendrier grégorien, des Églises orthodoxes (Grèce, Roumanie, Finlande, Antioche...) ont choisi le calendrier grégorien pour célébrer les fêtes fixes, d'autres (Russie, Serbie, Géorgie) ont conservé l'ancien calendrier julien. Pour ces dernières, la fête de la nativité du Christ (25 décembre) est célébrée le 7 janvier selon le calendrier grégorien [62]. Quant aux fêtes liées aux Pâques (début du grand carême [68], Ascension [70], Pentecôte [59]), elles appartiennent au cycle des fêtes mobiles.

Le quatrième concile du Latran : à la suite de la conjuration de nombreux opposants, quarante hommes appartenant à quarante tribus différentes sont choisis pour assassiner le prophète Mohammad sur le chemin du sanctuaire de La Mecque. Pourquoi cette ruse ? Parce que en retour, la tribu attaquée ne pouvait pas se mettre en guerre contre les trente-neuf autres. L'ange Gabriel révèle à temps le complot à Mohammad qui quitte la ville avec Abû Bakr vers Yathrib (la future Médine). Ali ne les accompagne pas, il est chargé de récupérer les biens qui ont été confiés en garde par le Prophète. Mohammad et Abû Bakr se cachent dans une grotte pour échapper à leurs poursuivants. À peine se sont-ils retranchés au fond de la caverne qu'une colombe fait son nid à l'entrée et qu'une araignée y tisse une large toile. Grâce à ces leurres, les assassins sont déroutés. Nous sommes le 16 juillet 622 de l'ère chrétienne.

Depuis 637, cet événement marque le point de départ du calendrier musulman (an 1) et le début de la nouvelle ère islamique, année lors de laquelle le calife Omar décida de commémorer ce jour historique.

Le jour de l'hégire (de l'arabe *hidjra*, « émigration ») est commémoré chaque année le 1er *Muharram* (premier mois du calendrier). Si aucun rituel n'est obligatoire au niveau des prières, les musulmans se retrouvent dans les mosquées pour la veillée au cours de laquelle ils commémorent la vie du Prophète et de ses compagnons. Ils n'hésitent pas à dessiner en divers lieux la colombe et l'araignée[1] qui ont protégé le Prophète dans sa fuite. Le plus souvent, ce jour est chômé [52].

Le calendrier musulman compte 354 ou 355 jours (soit en moyenne onze jours de moins que l'année solaire grégorienne) selon les années, répartis en douze mois lunaires de vingt-neuf ou trente jours. En outre, il existe onze années[2] bissextiles par période de trente ans. Le *Dhu el-Hijja* (dernier mois) prend un jour de plus, de manière que chaque début de mois coïncide réellement avec la nouvelle lune. Cela peut entraîner un certain décalage avec le calendrier théorique préalablement établi. Les fêtes religieuses avancent donc de dix à treize jours par an, ce qui explique qu'elles sont différées de plusieurs mois au fil des années, accomplissant une révolution complète du calendrier grégorien tous les trente-six ans. Ainsi, les musulmans respectent à travers le monde le jeûne du *Ramadan*, autant en été

1. De nos jours, beaucoup de musulmans se refusent à tuer des araignées en hommage à celle qui a couvert l'exode du Prophète.

2. Années 2, 5, 7, 10, 13, 16, 18, 21, 24, 26 et 29.

qu'en hiver. N'est-ce pas là un bel exemple de justice divine ?

51. Charité et bienfaisance

Au temps du Temple de Jérusalem, le dixième des butins et des produits agricoles revenait à Dieu. Il devait être remis aux lévites en échange du travail qu'ils effectuaient au service du culte[1]. Une dîme supplémentaire sur tous les revenus s'y ajoutait tous les trois ans pour soulager les veuves et les orphelins, les pauvres et les voyageurs et les lévites ne disposant d'aucun bien[2].

Charité et bienfaisance sont les devoirs essentiels des fidèles pour les trois religions monothéistes [1]. D'ailleurs, de nombreux versets de la Bible et du Coran le soulignent :

• « Tu n'endurciras pas ton cœur, tu ne fermeras pas ta main à ton frère pauvre ! » (Deutéronome 15, 17).

• « Quand vous ferez la moisson dans votre pays, tu laisseras un coin de ton champ sans le moissonner, et tu ne ramasseras pas ce qui reste à glaner. Tu ne cueilleras pas non plus les grappes restées dans ta vigne, et tu ne ramasseras pas les grains qui en seront tombés. Tu abandonneras cela au pauvre et à l'étranger. Je suis l'Éternel, votre Dieu » (Lévitique 19, 9-10).

• « Pour toi, quand tu fais l'aumône, que ta main gauche ignore ce que fait ta main droite, afin que ton aumône reste dans le secret ; et ton Père, qui voit dans le secret, te le rendra » (Matthieu 6, 2-4).

1. Nombres 18, 20-24.
2. Deutéronome 14, 28-29.

• « J'ai eu faim et vous m'avez donné à manger, j'ai eu soif et vous m'avez donné à boire, j'étais un étranger et vous m'avez accueilli, nu et vous m'avez vêtu, malade et vous m'avez visité… En vérité je vous le dis, dans la mesure où vous l'avez fait à l'un de ces plus petits de mes frères, c'est à moi que vous l'avez fait » (Matthieu 25, 35-40).

• « Ô les croyants ! Dépensez les meilleures choses que vous avez gagnées et des récoltes que nous avons fait sortir de la terre pour vous. Et ne vous tournez pas vers ce qui est vil pour en faire dépense » (Coran 2, 267).

La Bible prescrit de reverser un dixième de ses biens aux nécessiteux. En hébreu, cela s'appelle la *tsédaka*.

De même pour le Coran qui inscrit l'aumône (en arabe, *zakat*) comme quatrième pilier de l'islam [18] : « Les pauvres sont les miens, les riches sont mes délégués » (hadith sacré). Elle est à distinguer de celle à verser à la fin du jeûne du *Ramadan* [75].

Si des fidèles comptabilisent avec parcimonie la part qui leur revient d'acquitter chaque année, d'autres le font sans compter. Le cri de Jean Chrysostome, évêque de Constantinople, devrait éveiller nos consciences et ouvrir nos porte-monnaie : « Comment osez-vous entrer dans une église pour célébrer le Christ avec des coupes en or, après avoir franchi la porte en piétinant les pauvres ?… » En effet, « après l'étude et la prière, la charité est l'un des trois piliers sur lesquels repose le monde » (*Pirké Avoth* 1, 2).

« J'ai eu faim et vous m'avez donné à manger, j'ai eu soif et vous m'avez donné à boire, j'étais un étranger et vous m'avez accueilli, nu et vous m'avez vêtu, malade et vous m'avez visité… En vérité je vous le dis, dans la mesure où vous l'avez fait à l'un de ces plus petits de mes frères, c'est à moi que vous l'avez fait » (Matthieu 25, 35-40).

« Ô les croyants ! Dépensez les meilleures choses que vous avez gagnées et des récoltes que nous avons fait sortir de la terre pour vous. Et ne vous tournez pas vers ce qui est vil pour en faire dépense » (Coran 2, 267).

La Bible prescrit de reverser un dixième de ses biens aux nécessiteux. En hébreu, cela s'appelle le *maasser*. De même pour le Coran qui fixe l'aumône (en arabe, *zakât*) comme quatrième pilier de l'islam [74]. « Les pauvres sont les maîtres, les riches sont leurs délégués » (hadith sacré). Elle est à distinguer de celle à verser à la fin du jeûne du *Ramadan* [75].

Si des fidèles comptabilisent avec parcimonie la part qui leur revient d'acquitter chaque année, d'autres le font sans compter. Le cri de Jean Chrysostome, évêque de Constantinople, devait éveiller nos consciences et ouvrir nos porte-monnaie : « Comment osez-vous entrer dans une église pour célébrer le Christ avec des coupes en or après avoir franchi la porte en chassant les pauvres ? » En effet, « après l'étude et la prière, la charité est l'un des trois piliers sur lesquels repose le monde » (*Pirké Avot* 1, 2).

Chapitre III

Les fêtes, les jeûnes et leurs traditions

52. En quoi la fête du nouvel an se différencie-t-elle dans les trois religions ?

Le jour de l'an le plus connu est celui célébré par le calendrier grégorien le 1er janvier… alors que pendant des siècles, le premier jour de l'année a été fêté en France le 1er mars !

Dans l'Antiquité, mars était le premier mois du calendrier romain, jusqu'à ce que Jules César institue le début de l'année légale au 1er janvier, date d'entrée en fonction des consuls. La réforme de Jules César sera peu suivie.

En 532, après avoir revu et corrigé la datation de l'ère chrétienne grâce au concours du moine astronome Denys le Petit, l'Église décide de faire commencer les années en janvier. L'année suivante, le 1er janvier est devenu le premier jour de l'an 1, et non pas de l'an 0. C'est pourquoi le troisième millénaire a débuté en 2001 et non en 2000 comme beaucoup l'ont dit.

Cette décision de l'Église ne change en rien les habitudes populaires : presque partout, le 1er mars est considéré comme le nouvel an, alors que la majorité des pays européens fêtent le début de l'année le jour de l'Annonciation [60] à Marie, le 25 mars ! Conclusion : c'est une véritable cacophonie calendaire !

Charles IX, roi de France, y mettra un terme. Il s'était réfugié à Roussillon (Isère) afin d'échapper à l'épidémie de peste sévissant à Lyon où il séjournait préalablement. Il en profite pour réviser une loi sur la justice que le Parlement vient de rejeter. Conseillé par ses ministres Michel de L'Hospital et Sébastien de L'Aubépine, il y ajoute un article (l'article 39 connu sous le nom d'édit de Roussillon) stipulant que « l'année commence dorénavant et soit comptée du premier jour de ce mois de janvier dans le royaume de France ». Nous sommes le 9 août 1564. C'est la fin de la rébellion populaire. La réforme royale sera appliquée. Gare aux contrevenants !

En 1582, le pape Grégoire XIII réforme le calendrier mis en place par Jules César (calendrier julien). Ce nouveau calendrier, appelé le calendrier grégorien [50], impose le 1er janvier à tous. Cette date se répand dans le monde entier parallèlement à la chrétienté (même si l'année liturgique chrétienne débute à l'Avent [61]). Évidemment, les pays protestants ne suivent pas le mouvement. Aussi, « il fallut attendre jusqu'au XVIIIe siècle pour que le 1er janvier soit célébré comme jour de l'an en Allemagne, en Grande-

Bretagne et dans les colonies américaines (1752), ainsi qu'en Suède (1753)[1] ».

On peut s'interroger à juste titre sur les raisons de l'Église chrétienne pour que le jour de l'an soit célébré le 1er janvier et non un autre jour. Sans doute en raison de sa similitude avec la date de la circoncision du Christ [134] : « Le huitième jour, auquel l'enfant devait être circoncis, étant arrivé, on lui donna le nom de Jésus, nom qu'avait indiqué l'ange avant qu'il fût conçu dans le sein de sa mère » (Luc 2, 21). Pour preuve, sur les calendriers antérieurs à 1969, à la date du 1er janvier, il était notifié : « Jour de l'an, circoncision du Christ. »

Ce n'est pas un hasard si la Saint-Sylvestre (31 décembre) le précède : Sylvestre Ier, pape du IVe siècle, aida l'empereur Constantin Ier le Grand à combattre l'arianisme[2] et à établir l'Église chrétienne dans son empire. Selon la légende, l'empereur fut baptisé par saint Sylvestre ; l'Histoire la contredit néanmoins dans les faits.

Dans les pays orthodoxes (dont les fêtes se calquent sur les calendriers julien et grégorien), le nouvel an est célébré le 13 janvier, le calendrier julien prenant 0,78 jour de retard par siècle sur le calendrier grégorien (actuellement, 13 jours).

Quels que soient les pays du monde, le nouvel an est célébré avec festivités et parfois vacarme (feux d'artifice, pétards, cris, musique…), tout comme on utilisait il y a peu masques et fouets pour chasser les

1. Greg Dues, *Guide des coutumes et traditions catholiques*, *op. cit.*

2. Doctrine d'Arius contestant la nature divine du Christ, Fils de Dieu.

démons des maisons et des rues de la ville. Le gui est son éternel symbole. Ses boules de lumière, poussant entre ciel et terre, conduiraient l'homme de l'obscurité au renouveau, selon les mythologies occidentales ; elles apporteraient abondance et fertilité, selon les croyances celtiques, et elles auraient le pouvoir de guérir et de protéger des mauvais sorts. De là est née la coutume d'en suspendre à la porte d'entrée des maisons, pour inviter les visiteurs à la paix, la bienveillance et les hôtes à l'hospitalité. Quant au houx, appelé « arbre saint » en Europe du Nord, « il était assimilé au Buisson ardent de Moïse et l'amour fervent de Marie envers Dieu. Ses baies rouges et ses épines devinrent aussi le symbole de la couronne d'épines et de la mort sanglante que le Christ avait subies[1] ».

Quant à l'envoi de vœux calligraphiés, s'il était déjà connu des couvents européens du Moyen Âge, il faudra attendre 1843 pour que l'Anglais John Calcot Horsley dessine la première carte de vœux, imprimée à la demande de sir Henry Cole. En Grande-Bretagne, la tradition veut que les cartes du nouvel an s'envoient obligatoirement avant Noël ; en France, le 31 janvier est la limite à ne pas dépasser.

Comme nous venons de le découvrir, le jour de l'an chrétien a pour origine une décision juridique édictée par le roi de France Charles IX par l'édit de Roussillon. Quant au jour de l'an islamique, il tire son origine d'un événement historique : l'hégire.

---

1. Greg Dues, *Guide des coutumes et traditions catholiques*, *op. cit.*

Le prophète Mohammad [7], orphelin de père, est un homme pieux. Il travaille avec son épouse, Khadîdja, riche négociante de La Mecque. Un soir du printemps de l'an 610, alors qu'il est en méditation dans une grotte sur la colline d'Hirâ, l'ange Gabriel lui apparaît. Pendant vingt-deux ans, il reviendra régulièrement lui transmettre la parole divine. Avec ses compagnons, Mohammad la transcrit dans le Coran [12]. Fondement de la vie religieuse et spirituelle, ce livre comporte des prescriptions d'ordre juridique, alimentaire et social.

Autour du prophète Mohammad, des fidèles se rassemblent. Ils sont appelés « musulmans ». Ses prédications provoquent l'hostilité des grandes familles de La Mecque. Quarante hommes appartenant à diverses tribus sont choisis pour assassiner le Prophète. L'ange Gabriel lui révèle à temps le complot. Mohammad quitte la ville avec son ami Abû Bakr. Ali ne les accompagne pas, il est chargé de récupérer les biens qui ont été confiés en garde par le Prophète. Mohammad et Abû Bakr se cachent dans une grotte sur le chemin de Médine afin d'échapper à leurs ennemis. À peine se sont-ils retranchés au fond de la caverne que, miraculeusement, une colombe fait son nid à son entrée alors qu'une araignée y tisse une large toile (Coran 9, 40). Grâce à ces leurres, leurs poursuivants sont déroutés, les fugitifs leur échappent.

Nous sommes le 16 juillet 622 de l'ère chrétienne, jour de l'hégire (en arabe « émigration »). Il marque l'année 0 du calendrier musulman et le début de la nouvelle ère islamique. Il est commémoré chaque année le 1er *Muharram*. Ainsi en a décrété le deuxième calife Omar.

Il ne fait pas l'objet d'une grande fête. Aucun rituel religieux n'est prescrit. Malgré tout, la veille du nouvel an, les musulmans se retrouvent dans les mosquées pour célébrer la naissance de l'islam. Afin d'évoquer la grotte où Mohammad et son ami ont trouvé refuge pour échapper à leurs ennemis et les leurres qui ont permis de les dérouter, les musulmans dessinent lors de la veillée, en divers lieux, la colombe et l'araignée qui les ont protégés dans leur fuite. Chacun revêt pour l'occasion des vêtements neufs et ses plus belles parures. Des plats traditionnels tels que tajine ou couscous, gâteaux et diverses friandises garnissent abondamment les tables dressées par les femmes pour la fête.

Si le nouvel an musulman consacre un événement historique, le nouvel an hébraïque, *Roch Hachana*[1] (de l'hébreu, « tête de l'année »), tire ses origines de la Bible. Le premier jour du mois de *Tichri* (septembre ou octobre) commémore la création de l'homme (3760 avant J.-C.) et marque naturellement le début du calendrier hébraïque.

Eloul, précédant *Roch Hachana*, est un mois de retour vers Dieu. Pendant celui-ci, lors des offices à la synagogue, on sonne le *chofar*. Instrument en corne de

1. Pourquoi les fêtes juives sont célébrées deux jours de suite ? « Dans le calendrier juif, le premier jour du mois coïncide toujours avec la nouvelle lune, et le soir du quinzième jour est toujours un soir de pleine lune. […] Dans l'Antiquité, avant que la science ne sache prédire la nouvelle lune, c'étaient les autorités d'Israël […] qui déclaraient le nouveau mois. Par la suite, les rabbins se sont rendu compte que si les juifs du monde entier attendaient de recevoir l'information en provenance de la terre d'Israël, cela risquait de prendre du temps et donc de fausser le calendrier. Il a alors été décidé que toutes les fêtes (sauf *Yom Kippour*) seraient célébrées un jour de plus chez les juifs vivant en dehors d'Israël » (Ted Falcon, David Blatner, Josy Eisenberg, *Le Judaïsme pour les nuls*, *op. cit.*).

bélier produisant un son rauque, semblable aux soupirs et aux sanglots des hommes, il rappelle le sacrifice d'Abraham immolant un bélier à la place de son fils Isaac. La forme incurvée de l'instrument incite le peuple d'Israël à infléchir son cœur vers l'Éternel et à se repentir. Pendant l'Exode [10], il retentit la première fois le jour du don de la Loi divine au peuple hébreu : « Dès le matin, il y eut des coups de tonnerre, une épaisse nuée sur la montagne ainsi qu'un très puissant son de trompe. [...] Moïse fit sortir le peuple à la rencontre de Dieu [...] » (Exode 19, 16).

La veille de *Roch Hachana*, certains fidèles s'habillent de blanc [93] sans afficher un grand luxe, pour s'imprégner de la crainte du jugement divin. Ce jour-là, particulièrement, il convient de faire des dons aux pauvres. Le soir, la maîtresse de maison allume deux bougies en récitant une bénédiction avant que la famille se rende à l'office. La synagogue [33], pour la circonstance, est tendue de blanc. Les bonnes et les mauvaises actions étant censées déterminer notre avenir céleste, on insiste lors de cette journée sur le fait que Dieu se souvient de toutes, et ce pour chacun.

De retour au domicile, le père récite des prières et des bénédictions sur le vin (il passe la coupe aux convives, *Kiddouch*) et sur le pain (il coupe des morceaux qu'il distribue à l'assistance, *Motsi*[1]).

La coutume de manger des douceurs date de plus de mille cinq cents ans. Elle exprime l'espoir que la douceur pénétrera dans la vie de tous les juifs dans l'année

1. À cette occasion, des familles remplacent le sel par du miel ou du sucre.

à venir. Aujourd'hui, on trouve sur presque toutes les tables des foyers une coupe de miel [96] ou de sirop de sucre. Des quartiers de pommes y sont trempés. Avant de les déguster, on formule le vœu « que cette année qui commence soit pour nous agréable et douce ». Très souvent y sont présentes dattes et grenades [98]. Ces fruits sont très riches en pépins ou en graines. Ils ne présagent pas du patrimoine financier à venir, mais de l'espoir que, dans l'année qui s'annonce, l'homme sera privilégié pour accomplir de nombreux actes méritoires. Des pains ronds sont servis plus volontiers : leur forme symbolise le cycle immuable de la nature et l'espérance que l'année nouvelle sera entière, non brisée par une tragédie.

Lors des cérémonies, on rappelle les mérites et la sainteté des patriarches Abraham, Isaac et Jacob pour qu'ils rejaillissent sur les fidèles. On lit l'extrait de la Torah relatif au sacrifice d'Isaac, d'où la sonnerie du *chofar* qui préfigure le jour où Dieu détruira le mal dans le monde : « Il fera résonner la corne de bélier et viendra parmi les éclairs. » La cérémonie se poursuit avec la lecture des versets sur la souveraineté divine : « Il règne sur ceux qui l'acceptent en lui renouvelant leur engagement le jour de *Roch Hachana.* »

La tradition préconise : « Tu plongeras dans les profondeurs de la mer tous leurs péchés » (Mi'ha 7, 19). Aussi, certains n'hésitent pas à se rendre auprès d'une étendue d'eau (bord de mer, d'un lac, d'un fleuve ou d'une rivière, selon l'environnement géographique de chacun) pour se débarrasser de leurs péchés par un geste symbolique : retourner les poches de leurs vêtements afin de les vider des fautes commises l'année précédente. La présence de poissons est souhaitable : comme les poissons dépendent de l'eau, l'homme dépend de la Providence divine. L'œil toujours ouvert du poisson symbolise l'attention constante que Dieu accorde à ses créatures.

La coutume veut que les deux jours de *Roch Hachana* soient réservés à l'étude de la Torah et à la prière. Il est donc prescrit de s'abstenir de travailler et d'observer les mêmes règles que celles ordonnées pour le *shabbat* [9]. La joie n'est pas pour autant exclue de la fête : c'est un devoir que de manger et de se réjouir ces jours-là, car l'Éternel est un Dieu clément et les hommes se doivent d'être confiants dans ses jugements.

Pendant cette fête, chacun se salue joyeusement par *Chana Tova* (en hébreu, « bonne année ! ») ou *Lechanah Tova Tikatevou* (en hébreu, « soyez inscrits pour une bonne année ! »). Cette dernière expression reflète la croyance qu'au moment de *Roch Hachana* Dieu enregistre dans le Livre de la Vie de chaque individu son sort pour l'année à venir. En effet, chacun passe devant l'Éternel pendant cette période, comme une brebis devant son berger, afin qu'Il examine ses mérites et ses fautes. Selon la tradition, trois livres sont ouverts devant Lui : le premier est réservé aux justes, le second aux moyens, le troisième aux méchants. Si les justes sont inscrits immédiatement dans le Livre de la Vie alors que les méchants sont condamnés sur-le-champ à mourir, les moyens attendront la fin de *Yom Kippour* [53] pour connaître leur sort. Entre-temps, ils ont dix jours pour faire leur examen de conscience et pénitence de leurs fautes en actions, pensées ou paroles. S'ils se repentent de leur comportement envers l'Éternel ou autrui qu'ils ont offensé, surtout s'ils promettent de mieux se conduire à l'avenir, Dieu les inscrira dans le Livre de la Vie.

Permettez-moi un bref parallèle avec la tradition musulmane : sur l'Arbre du paradis, le nom de chaque personne vivante est inscrit sur une feuille. Le quinzième jour du mois de *cha'ban*, l'arbre est secoué. Si la feuille tombe, la personne mourra dans l'année à venir. Si elle reste attachée à la branche, elle vivra.

53. Dans le judaïsme, sur quoi repose le jeûne du Grand Pardon ?

Avant de mourir, le juif est invité à avouer ses fautes à ceux qu'il a offensés au cours de son existence (afin de quitter ce monde l'esprit apaisé) et une fois par an, à *Yom Kippour* (10 *Tichri*) :

> « L'Éternel parla à Moïse en ces termes : "Mais au dixième jour de ce septième mois, qui est le jour des expiations, il y aura pour vous convocation sainte : vous mortifierez vos personnes, vous offrirez un sacrifice à l'Éternel, et vous ne ferez aucun travail en ce même jour ; car c'est un jour d'expiation, destiné à vous réhabiliter devant l'Éternel votre Dieu. Aussi, toute personne qui ne se mortifiera pas en ce même jour sera supprimée de son peuple ; et toute personne qui fera un travail quelconque en ce même jour, j'anéantirai cette personne-là du milieu de son peuple" » (Lévitique 23, 26-30).

Yom Kippour est réservé au repentir des fautes commises pendant l'année, à l'engagement dans la voie du bien et à la prière pour demander le pardon au divin.

Le rituel à la synagogue[1] débute par le chant du *Kol Nidre* (en araméen, « tous les vœux… »), véritable confession publique déclarant nuls et non avenus les vœux faits à mauvais escient par la communauté envers Dieu l'année précédente. Il se clôt par la prière *Neïlah*, la seule qui se dise les portes de l'Arche sainte grandes ouvertes, telles les portes du ciel à l'heure du Jugement divin.

En plus des interdictions relatives au *shabbat* [9], chaque fidèle ayant atteint la majorité religieuse [138] observera un jeûne strict (ni boisson ni nourriture) de vingt-cinq heures. Il lui sera aussi interdit pendant ce laps de temps de se laver, d'enduire son corps d'huile ou d'onguent, de porter des chaussures en cuir, de fumer et d'avoir des relations sexuelles. Son observance est obligatoire par tous[2], car « il n'est pas d'homme juste sur terre qui fasse le bien sans jamais faillir » (Ecclésiaste 7, 20). Quant à la volonté de contrition, elle reste essentielle, car l'Éternel n'apportera aucun pardon à celui qui dit : « Je pécherai et le jour de *Kippour* me lavera de mes péchés » (Yoma 85 b).

Le jeûne est précédé par une période de pénitence de dix jours destinée à promouvoir l'examen de conscience des fidèles. Elle débute à *Roch Hachana* les 1er et 2 *Tichri* [52], célébration du nouvel an hébraïque

1. À l'époque du Temple de Jérusalem, le grand prêtre procédait à un tirage au sort entre deux boucs identiques. Sur le premier, il confessait les péchés des fidèles avant de le jeter du haut d'un précipice dans le désert, alors que le second était solennellement sacrifié dans l'enceinte du lieu sacré. De nos jours, les sacrifices d'animaux n'ont plus lieu.

2. Sauf en cas de contre-indication médicale et rabbinique.

et du jugement des habitants de la Terre aux jours anniversaires de la création de l'homme (3760 avant J.-C. selon l'Ancien Testament [10]).

Selon la tradition, chacun passe à cette occasion devant l'Éternel afin qu'Il examine ses mérites et ses fautes. Trois livres sont ouverts devant Lui : le premier est réservé aux justes, le second aux moyens, le troisième aux méchants. Si les justes sont inscrits immédiatement dans le Livre de la Vie, les méchants sont condamnés sur-le-champ à mourir. Quant aux moyens, ils devront attendre la fin de *Yom Kippour* pour connaître leur sort. Entre-temps, ils ont dix jours pour faire pénitence de leurs fautes commises en actions, pensées ou paroles et pour promettre une meilleure conduite à l'avenir. Aussi, lors de la célébration de *Roch Hachana*, le rabbin sonne le *chofar* à la synagogue pour réveiller les consciences des fidèles. Cet instrument à vent, créé par le peuple hébreu, est symbolique : la forme incurvée de la corne de bélier incite le peuple d'Israël à infléchir son cœur vers l'Éternel en lui rappelant le sacrifice d'Abraham immolant un bélier en lieu et place de son fils Isaac[1] précédant l'Alliance divine. Chacun restant confiant dans la miséricorde divine, tous se saluent joyeusement. Le jeûne de *Yom Kippour* marquera le terme de la pénitence en célébrant le retour de Moïse du mont Sinaï implorant le pardon de l'Éternel pour le peuple hébreu dévoyé dans l'adoration du Veau d'or alors que lui étaient remises les premières Tables de la Loi [8].

1. Immolant Ismaël, fils d'Agar et d'Abraham, selon les musulmans.

Bien d'autres jeûnes jalonnent le calendrier hébraïque : le jeûne d'Esther [56], le jeûne des premiers-nés [57], etc. Quatre autres commémorent les sièges et les destructions du Temple de Jérusalem. Tous débutent au point du jour pour se finir à la tombée de la nuit, sauf celui de *Tisha beAv*, dont la durée est de vingt-cinq heures comme *Yom Kippour* :

• Le jeûne du 17 *Tammouz* commémore les invasions de Jérusalem par l'armée babylonienne du roi Nabuchodonosor (– 586), puis par l'empereur romain Titus (70 après J.-C.). Ce même jour, bien des années auparavant, Moïse brisait les Tables de la Loi devant le peuple d'Israël dansant autour du Veau d'or. Plus tard, Antioche IV (174-164 avant J.-C.) érigeait une statue d'une divinité grecque (Zeus ou Jupiter) dans l'enceinte du Temple afin de le souiller…

• Le jeûne de Guédalia (3 *Tichri*), en mémoire du dernier gouverneur de Judée du même nom, nommé par Nabuchodonosor pour administrer le reste d'Israël après la destruction du premier Temple. Il a été assassiné par le glaive par le fils de Netanya, Ismaël. Afin de conserver le peu d'Hébreux qui restaient sur le sol d'Israël, il avait proposé l'entière soumission de son peuple aux Babyloniens. Son meurtre fut suivi d'un nouvel exil.

• Le jeûne du 10 *Téveth* marque le début du siège de Jérusalem par l'armée du roi Nabuchodonosor. Six mois plus tard, le 9 *Tamouz*, la ville sainte est envahie.

• Le jeûne du 9 *Av*[1] (*Tisha beAv*) évoque les deux destructions du Temple de Jérusalem, la première en

1. Selon la tradition, d'autres événements funestes eurent lieu un 9 *Av* : en 1290, le roi d'Angleterre décréta l'expulsion des juifs ; en 1492, la reine d'Espagne Isabelle la Catholique fit de même…

l'an – 586 par Nabuchodonosor, la seconde en 70 après J.-C. par les Romains, début de l'exil du peuple hébreu à travers le monde. En signe de deuil [146], il est interdit de boire du vin et de manger de la viande les huit jours précédents sauf le jour du *shabbat*, de se baigner dans la mer, de se raser ou de se couper les cheveux.

54. Pourquoi les juifs construisent-ils des cabanes pour la fête de *Souccoth* ?

À l'origine, *Souccoth* (15 au 21 *Tichri*) célébrait les vendanges conformément au Lévitique : « Mais le quinzième jour du septième mois, quand vous aurez rentré la récolte du pays, vous fêterez la fête de l'Éternel qui durera sept jours. Et vous vous réjouirez devant l'Éternel durant sept jours [...] » (23, 39). Aujourd'hui, c'est la fête des Cabanes en souvenir du séjour du peuple hébreu dans le désert sous la protection divine : « Vous demeurerez dans les tentes durant sept jours. Tout indigène en Israël demeurera sous la tente, afin que vos générations sachent que j'ai donné des tentes pour demeure aux enfants d'Israël quand je les ai fait sortir du pays d'Égypte, moi, l'Éternel, votre Dieu ! » (Lévitique 23, 42-43.) Le jour, une nuée de fumée protégeait les Hébreux du soleil en leur indiquant le chemin à suivre. La nuit, elle se transformait en colonne de feu pour éclairer leur camp de fortune et éloigner les bêtes féroces.

De nos jours, les israélites construisent en plein air une *soukah* (petite maison) couverte de branchages. Les fidèles sont tenus d'y vivre sept jours s'ils habitent en Israël, huit jours s'ils sont en diaspora. Le climat et la grandeur des constructions ne permettant pas leur séjour permanent, leur présence est requise lors des repas. En Israël, certains y dorment. « En échangeant, à la veille de l'hiver, son habitation fixe et solide contre la cabane au toit fragile, dressée sous la voûte du ciel, le fidèle affirme sa dépendance vis-à-vis de Dieu, donne une preuve manifeste de foi et de confiance en la Providence qui assure à Israël sa pérennité. L'usage s'est répandu peu à peu de construire dans la cour de la synagogue [33] une *soukka* communautaire, destinée à ceux qui sont dans l'impossibilité matérielle d'en posséder une[1]. »

Pendant le premier office de la fête de *Souccoth*, on rassemble quatre espèces du règne végétal – « Le premier jour, vous prendrez du fruit de l'arbre, des branches du palmier, des rameaux de l'arbre aboth et des saules de rivière » (Lévitique 23, 40) – symbolisant les quatre catégories composant le peuple juif : ceux qui connaissent la Torah sans jamais pratiquer les *mitzvoth* (en hébreu, « bonnes actions »), ceux qui connaissent la Torah et pratiquent les *mitzvoth*, ceux qui ne connaissent pas la Torah et pratiquent les *mitzvoth*, et ceux qui ne connaissent pas la Torah et ne pratiquent pas les *mitzvoth*. Ensemble, ces quatre végétaux[2] – un cédrat, une palme, trois rameaux de myrte et deux de saule – sont agités dans toutes les directions pendant la prière du *Loulav* pour signifier que Dieu est partout. Celle-ci rappelle la reconnaissance du peuple hébreu envers l'Éter-

1. Ernest Gugenheim, *Le Judaïsme dans la vie quotidienne*, *op. cit.*

2. Ces branches sont liées à la palme, généralement par trois nœuds tressés au moyen de feuilles ou de fibres provenant du *Loulav* lui-même.

nel pour l'abondance des dernières récoltes, mais surtout l'unité du peuple d'Israël dans sa diversité.

55. Que symbolisent les lumières allumées pendant *Hanoukka* ?

Du 25 *Kislev* au 2 *Teveh*, la fête des Lumières ou de *Hanoukka* (en hébreu, « inauguration » ou « dédicace ») commémore la victoire, en 164 avant J.-C., des Maccabées[1] sur Antiochos IV et la purification du Temple de Jérusalem après sa profanation.

Antiochos III règne sur un empire s'étendant de la Méditerranée jusqu'aux Indes. Alors qu'il mène une politique favorable aux juifs, Daniel prophétise la prochaine lutte des enfants d'Israël. L'avenir ne le dément pas. Après le décès du roi, Antiochos Épiphane (Antiochos IV) se déclare partisan de la civilisation hellénistique et impose à ses sujets le culte des divinités grecques. Il consacre le Temple de Jérusalem à Jupiter. Une truie est même offerte sur l'autel ! Il interdit aux juifs la circoncision [134], le *shabbat* [9] et la Torah [10]. Les uns se résignent, d'autres collaborent ; les habitants de Modine[2] résistent face à la première persécution religieuse de l'Histoire. « Les combats menés par Judas Maccabée sont décrits en détail dans les deux premiers livres des Maccabées, surtout dans le second. Au cours des batailles contre l'armée séleucide, il se rendit célèbre pour son courage, sa force de caractère et son ingé-

1. Leur résistance fut si héroïque et si sanglante que leur nom désigne en argot désormais les cadavres.
2. Ville proche de Jérusalem.

niosité. À la tête de combattants sans expérience, mais motivés par une foi religieuse profonde, il lutta contre des forces régulières bien entraînées et, après avoir remporté quatre victoires, il atteignit son but : la persécution fut interrompue et Judas lui-même, autorisé par le roi à entrer dans la ville, purifia le Temple (2 Maccabées 10). Cet événement se produisit au cours de l'hiver 164 avant J.-C. et, encore aujourd'hui, il est commémoré par la fête de *Hanoukka*[1]. »

Lorsque les juifs réinvestissent le Temple, ils trouvent une fiole d'huile sainte[2] permettant d'allumer le candélabre à sept branches de l'antichambre du Saint des Saints pendant une seule journée. Miraculeusement, elle brûlera huit jours, le temps nécessaire aux prêtres (en hébreu, *cohanim*) de confectionner de l'huile d'olive pure, le lieu de fabrication se trouvant à quatre jours de marche de Jérusalem.

La fête de *Hanoukka* est le symbole de la lumière spirituelle qui ne s'éteint jamais. De nos jours, le rite consiste à allumer dans chaque foyer un nombre croissant de bougies du premier au huitième soir dès la sortie des étoiles sur un candélabre à neuf branches appelé *Hanoukiah*. La tradition veut que l'on mange des beignets. Cuits dans l'huile, ils rappellent celle utilisée pour l'allumage du chandelier à sept branches.

1. Jacob Ashkenasi, *Le Peuple juif et ses contacts avec le monde méditerranéen*, Édisud, 2005.

2. Le sceau du Grand Prêtre garantissait sa pureté. L'huile est le symbole du monde de l'au-delà, comme le Messie – en hébreu, *Machiah*, « l'oint » – sera celui qui dépassera le temps présent et portera la lumière de la Torah.

Selon la tradition, les enfants reçoivent un cadeau quotidien au cours des huit jours de la fête.

56. Pourquoi les juifs se déguisent-ils à l'occasion de *Pourim* ?

Assuérus, roi de Perse au ve siècle avant notre ère, est marié à Vasthi. Un jour, il lui demande de venir le rejoindre nue « pour montrer sa beauté au peuple et aux notables, car elle était extrêmement belle » (Esther 1, 10-11). Elle refuse. Furieux, il la répudie et épouse la plus belle femme de son royaume, Esther. Il ignorait qu'elle était juive. Il faut avouer qu'à cette époque ses coreligionnaires vivaient en bonne entente avec les populations environnantes.

Haman s'installe à Babylone afin de pourvoir aux besoins de sa nombreuse famille. Descendant d'Amalek (roi des Amalécites qui ont attaqué les israélites dès leur sortie d'Égypte), il est nommé vizir, soit Premier ministre du roi. Il déteste profondément les juifs.

Un jour, Mardochée refuse de s'incliner devant Haman, lui rétorquant qu'un juif ne se prosterne que devant Dieu. Haman s'en plaint au roi et lui demande la permission de tuer les juifs du royaume :

> « Il est une nation répandue et disséminée parmi les autres nations dans toutes les provinces de ton royaume. Ces gens ont des lois qui diffèrent de celles des autres nations. Quant aux lois du roi, ils ne les observent pas. Il n'est pas de l'intérêt du roi de les conserver » (Esther 3, 8).

Perfide, il obtient gain de cause. Mardochée s'empresse de faire part du complot à Esther, sa nièce et épouse du roi. Elle lui ordonne : « Va rassembler tous les juifs présents à Suse et jeûnez à mon intention pendant trois jours... Et puis je me présenterai au roi, et si je dois périr, je périrai » (Esther 4, 16). Au péril de sa vie, elle intervient auprès du roi sans y avoir été conviée. Elle lui révèle qu'elle est de confession juive et l'implore de sauver son peuple du massacre. Le roi est impétueux : Haman sera pendu, Mardochée est nommé à son poste. Ce dernier institue pour les générations à venir un jour de liesse et de joie et lui donne le nom de *Pourim* (en assyrien, « sorts ») en raison du tirage au sort abject auquel procéda Haman pour déterminer le jour d'extermination des juifs.

En souvenir de l'annonce du sordide décret et du jeûne qu'Esther décréta avant de se présenter devant le roi Assuérus, on s'abstient de toute nourriture le 13 *Adar* (jeûne d'Esther). Les juifs demandent aussi le pardon divin pour leurs fautes commises afin de mériter que Dieu fasse encore des miracles en faveur du peuple d'Israël.

La lecture de la *Meguilla* (livre d'Esther[1]) est donnée dans les synagogues en souvenir de l'histoire de *Pourim* telle que Mardochée et Esther l'ont consignée pour la postérité dans cet ouvrage. Tous les fidèles, y compris le rabbin, sont le plus souvent déguisés pour l'occasion, car en Perse, l'intervention divine était voilée. Un bruit de crécelle souligne le

1. Cette histoire a inspiré le dramaturge Jean Racine pour sa pièce de théâtre *Esther*.

nom d'Haman chaque fois qu'il est prononcé. Lors du repas, il est recommandé de boire un peu de vin [104]. L'usage veut que l'on mange des oreilles d'Haman (beignets dont la forme rappelle cette partie anatomique de l'être humain). Chez les Séfarades [21], des pains sont formés avec deux œufs durs symbolisant les yeux du fourbe. La tradition prescrit d'envoyer des gâteaux ou des plats aux proches et de faire des dons aux pauvres.

57. Quel lien existe-t-il entre la Pâque juive et le pain azyme ?

Malgré l'envoi de neuf plaies sur le pays d'Égypte (le sang, les grenouilles, la vermine, les bêtes féroces, la peste, les ulcères, la grêle, les sauterelles et les ténèbres), Pharaon refuse toujours de reconnaître la puissance du Dieu du peuple d'Israël et de laisser partir librement les six cent mille Hébreux retenus en esclavage depuis plus de deux cent dix ans en Égypte.

Pour faire fléchir Pharaon, l'Éternel décide la mort des premiers-nés mâles, chez les hommes comme chez les animaux. Pour que soient épargnés leurs enfants, les Hébreux marquent leurs maisons avec le sang d'un agneau sacrifié [97], symbole de la soumission des hommes à la volonté divine. L'Éternel frappe pendant la nuit. Le fils de Pharaon n'échappera pas à la sentence divine. À l'aube, accablé de chagrin, son père reconnaît la puissance du Dieu d'Israël et libère enfin les Hébreux. Sans tarder, ces derniers préparent leurs affaires, emportant avec eux, sur l'ordre divin, des objets d'or et d'argent et de précieux tissus. Ainsi quittent-ils leur condition d'esclaves avec des richesses, donc avec fierté. Elles serviront à confectionner le futur Tabernacle. Ils craignent tant que Pharaon revienne sur sa décision que les femmes ne prennent pas le temps de faire lever la pâte des pains préparés pour le voyage.

Lorsque les Hébreux parviennent aux abords de la mer Rouge, les troupes de Pharaon apparaissent à l'horizon. Dans un élan prodigieux, les flots se séparent[1] en douze passages distincts, soit autant que les tribus qui composent la longue caravane. Chacune d'elles traverse à pied sec. À peine le dernier Hébreu a-t-il atteint le rivage que les murs d'eau engloutissent leurs poursuivants.

Débute alors l'exode du peuple d'Israël dans le désert vers le pays de Canaan, Terre promise par Dieu. L'exil durera quarante ans. Au début, la survie est rude. La soif et la faim les accablent. Grâce aux intercessions de Moïse, l'Éternel donne à son peuple « du pain qui pleut depuis les cieux, à cueillir sur la sève des buissons ». « Mais qu'est-ce que c'est [en hébreu, "manne") ? », interrogent les enfants d'Israël. Faute d'en savoir plus, ils désigneront le don de Dieu par « manne ».

Suivant scrupuleusement l'ordre de l'Éternel, le peuple juif célèbre *Pessah* (en hébreu, « passage au-dessus »), chacun devant se sentir comme personnellement libéré du joug de l'esclavage par le divin :

1. Selon les scientifiques, ce « miracle » coïnciderait avec l'éruption du volcan de Santorin, une des îles des Cyclades grecques.

« Observez la fête des azymes, car c'est en ce même jour que j'ai fait sortir vos troupes du pays d'Égypte, conservez ce jour-là dans vos générations, comme une loi perpétuelle. Le premier mois, le quatorzième jour du mois, au soir, vous mangerez des azymes, jusqu'au vingt et unième jour du mois au soir. Durant sept jours, qu'il ne soit pas trouvé de levain dans vos maisons (...) » (Exode 12, 17-19).

Les jours précédant *Pessah*, les intérieurs sont nettoyés méticuleusement par les maîtresses de maison afin de faire disparaître toute trace de levain[1] – « On ne verra pas de 'hametz chez toi » (Devarim 16, 4) – en souvenir des enfants d'Israël qui ont quitté l'Égypte sans prendre le temps de faire lever la pâte du pain emporté.

La veille du début des célébrations, il est de tradition que des enfants cachent dix[2] miettes de pain en divers coins de la maison. Le père, à la lumière d'une bougie, les recherchera, les balayera avec précaution à l'aide d'une plume, d'une petite branche de palmier ou d'une lame de couteau et les glissera dans un sac en papier. Elles seront ensuite brûlées le lendemain matin après qu'aura été prononcée une « déclaration d'annulation » (*bittoul 'hametz*), rédigée originellement en araméen : « Que tout le levain

1. Pâte fermentée ajoutée à celle du pain pour le faire lever.
2. Pourquoi dix ? C'est une référence, non pas aux dix commandements, mais aux dix *sefiroth* (en hébreu « manifestations de Dieu » : la couronne suprême, la sagesse, l'intelligence, la grâce, l'amour, l'harmonie, etc.).

et le *'hametz* qui se trouvent encore en ma possession, que je n'ai pas vus et n'ai pas enlevés, soient considérés comme nuls, semblables à la poussière de la terre. [...] Que je les aie détruits ou pas détruits[1]. » Dans certaines familles, les rôles sont inversés : les cacheurs deviennent les découvreurs et *vice versa*. D'ailleurs, la coutume de cacher des œufs à l'occasion des fêtes de Pâques chrétiennes [58, 108] est largement inspirée de ce rite juif.

Tout aliment contenant de la farine de blé, d'orge, d'avoine, d'épeautre et de seigle susceptibles de fermenter sera en effet interdit à la consommation pendant la semaine de fête. Dans certaines familles séfarades [21], d'autres aliments sont proscrits, tels que le riz, les lentilles, etc. Le rite ashkénaze récuse également les jus de fruits[2] et les pâtisseries à base de farine de blé. Pour éviter toute transgression involontaire, la plupart se nourrissent strictement de produits estampillés « casher le Pessah » pendant cette semaine de l'année.

Pour tous, pain azyme, viande, poisson, œufs, fruits et légumes sont licites pendant la fête, et ce sans restriction.

Ces abstinences alimentaires s'accompagneront d'actes de charité envers les plus démunis. Sans eux, elles perdraient leur bien-fondé.

Mais pourquoi l'interdiction de manger des aliments fermentés ? Pour éviter que notre ego, comme le pain avec levain, gonfle par manque d'humilité d'avoir été

---

1. Ernest Gugenheim, *Le Judaïsme dans la vie quotidienne*, *op. cit.*

2. Ils pourraient avoir été filtrés à travers du son.

libéré par Dieu Lui-même de plus de deux siècles d'esclavage en pays d'Égypte.

La dixième plaie envoyée sur les Égyptiens épargna les premiers-nés mâles d'Israël. Par reconnaissance, les premiers-nés jeûnent le 14 *Nissan*. Si le premier-né est âgé de moins de 13 ans [138], son père jeûne à sa place. Selon l'usage, les filles aînées ne jeûnent pas.

Les 15 et 16 *Nissan*, la fin de l'esclavage du peuple d'Israël est célébrée lors du *Séder* (en hébreu, « ordre » ou « rangement »), repas solennel. Au cours de celui-ci, le chef de famille lit aux convives la *Haggadah*. « En quoi cette nuit est-elle différente de toutes les autres ? », demandera le plus jeune enfant au début de la cérémonie. En réponse, le récit de l'Exode [10] sera lu à l'assistance.

À ses origines, la fête de *Pessah* consistait à sacrifier un agneau en souvenir du sang de ce même animal qui a marqué les portes des maisons des Hébreux et qui leur a permis d'échapper au fléau divin contre les premiers-nés. Depuis la destruction du Temple de Jérusalem (– 70 après J.-C.), la Mishna (en hébreu, « répétition de la doctrine ») a fixé le déroulement et la composition de ce repas à partir d'aliments riches en symboles.

• Un os d'agneau : en souvenir du « bras tendu de Dieu » qui délivra son peuple de l'esclavage et de l'agneau sacrifié pour épargner la vie des premiers-nés des Hébreux.

• Un œuf dur : en signe de deuil pour la destruction du Temple de Jérusalem.

• Des herbes amères : pour l'évocation de l'âpreté de l'esclavage. Elles seront trempées dans du

'Harosset[1], en mémoire du mortier que les Hébreux déposaient entre les briques.

• Une coupelle d'eau salée : en rappel des larmes versées pendant les temps d'esclavage.

• Le pain azyme (en hébreu, *matza*, appelé le pain de la foi dans le *Zohar* [16]) : symbole de la hâte avec laquelle les Hébreux ont quitté l'Égypte.

À *Pessah*, tout juif doit considérer la fin de l'esclavage du peuple hébreu comme sienne et faire le vœu traditionnel : « L'an prochain à Jérusalem. »

58. Quels événements la fête de Pâques célèbre-t-elle dans le christianisme ?

« Quand ce fut l'heure, Jésus se mit à table avec ses apôtres et leur dit : "J'ai beaucoup désiré manger cette Pâque avec vous avant de souffrir. Car je vous le dis, jamais plus je ne la mangerai jusqu'à ce qu'elle soit accomplie dans le royaume de Dieu" » (Luc 22, 14-16). Ainsi, le jeudi soir, s'étaient-ils tous retrouvés pour la Pâque juive [57] célébrant la sortie d'esclavage du peuple d'Israël en pays d'Égypte.

Au début du repas (appelé la cène, du latin *cena*, « repas du soir »), Jésus consacra le pain et le vin avec ses amis, comme le font aujourd'hui encore les juifs lors du *Séder* (repas célébré lors de la Pâque juive) et du *shabbat* [9] (*Kiddouch* et *Motsi*), pour remercier Dieu d'avoir donné à l'homme les fruits de la vigne et

1. Composé de dattes, noix, pommes et amandes mixées et liées avec du vin rouge, couleur du sang versé par les nouveau-nés des Hébreux à la suite du décret de Pharaon, bien avant leur libération.

de la terre pour qu'il puisse s'en nourrir. Mais Jésus chargea ces deux aliments, le pain et le vin, d'une autre symbolique : « [...] Prenez et mangez, ceci est mon corps [...] Prenez et buvez, ceci est mon sang, versé pour vous en signe d'alliance [...] » (Matthieu 26, 26-28). « Celui qui mange ma chair et boit mon sang a la vie éternelle et moi, je le ressusciterai au dernier jour » (Jean 6, 54).

Ce fut la première eucharistie (étymologiquement, « action de grâces ») de l'histoire chrétienne. Elle est depuis commémorée chaque jeudi saint et à chaque messe lorsque le prêtre consacre le vin et le pain. Ce dernier se présente sous forme d'hostie, composée de pain azyme (sans levain) dans le culte catholique ; de pain avec levain dans les cultes orthodoxe et protestant. Ce sacrement est appelé « eucharistie » par les catholiques, « sainte Cène » par les protestants. L'office orthodoxe dans son entier où est donnée la communion aux fidèles est appelé « divine liturgie ».

Les différentes Églises chrétiennes divergent sur la définition de la « présence » du Christ dans le pain et le vin consacrés et l'action de cette présence sur les communiants. Selon les Églises catholique et orthodoxe, pain et vin deviennent la substance même du corps et du sang du Christ, soit la réalité de sa présence. Les protestants leur confèrent une dimension symbolique. Pour tous, l'eucharistie est la parole de Dieu pour la rémission des péchés, la mort et la résurrection du Christ dans l'attente de son retour.

En français, *Pessah* se traduit par « Pâque » (de l'hébreu, « passage au-dessus »). Le mot est toujours employé au singulier pour les juifs, car ils célèbrent pendant cette fête la libération des Hébreux du joug de l'esclavage en pays d'Égypte.

Pour les chrétiens, le mot « Pâques » doit toujours être employé au pluriel, car ils commémorent la libération de l'esclavage du peuple hébreu à l'image du Christ et sa première eucharistie avant sa Passion (arrestation, procès, crucifixion et résurrection). Tout chrétien se doit de communier avec le corps du Christ au moins une fois par an, à l'occasion des fêtes solennelles de Pâques.

59. Pourquoi la Pentecôte est-elle une fête juive, mais aussi chrétienne ?

Les 6 et 7 *Sivan*, les juifs fêtent *Chavouoth* (en hébreu, les « semaines » ou les « serments » ; en français, Pentecôte) sept semaines après *Pessah* [57]. C'est la célébration de la révélation de Dieu au peuple d'Israël et la remise des Tables de la Loi [8] à Moïse sur le mont Sinaï, symbole de la libération spirituelle du peuple d'Israël cinquante jours après la fin de son esclavage en Égypte. Le récit de l'Exode en témoigne :

> « Au troisième mois depuis le départ des israélites du pays d'Égypte, le jour même, ils arrivèrent au désert du Sinaï […] et l'Éternel dit à Moïse : "Rends-toi près du peuple ; enjoins-leur de se tenir purs aujourd'hui et demain, et de laver leurs vêtements, afin d'être prêts pour le troisième jour ; car le troisième jour le Seigneur descendra, à la vue du peuple entier, sur le mont Sinaï" » (19, 1 et 10-11).

Au cours de sa captivité, le peuple d'Israël est descendu jusqu'au quarante-neuvième degré d'impureté. Un degré de plus et il n'existait plus ! Pourquoi Dieu a-t-Il fait attendre Moïse sept semaines pour lui remettre la Torah [10] ? Telle la femme qui doit attendre sept jours de pureté après ses règles avant de se purifier par immersion dans le bain rituel [83], Israël a compté sept semaines (7 jours x 7 [semaines] = 49 jours) avant de se présenter devant Dieu pour recevoir les Tables de la Loi. On peut en déduire que le chiffre 7 symbolise le temps nécessaire à la purification.

À l'époque du Temple de Jérusalem, à l'occasion de *Chavouoth*, on offrait deux pains à la pâte levée, symbole que l'homme n'est nullement effrayé du levain éliminé à *Pessah* lorsqu'il est armé de la Torah. De nos jours, dans les synagogues décorées de verdure et de fleurs, on lit le livre de Ruth (ascendante du roi David) contant sa conversion au judaïsme et l'on se réjouit du don de la Torah par l'Éternel au peuple d'Israël après sa libération de l'esclavage.

Avant de quitter ses disciples pour rejoindre son Père dans les cieux (événement célébré le jeudi de l'Ascension [70], le quarantième jour après Pâques), Jésus promit de leur envoyer l'Esprit-Saint [25] qui les accompagnerait dans leur mission. Dix jours plus tard, alors que de nombreux juifs se pressaient à Jérusalem pour assister aux cérémonies des fêtes de *Chavouoth*, les disciples de Jésus entendirent un vent violent :

« Le jour de la Pentecôte étant arrivé, ils étaient tous réunis dans le même lieu. Soudain vint du ciel un bruit semblable à celui d'un coup de vent impétueux, qui remplit toute la maison où ils se tenaient. Et il leur apparut, semblables à du feu, des langues qui se partageaient ; il s'en posa une sur chacun d'eux. Ils furent tous remplis de l'Esprit-Saint et se mirent à parler d'autres langues, comme l'Esprit les faisait s'exprimer[1] » (Actes des Apôtres 2, 1-4).

Cinquante jours après la résurrection de Jésus, les apôtres reçoivent l'Esprit-Saint. Timides et anxieux jusqu'alors, les disciples devinrent d'infatigables annonciateurs de l'Évangile [11], « la Bonne Nouvelle », à travers tous les continents : « Voici que je vous envoie comme des brebis au milieu des loups. Soyez donc rusés comme les serpents et candides comme les colombes » (Matthieu 10, 16). Tous mourront en martyrs [20], sauf Jean.

L'appellation de « Pentecôte » (en grec, « cinquantième ») dans la langue française pour les fêtes juive et chrétienne s'explique par le fait que c'est le jour même de la Pentecôte juive que les apôtres reçurent l'Esprit-Saint.

Ainsi, conformément aux Évangiles, la Pentecôte chrétienne est commémorée sept semaines après les Pâques, alors que la Pentecôte juive l'est sept semaines après la Pâque, selon les instructions du Lévitique. Ces deux fêtes, en plus de ce point commun relatif au temps, ont le même thème. En effet, en ces jours mémorables, les hommes ont reçu un don du ciel : pour

1. Ils reçurent sept autres dons du Saint-Esprit : la sagesse, l'intelligence, la science, le conseil, la force, la piété et la crainte de Dieu.

les juifs, l'Alliance divine ; pour les chrétiens, l'Esprit-Saint.

60. Que commémore le 25 mars pour les chrétiens ?

L'Annonciation – fête de recueillement, de foi et d'action de grâces – commémore la venue de l'archange Gabriel à Nazareth pour annoncer à Marie [26], une jeune fille juive fiancée à Joseph, charpentier, que Dieu l'a choisie « entre toutes les femmes » pour être la mère du Messie [156] : « Il sera grand et on l'appellera Fils du Très-Haut » (Luc 1, 32). Le début de la prière « Je vous salue Marie » l'atteste :

« Je vous salue, Marie, pleine de grâce, le Seigneur est avec vous » (Luc 1, 28).

Elle glorifie la rencontre de l'ange Gabriel avec la Vierge Marie, son annonce de la naissance du Christ, l'acceptation de la Vierge, la conception du Christ et son incarnation[1]. C'est l'un des moments fondateurs du christianisme, rappelé chaque jour par la prière de l'Angélus (du latin *angelus*, « ange »).

Il avait tant d'importance pour les fidèles que, pendant de longues années, la majorité des pays européens ont décidé de fêter le nouvel an le 25 mars, jour de l'Annonce à Marie, alors que le Vatican ne cessait de revendiquer que soit choisie la date du 1er janvier [52], date de la circoncision du Christ [134] !

1. En effet, neuf mois séparent le 25 mars du 25 décembre.

61. À propos de l'Avent...

La première fête du calendrier liturgique chrétien célèbre Noël, la naissance de Jésus [5]. Depuis le Xe siècle, elle est précédée par les quatre semaines de l'Avent (du latin *adventus*, « avènement », « venue »).

Pendant cette période, les chrétiens se préparent à accueillir la venue du Seigneur, par la prière et la pénitence. C'est le premier temps fort de la vie liturgique, le deuxième étant le carême [58]. D'ailleurs, il est appelé « petit carême » dans la pratique populaire, les vendredis étant jours d'abstinence alimentaire (pas de consommation de viande [106] ou de nourriture grasse). Bien loin est le temps où l'on jeûnait trois jours par semaine (premiers siècles) ; voire quarante jours (VIIe siècle).

De nos jours, les fidèles se font un devoir de se confesser [48] pendant cette période. Quant aux enfants, ils sont très attachés au traditionnel calendrier de l'Avent d'origine germanique. Il leur permet agréablement de décompter les jours les séparant de Noël [62] en découvrant au quotidien une friandise ou une figurine derrière chacune des vingt-huit fenêtres ou pochettes. Dans une version plus chrétienne, le calendrier de l'Avent propose des images ou des versets bibliques invitant à méditer ou à rendre service à autrui dans l'attente de la célébration de la naissance de l'enfant Jésus. Les tout-petits ajoutent chaque soir un brin de paille dans la mangeoire qui accueillera l'enfant Jésus la nuit du 24 décembre. Chaque brin est une bonne action accomplie au cours de la journée en ces temps de grâce et de conversion.

Une coutume remontant aux luthériens allemands du XVIe siècle persiste de nos jours : la couronne de l'avent. Confectionnée avec des feuillages persistants (sapin, houx...), elle est posée sur le fronton de la porte d'entrée de la maison, parfois placée sur une table ou suspendue au plafond. Elle est alors parée de quatre bougies (en France, rouges ou blanches), une pour chaque semaine qui sépare l'Avent de Noël. Le premier dimanche, après la bénédiction de la couronne, on dit une prière et on allume une bougie. On répétera la même cérémonie les trois dimanches suivants pour que la lumière chasse à jamais les ténèbres dans l'attente de la venue du Messie [156].

Certains ajoutent une bougie au centre de la couronne. D'autres choisissent de placer une belle chandelle au centre de la maisonnée. Pour les uns et les autres, elle symbolise la lumière du Christ venue en ce monde conformément au verset : « Je suis la lumière du monde. Qui me suit ne marche pas dans les ténèbres, mais il a la lumière de la vie » (Jean 8, 12).

Pour les chrétiens orthodoxes, le carême de la Nativité se caractérise par un jeûne alimentaire pour mieux se préparer spirituellement à la naissance du Seigneur célébrée à l'occasion de la fête de Noël.

62. Quelle est l'origine de la date de Noël ?

Noël (du latin *natalis dies*, « jour de la naissance ») célèbre la naissance de Jésus. À l'occasion du recensement de la population de Palestine organisé par l'occupant romain, Marie et Joseph se rendirent à Bethléem comme des milliers d'autres personnes. Les auberges de la ville étant prises d'assaut, ce fut dans une simple grotte qui servait d'étable que Marie mit au monde son enfant pendant la nuit. Il fut prénommé Jésus conformément à l'annonce de l'archange Gabriel à Joseph : « Elle enfantera un fils, et tu lui donneras le nom de Jésus ; c'est lui qui sauvera son peuple de ses péchés » (Matthieu 1, 21). Il reposera dans une simple mangeoire. La tradition souligne la présence d'un âne et d'un bœuf près de lui ; ce fait n'est pas mentionné dans les Évangiles [11].

En souvenir de la naissance du Fils de Dieu, les chrétiens se rassemblent dans les églises pour prier. Avant ou/et après la messe de minuit (catholicisme), ils se retrouvent en famille pour réveillonner (du latin *rebellare*, « se livrer à une joie bruyante »). Quant aux protestants, la plupart prennent un repas léger le soir de Noël et organisent une veillée à la maison (prières, chants, etc.). Le lendemain matin, ils se rendent au culte. Suit un déjeuner traditionnel festif.

Cette fête est l'occasion d'échanges de cadeaux évoquant l'or, la myrrhe[1] et l'encens[2] apportés par

1. Gomme ou résine utilisée comme parfum et produit de toilette. Associée à l'huile d'onction sainte, elle est un élément du service du culte. Au moment de la crucifixion, on offrit à Jésus un peu de vin mélangé à de la myrrhe pour l'apaiser, mais il refusa le breuvage (Marc 15, 23).

2. Poudre à base de résines aromatiques, l'encens est placé sur des braises de charbon de bois. Lorsqu'il brûle, il dégage des volutes de fumée qui, comme les prières des fidèles, s'élèvent vers le ciel. Quant à l'odeur très caractéristique qui se répand, elle évoque la douceur de la grâce divine. L'encens a toujours été utilisé lors du culte. Déjà, dans l'Ancien Testament, Dieu demande à Moïse de brûler de l'encens sur l'autel devant l'Arche d'alliance contenant les Tables de la Loi.

les mages à l'Enfant Jésus les jours suivant sa naissance (Matthieu 2, 11). Selon certaines traditions, ils se font le jour de l'Épiphanie [66]. Depuis le Xe siècle, la célébration de Noël est précédée par les quatre semaines de l'Avent [61]. Notons qu'à ses débuts l'Église primitive ne célébrait pas la naissance du Christ, attachant plus d'importance à la Résurrection du Christ trois jours après sa mort sur la croix (Pâques [58]) : « Le Fils de l'homme va être livré aux mains des hommes ; ils le tueront et le troisième jour, il ressuscitera[1]. »

Mais pourquoi les chrétiens commémorent-ils la naissance de Jésus le 25 décembre, alors que nul ne dispose d'informations précises sur le jour et l'année de la naissance de Jésus[2] ?

D'après Matthieu, Jésus naquit à l'époque d'Hérode le Grand, entre l'an – 39 et l'an 4 de notre ère. Selon Luc, Marie accoucha à Bethléem lors d'un voyage entrepris par le gouverneur de Syrie, Quirinius, au cours de la neuvième année du règne d'Archelaüs pour satisfaire la demande de recensement de l'empereur Auguste. À partir de ces éléments contradictoires, c'est

---

1. Matthieu 17, 22.

2. « Il est né le divin enfant, jouez hautbois, résonnez musettes, etc. » est un des chants les plus célèbres du répertoire français. Il a été publié en 1874 dans un recueil d'*Airs de Noël lorrains*, rassemblés par l'organiste de la cathédrale de Saint-Dié, R. Grosjean. La mélodie dérive d'un air de chasse du XVIIe siècle, « La tête bizarde ».

Les paroles de *Douce nuit, sainte nuit* ont été écrites par Joseph Mohr, prêtre dans les Alpes autrichiennes (1816). La musique a été composée par l'organiste Franz Xaver Gruber (1818). Il a été chanté pour la première fois le 24 décembre 1818 dans l'église Saint-Nicolas d'Oberndorf (Autriche).

de manière arbitraire que la date anniversaire de Jésus a été fixée : « Pendant longtemps, cette date de Noël fut flottante : Clément d'Alexandrie se prononçait pour le 19 avril ; le 18 avril avait aussi ses partisans, tout comme le 29 mai ou le 28 mars[1]. »

Pour l'Église catholique et certaines Églises orthodoxes, la naissance de Jésus est le 25 décembre. Les autres orthodoxes, fidèles aux traditions d'origine, la célèbrent le 7 janvier, le jour de la fête du baptême du Christ (Épiphanie [66]). L'Occident préféra le 25 décembre (an 353), date arrêtée par Denys le Petit, moine astronome que le pape Jean Ier avait chargé d'établir le nouveau calendrier chrétien [50] ; elle coïncide étrangement avec le solstice d'hiver, jour où l'Empire romain célébrait les Saturnales (fêtes de Saturne, dieu de l'agriculture) autour de banquets, festivités et échanges de présents. Son choix ne fut pas aussi arbitraire qu'on a bien voulu le sous-entendre : il s'agissait de remplacer une fête païenne par une fête chrétienne et détourner ainsi les fidèles chrétiens du paganisme. Il en fut ainsi pour beaucoup d'autres fêtes.

Les protestants se rassemblent en famille le 24 décembre au soir pour une veillée de prières et de chants. En Autriche, « chaque veille de Noël, nous déjeunons de poisson frais et dînons d'un repas froid (charcuteries, salades, fromages). Après avoir assisté à la messe de minuit, nous distribuons nos cadeaux. Le réveillon n'est pas aussi festif qu'en France, vous en conviendrez [...]. En revanche, je ne manquerais pour rien au monde d'accrocher une couronne de l'Avent [61] au portail de ma maison comme tous mes compatriotes. Pour moi, elle est

---

1. Gérard Mordillat et Jérôme Prieur, *Corpus Christi*, Mille et Une Nuits /Arte Éditions, 1997.

plus importante que le sapin ! [63]… Pendant ces quatre semaines, les samedis et dimanches, on se réunit au temple ou dans les maisons pour chanter et prier comme le dernier jour de l'année […][1] ». La sainte Cène [41] sera célébrée le matin de Noël.

63. Pourquoi mange-t-on une bûche pâtissière et décore-t-on un sapin à Noël ?

La coutume de la bûche remonte aux feux de joie allumés par les Celtes et les Nordiques à l'occasion du solstice d'hiver. Plus tard, un morceau d'arbre fruitier (présage d'abondance) ou de chêne (gage de robustesse) était déposé avec cérémonie dans l'âtre de la cheminée. En Provence, la bûche était mise dans le foyer par le plus âgé et le plus jeune de la maisonnée afin qu'elle se consume pendant la nuit de Noël [62], parfois pendant les douze jours séparant Noël de l'Épiphanie [66]. À mesure qu'elle brûlait, on prenait soin de l'arroser de vin ou d'huile pour bénéficier de bonnes récoltes ou d'y jeter du sel pour éloigner les sorciers.

Aujourd'hui, dessert du réveillon de Noël dans plusieurs régions de France[2] et de pays européens, la bûche pâtissière ou glacée remplace celles d'antan placées dans les cheminées. Il est un devoir pour chacun des membres de la famille d'y goûter afin que tous se retrouvent l'année prochaine, du plus jeune au plus

1. *In* Isabelle Lévy, *Vivre en couple mixte. Quand les religions s'emmêlent…*, *op. cit.*

2. En Provence, la tradition veut que l'on déguste treize desserts le soir de Noël. Ils symbolisent Jésus et les douze apôtres.

vieux, pour célébrer la naissance du Seigneur Jésus-Christ.

Pendant les Saturnales, les Romains décoraient les maisons de feuillages. Lors des fêtes données à l'occasion de la fin des tâches agricoles, les Scandinaves plantaient un sapin devant leur maison. Bien plus tard, aux XVe et XVIe siècles, lors des mystères[1] interprétés sur le parvis des églises alsaciennes, l'arbre de l'Éden était représenté avec des fruits rouges, des pommes le plus souvent. Au siècle suivant, après une année de disette, on le décore de boules confectionnées par la main de l'homme. Cette coutume persiste jusqu'à nos jours. Naît aussi la coutume d'illuminer de bougies les villes et les maisons en Allemagne et en Europe centrale, puis celles d'Europe du Nord (XIXe siècle), et enfin des États-Unis (début du XXe siècle).

De nos jours, l'arbre de Noël (symbole de la vie éternelle au paradis) est décoré de friandises, de cadeaux [65] et d'angelots. Son sommet arbore une étoile (évocation de l'étoile du berger qui a guidé les Mages à travers le désert). Ses branches brillent de guirlandes[2] et de douze bougies. Elles symbolisent soit les apôtres [5] qui ont accompagné Jésus pendant ses années de prédication, soit les prochains mois de l'année placés sous la protection du Christ. Quant aux cadeaux, les enfants d'Alsace, de Suisse ou d'Allemagne ont cru pendant

1. Pièces de théâtre religieuses. L'un de ces mystères racontait l'histoire d'Adam et Ève, fêtés le 24 décembre au Moyen Âge. Il avait pour décor l'arbre du paradis.

2. Qu'elles décorent les branches des sapins ou le seuil des maisons, les guirlandes figurent la bonne fortune, la sainteté, voire la fertilité. Elles représentent aussi le lien existant entre les mondes terrestre et céleste.

plusieurs générations que c'était le Petit Jésus qui les avait déposés au pied du sapin et non le père Noël, né au début du XXe siècle.

64. D'où vient la tradition de la crèche de Noël ?

Depuis les origines du christianisme, une grotte de Bethléem est vénérée, supposée être celle qui abrita, voilà plus de deux mille ans, la naissance de l'enfant Jésus [5].

À l'occasion des célébrations des fêtes de Noël, dès le Ve siècle, une copie du lieu est exécutée en bois à la demande de l'église Sainte-Marie-Majeure de Rome (Italie). Y sont aussi sculptées la physionomie de l'enfant Jésus, de Marie [26], de Joseph, des Mages [66], des anges et des animaux de l'étable[1].

Au Moyen Âge, des représentations vivantes de la Nativité se multiplient dans les églises italiennes. En 1223, saint François d'Assise propose son oratoire des Abruzzes (Italie) pour y évoquer ces allégories. Si, au XVe siècle, les églises leur préfèrent des statues de bois grandeur nature, au fil des décennies les figurines prendront des dimensions plus réduites pour intégrer les demeures aristocratiques italiennes (XVIIe siècle). Les familles bourgeoises les imiteront, voulant disposer à leur tour d'une représentation de la nativité de l'enfant Jésus dans leurs intérieurs cossus. Au XIXe siècle naîtront les santons (du provençal *santoun*, « petit saint ») de Provence façonnés dans l'argile, à l'image d'Adam,

1. La présence de l'âne et du bœuf est née de l'imaginaire populaire.

le premier homme selon la Genèse [10]. Notons que la crèche n'existe pas chez les protestants, qui refusent le culte des images [36].

65. Quelle est l'origine de la tradition des présents de Noël ?

L'Évangile de Matthieu nous raconte l'incroyable périple des Mages à travers le monde : « Où est le roi des juifs qui vient de naître ? Car nous avons vu son étoile en Orient, et nous sommes venus pour l'adorer » (2, 2). Une étoile les conduisit jusqu'à l'Enfant Jésus [5], né dans une grotte de Bethléem. « Ils entrèrent dans la maison, virent le petit enfant avec Marie, sa mère, se prosternèrent et l'adorèrent ; ils ouvrirent ensuite leurs trésors, et lui offrirent en présent de l'or, de l'encens et de la myrrhe » (2, 11).

Si des théologiens fixèrent leur nombre à trois, conformément à la prophétie d'Ésaïe, c'est Bède, érudit anglais du VIIIe siècle, qui leur imposa leurs noms et apparence : Melchior, à la longue barbe blanche, qui offrit de l'or (symbole de royauté) à l'enfant ; l'imberbe Gaspar, qui lui apporta de l'encens (marque du caractère divin du nouveau-né) ; et Balthazar, le Noir barbu, qui lui donna de la myrrhe (parfum que l'on répandait sur les morts ; ce présent annonçait que Jésus connaîtrait la souffrance et la mort). Quant à la tradition populaire, elle les fit rois. Les Mages représentent aussi les trois âges de la vie, ainsi que les trois continents connus alors (Europe, Asie et Afrique).

Hérodote rapportait déjà que, chaque année, douze mages de Perse montaient sur une montagne sacrée pour y allumer de grands feux. Ils scrutaient le ciel dans l'espoir d'y découvrir l'étoile annonçant la venue d'un Sauveur, censé naître d'une Vierge Mère [26] dans une grotte. Leurs descendants gardaient précieusement, au flanc du mont des Splendeurs (ou mont des Illustres), de l'or, de l'encens et de la myrrhe, enfouis là par Adam peu avant sa mort, des présents à offrir à l'Enfant Dieu le temps venu.

Noël [64] est l'occasion d'offrir des cadeaux, plus particulièrement aux enfants, en souvenir des présents apportés par les Mages à l'Enfant Jésus. Des chrétiens préfèrent l'échange de présents lors de l'Épiphanie [66], célébration de l'arrivée des Mages auprès de l'Enfant Jésus. Loin sont les nuits de Noël où une orange, un pain d'épice ou un « petit Jésus » en pâte d'amandes étaient déposés dans leurs petits souliers et découverts au matin par leurs yeux émerveillés. La tradition d'offrir des présents à Noël s'est développée en 1840-1850 dans les milieux aristocratiques et bourgeois, avant d'atteindre les milieux plus populaires.

66. Quel rapport y a-t-il entre la galette des Rois et l'Épiphanie ?

« Alors que Joseph se préparait à partir pour la Judée, une vive agitation éclata à Bethléem de Judée. Les Mages arrivèrent, disant : "Où est le roi des juifs ? Nous avons vu son étoile en Orient, et nous sommes venus l'adorer."

« Cette nouvelle alarma Hérode qui dépêcha des serviteurs auprès des Mages. Puis il les interrogea, leur disant : "Quel signe avez-vous vu au sujet du roi nouveau-né ?" Et les Mages répondirent : "Nous avons vu une étoile géante, parmi les autres constellations, si éblouissante qu'elle les éclipsait toutes. Ainsi avons-nous compris qu'un roi était né à Israël et nous sommes venus l'adorer."

« Hérode leur dit : "Partez à sa recherche, et si vous le trouvez, faites-le-moi savoir afin que moi aussi j'aille l'adorer." Les Mages partirent. Et voici, l'astre qu'ils avaient vu en Orient les conduisit jusqu'à ce qu'ils fussent arrivés à la grotte, et au-dessus de la tête de l'enfant, il s'arrêta » (Apocryphes).

« À la vue de l'étoile, ils avaient éprouvé une très grande joie. Ils entrèrent dans la maison, virent le petit enfant avec Marie, sa mère, se prosternèrent et l'adorèrent ; ils ouvrirent ensuite leurs trésors, et lui offrirent en présent de l'or, de l'encens et de la myrrhe. Puis, avertis en songe de ne pas retourner chez Hérode, ils rentrèrent dans leur pays par un autre chemin » (Matthieu 2, 10-12).

L'Épiphanie (en grec « manifestation », « révélation ») commémore la venue des Mages originaires d'Orient à Bethléem auprès de l'Enfant Dieu, manifestation du caractère universel du salut apporté par le Christ.

L'Évangile de Matthieu nous raconte leur incroyable périple à travers le monde : partis à la « recherche du roi des juifs qui venait de naître », ils suivirent une étoile brillante qui les conduisit jusqu'à la crèche de Bethléem où est né l'Enfant Jésus [5]. Ils lui firent des présents de grande valeur pour l'époque : Melchior lui offrit de l'or (symbole de royauté) ; Gaspar de l'encens (marque du caractère divin du nouveau-né) ; et Balthazar, de la myrrhe (parfum que l'on répandait sur les morts ; ce présent annonçait que Jésus connaîtrait la souffrance et la mort).

Ce jour d'adoration des Mages, appelé populairement la *fête des Rois*, est célébré le premier dimanche de janvier en Occident. Connu sous le nom de « Théophanie » chez les orthodoxes, il est fixé au 7 janvier. Ce jour-là, les prêtres orthodoxes bénissent les eaux des fonts baptismaux, les rivières, les sources, etc.

En France[1], lors du repas de l'Épiphanie, on désigne un roi au moyen d'une fève cachée dans une galette, ronde comme le soleil. Cette tradition n'a bien entendu aucun rapport avec la fête religieuse, si ce n'est qu'au Moyen Âge le clergé tirait au sort la personne qui jouerait le roi des rois dans les mystères, pièces de théâtre religieuses. Bien avant eux, les Grecs élisaient leurs magistrats avec une fève, comme aujourd'hui sont désignés les jurés populaires dans les cours d'assises de notre pays.

À l'origine, la fève est une plante légumineuse produisant des graines alimentaires. Jadis, c'était une de ces graines que l'on introduisait dans la galette, et le nom de « fève » est resté à la petite figurine qui l'a remplacée par la suite. Mais pourquoi le choix s'est-il porté sur elle ? Pour les paysans d'alors, une graine était annonciatrice du printemps, un gage de fécondité et d'abondance. Celui qui la trouvait par hasard dans sa part était tenu d'offrir à boire aux autres convives. Beaucoup de « rois » préféraient l'avaler pour éviter la dépense. C'est pourquoi elle a été remplacée par un sujet en porcelaine, à la plus grande joie des enfants et des collectionneurs. La tradition populaire promet à l'heureux élu chance, richesse, pouvoir et vertu… s'il

1. En Espagne comme au Portugal, le partage d'un gâteau désigne aussi un « roi » à cette occasion.

prend soin de conserver la fève pendant toute l'année dans son porte-monnaie.

Selon la tradition populaire, il n'y a pas si longtemps, dans certaines régions de France (Bretagne, Picardie…), une part était réservée au bon Dieu, une autre à l'absent. Quant aux événements qui se tenaient pendant les douze jours séparant Noël [62] de l'Épiphanie, ils présageaient des douze mois de l'année à venir. C'est à se demander pourquoi « l'entrée de la boulangerie » n'est « jamais très loin du porche de l'église »… Sans doute parce que « les plaisirs profanes » s'intègrent bien « au rituel chrétien[1] ».

67. D'où nous vient la coutume de manger des crêpes à la Chandeleur ?

Comme le voulait la loi juive, quarante jours après la naissance de son fils, Marie présente l'Enfant Jésus au Temple de Jérusalem pour recevoir une prière de purification spirituelle et célébrer ses relevailles [129]. Le vieux Siméon vit l'enfant et l'appela « Lumière pour éclairer les nations », d'où la tradition de bénir des cierges[2] en cette occasion.

La Chandeleur (du latin *festa candelarum*, « fête des chandelles »), appelée aussi la Présentation du Seigneur, est célébrée le 2 février, soit quarante jours après la commémoration de la naissance de l'Enfant Jésus

1. François Lebrette et François Guénet, *Fêtes et célébrations religieuses d'antan*, *op. cit.*

2. Si l'on ne trouve jamais de cierges dans les synagogues, les mosquées ou les temples protestants, on en brûle toujours dans les églises catholiques ou orthodoxes.

[62]. Elle a été instaurée en l'an 541 ou 542 par l'empereur byzantin Justinien Ier.

Certaines légendes expliquent à leur manière pourquoi on allume alors des cierges dans les églises :

> « L'hiver a permis aux démons de s'abriter dans les recoins des maisons ; seule la lutte continuelle avec les lumières, la verdure et l'encens a pu les maintenir à l'écart ; et maintenant que le printemps va poindre, aucun de ces "locataires" hivernaux ne doit s'attarder, au risque d'avarier les premières pousses. C'est pourquoi, à la Chandeleur, on allume une multitude de bougies pour embraser les démons, et les gens font une longue procession de lumière[1]. »

En France, pas de Chandeleur sans faire sauter des crêpes ! Confectionnées à partir d'ingrédients « peu coûteux, elles servaient à prouver qu'on avait encore des réserves après l'hiver[2] ». Plus on en mange, plus on attire la prospérité sur soi ! Alors, n'hésitons plus à nous régaler.

> « La première crêpe [...] doit être retournée dans la poêle d'un seul geste de la main, cependant que, dans l'autre main, on serre un louis d'or. Si la crêpe retombe à plat dans la poêle, on aura de l'argent toute l'année. Dans le cas contraire, attention aux ennuis financiers[3]. »

---

1. Earl W. Count et Alice Lawson Count, *L'Histoire de Noël*, La Table ronde, 1997.
2. Nadine Crétin, *Fêtes et traditions occidentales*, Presses universitaires de France, coll. « Que sais-je ? », 1999.
3. Claude Gagnière, *Au bonheur des mots*, Robert Laffont, 1989.

Une autre tradition, oubliée celle-ci : faire sauter une crêpe juste au-dessus d'un meuble et l'y laisser toute l'année, afin qu'elle veille à la bonne santé de l'économie de la famille.

Certains prétendent que cette tradition culinaire tire son origine d'un héritage de la galette de céréales que l'on mangeait à Rome (Italie) en l'honneur de Proserpine lors des Lupercales[1] ; d'autres évoquent les galettes ou les oublies (gaufres rondes roulées en cornet) que le pape Gélase Ier offrit à des pèlerins harassés par leur voyage. Faites votre choix ! Quel qu'il soit, il n'en reste pas moins que les crêpes sont de forme ronde, pareillement aux couronnes célestes arborées par tous les saints personnages du Nouveau Testament [11]. Un symbole religieux bien agréable sur le plan gustatif.

68. Quel sens donner aujourd'hui au carême[2] ?

Le « mardi gras », jour précédant le carême[3] (du latin *quadragesima*, « quarantaine »), est traditionnellement

1. Fête annuelle de l'ancienne Rome en l'honneur du dieu Lupercus, protecteur des troupeaux.

2. Suivi par les catholiques et les orthodoxes.

3. Pendant les quarante jours précédant les Pâques chrétiennes, il est déconseillé de se marier, en raison du climat de pénitence propre à ce temps liturgique. Pendant les quarante jours qui suivent la Pâque juive, il est strictement interdit de se marier et d'organiser des festivités.

un jour d'abondance et de divertissement. « Cette tradition populaire avait probablement des motivations très pratiques. Les aliments interdits par la discipline rigoureuse de l'Église étaient précisément ceux qui ne se conservaient pas. Or, jusqu'au XIXe siècle, la réfrigération était inconnue, il allait donc de soi de manger tout ce qui risquait de se perdre pendant ces six semaines de carême, et d'aider les autres familles à en faire autant dans une ambiance festive. [...] Parce que l'Église interdisait toutes réjouissances pendant le carême, il était normal de faire la fête juste avant[1]. »

Les quarante jours du carême (dimanches exceptés) avant les Pâques chrétiennes [58] sont un temps de conversion réservé à la prière, au jeûne et au recueillement en souvenir de Jésus [5] qui, après avoir reçu le baptême [134] de Jean-Baptiste, jeûna quarante jours dans le désert avant d'entamer sa vie publique en Palestine.

Sont préconisés une abstinence de viande[2] les vendredis [106] et un jeûne non strict le mercredi des Cendres (premier jour du carême, commémoration de la trahison de Judas) et le vendredi saint (jour de commémoration de la crucifixion du Christ). Des dispenses sont admises pour travail pénible ou mauvaise santé, pour les moins de 18 ans et les plus de 60. Si le jeûne apprend à maîtriser ses désirs et prédispose à la rencontre avec Dieu, il rend plus

1. Greg Dues, *Guide des coutumes et traditions catholiques*, *op. cit.*

2. Au Moyen Âge, si on surprenait une personne mangeant de la viande pendant le carême, la sentence était sans appel : arrachage de toutes les dents. Ainsi, on était assuré que l'on ne l'y prendrait plus les années à venir.

attentif envers les démunis. En effet, ces restrictions alimentaires doivent être accompagnées de gestes de solidarité envers les plus démunis. Elles n'auraient aucun sens s'il en était autrement.

Le mercredi des Cendres, au cours de la messe, les fidèles, en signe de pénitence, sont marqués sur le front d'une croix de cendres obtenues par la combustion des rameaux bénis par le prêtre lors de la messe du dimanche des Rameaux de l'année précédente. L'Église rappelle ainsi aux hommes : « Tu es poussière et tu retourneras à la poussière » (Genèse 3, 19). Cette tradition rappelle aussi aux catholiques que le corps est appelé à disparaître un jour et à devenir poussière. De nos jours, on préfère dire lors de la célébration : « Convertis-toi et crois à la Bonne Nouvelle [11][1]. » Parce que la mort ici-bas annonce la vie éternelle.

Rameaux de buis, palmes de palmier, branches d'olivier (selon les régions ou les pays) ont été pieusement conservés aux domiciles des fidèles derrière un crucifix, une statue ou une image pieuse, ou fixés au-dessus des portes (sans clous ni pointes). Ils sauront protéger toute la maisonnée des intempéries et des maladies. Chaque année, le rite se renouvelle : bénédiction des rameaux à la messe des Rameaux (dimanche précédant Pâques [58]), à conserver aux domiciles l'année à venir, et combustion de ceux de l'année précédente. Des familles placeront sur les tombes de leurs défunts des brins de buis bénits, symboles de la résurrection.

1. En référence au verset suivant : « Convertissez-vous et croyez à l'Évangile » (Marc 1, 15).

Véritable fête du Christ-Roi, le dimanche des Rameaux[1] célèbre l'accueil triomphal que les habitants de Jérusalem firent à Jésus. Comme le voulait la tradition, certains placèrent des palmes ou des branches d'olivier, d'autres étendirent des vêtements sous les pas de l'ânesse qui le portait (Matthieu 21, 8). La plupart agitaient des palmes (symbole de gloire et d'immortalité) pour saluer son retour. En ce jour débute la semaine sainte [69].

Le jeudi de la semaine du milieu du carême est une véritable trêve : c'est la mi-carême. Elle a été instaurée par le pape Innocent III en 1216. Les jeunes apprentis, exilés loin de leur famille pour leur formation professionnelle, revenaient chez eux pour le quatrième dimanche du carême. Le jeûne était suspendu à l'occasion des festivités organisées pour les retrouvailles. Aujourd'hui, mascarades et pâtisseries (crêpes, beignets, etc.) ont toujours leur raison d'être, même si le contexte social est bien différent.

Chez les chrétiens orthodoxes, le grand carême se caractérise par un jeûne alimentaire très strict, une pratique de l'abstinence et la célébration d'offices liturgiques.

69. Quelle importance la semaine sainte revêt-elle pour les chrétiens ?

La semaine sainte célèbre la Passion du Christ, de la veille de son arrestation (jeudi saint) et sa crucifixion

1. Dans les pays orthodoxes, la veille du dimanche des Rameaux est célébré le « samedi de Lazare », ami de Jésus, ressuscité après sa mise au tombeau.

par les Romains (vendredi saint) au jour de sa résurrection (dimanche de Pâques).

Le jeudi soir, Jésus [5] et les Apôtres s'étaient retrouvés pour fêter la Pâque juive [57] commémorant la fin de l'esclavage du peuple d'Israël en pays d'Égypte. « Quand ce fut l'heure, ils se mirent à table. Jésus leur dit : "J'ai beaucoup désiré manger cette Pâque avec vous avant de souffrir. Car je vous le dis, jamais plus je ne la mangerai jusqu'à ce qu'elle soit accomplie dans le royaume de Dieu" » (Luc 22, 15-16).

Au début du repas (du latin *cena*, « la cène », repas du soir), Jésus consacra le pain et le vin [41] avec ses amis, comme le font aujourd'hui encore les juifs lors du *Séder* (repas célébré lors de la Pâque juive), des grandes fêtes et du *shabbat* [9] (*Kiddouch* et *Motsi*), pour remercier Dieu d'avoir donné à l'homme les fruits de la vigne et de la terre pour se nourrir. Mais Jésus chargea le pain et le vin d'une autre symbolique : « [...] Prenez et mangez, ceci est mon corps [...]. Prenez et buvez, ceci est mon sang, versé pour vous en signe d'alliance [...] » (Matthieu 26, 26-28). « Celui qui mange ma chair et boit mon sang a la vie éternelle et moi, je le ressusciterai au dernier jour » (Jean 6, 54).

Le jeudi saint[1] commémore la première eucharistie de l'histoire chrétienne. Pour le culte, l'hostie remplace le pain. Elle est composée de pain azyme (sans levain)

1. Ce même jour sont consacrées dans les cathédrales des diocèses les saintes huiles (à base d'huile d'olive) qui seront utilisées dans les paroisses toute l'année pour les divers sacrements : baptême, confirmation, ordination, onction pour les malades, etc.

dans le culte catholique ; de pain avec levain dans les cultes orthodoxe et protestant.

Le jeudi soir, Jésus fut trahi par son disciple Judas l'Iscariote qui le livra à l'occupant romain contre trente pièces d'argent. Il le désigna parmi ses amis en lui donnant un baiser (d'où l'expression populaire « baiser de Judas »). Quant à Pierre, il le renia trois fois avant que le coq chantât, conformément aux prédictions de Jésus : « Et Pierre se souvint de la parole que Jésus avait dite : "Avant que le coq chante, tu m'auras renié trois fois." Et étant sorti, il pleura amèrement » (Matthieu 26, 75).

Jeûne et abstinence marquent le vendredi saint, jour du procès et de la crucifixion du Christ sur la colline du Calvaire (en latin, *Calvaria* ; en grec, *Golgotha* ; en araméen, *Gulgota*, « crâne ») de Jérusalem, supplice ordonné contre son gré par Ponce Pilate, procurateur de Rome en Judée. Aussi est-ce une journée de deuil, marquée par le jeûne et l'abstinence. C'est surtout une journée marquée par l'adoration de la Croix. Dans les églises, toutes les statues sont voilées d'un tissu violet, les lumières restent éteintes en signe de deuil et de tristesse. Seuls restent à découvert les quatorze tableaux miniatures du chemin de croix [42] en préfiguration à la prochaine commémoration de la Passion du Christ.

Le premier jour de la Pâque juive, les Romains avaient coutume de libérer un prisonnier choisi par la foule. « Comme ils étaient assemblés, Pilate leur dit : "Lequel voulez-vous que je vous relâche, Barabbas ou Jésus, que l'on appelle Christ ?" » (Matthieu 27, 17). Barabbas fut désigné. Ponce Pilate, procurateur de Rome en Judée, insista pour avoir une autre réponse : mais « voyant qu'il ne gagnait rien, mais que le tumulte augmentait, [Pilate] prit de l'eau et se lava les mains[1] devant la foule, en disant : "Je suis innocent du sang de cet homme ; à vous de voir !" » (Matthieu 27, 24). Barabbas est libéré, Jésus sera crucifié. Cette sentence est incontestablement humiliante, puisque c'est celle réservée aux rebelles et aux condamnés de droit commun.

Sur la croix, Jésus prononça sept phrases. Les plus connues sont : « Père, pardonne-leur, car ils ne savent pas ce qu'ils font » (Luc 23, 34) et « Mon Dieu, mon Dieu, pourquoi m'as-tu abandonné ? » (Matthieu 27, 46).

Le droit romain exigeait que les corps des crucifiés restassent à la vue de tous au moins vingt-quatre heures, pour l'exemple. Mais nous étions un vendredi, en fin d'après-midi, veille du *shabbat* [9]. Si la sentence était strictement respectée, du fait de l'interdiction formelle pour tout juif de toucher ce jour-là un défunt[2] [146], le corps de Jésus serait resté sur la croix durant deux jours !

« Un homme riche d'Arimathie, nommé Joseph, disciple de Jésus », voulait éviter ce sacrilège au Christ. Avant que ne débute le *shabbat*, « il alla trouver Pilate et lui demanda le corps de Jésus ; alors Pilate ordonna de le lui remettre. Prenant le corps, Joseph l'enveloppa dans un linceul blanc et le déposa dans le tombeau neuf qu'il s'était fait tailler dans le roc. Puis il roula une pierre à l'entrée du sépulcre » (Matthieu 27, 57-60).

---

1. L'expression populaire « Je m'en lave les mains ! » s'emploie lorsqu'on ne veut pas être tenu pour responsable ni porter les conséquences d'une décision prise contre son gré.

2. Ce rite est toujours d'actualité dans le judaïsme contemporain.

Le samedi, conformément à la loi juive, les femmes ne purent embaumer le corps comme le voulait la coutume. Ce jour, célébré depuis comme le samedi saint, est un jour de deuil dans toute la chrétienté, Jésus étant considéré mort. L'organisation de festivités est écartée. Les chrétiens d'Europe centrale marquent cette journée par la visite des tombeaux du Christ dans les églises.

Les célébrations du dimanche de Pâques nous font partager la joie des premiers disciples qui ont vu le Christ ressuscité :

> « Jésus lui dit : "Marie !" Elle se retourna et lui dit en hébreu : "Rabbouni !" C'est-à-dire "Maître !" Jésus lui dit : "Ne me touche pas, car je ne suis pas encore monté vers mon Père. Mais va trouver mes frères et dis-leur que je monte vers mon Père et votre Père, vers mon Dieu et votre Dieu" » (Jean 20, 16-17). Ainsi, la résurrection de Jésus-Christ est célébrée le dimanche de Pâques[1] : « Et voici, je suis avec vous tous les jours jusqu'à la fin du monde » (Matthieu 28, 20).

À la sortie de l'église, en ce jour de joie et d'allégresse, les cloches sonnent à la volée pour annoncer la résurrection de Jésus d'entre les morts, il est Christ et Seigneur : « Si le Christ n'est pas ressuscité, notre prédication est vide, et vide aussi votre foi » (saint Paul[2]).

---

1. Il correspond au premier dimanche après la pleine lune suivant l'équinoxe du printemps (entre le 22 mars et le 25 avril dans le calendrier grégorien, treize jours après selon le calendrier julien).
2. 1 Corinthiens 15, 14.

Pour l'occasion, le lieu avait revêtu une parure de fête, souvent des fleurs jaunes et blanches, aux couleurs du Vatican [23].

Pendant les quarante jours suivant sa résurrection, Jésus se montrera plusieurs fois à ses disciples : « Le soir de ce jour, qui était le premier de la semaine[1], les portes du lieu où se trouvaient les disciples étant fermées à cause de la crainte qu'ils avaient des juifs, Jésus vint, se présenta au milieu d'eux et leur dit : "La paix soit avec vous !" » (Jean 20, 19). Puis il rejoignit Dieu le Père, événement célébré le jour de l'Ascension [70]. Depuis, tous les chrétiens considèrent Jésus vivant, « premier-né d'entre les morts » (Colossiens 1, 18). « Si le Christ n'est pas ressuscité, vaine alors est votre foi », affirme saint Paul (1 Corinthiens 15, 14).

Selon le code de droit canonique (920), « tout fidèle, après avoir été initié à la très sainte eucharistie, est tenu par l'obligation de recevoir la communion au moins une fois par an… durant le temps pascal ». Cette obligation annuelle de se confesser s'appelait « faire ses Pâques », elle perdure depuis le concile de Latran (1215).

70. Pourquoi l'Ascension est-elle célébrée un jeudi ?

Quarante jours après la résurrection du Christ [69], sur le mont des Oliviers (près de Béthanie), Marie et les disciples du Seigneur virent Jésus s'élever dans le ciel pour y rejoindre Dieu, son Père. « Il fut élevé pendant

1. Le dimanche est le premier jour de la semaine selon les Saintes Écritures.

qu'ils le regardaient, et une nuée le déroba à leurs yeux. Et comme ils avaient les regards fixés vers le ciel pendant qu'il s'en allait, voici, deux hommes vêtus de blanc leur apparurent, et dirent : "Hommes galiléens, pourquoi vous arrêtez-vous à regarder au ciel ? Ce Jésus, qui a été enlevé au ciel du milieu de vous, viendra de la même manière que vous l'avez vu allant au ciel." » (Actes des Apôtres 1, 9-11). Si Luc rapporte aussi cet événement, les évangélistes Jean et Matthieu n'en disent mot.

Depuis le IVe siècle, les chrétiens célèbrent cet événement le jour de l'Ascension (du latin *ascendere*, « monter »), qui annonce la parousie (retour du Christ à la fin des temps pour régner sur la Terre [156]).

Comme l'ascension céleste du Christ a eu lieu un jeudi, tout naturellement elle est commémorée le jeudi suivant les quarante jours après les Pâques chrétiennes [58]. Cela donne lieu à des processions [42] et des pèlerinages [49] en Terre sainte et à travers le monde. Par exemple, dans les rues du vieux Bourges (France), on porte en procession une fiole contenant un peu de sang du Christ appelée « la relique du Saint Sang ». Selon la légende, elle aurait été rapportée de Palestine par Thierry, comte de Flandres, en Occident après la deuxième croisade en l'an 1150.

71. L'Assomption est-elle une fête commune à tous les chrétiens ?

La Vierge Marie [26] a été vénérée très tôt dans le monde chrétien. L'idée s'imposa au Ve siècle que Marie, mère du Christ, n'a pas connu la souillure du péché. Elle a conçu Jésus par le Saint-Esprit [25] et lui a donné naissance en conservant sa virginité [26]. Comme le confirme le pape Pie IX :

> « L'âme de Marie, au premier instant de sa création et de son infusion dans son corps, fut par grâce spéciale et privilège de Dieu, en considération des mérites du Christ, préservée de la tache du péché originel, soit l'Immaculée Conception [27]. »

En conséquence, elle n'avait pas pu subir la corruption du tombeau. De cette certitude est née la conviction que Marie a été élevée, corps et âme, au ciel par la puissance de Dieu dès le jour de son trépas pour resplendir à la droite de son Fils sans avoir à attendre la résurrection de tous le jour du Jugement dernier [156]. De tout cela, le Nouveau Testament ne fait pas mention. Pourtant, cette fête anticipe pour les catholiques le fait que chacun sera uni à Dieu, corps et âme, dans l'au-delà.

Le pape Pie XII, après consultation de tous les évêques unanimes, a proclamé le 1er novembre 1950 le dogme[1] suivant : « L'Immaculée mère de Dieu, après avoir achevé le cours de sa vie terrestre, a été élevée en corps et en âme à la gloire céleste. » Depuis, les catholiques célèbrent la mort de la Vierge Marie et son élévation au ciel par d'impressionnantes processions chaque 15 août, jour de l'Assomption (du latin *assumptio*, « le fait d'élever vers soi »).

---

1. Point de doctrine donné comme une certitude non démontrable.

« Mais la France avait depuis longtemps anticipé cette décision pontificale : déjà, Louis XIII avait voué son royaume à la Vierge Marie et sa célébration le 15 août était fête royale. La République laïque n'avait pas attendu non plus pour en faire, dès 1905, un jour férié[1]. »

Depuis le VIe siècle, les orthodoxes commémoraient déjà son élévation au ciel par les anges, au jour dit « de la Dormition » (selon leur propre calendrier, treize jours après les catholiques), précédé de quinze jours de jeûne non strict. Néanmoins, le fondement théologique est bien différent : si pour l'Église catholique Marie a été élevée au ciel corps et âme par la puissance de Dieu le jour même de son trépas, « la fête liturgique orthodoxe de la Dormition comprend la mort et l'ensevelissement de la *Théotolcos*, et ensuite sa résurrection et sa montée au ciel. [...] L'Église célèbre cette fête comme une seconde Pâque mystérieuse et exalte avant la fin des temps le but atteint de la création divine[2] ».

« Pour les protestants, Marie est l'Abraham du Nouveau Testament. Comme lui, elle a dit oui. Abraham nous précède dans la première alliance, Marie inaugure la seconde » (André Dumas, professeur en théologie pratique). Malgré leur grand respect pour Marie et la mission que Dieu lui a confiée, ils ont choisi de ne pas célébrer cet événement, l'Assomption n'étant pas attestée par les Saintes Écritures (ni

---

1. François Lebrette et François Guénet, *Fêtes et célébrations religieuses d'antan*, *op. cit.*
2. Paul Evdokimov, *L'Église orthodoxe*, tiré à part de l'article paru dans la revue *Verbum Caro*, Presses de Taizé, non daté.

dans les Évangiles ni dans les Actes des Apôtres). D'ailleurs, dans le protestantisme, il y a absence de toute piété mariale. Il en est de même chez les musulmans. Il ne peut en être question dans le judaïsme, cette religion ne reconnaissant Jésus ni comme Fils de Dieu (christianisme) ni comme prophète (islam).

72. À quoi correspond la date du 1er novembre, jour de célébration de la Toussaint ?

La Toussaint – fête « de sainte Marie et tous les saints martyrs » – fut longtemps célébrée dans la mouvance de Pâques [58] ou de la Pentecôte [59], telle la victoire du Christ sur la mort.

Au ve siècle, à Rome, elle était fêtée le dimanche après la Pentecôte. À la demande du pape Boniface IV, elle fut déplacée au 13 mai pour la faire coïncider avec la date anniversaire de la dédicace de l'ancien Panthéon d'Agrippa transformé en église de Sainte-Marie-et-des-Martyrs (an 610). Ainsi, il voulait honorer les martyrs [20] dont il avait fait transférer les dépouilles des Catacombes jusqu'à l'ancien Panthéon.

Cette fête fut transférée au 1er novembre par le pape Grégoire III (VIIIe siècle) afin de supprimer une fête païenne donnée ce même jour à la mémoire des défunts. De là, sans doute, provient l'origine de la confusion populaire entre la Toussaint et la fête des morts célébrée le lendemain [73]. Quant au pape Grégoire IV, il ordonna en l'an 835 que la Toussaint soit fêtée dans le monde entier.

La Toussaint est l'occasion de fêter la Communion des saints. Selon Mgr Jean Galot[1], tous ceux qui vivent dans l'état céleste sont des saints :

> « Ils voient et possèdent Dieu ; dans cette possession, ils sont complètement remplis de la sainteté divine. En chacun d'eux se manifeste l'effet merveilleux de la grâce du Sauveur. [...] Il nous est difficile de nous représenter cette sainteté qui atteint sa perfection dans le bonheur de la possession intégrale de Dieu. Le bonheur qui nous est accordé par la grâce divine ici-bas est certes un bonheur profond, mais il est tellement profond que souvent il est recouvert par toutes sortes de préoccupations et de difficultés, qui nous empêchent de le sentir suffisamment et d'en apprécier la valeur. [...] Jésus ne promet pas seulement le bonheur du ciel : les béatitudes dont il garantit la réalité commencent à se faire sentir dans la vie terrestre, mais elles ne peuvent espérer leur parfait accomplissement que dans l'au-delà. Ceux qui voudraient chercher dans la vie terrestre un bonheur parfait ne peuvent qu'être déçus. »

La Toussaint n'est pas mentionnée dans le calendrier protestant, même si certains pasteurs, réformés et luthériens, organisent ce jour-là un office en souvenir des défunts décédés dans l'année.

Chez les orthodoxes, la fête de tous les saints est célébrée le premier dimanche suivant la Pentecôte [59] pour rappeler que la sainteté est la vocation de chaque chrétien.

1. *L'Osservatore romano*, n° 44, 2 novembre 1999.

Quant à la fête d'Halloween (de l'anglais *All Hallow Even*, « soir de tous les saints »), célébrée chaque 31 octobre, elle a été instituée au VIIIe siècle en Grande-Bretagne et importée au XIXe siècle par les Irlandais en Amérique du Nord : « On disait que les mondes humains et divins se confondaient et qu'il était facile aux hommes de communiquer avec l'Autre Monde, le Sid, alors omniprésent[1]. » Si elle a des origines religieuses, la fête d'Halloween n'est aucunement inscrite sur les calendriers liturgiques chrétiens actuels.

Le 31 octobre est aussi la date anniversaire de l'affichage par le moine augustin Martin Luther [6] de ses quatre-vingt-quinze thèses « Sur la vertu des indulgences » (1617). Il souhaite avant toute chose une discussion théologique à ce sujet pour que l'Église revienne au plus près au message des Évangiles. Le Vatican n'apprécie pas. La querelle des Indulgences sert de déclencheur à la Réforme. Un siècle plus tard, le prince-électeur du Palatinat (calviniste) inaugure la célébration de cet événement. Il perdure jusqu'à ce jour : le dernier dimanche d'octobre est célébrée la fête protestante, la Réformation.

73. Quel symbole est attaché aux chrysanthèmes dans la tradition occidentale ?

Depuis le XIe siècle, la fête catholique de la Toussaint [72] est suivie par le jour des Morts (2 novembre), commémoration de la mémoire des défunts.

1. Nadine Crétin, *Fêtes et traditions occidentales*, *op. cit.*

« Au VIIe siècle, les moines commencèrent à offrir une messe pour les défunts de leur ordre, le lendemain de la Pentecôte [59]. En 998, le monastère bénédictin de Cluny instaura la commémoration de tous les frères défunts, le 2 novembre. Cette pratique s'étendit aux autres monastères, puis aux paroisses desservies par le clergé séculier. Au XIIIe siècle, Rome inscrivit ce jour de commémoration sur le calendrier de l'Église universelle[1]. »

Le jour des Morts est fondé sur l'une des plus belles convictions chrétiennes : les vivants et les morts sont unis à jamais et peuvent continuer à être unis par le lien de la prière. Il s'agit de la Communion des saints. Ce jour-là (et non celui de la Toussaint), les familles se retrouvent au cimetière autour des tombes de leurs défunts pour un temps de recueillement. Par tradition, elles y déposent de la bruyère ou des conifères, voire des chrysanthèmes venus de la Chine ancienne, en pleine floraison début novembre, résistant au froid et au gel.

Quelle que soit sa couleur, le chrysanthème évoque la vie éternelle en Occident. À l'origine, il était jaune, comme l'indique la racine grecque de son nom – *chrysos*, « jaune » et *anthos*, « fleur ». De nos jours, d'autres couleurs [93] de cette variété florale sont disponibles.

Paradoxalement, en Orient et en Extrême-Orient, le chrysanthème est le symbole de la longévité et de l'immortalité, de la plénitude et de la fidélité. On n'hésitera pas à en offrir à l'être aimé ou à un ami.

1. Greg Dues, *Guide des coutumes et traditions catholiques*, *op. cit.*

En Grèce et au Portugal, on préfère fleurir les tombes d'œillets, fleurs considérées comme porte-malheur dans le milieu du spectacle.

Au Mexique, on offre autour de soi des sucreries en forme de crâne ou d'os, histoire de dédramatiser la mort inéluctable.

Lors de funérailles catholiques, on choisit souvent des fleurs coupées (à l'image de la vie du défunt qui a cessé) ; lors des visites au cimetière qui suivront, on déposera sur les tombes souvent des fleurs en pots, symbole de la renaissance du défunt dans un autre monde.

Dans le judaïsme, sur les pierres tombales, on préfère déposer des petits cailloux. Pourquoi ? Marque de recueillement sur une tombe, symbole de la croyance en l'immortalité de l'âme…

À chaque date anniversaire du décès selon le calendrier hébraïque [50], les proches du défunt allument une bougie, symbole de l'immortalité de l'âme [112], et se rendent si possible au cimetière pour se recueillir sur sa tombe. Ce même jour, à chacun des trois offices quotidiens à la synagogue [33], ils récitent en son nom le *kaddish*[1] ; certains observent un jeûne strict en sa mémoire.

1. Prière de sanctification du nom divin, appelée communément « prière des morts » : « Qu'il soit magnifié et sanctifié Son grand Nom dans le monde qu'Il a créé selon Sa volonté et où Il fera advenir Son règne de notre vivant, du vivant de tout Israël, rapidement et en un temps très proche. »

Dans le catholicisme, le 2 novembre[1] est consacré à la prière en mémoire des défunts pour recommander leur âme à Dieu. Cette commémoration a été instituée dans la première moitié du XIe siècle par l'abbé bénédictin Odilon.

Dans le protestantisme, le culte du souvenir des défunts est inconnu : le trépassé étant dans les mains du divin, les vivants ne peuvent pas intercéder en sa faveur par leurs prières. Il sera sauvé non par ses œuvres, mais par la grâce divine. L'homme ne peut préjuger de celle-ci. Aussi les proches du défunt doivent-ils placer leur confiance en Dieu qui accompagne l'être humain, au-delà de la vie ici-bas. En l'absence de rituel, chacun se souvient des morts à sa manière : visite au cimetière...

« Le protestantisme affirme que le défunt est dans la main de Dieu, en paix. Le service d'action de grâces dans le cadre d'un deuil est censé accompagner les vivants, les réconforter, leur donner une parole d'espérance et de vie. En somme, l'enterrement est un culte pour les vivants », conclut le pasteur Martine Millet.

L'Église orthodoxe célèbre des liturgies en mémoire de ses défunts tous les samedis de l'année, sauf pendant la semaine sainte [69] et à la date anniversaire de leur décès. Ce jour-là, un office est célébré à l'église à la mémoire du défunt. Il est suivi par la distribution de colyves, petits gâteaux traditionnels à base de grains de blé concassés mélangés avec du miel. Les grains de blé font référence au verset : « En vérité, en vérité, je vous le dis, si le grain de

---

1. Selon un sondage IFOP (novembre 2008), 68 % des Français se rendent deux fois par an ou plus au cimetière, 65 % particulièrement à l'occasion des fêtes de la Toussaint.

blé qui est tombé en terre ne meurt, il reste seul ; mais, s'il meurt, il porte beaucoup de fruits » (Jean 12, 24). Quant au miel [96], il suggère la douceur de la vie au royaume de Dieu. Pour chaque être humain, la mort est le passage obligé pour atteindre la plénitude.

Dans l'islam, aucune célébration annuelle n'est relevée. En revanche, « le quarantième jour du décès, à la maison du défunt, parents, amis et voisins viennent se recueillir en écoutant le Coran et en partageant un repas offert par la famille. Selon une tradition populaire, l'âme du disparu revient le quarantième jour après sa mort pour faire ses adieux définitifs [145]. À partir de là, les femmes peuvent, à leur tour, se rendre au cimetière[1] [146]. »

74. Pourquoi les musulmans sacrifient-ils un mouton à l'*Aïd el-kébir* ?

L'*Aïd el-kébir* ou l'*Aïd el-adha* (en arabe « fête du sacrifice ») rappelle la confiance et la grandeur de la foi du patriarche Abraham envers Dieu. Selon le Coran, la scène se serait tenue à Minan, ville proche de La Mecque. À la demande divine, Abraham s'apprêtait à sacrifier son fils Ismaël[2] en l'égorgeant lorsque Dieu l'arrêta dans son geste et lui substitua un mouton (ou un bélier). Selon les récits biblique et coranique, c'est l'ange Gabriel qui apporta l'animal que le prophète sacrifia en lieu et place de son fils.

---

1. Djénane Kareh Tager, Isabelle Francq, Jean-Claude Noyé, Virginie Roussel, *La Mort, ses gestes, ses rites*, guide pratique hors série, éd. Actualité des religions, 2001.

2. Selon les traditions juive et chrétienne, Abraham s'apprêtait à sacrifier son fils Isaac (né de Sarah) et non Ismaël (né d'Agar).

Cet événement est célébré le 10 de *Dhû al-Hijja*. Il est recommandé aux hommes de se rendre dès le matin à la mosquée pour louer Dieu par la prière de l'*Aïd*. Suit le sacrifice le plus souvent d'un mouton[1], beau et gras, lavé et paré de rubans de couleur, en direction de La Mecque [38]. On distribue aux pauvres les meilleures parts en gardant pour soi les bas morceaux.

Des fidèles croient qu'ils ont l'obligation de sacrifier eux-mêmes l'animal, à l'instar du prophète Abraham. « Toutefois, même s'il est recommandé par beaucoup de commentateurs, ce geste n'est pas une obligation canonique pour le musulman et ne se fait qu'en accomplissement d'un vœu ou en pénitence d'un oubli rituel ou comme un acte de piété[2]. »

C'est aussi la période du pèlerinage à La Mecque [49]. Les fidèles sacrifient le dernier jour – celui même de l'*Aïd El-Kébir* – des centaines d'agneaux (âgés au moins d'un an) dans la vallée de Minan. Leur viande préalablement congelée est distribuée à travers le monde musulman pour que les plus démunis bénéficient de cette manne carnée.

75. Que signifie le jeûne du *Ramadan* ?

Pendant le mois de *Ramadan*[3] (vingt-neuf ou trente jours lunaires), Mohammad reçut les premières révélations divines par l'intermédiaire de l'ange Gabriel. Le

1. Plus rarement d'un veau ou d'une chèvre.
2. Rochdy Alili, *Qu'est-ce que l'islam ?*, La Découverte/Poche, 2000.
3. L'expression populaire « faire du ramdam » tire son origine de cette fête.

Prophète fut ainsi désigné pour transmettre les préceptes aux hommes et « guider l'humanité », car le Coran « est riche de signes pour orienter et juger entre le bien et le mal » (2, 183).

Comme le Prophète jeûnait au moment où l'ange lui apparut, les musulmans font de même : ils jeûnent de la nouvelle lune du mois de *Ramadan* jusqu'à la nouvelle lune du mois de *Shawwâl*. « À l'origine, les musulmans jeûnaient individuellement, surtout le jour de la fête d'*Achoura* [77], dixième jour de l'année lunaire correspondant au *Yom Kippour* [53] des juifs. Ils jeûnèrent ensuite les trois premiers jours de chaque mois. Enfin, en 624, la Révélation prescrivit la pratique collective du jeûne pendant le mois de *Ramadan*[1]. »

Pendant ce laps de temps, ils relisent entièrement le Coran à la mosquée, un extrait chaque soir. Cela a conduit à diviser le Livre sacré en trente parties égales (*jouz*). La stricte observance du jeûne est l'un des cinq piliers de l'islam [18]. Elle est l'expression de la soumission de l'homme à Dieu et de sa demande d'expiation des fautes commises. Le jeûne du Ramadan est une école du bon comportement.

Tout adulte s'abstient de manger, boire, fumer et d'avoir des relations sexuelles de l'aube au crépuscule, mais : « Il vous est permis dans la nuit du jeûne d'approcher vos femmes, elles sont vos vêtements et vous êtes leurs vêtements [122] » (Coran 2, 183). Le jeûne ne doit rien changer aux occupations quotidiennes de chacun ni servir de prétexte pour négliger ses devoirs professionnels et familiaux.

---

1. Rochdy Alili, *Qu'est-ce que l'islam ?*, *op. cit.*

Le Coran exempte les femmes pendant leurs périodes menstruelles, enceintes ou allaitant [133] (si le jeûne met en danger la femme ou l'enfant), les enfants n'ayant pas atteint l'âge de la puberté[1], les voyageurs, les infirmes, les malades et les vieillards. Si leurs moyens financiers le leur permettent, ces « exemptés » doivent nourrir un pauvre par jour de jeûne en remplacement de leur indisposition. Ils pourront reporter ultérieurement les jours de jeûne non effectués si leur état de santé le permet.

Pendant ce mois, un repas est pris avant l'aube, un second le soir après le coucher du soleil. On commence et l'on rompt le jeûne par la formule que Mohammad prononça : « Ô Dieu, pour Toi j'ai jeûné, en Toi j'ai cru, et avec Ta nourriture je romps le jeûne. » Puis, à l'instar du Prophète, on grignote des dattes (pour la demeure de l'agriculteur) et on boit un verre de lait (pour l'errance du berger). Suit un repas très riche (*chorba*[2], couscous, tajine, pâtisseries, etc.) préparé pendant la journée.

Ne sachant pas exactement laquelle des dix dernières nuits du mois de *Ramadan* le message coranique fut révélé entièrement à Mohammad, les croyants passent les dix derniers jours du mois à la mosquée afin d'être plongés dans la prière pendant cette fameuse nuit pour que le divin leur accorde une belle destinée et le pardon de leurs fautes. Appelée *Laïla al-Qadir*, la « nuit du destin » ou la « nuit de

1. Un enfant est considéré comme adulte parmi les siens dès qu'il observe strictement ce jeûne. Aussi beaucoup sont tentés de le suivre.

2. Soupe préparée à partir de plusieurs viandes et légumes.

grande valeur » (de l'homme, du Coran...), elle a été fixée au 27 du mois de *Ramadan*.

La rupture du jeûne est célébrée dans l'allégresse à la nouvelle lune du mois de *Shawwâl* par l'*Aïd el-fitr* [76] (en arabe, « fête de rupture » ou « fête du déjeuner »), la première journée où l'on peut se nourrir normalement. Elle est l'occasion d'une grande prière publique avec sermon, de réjouissances, de repas de fête et de cadeaux offerts aux enfants.

76. Par quelle fête populaire le *Ramadan* s'achève-t-il ?

La rupture du jeûne du *Ramadan* [75] est célébrée à la nouvelle lune du mois de *Shawwâl* par l'*Aïd el-fitr* (en arabe, « fête de rupture » ou « fête du déjeuner »). Traditionnellement, les festivités durent trois jours.

On offre la *zakat* (en arabe, « aumône » [18]) aux pauvres (environ l'équivalent d'un repas) pour que tous puissent être à l'unisson en ce jour de liesse. On met de nouveaux vêtements, on distribue présents et friandises aux enfants, on se réjouit, on se réconcilie, on envoie des vœux de fête et des bénédictions, on visite les malades, on égorge un mouton que l'on consomme... et l'on prie. Tournés vers La Mecque [38], à la mosquée ou sur des esplanades en plein air, les hommes répètent en chœur *Allahu akbar* (en arabe, « Dieu est grand ») et proclament l'unicité de Dieu. Tous prient dans un esprit de rencontre, de partage et de pardon mutuel.

Les fidèles se recueillent sur les tombes des défunts, certains n'hésitent pas à déjeuner sur elles (par exemple, en Égypte).

77. Sur quel précepte repose le jeûne de l'*Achoura* ?

À l'époque du prophète Mohammad, les juifs avaient l'habitude de jeûner le 10 *Muharram* pour remercier le Seigneur de la protection accordée à Moïse et aux Hébreux dans le désert après leur sortie d'esclavage en pays d'Égypte [57]. En accord avec cette célébration, Mohammad en fit autant, promettant l'année suivante de jeûner les 9 et 10 du même mois si Dieu lui prêtait vie. Malheureusement, il décéda quelques mois plus tard. Depuis, les musulmans suivent ses recommandations en jeûnant chaque année les deux jours de l'*Achoura*.

Les traditions ont ajouté au jeûne d'autres rituels : au Maroc, on dépose des rameaux de myrte sur les tombes des proches ; au Maghreb, on verse la *zakat* [18] (aumône donnée aux pauvres) ; dans d'autres contrées, c'est l'occasion de fêtes populaires autour d'un grand feu ou d'un carnaval… Plus exceptionnel encore, la porte donnant sur l'intérieur de la Kaaba (qui est vide) à La Mecque [49] reste ouverte.

Pour les chiites [24], ces jours doivent être vécus dans la douleur et le deuil, car ils associent l'*Achoura* au martyre de Hussein, petit-fils du prophète Mohammad, tué par le parti adverse lors de la bataille de Kerbela (Irak) en l'an 680 pour avoir tenté de se faire proclamer calife. D'impressionnantes processions ont lieu à cette occasion, au cours desquelles de jeunes gens se flagellent.

Quant aux sunnites, ils ont choisi de commémorer le jour où l'Arche de Noé [10], après un déluge ininterrompu, s'échoua sur le mont Ararat après la descente des eaux et « la fermeture des réservoirs du ciel et de l'abîme » (Genèse 8, 4). Noé et sa famille, sans oublier les animaux de toutes les espèces, purent enfin débarquer sur la terre ferme.

78. Que fête-t-on lors d'*Al-Mawlid an-Nabaoui* ?

Al-Mawlid[1] *an-Nabaoui*, ou la fête du *Mouloud*, célèbre la naissance du prophète Mohammad le 25 avril 571 (soit le 12 *Rabi' al-awwal*), commémorée pendant les dix ou quinze soirs précédant l'anniversaire. C'est une fête très populaire et l'occasion de liesse au Maghreb. En revanche, les wahhabites d'Arabie la contestent par crainte d'une vénération abusive de la personne du Prophète.

À cette occasion, petits et grands mangent des friandises et mettent des vêtements neufs. Certains apportent du couscous à la mosquée, d'autres placent des bougies sur les tombeaux des saints ou organisent des processions, tous font des dons aux plus démunis. Plusieurs tiennent des veillées pendant lesquelles on entonne des chants du Coran et l'on récite des louanges du Prophète. Elles s'accompagnent parfois de processions aux flambeaux.

Cette fête est considérée par beaucoup de familles comme un moment propice pour la circoncision [134] des garçons.

1. De l'arabe *mawlid*, qui signifie « anniversaire ».

79. Quelle est l'origine de *Mi'raj* ?

Le 27 *Rajab* évoque *Al-Isrâ'*, « le merveilleux voyage céleste » au cours duquel l'ange Gabriel mena le prophète Mohammad sur El-Bourak (sa monture ailée) de La Mecque à Jérusalem : « Louange à celui qui a transporté, pendant la nuit, son serviteur du temple sacré de La Mecque au temple éloigné de Jérusalem, dont nous avons béni l'enceinte pour lui faire voir nos merveilles. Dieu entend et voit tout » (Coran 17, 1).

Arrivée sur l'esplanade du second Temple de Jérusalem détruit en l'an 70 par les Romains, la jument s'envola vers les cieux (*Mi'raj*). Grâce à elle, Mohammad rencontra les grands prophètes (Adam, Noé, Abraham, Moïse, David, Salomon et Jésus) en traversant les sept cieux avant d'arriver devant le trône de Dieu (huitième ciel). Lui sera alors révélé le commandement des cinq prières quotidiennes que devront observer les musulmans. Ce voyage effectué lors d'un songe du Prophète explique l'attachement des musulmans pour la ville de Jérusalem[1] et le fait qu'ils s'abstiennent traditionnellement de manger de la viande chevaline [109].

Lorsqu'en 638 le calife Omar prend Jérusalem, il fait de l'esplanade du Temple un lieu de prière en plein air avant d'y édifier une mosquée en bois.

Sans doute sur l'initiative de Mo'awiya, fondateur de la dynastie des Omeyyades, débute la construction d'un magnifique sanctuaire octogonal en 687, le dôme du Rocher. Sa coupole est aujourd'hui recou-

1. Considérée comme la troisième ville sainte de l'islam après La Mecque et Médine.

verte d'or[1]. Comme la Kaaba de La Mecque, on ne peut y pénétrer pour y prier comme dans une mosquée. À l'intérieur figure en mosaïque le texte des sourates à propos de l'attitude adoptée par l'islam envers juifs et chrétiens.

Le dôme du Rocher abrite un rocher. Serait-il celui sur lequel Abraham se préparait à sacrifier son fils Ismaël [134], le même rocher qui aurait permis l'envol de la jument de Mohammad ? Il porterait l'empreinte laissée par son sabot.

Non loin du dôme, à deux cents mètres tout au plus, le sultan Al-Walid fit édifier, dans les années 709-715, la mosquée d'Al-Aqsa (en arabe « la lointaine », en référence à la distance couverte par Mohammad de La Mecque à Jérusalem). Le nom du calife Omar reste attaché à l'édifice, en mémoire à la première mosquée construite par le deuxième successeur de Mohammad en ce même lieu.

Souvent, dans la mémoire collective, les deux édifices – le dôme du Rocher et la mosquée d'Al-Aqsa – sont confondus.

1. À l'origine (an 691), le sanctuaire était recouvert de plomb. En 1965, il fut remplacé par de l'aluminium anodisé de coloris doré. En raison de la rouille, en 1993, l'or lui fut préféré.

Chapitre IV

L'hygiène et la pureté du corps

80. Que représente le corps pour les trois religions monothéistes ?

Dans la culture judéo-chrétienne, Adam est né le sixième jour après la création du monde : « Dieu créa l'homme à son image. Il le créa à l'image de Dieu » (Genèse 1, 27). Selon la tradition, Ève fut conçue à partir d'une côte d'Adam. L'islam le confirme par ces mots : « Ô humains ! Craignez votre Seigneur qui vous a créés à partir d'une seule âme » (Coran 4, 1). Si le judaïsme et le christianisme enseignent que chaque être humain contient une étincelle divine, l'islam recommande aux hommes d'agir selon les attributions divines : générosité, miséricorde, etc.

Les corps d'Adam et Ève, comme ceux de leurs descendants (nous sommes tous apparentés car tous issus des mêmes ancêtres), sont les propriétés de Dieu. Le corps étant l'enveloppe charnelle de notre âme [112], chacun a pour mission d'en conserver la parfaite intégrité [152, 153] pendant son séjour sur la terre.

Soigner son corps par une hygiène stricte et une parure décente [81, 92], c'est se respecter en honorant le Créateur au même titre que la prière [43-45], les interdits alimentaires [95-111], etc., tout en permettant à chacun de progresser dans sa quête spirituelle. L'hygiène fait partie intégrante de la foi pour les trois religions monothéistes.

81. Quel rôle joue la pudeur selon les trois religions ?

Dans le jardin d'Éden, Adam et Ève sont nus. Ils n'en éprouvent aucune honte. Après la transgression de l'interdit divin – qui intimait l'ordre de s'abstenir de manger les fruits de l'arbre de la connaissance –, le premier sentiment de pudeur de l'humanité se révèle. Adam et Ève cousent ensemble des feuilles de figuier afin de couvrir leur nudité.

Le langage populaire se sert d'expressions empruntées à la Genèse (une tenue d'Ève, un costume d'Adam, etc.) pour parler de la nudité ; le livre de Job nous rappelle cette nudité aux moments extrêmes de notre existence : « Nu je suis sorti du sein de ma mère, et nu je retournerai dans le sein de la terre » (Job 1, 21), alors que le vocabulaire anatomique d'une partie du corps nous renvoie au sacré (os sacrum, articulation sacro-iliaque, vertèbres sacrées, ligaments utéro-sacrés, etc.).

Le judaïsme et le christianisme ne se retrouvent pas dans la mode vestimentaire occidentale actuelle, parfois impudique, souvent sans tabous. Si la première religion monothéiste affirme que les corps de l'homme et de la femme doivent être revêtus de vêtements en fibre naturelle[1] (lin, coton ou laine) non mélangée (lin[2] et laine), toutes deux exigent que l'ensemble du corps, excepté le visage et les mains, soit couvert avec décence en toute saison (tenues amples, évitant les transparences et les couleurs vives).

Quant à la femme, elle se couvre la tête. Laissés libres, les cheveux des femmes mariées risquent d'être une provocation coupable. Ne dit-on pas « prendre le voile » pour une communiante ou une femme prononçant ses vœux de moniale (religion catholique[3]) ou encore « porter le voile à la juive » pour une mariée[4] ? Si se couvrir la tête est encore une obligation dans le judaïsme actuel, cela ne l'est plus dans le christianisme.

Les habits revêtus par les femmes et les hommes de l'Église chrétienne, comme ceux portés par les stricts pratiquants de cette doctrine, illustrent cette même réticence face à la nudité et aux cheveux épars :

« Quant aux femmes, qu'elles aient une tenue décente, qu'elles se parent avec pudeur et modestie : ni tresses, ni bijoux d'or ou perles [91] ou toilettes somp-

1. Le port de vêtements en synthétique ou en cuir n'est pas prohibé.

2. Si le lin est d'origine végétale, la laine est d'origine animale.

3. « La tenue des infirmières laïques s'est longtemps inspirée de l'habit et la coiffe des religieuses qui leur avaient ouvert le chemin » (François Lebrette et François Guénet, *Fêtes et célébrations religieuses d'antan*, *op. cit.*).

4. « Signe de virginité, le voile figure l'hymen. Le voile de la mariée est un voile nuptial, que seul le mari doit défaire comme il déchire l'hymen. Il signifie oblation, offrande, sacrifice de l'épouse » (Michelle Perrot, *Mon histoire des femmes*, Seuil / France Culture, 2006).

tueuses, mais qu'elles se parent au contraire de bonnes œuvres [...] » (1 Timothée 2, 9-10).

« Chaque religion a sa propre morale et la morale de l'islam, c'est la pudeur ! », a proclamé le prophète Mohammad. Le Coran impose la pudeur à ses fidèles. Chez l'homme, l'*aoura* (en arabe, parties honteuses ou intimes) impose de dissimuler la partie comprise entre le nombril et les genoux ; chez la femme, elle comprend le corps tout entier, exception faite du visage et des mains.

Si le Coran prescrit une tenue vestimentaire décente pour tous, le voile [85] est une obligation pour la femme : « Ô Prophète ! Dis à tes épouses, à tes filles et aux femmes des croyants de serrer sur elles leurs voiles ! Cela sera le plus simple moyen qu'elles soient reconnues et qu'elles ne soient plus offensées... » (Coran 33, 57). On le mentionne comme une protection contre l'agression sexuelle du jeune corps féminin, une obligation vécue comme une conviction personnelle (levée pour la femme ménopausée). Ainsi l'homme ne peut voir dévoilées ni son épouse ni les femmes avec lesquelles le mariage [114] lui est strictement interdit (mère, sœur, belle-mère, belle-fille, fille, etc.).

82. Quelle valeur est-il attribué au côté droit de la personne humaine selon les trois religions ?

Le judaïsme, le christianisme et l'islam accordent la préséance au côté droit sur le côté gauche. Pourquoi ? La droite serait le symbole de la vertu et de la miséricorde. En somme, la droite est le chemin du Bien. Faudrait-il s'empresser d'en déduire que la gauche représenterait l'impureté et le Mal ? Et comment respecter ce principe dans son quotidien ?

Un musulman commence tout acte de pureté par le côté droit (ablutions rituelles, entrée dans la salle de prière de la mosquée, repas, etc. [43]) et tout acte d'impureté par le côté gauche (lavage des zones excrétrices, entrée dans les toilettes, etc.).

Un juif ou un musulman, lorsqu'il s'habille, enfile d'abord la manche droite, la chaussette droite, etc. Quand il se lave ou applique de la crème, il débute toujours par le côté droit. Il en est de même pour la taille des ongles.

Lorsqu'il se déshabille, il enlève d'abord le vêtement du côté gauche pour honorer une fois encore le côté droit, mais quand il se chausse (acte impur), il commence toujours par le pied gauche. Ces attitudes ne sont pas à observer par le malade, le handicapé ou le « maladroit », y compris pour se nourrir, acte pur par excellence.

« Ces minuties prêtent à sourire. En vérité, une symbolique très profonde préside à ces coutumes : le côté droit doit représenter la Miséricorde divine, *'Hessed*, le gauche, sa Rigueur, *Middath Hadine.* Nous voudrions ainsi exprimer notre désir de voir le *'Hessed* implanter victorieusement son règne dans l'univers et transformer la Rigueur elle-même en Miséricorde[1]. »

1. Ernest Gugenheim, *Le Judaïsme dans la vie quotidienne*, *op. cit.*

Ces diverses attitudes ne sont plus édictées par le christianisme. Pourtant, cette religion, comme les deux autres, annonce que les élus siégeront à la droite du trône de Dieu au lendemain du Jugement dernier [156] :

« Lorsque le Fils de l'homme viendra dans sa gloire, et tous les anges avec lui, alors il siégera sur son trône de gloire. Devant lui seront rassemblées toutes les nations, et il séparera les hommes les uns des autres, comme le berger sépare les brebis des boucs. Il placera les brebis à sa droite et les boucs à sa gauche. Alors le Roi dira à ceux qui seront à sa droite : "Venez, les bénis de mon Père, prenez possession du royaume qui a été préparé pour vous depuis la fondation du monde : car j'ai eu faim et vous m'avez donné à manger ; j'ai eu soif et vous m'avez donné à boire ; j'étais étranger et vous m'avez accueilli ; nu et vous m'avez vêtu ; malade et vous m'avez visité ; j'étais en prison et vous êtes venus à moi" » (Matthieu 25, 31-36).

Aussi le côté droit symbolise le paradis [155] et le côté gauche l'enfer. On peut alors aisément comprendre pourquoi des générations de gauchers ont fait les frais de la ferveur populaire pour les faire devenir droitiers malgré eux.

83. La pureté familiale dans le judaïsme

Selon le judaïsme traditionnel, la femme est considérée impure (en hébreu, *nidda*, « impure », « exclue », « séparée ») pendant ses menstruations et les sept jours suivants.

Fidèle au Lévitique, la femme juive respecte un temps d'isolement sept jours après la fin de ses règles : « Lorsqu'une femme éprouvera le flux, elle restera sept jours dans son isolement » (15, 19). Rabbi Méïr explique dans le Talmud qu'une « intimité excessive engendre la lassitude ; par conséquent la Torah ordonne la séparation de sept jours, afin que la femme soit aimée comme le jour où elle se tint sous le dais nuptial » (Nidda 32 a) et plus encore. On peut en conclure que les lois de pureté (en hébreu, *nidda*) contribuent à l'équilibre du couple en le prémunissant contre l'excès et l'habitude de l'amour conjugal. Cette séparation physique recrée le temps platonique des fiançailles en favorisant le dialogue et le respect mutuel. Tout contact chargé d'émois sexuels [122] ou tout rapprochement corporel est évité du 1er au 13e jour du cycle menstruel. Ils font lit séparé, certains vont jusqu'à faire chambre à part pendant cette période. Cette abstinence drastique prend fin au soir du 14e jour après l'immersion complète[1] (en hébreu, *tebila*) de la femme dans un bain rituel[2] (en hébreu, *mikvé* ; *mikvaots* au pluriel) à la tombée de la nuit, l'eau étant symbole de la vie. On en trouve dans l'enceinte de quasiment toutes les synagogues [33].

Le *mikvé* devra correspondre à différents critères édictés par le divin dans le livre du Lévitique [10] (chapitre 15) : bassin d'une contenance de 762 litres d'eau[3]

1. Après qu'elle a ôté bijoux, vernis à ongles, maquillage, et pris une douche.
2. Il rappelle le baptême chrétien.
3. En partie d'eau de pluie.

minimum, d'une profondeur suffisante pour permettre à un adulte[1] de s'y plonger entièrement, etc.). Pendant les sept jours précédents, tous les jours, elle aura vérifié qu'elle ne saigne plus à l'aide d'un petit linge blanc introduit dans son vagin. Après ce temps de purification, la femme pourra reprendre la vie conjugale en pureté et en sainteté.

Le baptême chrétien [134] par triple immersion s'est librement inspiré du bain rituel de purification prescrit par le judaïsme.

Si un bain rituel est obligatoirement prescrit à la future mariée[2], à prendre dans les quelques jours précédant la cérémonie nuptiale, des juifs pratiquants (hommes et femmes) se rendent par tradition au *mikvé* chaque veille de *shabbat* [9] et jours de fête [52-57].

De semblables prescriptions sont ordonnées par le Lévitique après un accouchement [129] :

> « Parle aux enfants d'Israël, et dis : Lorsqu'une femme deviendra enceinte, et qu'elle enfantera un mâle, elle sera impure pendant sept jours ; elle sera impure comme au temps de son indisposition menstruelle » (12, 2).
>
> « Si elle enfante une fille, elle sera impure pendant deux semaines, comme au temps de son indisposition menstruelle ; elle restera soixante-six jours à se purifier de son sang » (12, 5).

1. Et un seul à la fois.
2. Y compris si ce n'est pas sa première union.

On pourrait conclure, à la lecture de ces deux versets, qu'accoucher d'une fille est associé à une « double peine d'impureté ». En fait, c'est comme si le temps d'impureté de la mère s'ajoutait à celui de sa petite fille.

84. Les interdits liés au regard et au toucher relèvent-ils des trois religions ?

Les yeux sont le miroir de l'âme [112]. Le regard de l'autre pouvant nous en déposséder, on évitera de le croiser. L'Occident y voit un signe de franchise, l'Orient d'agression et même d'offense.

Les yeux étant les ambassadeurs du désir de la chair, certains hommes pieux des trois confessions éludent le regard entre sexes opposés, car « l'œil voit, le cœur convoite et le corps achève l'acte » (Mishna, *Pirké Avot*). Il en est tout autant du toucher.

Les musulmans éviteront de poser leur regard ou de toucher quoi que ce soit de souillé (défunt, excréments, sang) pour se préserver de toute impureté spirituelle. De même, fixer le regard est un péché : « Le premier regard est pour toi, le deuxième, tu dois rendre des comptes. »

Aucun interdit n'est relevé à propos du regard ou du toucher pour le chrétien, si les intentions du fidèle restent pures : « L'œil est la lampe du corps. Si ton œil est en bon état, tout ton corps sera éclairé » (Matthieu 6, 22). Ainsi, le seul regard d'un homme sur une femme peut le condamner : « Il vous a été dit : tu ne commettras pas d'adultère [8]. Eh bien, moi je vous dis : celui qui regarde une femme pour la désirer, celui-là a commis l'adultère avec elle dans son cœur » (Matthieu 5, 27-28).

Que dire d'une main posée ici ou là lorsque le lien sacré du mariage [114] n'unit pas les deux amants ?

85. Pourquoi la chevelure a-t-elle tant d'importance dans les trois religions monothéistes ?

Dans le judaïsme, l'usage veut que l'on ne coupe pas les cheveux des enfants avant leur troisième anniversaire, en raison d'une antique croyance populaire – adoptée par les musulmans – selon laquelle il ne faut pas ouvrir une paire de ciseaux au-dessus du crâne d'un enfant afin de protéger son existence du malheur. Feiga Lubecki[1] souligne que « cette coutume vient de ce que l'homme est comparé dans la Torah à un arbre dont les fruits sont interdits à la consommation [...] durant trois ans. Certains sages de la *Kabbale* [16] associent cette coutume à la première tonte des moutons donnée aux prêtres [...] : le mouton est un symbole de la miséricorde divine ». En revanche, lorsque le nombre des années aura fait perdre à l'homme jusqu'au dernier de ses cheveux, le Lévitique le reconnaît absolument pur : « Lorsqu'un homme aura la tête dépouillée de cheveux, c'est un chauve : il est pur. S'il a la tête dépouillée de cheveux du côté de la face, c'est un chauve par-devant : il est pur » (13, 40-41).

La chevelure féminine est synonyme de nudité [81] et de séduction, indépendamment de toute signification religieuse. C'est pourquoi, à l'extérieur de chez elles,

1. D'après Reb Eliahou Touger, *La Sidra de la semaine*, 11 novembre 2000, éd. Beth Loubavitch.

les épouses sont invitées à dissimuler leurs cheveux sous une perruque, un foulard ou un large chapeau. Certaines (elles sont rares, il est vrai) se rasent le crâne et s'épilent le pubis et les aisselles, afin de se retrouver chaque jour comme à l'aube de leur vie.

En période de deuil [146] ou d'affliction, nul n'a le droit d'entretenir ou de couper sa chevelure, rite toujours d'actualité dans le judaïsme d'aujourd'hui.

Le christianisme a porté beaucoup d'intérêt à la chevelure, et pour cause : l'Évangile de Matthieu affirme que « les cheveux de notre tête sont tous comptés » (10, 30), alors que saint Paul demanda aux chrétiennes de se couvrir les cheveux pour ne pas attirer l'attention des anges qui seraient de sexe masculin.

Les premiers chrétiens se sont même opposés à toute teinture :

> « Nous ne devons pas changer par des couleurs artificielles la couleur naturelle de nos cheveux et de nos sourcils. S'il nous est défendu de porter des habits de couleurs différentes et mélangées, il nous l'est à plus forte raison de détruire la blancheur de nos cheveux, qui est une cause de respect et un signe d'autorité » (saint Clément d'Alexandrie).

Sans doute s'était-il inspiré du livre des Proverbes, où l'on professe que « les cheveux blancs sont une couronne d'honneur, c'est dans le chemin de la justice qu'on la trouve » (16, 31). Quant au Lévitique, il nous ordonne de nous lever « devant les cheveux blancs » et d'honorer « la personne du vieillard [144] ». La teinture des cheveux reste aujourd'hui interdite aux adventistes [22] uniquement.

L'appartenance d'un homme à la cléricature (franciscains, dominicains, etc.) était marquée par la tonsure[1], signe d'humilité envers Dieu et de renoncement au monde. « Dans la pensée du Nouveau Testament, le poil, et d'abord le cheveu, est, dans le cas d'un vœu de consécration, porteur des maladies de l'âme [112]. Il doit donc, selon les circonstances, être offert en oblation. La tonsure n'était pas pratiquée dans l'Église primitive. Saint Jérôme désapprouvait les ecclésiastiques qui se rasaient la tête, ce qui n'empêcha pas cette pratique d'être adoptée par les moines au début du VIe siècle[2]. »

Le moine carolingien Huchbald dit ainsi à propos de Charles le Chauve :

> « La nudité de la partie supérieure de la tête indique le fond du cœur, découvert sans voile aux yeux de Dieu, dont la Providence aperçoit les desseins et les actions les plus cachés. »

Avec le concile de Vatican II [23] expire l'exigence de saint Paul pour les femmes de prier la tête couverte [46] : « Toute femme qui prie ou prophétise la tête nue fait affront à son chef ; c'est exactement comme si elle était rasée » (1 Corinthiens 11, 5). Pourquoi ce précepte ? « Et l'homme n'a pas été créé pour la femme, mais la femme pour l'homme. Voilà pourquoi la femme doit porter, sur la tête, la marque de sa dépen-

1. Espace rasé et circulaire au sommet du crâne, en rappel de l'auréole des saints. La tonsure est apparue au haut Moyen Âge pour disparaître avec le concile de Vatican II (1962-1965).

2. Patrick Banon, *Signes et symboles religieux*, *op. cit.*

dance, à cause des anges » (1 Corinthiens 11, 9-10). Toujours selon saint Paul, « si donc une femme ne met pas de voile, alors, qu'elle se coupe les cheveux ! » (1 Corinthiens 11, 6).

En son temps, les femmes allaient la tête couverte à l'extérieur de leurs maisons alors qu'on défaisait les cheveux de celles qui étaient accusées d'adultère (Nombres 5, 18). Aujourd'hui, cet impératif n'a plus cours dans la majorité des lieux du culte chrétien (sauf lors d'une audience pontificale) pour les hommes comme pour les femmes (excepté pour les moniales qui, longtemps, ont été imitées par les personnels féminins des hôpitaux).

Selon le Coran, l'islam accorde une ombre à chacun de nos cheveux. Le petit garçon musulman maghrébin n'en échappera pas pour autant, la veille de sa circoncision [134], à une coupe de cheveux et à une pose de henné [88] sur les mains, les pieds et les cheveux. Quant à la femme, elle est invitée à porter le voile en signe d'obéissance divine : « Ô Prophète ! Dis à tes épouses, à tes filles et aux femmes des croyants de serrer sur elles leurs voiles ! Cela sera le plus simple moyen qu'elles soient reconnues et qu'elles ne soient plus offensées… » (Coran 33, 57). Quant aux « femmes ménopausées n'escomptant plus mariage, point de blâme pour elles à mettre bas leurs vêtements, à condition de ne pas exhiber quelque agrément. Toutefois, si elles s'en font scrupule, mieux sera pour elles » (Coran 24, 60).

Selon un autre verset : « Elles ne laisseront voir leurs agréments qu'à leur mari, à leurs enfants, à leur père, beau-père, fils, beaux-fils, frères, neveux de frères ou de sœurs, aux femmes (de leur communauté), à leurs captives, à leurs dépendants hommes incapables de l'acte [eunuques] ou garçons encore ignorants de l'intimité des femmes [impubères] » (Coran 24, 31).

« Le texte spécifique du Coran s'applique aux épouses de Mohammad (sourate 33, 53). Deux autres textes (sourate 24, 31-32 ; 33, 60) parlent des femmes musulmanes qui couvrent leur poitrine et portent un manteau ample quand elles sortent. Certains interprètent ces textes de façon radicale en disant que la femme doit complètement se couvrir de la tête aux pieds, y compris le visage. Beaucoup de femmes musulmanes comprennent ces textes comme une recommandation à se vêtir avec décence et à couvrir leurs mains, mais pas nécessairement leur visage[1]. » La forme et la couleur de ce vêtement peuvent varier selon les pays et/ou les régions : *abaya*, *tchador*, *burqa*, etc.

Son port fut obligatoire bien avant le prophète Mohammad : les lois assyriennes édictées par le roi Téglath-Phalasar Ier (vers 1000 avant J.-C.) en faisaient déjà mention. Au cours des siècles, il a considérablement évolué. Si des musulmanes refusent de le porter au nom de leur féminité, d'autres le revendiquent pour affirmer leur identité religieuse.

Quant aux hommes musulmans, depuis plusieurs siècles, par tradition, les plus pieux ont la tête constamment couverte, qu'ils soient en prière ou non, portant un couvre-chef du modèle de leur choix. Les facteurs

1. Malcolm Clark, Malek Chebel (pour l'adaptation française), *L'Islam pour les nuls*, First Éditions, 2008.

climatiques ou les modes vestimentaires ne sont pas étrangers à cette coutume.

86. Faut-il ou non se couvrir la tête pour prier ?

Dans le judaïsme, si les hommes pratiquants suivent la coutume de garder de manière permanente la tête couverte par une calotte (en hébreu, *kippa*) en signe de soumission divine – « Couvre-toi la tête afin que tu puisses avoir la crainte du ciel » (*Shabbat* 156 b) –, les femmes pieuses portent un foulard ou une perruque pour dissimuler leur chevelure, élément de leur personne perçu comme un charme. Tous, hommes et femmes (traditionnellement, hormis les femmes célibataires), se couvrent obligatoirement la tête pendant la prière, par révérence pour Dieu, que ce soit à la maison ou à la synagogue [33]. Les communautés libérales choisissent parfois de s'en abstenir.

Dans le christianisme, cette obligation pour les femmes de se couvrir la tête pendant la prière a disparu avec le concile de Vatican II [23] (1962-1965). Elle avait été édictée par saint Paul dans sa Première Épître aux Corinthiens, conformément à la règle juive suivie dans les premiers temps du christianisme : « Toute femme qui prie ou prophétise la tête nue fait affront à son chef ; c'est exactement comme si elle était rasée » (11, 5). Il avait énoncé ce précepte à partir du fait, repris dans cette missive, que « l'homme n'a pas été créé pour la femme, mais la femme pour l'homme. Voilà pourquoi la femme doit porter, sur la tête, la marque de sa dépendance, à cause des anges »

(11, 9-10). Aujourd'hui, cela n'a plus cours dans la majorité des lieux du culte chrétien (sauf à certaines occasions, lors d'une audience pontificale par exemple) pour les hommes et les femmes (excepté les moniales). Néanmoins, catholiques et orthodoxes, très attachés aux premières traditions du christianisme, se couvrent la tête pendant les offices religieux, voire lors de leurs déplacements dans la sphère publique.

Si l'islam recommande aux femmes de prier voilées [85] dans l'enceinte de la mosquée [37] ou dans leurs maisons, les hommes se couvrent ou non la tête selon les traditions : calotte crochetée au fil blanc, *keffieh*[1], *chéchia*[2], turban, etc. « La piété réside dans le cœur et non dans l'habit. "Le plus sobre, c'est le plus pieux" selon le Coran », confirme le recteur Khalil Merroun.

87. Quelle importance religieuse doit-on donner à la pilosité masculine ?

Dans toutes les cultures et les religions, la barbe et la moustache sont les symboles par excellence du respect, de la sagesse et du savoir. Elles donnent force, courage et pouvoir aux hommes qui les portent.

De nos jours, les juifs adultes orthodoxes portent une longue barbe et des *péots* (cheveux longs sur les tempes) en vertu du commandement : « Vous ne taillerez pas en rond les extrémités de votre cheve-

1. Coiffure des Bédouins, formée d'un carré de tissu plié en triangle et retenu par un lien.
2. Calotte en laine, généralement de couleur rouge.

lure, et ne raserez pas les coins de votre barbe » (Lévitique 19, 27).

« L'importance de la chevelure dans la pensée juive trouve racine notamment dans la volonté de se différencier des prêtres égyptiens qui rasaient leur tête et leur corps, et de certains peuples cananéens qui se tondaient le crâne, mais renvoie aussi au *naziréat*, ces périodes de consécration à Dieu héritées des pratiques liées aux guerres saintes et à l'exigence que les combattants soient en situation de pureté rituelle. Les consacrés – tels le prophète Samuel, le juge Samson ou, plus tard, Saül, le futur saint Paul – s'engageaient en prononçant leurs vœux à ne pas couper leurs cheveux, à ne pas boire de l'alcool, à ne pas avoir de relations sexuelles ou encore à ne pas toucher un cadavre. Une fois la période de consécration achevée, le naziréen ou nazir coupait ses cheveux et les brûlait en sacrifice sur l'autel du Temple [de Jérusalem]. Certains, comme le prophète Samuel, étaient consacrés à vie. Aujourd'hui, laisser pousser ses cheveux est d'abord un acte de purification[1]. »

Les pieux musulmans suivent scrupuleusement la prescription du prophète Mohammad en se coupant les moustaches et en allongeant leur barbe afin de se distinguer des mages.

Quant aux chrétiens, ils n'ont aucune prescription à suivre en la matière, sauf les prêtres orthodoxes qui se doivent de porter la barbe.

1. Patrick Banon, *Signes et symboles religieux*, *op. cit.*

Soulignons que l'injonction biblique interdit strictement aux hommes juifs de se raser en prenant le moindre risque de saignement. Si l'utilisation d'une lame est proscrite, cela n'exclut aucunement le rasoir électrique. Ils s'abstiendront d'effectuer ce geste pendant les deuils [146] et les jours de fête [53] réclamant la contrition des fidèles.

88. Quelle signification revêt le henné au Maghreb ?

Le henné est un arbuste très répandu dans les régions chaudes et humides du nord de l'Afrique et du Sud asiatique. Déjà, au temps du roi Salomon, il était très recherché pour ses multiples vertus. Le Cantique des Cantiques (1, 14) vante les buissons de henné de l'oasis d'Ein-Guèdi (Israël).

Ses feuilles soignent les brûlures du soleil et les piqûres de moustiques, soulagent les migraines, renforcent la vitalité des ongles et de la chevelure, donnent une couleur rouge orangé à la peau[1] et aux phanères (sauf le henné neutre).

Au Maghreb, par tradition, à l'occasion des fêtes religieuses [74-79] et des cérémonies familiales, hommes, femmes et enfants se teignent au henné les ongles, les mains, les pieds, parfois les cheveux. Moustaches et barbes sont quelquefois l'objet des mêmes attentions.

1. Sa couleur reste de quatre à cinq semaines sur la peau, plusieurs mois sur les cheveux. Le henné ne peut aucunement être considéré comme un tatouage, ses dessins sur la peau ne sont pas permanents.

Mère et grand-mère prennent soin de poser du henné sur les mains et les pieds du garçonnet la veille de sa circoncision [134]. La jeune mariée expose aux regards admiratifs de ses invités les œuvres d'art dessinées au henné à même la peau de ses mains et de ses pieds par la *hennaya.* Signe de distinction et de beauté, ces précautions permettent de conjurer les mauvais sorts et d'éloigner les mauvais esprits de leur personne. On retrouve la tradition du henné la veille d'un mariage [114] chez nombre de juifs d'Afrique du Nord.

Cette pratique de pose du henné en toute occasion n'a strictement aucun lien avec le quelconque respect d'un rite pour les musulmans comme pour les juifs. S'ils soutiennent le contraire, c'est parce qu'ils confondent trop souvent religion et tradition.

89. Le khôl a-t-il une valeur religieuse dans l'islam ?

Femmes et enfants musulmans du Maghreb se dessinent quotidiennement un trait au khôl sur le bord des paupières avec un petit bâtonnet en bois. Parfois les hommes les imitent, plus encore pendant le pèlerinage à La Mecque [18, 49].

Cette pratique, courante en Égypte au temps des pharaons, a été adoptée par les Arabes comme par Mohammad [7] et ses compagnons (la veille du vendredi [9] le plus souvent). De nos jours, des fidèles respectent cette tradition.

Selon la légende, lorsque le Buisson ardent parut sur le mont Sinaï, il embrasa la montagne entière et en calcina toutes les pierres. Le khôl était né. Il serait donc un présent de Dieu. La tradition s'est alors empressée de l'adopter pour repousser les mauvais sorts.

Réputé pour ses vertus médicinales et antiseptiques, il permet de préserver les yeux de toute agression extérieure (piqûres d'insectes, infections, rayons du soleil). Il a les mêmes propriétés que le jus de citron employé par nos grands-mères, mais a l'avantage de ne pas piquer les yeux et de dessiner un joli regard d'une profondeur et d'une luminosité si mystérieuses.

90. Qu'en est-il du tatouage sur le plan religieux ?

Le tatouage est strictement interdit dans le judaïsme : « Vous ne ferez point d'incisions dans votre chair pour un mort, et vous n'imprimerez point de figures sur vous » (Lévitique 19, 28). Il en est de même dans l'islam en vertu de l'obligation pour toute personne, homme ou femme, de veiller sur l'intégrité de son corps [152].

Selon les dires populaires, la moindre parcelle de peau tatouée interdirait la célébration de funérailles religieuses [146, 147, 149]. Cela n'est certes pas valable pour les personnes déportées pendant la Seconde Guerre mondiale et tatouées d'un numéro sur l'avant-bras gauche contre leur gré, ni pour les vieilles femmes berbères arborant des tatouages ethniques sur le visage. Si ces marques sont fortement réprouvées par la nouvelle génération, elles ont été largement encouragées pendant la colonisation pour permettre aux membres des différentes tribus de se reconnaître mutuellement. (Précisons que les femmes d'alors, considérées comme des butins, étaient enlevées, violées, voire assassinées.)

Dans les faits, l'appréciation est laissée au rabbin ou à l'imam, modulée par l'attitude du défunt à la fin de sa vie. Néanmoins, comme « aucune référence au tatouage n'est mentionnée dans la *Halakha* [32], aucune différence n'est faite aux obsèques de cette personne », souligne le rabbin Michaël Dahan. Il en est ainsi le plus souvent dans le judaïsme comme dans l'islam.

Lors du christianisme primitif, « les païens reconnaissaient les chrétiens à leurs vêtements, à leur coiffure et à leur front... » (saint Augustin) : le signe de Dieu y était tatoué. Quant aux Soldats du Christ (IIe siècle), ils inscrivaient la croix et le nom du Christ sur leur corps. Les croisés les imitèrent. Deux siècles plus tard, les nouveaux convertis renouèrent avec les pratiques originelles en se marquant d'une croix sur le front. De nos jours, cette coutume est abandonnée par les fidèles et le christianisme ne se prononce pas sur le tatouage.

91. Quelles contradictions s'attachent au port des bijoux ?

Selon les religions, les bijoux ont une valeur spirituelle à caractère négatif, l'homme désirant améliorer l'œuvre de Dieu (adventistes, Témoins de Jéhovah, etc.) ou positif, l'homme participant à la glorification de Sa Création (judaïsme, christianisme, islam).

Des juifs portent en pendentif la lettre hébraïque *'haï* (en hébreu, « vivant »), une *mezouzah* [33], unc étoile de David [13], un chandelier, etc.

Des catholiques, leur médaille de baptême [134], souvent à l'effigie de la Vierge Marie [26] afin de se mettre sous sa protection, la croix [14] arborant le corps du Christ [5], etc.

Des orthodoxes, la double croix ou une icône aux dimensions réduites.

Des protestants, la représentation symbolique de l'Esprit-Saint [25], une croix de Malte à laquelle est suspendue une colombe créée par un orfèvre de Nîmes en 1668 (croix huguenote).

Des musulmans, une feuille où sont inscrits des versets du Coran [12], pliée dans une enveloppe de cuir portée autour du cou ou de l'avant-bras.

Alors que les traditions populaires encouragent ces pratiques[1], les religions les récusent si ces bijoux revêtent une valeur de talisman aux yeux de ceux qui les portent : seul Dieu protège !

Il faut préciser que toutes les parures ne font pas toujours référence à des croyances religieuses. Jugez plutôt : saviez-vous que le port de boucles d'oreilles empêche le diable et les démons de pénétrer le corps par le conduit auditif (Inde, Afrique) ? Quant aux bracelets portés au poignet ou à la cheville, ils permettent de retenir l'âme [112] à l'intérieur des corps des enfants (Chine), éloignent les mauvais esprits (Inde, Afrique, Asie) ou scellent le temps venu de la puberté chez la jeune fille (Maghreb).

Le port de la main de Fatma (ou Fatima) ou de Marie, d'origine marocaine, permet de se mettre sous

1. Elles tirent leurs origines du Moyen Âge, époque où les médecins occidentaux prescrivaient remèdes thérapeutiques et port d'amulettes à leurs malades.

la protection de la fille du prophète Mohammad ou de la Vierge Marie. Les cinq doigts bien écartés repoussent maladies et autres calamités. Son second sens symbolique, moins connu, est le suivant : les cinq doigts de la main sont indépendants, mais solidaires lorsque cela est nécessaire, comme doivent l'être les membres d'une famille ou d'une communauté.

La main protectrice se retrouve en Inde (doigts tendus et bien séparés) et en Occident (main cornue). Dans le bouddhisme, elle représente le bien-être, la bonté, l'équité, l'autorité. On la retrouve dans les pays du bassin méditerranéen. Lorsqu'un œil en céramique est dessiné à l'intérieur de la main, l'amulette aurait le pouvoir de retourner le mauvais sort contre le malveillant. Les miroirs accrochés aux murs des entrées des habitations ont la même fonction.

L'effigie d'un poisson protège les affaires sentimentales. Accrochée à l'entrée des maisons, elle est synonyme d'abondance, de chance, de bonheur et de fécondité (judaïsme séfarade [21], christianisme, Chine...). Pourquoi ? Le poisson, vivant ou mort, garde l'œil toujours ouvert. Jamais il ne laisse de prise à la malveillance.

Quant aux bijouteries occidentales, elles proposent pour porte-bonheur des trèfles à quatre feuilles. Selon Claude Gagnière[1], « avant de partir du Paradis, Ève se serait penchée vers le sol pour cueillir un trèfle. Une feuille pour l'amour, une feuille pour la santé, une feuille pour la richesse, une feuille pour la renommée ». Cette fleur n'est pas sans rappeler le Christ crucifié dont le signe de croix protecteur tire son origine.

1. *Au bonheur des mots*, *op. cit.*

Si les trois religions monothéistes (judaïsme, christianisme, islam) ne s'opposent pas strictement au port traditionnel de bijoux, il existe néanmoins quelques restrictions. Ainsi, des juifs se l'interdisent pendant les périodes de deuil ou de contrition [146] : « Lorsque le peuple eut entendu ces sinistres paroles, il fut dans la désolation, et personne ne mit ses ornements » (Exode 33, 4), alors que le Nouveau Testament enseigne aux chrétiens que les véritables bijoux sont les bonnes œuvres : « Je veux aussi que les femmes, vêtues d'une manière décente, avec pudeur et modestie, ne se parent ni de tresses, ni d'or, ni de perles, ni d'habits somptueux, mais qu'elles se parent de bonnes œuvres, comme il convient à des femmes qui font profession de servir Dieu » (1 Timothée 2, 9-10). Quant à l'islam, s'il interdit aux hommes en toute occasion de porter de l'or et de la soie, il proscrit aux femmes de mettre des bijoux de quelque nature que ce soit pendant les périodes de deuil [146].

92. Pourquoi les religions monothéistes accordent-elles tant d'importance au vêtement ?

Adam et Ève allaient nus dans le jardin d'Éden avant de croquer le fruit de l'arbre de la connaissance. Après avoir enfreint l'ordre divin, ils se vêtirent de pagnes cousus à partir de feuilles de figuier pour couvrir leur nudité. L'Apocalypse, fidèle à ce commandement, assure : « Heureux celui qui veille, et qui garde ses vêtements, afin qu'il ne marche pas nu et qu'on ne voie pas sa honte ! » (16, 15).

Depuis, nos vêtements sont parure de notre corps et respect moral de notre âme [112] pour ceux qui nous regardent. Nous les choisissons selon des critères dictés par notre culture, notre environnement et notre spiritualité. Ils témoignent de notre appartenance à une identité collective. L'histoire du vêtement est la résultante des incitations des publicitaires et des créateurs, des libérations corporelles égrenées au fil des siècles et parfois des prescriptions religieuses.

Selon le Deutéronome [10], « une femme ne portera pas des vêtements d'homme ; un homme ne s'habillera pas avec un manteau de femme, car quiconque fait ces choses est en abomination à l'Éternel, ton Dieu » (22, 5). Prônant aux êtres humains de « croître et multiplier », les religions relevant de la Bible recommandent à l'homme comme à la femme de s'habiller conformément à son sexe et de ne pas chercher à s'en détourner.

Le judaïsme prescrit le port de vêtements en fibre naturelle[1] (lin, coton ou laine) non mélangée (laine et lin dans le même tissu) : « Tu ne porteras point un vêtement tissé de diverses espèces de fils, de laine et de lin réunis ensemble » (Deutéronome 22, 11).

Les vêtements doivent cacher l'ensemble du corps (jusqu'aux poignets et aux genoux), excepté le visage, même en période de grande chaleur. Les hommes pieux portent assidûment *kippa* et/ou chapeau, les femmes foulard ou perruque [85].

Cette religion ordonne que l'on déchire ses vêtements en signe de deuil [146] – « Et il déchira ses

1. Le port de vêtements en synthétique ou en cuir n'est pas prohibé.

vêtements, il mit un sac sur ses reins, et il porta longtemps le deuil de son fils » (Genèse 37, 34) – et qu'on lave ses vêtements après avoir approché un défunt – « Quiconque portera leurs corps morts lavera ses vêtements et sera impur jusqu'au soir » (Lévitique 11, 28) –, car le corps d'un défunt est considéré comme impur. Ce dernier point n'est plus retenu dans la pratique courante.

Dans le christianisme, il est recommandé aux femmes de porter une « tenue décente » et de se parer « avec pudeur et modestie : ni tresses, ni bijoux d'or [91] ou perles ou toilettes somptueuses, mais qu'elles se parent au contraire de bonnes œuvres » (1 Timothée 2, 9-10). Cette recommandation ne se retrouve pas dans la mode occidentale actuelle, parfois impudique. Les vêtements des femmes et des hommes de l'Église chrétienne, ainsi que ceux des stricts pratiquants de cette doctrine (*idem* pour le judaïsme et l'islam) illustrent ce refus.

Par le Coran, l'islam prescrit une tenue vestimentaire décente à tous les fidèles. Le prophète Mohammad n'a-t-il pas proclamé : « Chaque religion a sa propre morale, et la morale de l'islam, c'est la pudeur [81] » ? Chez l'homme, l'*aoura* (en arabe, « parties honteuses ou intimes ») impose de dissimuler la partie comprise entre le nombril et les genoux ; chez la femme, elle comprend le corps tout entier, exception faite du visage et des mains.

Le plus souvent, les hommes musulmans portent des vêtements amples et flottants, en matières naturelles adaptées à la chaleur, facilitant les ablutions et permettant les inclinaisons et les prosternations de la prière [47]. Ils découvrent seulement le visage, les mains et les pieds.

Quant aux voiles, chapeaux et perruques, c'est une tout autre question [85] !

93. À propos des couleurs et des symboles qui leur sont attachés

Le **blanc**, emblème de l'innocence, de la pureté et de la gloire en Occident – « Et elle vit deux anges vêtus de blanc… » (Jean 20, 12) –, fut adopté pour les chemises de nuit pendant des siècles pour écarter mauvais esprits et fantômes de notre sommeil [94].

Quant aux robes de mariée, enseignes de la pureté virginale [113], elles adoptent le blanc au début du XIXe siècle… pour le perdre à la fin du XXe siècle, les jeunes femmes divorcées, veuves ou vivant maritalement lui préférant le beige ou l'écru. Dans la France du XVIIIe siècle, elles étaient multicolores, avec une prédominance pour le rouge, symbole de la fertilité [123].

Si le blanc évoque le monde divin, il rappelle la pâleur du cadavre, le linceul [148] enveloppant les défunts – « Joseph prit le corps, l'enveloppa d'un linceul blanc » (Matthieu 27, 59) –, le drap porté par les esprits. Cette couleur fut longtemps celle du deuil [146] en Occident, symbole de la résurrection du Christ et de l'espérance des hommes. Elle l'est toujours en Orient et dans certains pays d'Afrique.

Selon la liturgie chrétienne, le blanc est la couleur de Dieu (couleur de la tenue des prêtres pour Noël [62] et Pâques [58]) et celle de l'illumination (par le baptême [134] et la révélation du fidèle), comme l'aube révèle le jour en chassant les ténèbres. Quant à l'islam, selon un hadith de Mohammad : « Dieu aime les vêtements blancs [tel l'*ihram*, habit du pèlerin à La Mecque] [18] et a créé le paradis [155] blanc. »

Dans la Bible, le **noir** est associé aux différents malheurs qui assombrissent l'existence de l'homme, notamment la mort, les catastrophes et les ruines, le Mal et le monde souterrain : « Je regardai, quand il ouvrit le sixième sceau ; et il y eut un grand tremblement de terre, le soleil devint noir comme un sac de crin, la lune entière devint comme du sang » (Apocalypse 6, 12). Naturellement, l'Occident l'a choisi comme symbole de mort, de deuil et du diable, alors que le Talmud préconise de s'habiller en noir par modestie.

Pour les musulmans, le noir est la couleur de la pierre de la Kaaba à La Mecque. Pour les chiites [24], elle est le symbole du deuil infini d'Ali et plus encore celui de son fils Hussein tué à Kerbela (Irak).

Combinant la puissance du rouge à la sagesse du bleu, le **violet** est associé à la cendre, signe de deuil, de pénitence et de contrition dans la liturgie chrétienne. C'est pourquoi les fidèles se mettaient de la cendre sur la tête en signe de pénitence. Le mercredi des Cendres tire son origine de cette tradition, veille de la célébration de la Passion du Christ [58].

Couleur royale pour les juifs – « Mardochée sortit de chez le roi, avec un vêtement royal bleu et blanc, une grande couronne d'or, et un manteau de byssus et de pourpre » (Esther 8, 15) –, le **bleu** est celle de l'immatériel, de la sagesse et de la compassion ; de la Vierge Marie [26] reine des Cieux, mais aussi les eaux baptismales pour les chrétiens ; le mystère de l'univers pour l'islam. En Orient et en Méditerranée, il conjure le « mauvais œil » – quand il est turquoise –, il éloigne démons et sorciers, et il symbolise la beauté des âmes en Chine.

Pour les Occidentaux, le **rouge** évoque le sang et la souveraineté royale ; pour les chrétiens, la couleur de l'Esprit (flammes de la Pentecôte [59]) et des martyrs [20] (feu, sang) ; pour l'Ancien Testament, le péché (roux et brun compris) ; pour l'islam, la passion et le danger. En Asie, au contraire, il symbolise la vie (sans doute parce que l'enfant naît dans le sang), le bonheur et la fortune.

Pour les chrétiens, le **vert** est synonyme de spiritualité, charité, sagesse et des « Temps ordinaires ». Les musulmans y reconnaissent l'emblème de la révélation coranique : « Ceux qui posséderont le jardin d'Éden [...] seront vêtus d'habits verts [...] » (Coran 18, 31) ; et les hommes purs, qui recevront un jardin paradisiaque en récompense de leur patience, « porteront des vêtements verts [...] » (Coran 76, 12-21). C'était la couleur du manteau et du turban du Prophète. Elle préserve la paix et la santé des fidèles de ces deux religions. Si elle porte malheur dans le milieu théâtral[1], elle est symbole d'espoir en Occident !

Si le **jaune** est la couleur du pouvoir et de la connaissance en Chine, de l'humilité chez les bouddhistes, elle est associée aux maladies contagieuses et à la mise en

1. On dit que Molière serait mort sur scène dans un superbe habit vert. Cette malédiction viendrait-elle de là ?

quarantaine en Europe ; à la lâcheté et au luxe pour l'islam.

94. L'importance du sommeil

Dans de nombreuses cultures, le sommeil est le temps pendant lequel l'âme [112] quitte le corps pour le réintégrer à son réveil. De ces voyages vers d'autres mondes, elle rapporte rêves et cauchemars. Sans doute est-ce pour ces raisons que toutes les religions ont institué des prières [44, 46, 47] au coucher et au lever de leurs fidèles.

> « Veuille, ô mon Dieu et Dieu de mes pères, que je me couche en paix et me relève en paix, sans que me troublent mes réflexions ni de mauvais rêves, ni de mauvaises pensées ; que mon sommeil se déroule dans la pureté, et éclaire mes yeux pour que je ne m'endorme pas dans la mort, car c'est Toi qui éclaires les prunelles des yeux. Béni sois-Tu, Seigneur, qui éclaires le monde entier de Ta gloire. »

Après avoir prononcé ces mots avec ferveur, le juif confie son sommeil à l'Éternel.

À plusieurs reprises, l'Ancien Testament [10] nous conte de nombreux rêves. Si certains n'ont aucune signification particulière, d'autres expriment la volonté divine : « Mais Dieu apparut la nuit en songe à Laban, l'Araméen, et lui dit : "Garde-toi de parler à Jacob ni en bien ni en mal !"[1] » (Genèse 31, 24).

1. Toutes les religions interdisent la médisance.

L'interprétation des songes était œuvre divine comme le précise Joseph : « Ce qu'a songé Pharaon est une seule chose ; Dieu a fait connaître à Pharaon ce qu'il va faire » (Genèse 41, 25). Cela nous est aussi conté dans le Coran, une sourate entière est consacrée à Joseph.

Le Pharaon fit ce rêve : les sept belles vaches et les sept beaux épis représentent sept années de grande abondance ; les sept vaches décharnées et laides comme les sept épis vides, brûlés par le vent d'Orient, seront les sept années de famine qui suivront. Les sept vaches maigres engloutiront les vaches grasses (Genèse 41, 16-32). Joseph préconisa à Pharaon qu'on utilisât les excès des premières années pour engranger des réserves et pourvoir ainsi faire face aux années de sécheresse. L'Égypte fut ainsi sauvée de la misère.

Un autre personnage biblique eut le privilège de comprendre la signification de ses rêves : Jacob. À Béthel, alors qu'il fuyait la colère de son frère Ésaü, Jacob s'étendit sur le sol, prit une pierre[1] pour oreiller, puis rêva qu'une échelle montait jusqu'au ciel, sur laquelle montaient et descendaient des anges, tandis que la voix de Dieu lui prédisait une importante descendance (Genèse 28, 12).

La seconde année de son règne, Nabuchodonosor, roi de Babylone, vit en songe une immense statue à la tête d'or pur, au torse et aux bras d'argent, aux cuisses d'airain et aux jambes de fer, mais aux pieds d'argile et

1. En fait, Jacob prit douze pierres – une pour chaque tribu – qui devinrent une, symbolisant l'unité d'Israël.

de fer. Elle était d'une splendeur extraordinaire. Une pierre « se détacha sans le secours d'aucune main, frappa les pieds de fer et d'argile de la statue et les mit en pièces. Alors le fer, l'argile, l'airain, l'argent et l'or furent brisés ensemble et devinrent comme la balle qui s'échappe d'une aire en été ; le vent les emporta, et nulle trace n'en fut retrouvée. Mais la pierre qui avait frappé la statue devint une grande montagne, et remplit toute la terre » (Daniel 2, 34-35).

Daniel expliqua au roi : les parties de la statue de matières différentes représentaient la grandeur, mais aussi la fragilité de son empire. Quatre royaumes lui succéderont inéluctablement.

Toutefois, Jérémie nous met en garde de ne pas confondre les prophètes qui révèlent les vérités cachées des messages divins et « les faux prophètes qui prennent leurs songes pour la parole du Seigneur alors que ce ne sont que des trouvailles fantaisistes » (23, 26). L'évangéliste Marc en fait tout autant : « Car il s'élèvera de faux Christ et de faux prophètes ; ils feront des prodiges et des miracles pour séduire les élus, s'il était possible » (13, 22).

Chapitre V

L'alimentation : prescriptions et interdits

95. Sur quoi repose le précepte de manger « saint » ?

Selon les traditions juive et musulmane, la chair, reflet de notre âme [112], est un dérivé immédiat de notre alimentation. Conformément au commandement divin, l'homme veille sur la santé de son corps afin que son âme se purifie, atteigne la piété et soit plus réceptive aux messages divins, même si l'Ancien Testament et le Coran ne font jamais aucun lien entre les prescriptions alimentaires divines et la santé. Manger « saint », c'est aussi, pour le judaïsme et l'islam, ne pas manger d'une nourriture mal acquise ; ni manger plus que de raison : « Il n'y a pas un récipient que l'être puisse remplir qui soit pire que l'estomac. L'homme devrait se contenter de quelques bouchées, lui permettant de tenir ses forces. Et s'il lui fallait en consommer plus, alors que ce soit donc : un tiers pour sa nourriture, un tiers pour sa boisson et un tiers pour sa respiration[1]. »

Pour maintenir son corps et son esprit purs, en santé et en sainteté, il lui faut en outre observer des interdits alimentaires [99-104 ; 109-111], différents pour ces deux religions.

Pourquoi les respecter ? « [...] Le fait de maintenir des règles alimentaires particulières permet de renforcer et de définir l'intégrité d'une collectivité. Ceux qui partagent les mêmes exigences alimentaires ont tendance à rester ensemble. [...] La *kasherouth*[2] oblige aussi les juifs à être constamment conscients de ce qu'ils absorbent. [...] C'est une façon pour les juifs de montrer que les humains peuvent procéder à des choix grâce à leur libre arbitre, plutôt que de céder à tout désir ou à toute pulsion[3]. » Selon le Prophète : « Nous mangeons quand nous avons faim et lorsqu'on mange on ne se rassasie pas. »

Quant aux chrétiens, ils ne suivent aucun précepte alimentaire [105-108], Jésus ayant dit : « Écoutez et comprenez. Ce n'est pas ce qui entre dans la bouche qui rend l'homme impur, mais ce qui sort de la bouche, voilà ce qui rend l'homme impur » (Matthieu 15, 10-11). Autrement dit, nos paroles et nos actes nous rendent impurs bien plus que les aliments que nous ingérons.

1. Hadith rapporté par Ahmad et d'autres.
2. Pratique de cuisine casher.
3. Ted Falcon, David Blatner, Josy Eisenberg, *Le Judaïsme pour les nuls*, *op. cit.*

96. Quels sont les symboles attachés au lait et au miel ?

L'Ancien Testament évoque le pays de Canaan, Terre promise décrite en ces termes : « Je suis descendu pour délivrer [mon peuple] de la main des Égyptiens, et pour le faire monter de cette terre vers une terre plantureuse et vaste, vers une terre où coulent le lait et le miel » (Exode 3, 8). Au peuple hébreu quittant la terre de l'esclavage et de la misère, le divin promet une terre de liberté et d'abondance qui transforme toute impureté en pureté. En effet, l'abeille est considérée impure dans le judaïsme, comme tout insecte.

Le lait et le miel symbolisent une nourriture de base pour les populations d'alors : le lait pour la prospérité des troupeaux et des pâturages, le miel sauvage pour la richesse de l'œuvre de la Nature et de Dieu. Tous deux ont un goût à la fois doux et puissant.

Le miel devient ainsi un moyen de subsistance terrestre, mais aussi spirituelle : Samson mange du miel d'un essaim d'abeilles habitant la carcasse d'un lion mort (Juges 14, 8-9), Jean-Baptiste survit dans le désert en se nourrissant de sauterelles et de miel sauvage, lequel atténue le goût amer des insectes (Matthieu 3, 4)…

Dans le Cantique des Cantiques, il est écrit : « […] Il y a sous ta langue du miel et du lait. […] » (4, 11) « Nous pouvons interpréter ce verset comme un appel à être toujours capables de rendre notre enseignement doux et sucré, mais parallèlement à ne jamais oublier le lait, qui symbolise la loi, la *Halakha* [32], qui est indispensable à la vie[1]. »

Quant au Coran, il promet aux justes un paradis [155] où coulent « des ruisseaux d'un lait au goût inaltérable, des ruisseaux de vin [111], volupté pour les buveurs, des ruisseaux de miel clarifié » (47, 16). Il reconnaît aussi le miel comme médicament : « Du ventre des abeilles sort une liqueur[2] de différents aspects où se trouve une guérison pour les hommes » (16, 69).

De nos jours, les dragées des baptêmes, des circoncisions [134] ou des mariages [114 à 116] sont confectionnées à partir d'amandes, de lait et de miel. On retrouve ces deux derniers ingrédients dans plusieurs mets festifs : les crêpes de la Chandeleur [67], les pommes du nouvel an juif [52], la pastilla du *Ramadan* [75], etc. Ainsi, dans les trois religions monothéistes [1], peu de fêtes religieuses ou de rites de passage (naissance, communion, mariage) peuvent être célébrés sans ces deux aliments riches en symboles et en saveurs.

97. L'agneau face aux trois religions monothéistes

À ses origines, la fête juive de *Pessah* [57] consistait dans le sacrifice d'un agneau en souvenir du sang de ce même animal duquel furent marquées les

1. Rabbin Haïm Korsia, *La Kabbale pour débutants*, *op. cit.*
2. Un médicament, en d'autres termes.

portes des maisons des Hébreux afin qu'ils échappent au souffle de la mort envoyé par le divin contre les premiers-nés.

Dans l'art chrétien, Jésus est souvent symbolisé par un agneau, modèle de douceur et d'innocence : « Voici l'Agneau de Dieu qui enlève le péché du monde... » (Jean 1, 29). Pourquoi avoir choisi cet animal ? Aux temps bibliques, les agneaux étaient souvent immolés pour les sacrifices divins. Quant à la brebis, dans le Nouveau Testament, elle symbolise l'homme égaré en quête spirituelle.

Le dernier jour du pèlerinage à La Mecque [118] (*Aïd el-kébir*), les fidèles musulmans sacrifient agneaux et moutons dans la vallée de Minan, en hommage au divin qui a autorisé la substitution d'Ismaël par un agneau, lui qui aurait dû être sacrifié par son père Abraham [3].

Ainsi, un plat de viande d'agneau est de rigueur dans les trois religions monothéistes [1], symbole de l'acceptation par les hommes de la volonté divine :

• pendant le *Séder* de *Pessah* pour les juifs, en souvenir des Hébreux qui ont marqué les portes de leurs maisons avec le sang d'un agneau sacrifié afin d'échapper au souffle de la mort, dixième plaie envoyée par le divin sur le pays d'Égypte ;

• le dimanche de Pâques [58] pour les chrétiens[1], commémorant la crucifixion de Jésus qui a accepté son destin sans jamais tenter d'y échapper ;

1. En Provence, lors de la messe de minuit (Noël), des bergers offrent un agneau en commémoration de la première annonce divine reçue par les Hébreux, alors esclaves, de sacrifier un agneau pour échapper à la dixième plaie qui allait bientôt s'abattre sur l'Égypte.

• lors du repas de l'*Aïd el-kébir* pour les musulmans, en rappel du sacrifice qu'Abraham s'apprêta à faire de son fils Ismaël. L'agneau peut être remplacé par une chèvre, un bœuf ou un chameau. Plusieurs familles peuvent partager ce sacrifice.

98. À quel titre dattes, figues et grenades figurent-elles dans le judaïsme et l'islam ?

Les douze hommes (représentants de chaque tribu) envoyés en éclaireurs par Moïse en pays de Canaan (territoire donné par l'Éternel aux enfants d'Israël) rapportèrent figues, grenades et autres fruits (Nombres 13, 23). Les Hébreux accueillirent la nouvelle avec délices, car lors de la traversée du désert du Sinaï, ils avaient reproché à Moïse et Aaron l'absence de grenades pour se nourrir (Nombres 20, 5).

Le grenadier, dont les fruits sont riches en graines, illustre la sagesse, la fécondité et l'abondance, comme le figuier dans la Bible et le Coran : « Par le figuier, par l'olivier, par le mont Sinaï, par ce pays de l'Amen, ainsi créons-nous l'humain en la plus merveilleuse des formes, puis nous le ramenons au fond de toute bassesse, sauf ceux qui adhèrent et sont intègres : ils auront une récompense sans faille. Qui te fera renier la créance ? Allah n'est-il pas le plus Sage des Sages ? » (95, 1). Les terres du Moyen-Orient regorgent de grenadiers et de figuiers comme de dattiers ou d'oliviers.

Au cœur des paraboles chrétiennes, leurs fruits invitent chacun à produire de bonnes œuvres : « En ce dernier sens, le figuier est l'illustration de la science religieuse et de la nourriture qu'elle peut offrir à ceux qui la recherchent dans le désert du monde[1]. »

Figues, grenades, dattes et autres fruits occupent une place d'honneur sur la table de fête du nouvel an juif *(Roch Hachana* [52]). Ils matérialisent l'espoir de l'homme d'être à même d'accomplir maints actes méritoires au cours de l'année à venir.

Quant au musulman, il aime retrouver des dattes sur sa table en toute occasion. Plus encore, à l'instar du prophète Mohammad, il rompt traditionnellement le jeûne du *Ramadan* [75] en en grignotant quelques-unes (pour la demeure de l'agriculteur) et en buvant un verre de lait (pour l'errance du berger).

Juifs et musulmans du Maghreb accommodent avec bonheur ces différents fruits dans des pâtisseries préparées à l'occasion des cérémonies familiales et de leurs fêtes religieuses respectives.

Pour les trois religions monothéistes [1], l'olivier est le symbole de la paix, en mémoire du rameau d'olivier[2] rapporté par la colombe à Noé après le déluge.

99. Qu'entend-on par viande casher ou halal ?

Selon le commandement du Lévitique, « le principe vital de la chair gît dans le sang » (17, 11). Ainsi, l'âme [112] y serait contenue. C'est pourquoi l'Éternel pres-

1. Robert-Jacques Thibaud, *Dictionnaire des religions*, *op. cit.*

2. Pour les chrétiens, c'est au mont des Oliviers qu'eut lieu l'ascension du Christ, et c'est dans le jardin de Gethsémani (« pressoir à huile ») qu'il passa avec ses disciples la nuit précédant son arrestation.

crit à l'homme de ne manger « point de chair avec son âme, avec son sang » (Genèse 9, 4), car :

« Quiconque aussi, dans la maison d'Israël ou parmi les étrangers établis au milieu d'eux, mangera de quelque sang, je dirigerai mon regard sur la personne qui aura mangé ce sang, et je la retrancherai du milieu de son peuple » (Lévitique 17, 10).

Pour respecter ce commandement, l'abattage rituel des animaux autorisés par le judaïsme [97, 100] est précédé d'une prière effectuée sur l'animal : elle sollicite l'autorisation auprès de l'Éternel de pouvoir tuer une créature divine (donc pourvue d'une âme) afin de s'en nourrir (soi ou quelqu'un d'autre).

Alors, le sacrificateur (en hébreu, *shohet*) sectionne promptement les vaisseaux du cou de l'animal avec un couteau dont la moindre ébréchure invaliderait son utilisation, sans l'avoir étouffé, assommé ou électrocuté préalablement. Ce mode d'abattage[1] (en hébreu, *chéhita*) a un double effet simultané : il vide en un minimum de temps le corps de l'animal du sang de la grande circulation en diminuant la multiplication des toxines (non évacuées par un autre mode de mise à mort). Quant à l'irrigation du cerveau, cessant immédiatement, elle supprime toute sensation de douleur chez l'animal.

« On procède ensuite à l'extraction de certains vaisseaux sanguins, de certaines parties graisseuses. Dans les quartiers arrière, le nerf sciatique est prohibé : "Et il toucha sa cuisse, la cuisse de Jacob se déhancha dans

1. Il est interdit en Suisse entre autres pays.

sa lutte avec lui [l'ange]" (Genèse 32, 26 et suivants). Comme ce nerf a de nombreuses ramifications, il est extrêmement délicat de l'extraire et le filet s'en trouve complètement déchiqueté. Aussi, en beaucoup d'endroits, préfère-t-on revendre ces quartiers au boucher non juif[1]. »

Avant d'être cuisiné, un morceau de viande (blanche ou rouge) doit subir une dernière préparation pour être complètement débarrassé du sang qui pourrait y demeurer (c'est ce qui s'appelle être « cachérisé »). Pour cela, il est trempé dans l'eau froide pendant une demi-heure dans une bassine spécialement réservée à cet usage. Ensuite, il est enrobé de gros sel et laissé à macérer pendant une heure. Pendant le temps d'attente, il est déposé sur une grille ou une planche inclinée permettant l'écoulement du sang. Il sera cuisiné après avoir été rincé trois fois dans un récipient dont l'eau est changée à chaque rinçage. Si le foie, viscère gorgé de sang, est obligatoirement grillé à même le feu après avoir été rincé à l'eau et salé pour en extirper le sang résiduel avant d'être consommé, toute viande mangée grillée (steak, entrecôte, etc.) échappera à ce mode de préparation.

Reconnaissant également l'animal comme une création divine, l'islam lui accorde une âme véhiculée par le sang. Comme dans le judaïsme, l'homme ne doit pas tuer un animal sans nécessité absolue (s'en nourrir ou s'en défendre).

---

1. Ernest Gugenheim, *Le Judaïsme dans la vie quotidienne*, *op. cit.*

Afin d'éviter toute sanction divine, son abattage doit être compensé par un rituel quasiment identique à celui accompli dans le judaïsme. Après avoir invoqué le nom d'Allah[1] (en arabe, *bismillah wa Allah akbar*, « Au nom de Dieu, Dieu est le plus grand »), le sacrificateur sectionne la trachée[2] au-dessous du larynx, les carotides et les jugulaires d'un seul coup de couteau pour le petit bétail (ovin et caprin) ; et dans la fossette susternale pour atteindre directement le cœur en ce qui concerne le gros bétail (bovin). La bête sera obligatoirement couchée sur le côté gauche, la face tournée vers La Mecque [38]. Elle sera vidée de tout son sang comme le prescrit le Coran :

> « Les animaux morts[3], le sang, la chair du porc [109], tout ce qui a été tué sous l'invocation d'un autre nom que celui de Dieu, les animaux suffoqués, assommés, tués par quelque chute ou coup de corne ; ceux qui ont été entamés par une bête féroce (à moins que vous ne les ayez purifiés par une saignée) ; ce qui a été immolé aux autels des idoles ; tout cela vous est défendu » (5, 4).

Ainsi, pour le judaïsme et l'islam, l'homme ne doit pas mêler son âme à celle de l'animal dont il absorbe la chair. Pour cela, il prend soin de l'égorger et de répandre son sang sur le sol avant de s'en nourrir. Tels

---

1. « Ne mangez point de ce sur quoi n'a pas été proféré le nom d'Allah ! En vérité, c'est là perversité » (Coran 6, 121).
2. Cela provoque une dépression du liquide céphalo-rachidien et une immédiate perte de conscience.
3. Pour des raisons sanitaires bien compréhensibles.

sont les procédés pour obtenir une viande casher (judaïsme) ou halal (islam), c'est-à-dire propre à la consommation.

Notons que si un musulman peut manger de la viande casher[1], il n'est pas licite qu'un juif consomme de la viande halal. Au vu des paragraphes précédents, il est aisé de comprendre la raison de cette non-réciprocité : les préparations exigées sont plus contraignantes dans le judaïsme que dans l'islam.

Cependant, pour les fidèles de l'une et l'autre religions, il est impossible de manger de la viande d'animaux non abattus par un égorgement en première intention. De nos jours, ils sont le plus souvent étouffés, assommés ou électrocutés avant d'être égorgés.

Il n'en a pas toujours été ainsi dans le christianisme.

À ses débuts et pendant dix siècles, l'Église a maintenu l'interdit du Lévitique de manger des viandes non saignées :

> « L'Esprit-Saint [25] et nous-mêmes avons décidé de ne vous imposer aucun fardeau au-delà de ce qui est nécessaire : vous abstenir des viandes immolées aux idoles, du sang, des viandes étouffées et de la fornication[2]. De tout cela vous ferez bien de vous garder » (Actes des Apôtres 15, 28-29).

1. « Vous sont permises, aujourd'hui, les bonnes nourritures. Vous est permise la nourriture des gens du Livre, et votre propre nourriture leur est permise… » (Coran 5, 7).

2. En rappel aux orgies romaines.

Au fil des siècles, l'interdit ne faiblit pas, au contraire : le pape Grégoire III menace tout contrevenant de quarante jours de pénitence !

Le temps passant, cette prescription tombe en désuétude en Occident, y compris au niveau de la papauté. Selon le pape Nicolas Ier[1], « on peut manger toutes sortes de viandes, si elles ne sont pas nuisibles par elles-mêmes ». Ce précepte demeure en Orient. Pour preuve, ces lignes de Michel Cérulaire, évêque de Trani (1043-1058) sous le pontificat de Léon X (1048-1054) :

> « Vous êtes à demi païens parce que vous mangez des animaux étouffés, dans lesquels se trouve encore le sang. Ne savez-vous pas que l'âme est dans le sang, et par conséquent que celui qui mange le sang d'un animal mange aussi son âme [112] ? »

Lorsque le philosophe et mathématicien français René Descartes (1596-1650) prive définitivement les animaux d'une âme, leur mise à mort devient profane. Depuis, elle est accomplie par un boucher dont le geste professionnel est sans référence cultuelle. En France, l'animal est étouffé, électrocuté ou assommé avant d'être abattu et vidé de son sang. Ce dernier sera utilisé dans la préparation de charcuteries (boudin, etc.).

Si le judaïsme interdit strictement la chasse (les mises à mort ne sont pas conformes aux prescriptions de l'Ancien Testament), il n'en est pas de même pour l'islam. Deux règles devront pourtant être respectées :

1. De 858 à 867, *Responsa ad consulta Bulgarorum*, n° 43.

la prière de l'abattage rituel sera énoncée préalablement sur l'arme, le chien ou l'oiseau de proie dressés ; si le gibier est vivant lorsqu'il est attrapé, il sera égorgé et son sang sera répandu sur le sol.

La chasse est strictement interdite au pèlerin lors de son séjour à La Mecque [18]. Quant au christianisme, il ne dicte aucun précepte à observer pour l'exercice de cette activité, qu'elle soit de loisir ou nourricière.

100. Pourquoi les juifs ne mangent-ils ni viande de porc ni viande de cheval ?

Dans le Lévitique, Dieu donne à l'homme les règles alimentaires à suivre et plus particulièrement celles concernant les animaux :

> « Voici les animaux que vous pouvez manger entre tous les quadrupèdes qui vivent sur la terre : tout ce qui a le pied corné et divisé en deux ongles, parmi les animaux ruminants, vous pouvez en manger. Quant aux suivants qui ruminent ou qui ont le pied corné, vous n'en mangerez point… » (11, 2-4).

Telle est l'origine de l'abstinence pour les juifs en ce qui concerne les viandes de porc (il a le sabot fendu, mais ne rumine pas) et de cheval (c'est un équidé et il n'a pas le sabot fendu)[1].

Si le divin ne donne aucune explication dans le choix des espèces comestibles, les grands maîtres du judaïsme

1. Un produit issu d'un animal impur est également interdit à la consommation.

y ont découvert une symbolique. Le grand rabbin Emmanuel Chouchena[1] nous l'explique :

« Tous les animaux avalent leur bol alimentaire qui suit son parcours, je dirais dans un sens unique. Les ruminants reprennent en bouche pour mastiquer les aliments qu'ils ont ingurgités. Il en va de même des hommes. Nombreux sont ceux qui imaginent que l'Histoire est irréversible et que les gestes commis par l'homme sont tous définitifs. Pour le judaïsme, rien n'est irrémédiable, quel que soit le mal qui est fait, il peut et doit être corrigé. Le sabot fendu attire notre attention permanente sur l'éventualité de choix entre deux chemins : celui du Bien et celui du Mal : "Je mets aujourd'hui devant toi le bien et le mal, choisis le bien, choisis la vie." »

Le travail de rumination symbolise le travail de l'étude pendant lequel l'étudiant ressasse sans cesse les enseignements de la Torah [10]. Quant aux sabots fendus, ils rappellent que nous avons le devoir de toujours distinguer le Bien du Mal. Sans discernement, nous risquons de nous éloigner du divin[2]. En effet, qui pourrait avoir un avenir s'il perd le sens de son passé, le sens de ses responsabilités, comme le libre arbitre de ses choix ? D'ailleurs, dans le Talmud, il est écrit : « Ne soyez pas comme les porcs qui dorment les pattes tendues vers l'avant comme

1. « Alimentation et judaïsme », revue *Nervure*, septembre 1995.
2. D'après le *Calendrier du bicentenaire (5769)*, éd. Consistoire des communautés juives de Paris-Île-de-France, 2008-2009.

s'ils voulaient montrer à tous combien ils sont vertueux alors qu'en fait, à l'intérieur, ils ne font rien. » N'est-ce pas là un « encouragement à rendre notre "paraître" cohérent avec notre "être"[1] » ?

Ainsi, l'interdiction de se nourrir de viande de porc dans le judaïsme, comme dans l'islam d'ailleurs, ne provient pas d'une éventuelle prévention de la trichinose[2] ou d'une quelconque attitude sanitaire. « On devrait ajouter qu'un animal porteur de maladies pose un problème suffisamment grave pour être écarté sans le secours de motivations religieuses[3]. »

Aux animaux non ruminants s'ajoutent les prédateurs, les carnassiers[4], les reptiles « qui se traînent sur la terre » tels que « la taupe, le rat, le lézard [...], le hérisson, le crocodile, la salamandre, la limace et le caméléon » (Lévitique 11, 29-30), mais aussi l'escargot, la grenouille, les insectes, le lapin, le lièvre et le gibier [99]. Sont aussi exclus les animaux autorisés par le divin s'ils sont maltraités, malades, handicapés ou malformés.

Dans le judaïsme, les animaux licites sont : le bœuf, le veau, le mouton, l'agneau [97] et la volaille (poulet, poule, oie, pintade, canard...).

1. Rabbin Haïm Korsia, *La Kabbale pour débutants*, *op. cit.*

2. Maladie transmise du porc à l'homme par un ver identifié en 1828.

3. Olivier Assouly, « Dis-moi ce que tu manges... », *Biblia*, n° 31, août-septembre 2004.

4. Seuls les animaux herbivores sont autorisés. Les farines animales ont été strictement interdites, en leur temps, par les autorités rabbiniques, car elles allaient à l'encontre même des prescriptions divines.

101. Où se situent les motifs d'interdiction des fruits de mer pour le judaïsme ?

Dans le Lévitique [10], Dieu définit comme « abominables » les animaux des mers et des rivières non pourvus de nageoires et d'écailles. Il ordonne à l'homme : « Ne mangez point de leur chair, et ayez leurs cadavres en abomination » (11, 11). Ainsi, les fruits de mer ne sont pas des mets comestibles pour le judaïsme.

Aucune origine de cette prescription n'est mentionnée dans la Torah comme pour les autres aliments proscrits.

Souvent on associe cet interdit alimentaire au respect d'une règle d'hygiène : les fruits de mer se nourrissant d'éléments impurs apportés par les marées sont souvent porteurs de pathologies dangereuses pour l'homme. Le dessein divin se montrerait-il soucieux de préserver la santé des humains ?

102. Sur quoi repose l'interdit de se nourrir de poissons sans écailles et/ou nageoires pour le judaïsme ?

Dieu désigne dans le Lévitique [10] les « divers animaux aquatiques » comestibles :

> « Tout ce qui, dans les eaux, mers ou rivières, est pourvu de nageoires et d'écailles, vous pouvez en manger. Mais tout ce qui n'est pas pourvu de nageoires et d'écailles, dans les mers et dans les rivières, soit ce qui pullule dans l'eau, soit les animaux qui l'habitent, ils vous sont abominables, abominables ils resteront pour vous : ne mangez point de leur chair, et ayez leurs cadavres en abomination » (11, 9-11).

Le juif suivant scrupuleusement ce commandement mangera uniquement les poissons des mers et des rivières ayant des nageoires et des écailles, tels le bar, le brochet, le cabillaud, la carpe[1], le carrelet, le colin, le colinot, la dorade, l'églefin, le germon, le goujon, la julienne, le lieu, la limande, le maquereau, le merlan, la morue, le mulet, le rouget, la sardine, le saumon, le thon, la truite, etc.

Chez certains poissons, comme l'espadon ou l'esturgeon[2], la nature des écailles est si ambiguë qu'ils ne sont pas considérés comme casher.

Comme pour les autres règles divines, aucune explication ne fonde l'énoncé de cet interdit dans la Torah. Cependant, il est aisé de déduire que les poissons qui ne possèdent que des nageoires (sans écailles), ou que des écailles (sans nageoires), ont un mode incomplet d'élimination de leurs déchets par rapport à ceux qui sont pourvus des unes et des autres. En conséquence, la chair des premiers est susceptible d'être malsaine pour l'homme.

En outre, les poissons à écailles et nageoires évoluent au milieu des eaux des mers et des rivières, alors que ceux qui n'ont que des nageoires vivent soit au niveau de la ligne de flottaison, soit au fond de l'eau. Si les premiers peuvent choisir aisément leur nourriture dans un espace plus vaste, les seconds se repaissent des déchets qu'ils trouvent sur leur chemin.

1. Très appréciée, farcie, par les juifs d'Europe de l'Est.

2. Il en est de même pour ses œufs. Salés, ils deviennent un mets très recherché : le caviar.

À l'inverse de la viande, aucune préparation particulière, ni façon de pêcher, n'est exigée dans le judaïsme avant la cuisson du poisson.

Le poisson sauvage sera toujours préféré au poisson d'élevage. Ainsi est-on assuré qu'il n'a pas été nourri de farines d'origine animale, strictement prohibées par les rabbins.

103. À quelle injonction répond l'interdiction de prendre des laitages et de la viande au cours d'un même repas dans le judaïsme ?

L'origine de cet enseignement est à trouver dans l'interprétation du verset du Deutéronome [10] : « Tu ne feras pas cuire l'agneau dans le lait de sa mère » (14, 21). Certains y voient l'interdiction symbolique de l'inceste (mère et enfant), d'autres celle du mélange des symboles de la vie (lait) et de la mort (chair).

Dans les premiers temps, les volailles n'étaient pas concernées par cette interdiction (elles ne donnent pas de lait). Depuis, les rabbins en ont décidé autrement. Aussi ce précepte doit-il être respecté pour les viandes rouge et blanche.

Pour respecter cette consigne, les juifs ne prennent aucun laitage lors d'un repas carné. Naturellement sont prohibés yaourts et desserts lactiques fabriqués à partir de présure[1] ou de caillette[2] et/ou contenant

1. Enzyme extraite du suc gastrique des jeunes ruminants et qui favorise le caillage du lait.

2. Dernière poche de l'estomac des ruminants qui sécrète la présure.

de la gélatine[1] d'origine animale. Pour rassurer le consommateur, des préparations conformes aux règles édictées par l'Ancien Testament sont mises sur le marché (lait, lait maternisé, yaourts, fromages, desserts lactiques, etc.) dans les épiceries casher ou dans les rayons spécialisés des supermarchés sous surveillance rabbinique. Corrélativement, on est assuré que vaches, brebis et chèvres ont été nourries de céréales, végétaux et minéraux (et non de farines d'origine animale comme cela était possible il y a encore quelques années).

Pour l'observance stricte de ce précepte, chaque famille dispose de plusieurs vaisselles (batterie de cuisine, assiettes, verres, couverts, nappes, etc.) : une première pour la viande, une deuxième pour les laitages… et une troisième pour la fête de *Pessah* [57], le lavage – même en lave-vaisselle – ne suffisant pas à la rendre « irréprochable ».

Avant leur première utilisation, chaque ustensile neuf destiné à entrer directement en contact avec des aliments – qu'il soit en métal, en porcelaine ou en verre – doit être immergé dans une eau vive (par exemple une rivière ou la mer) ou un bain rituel [83] réservé à cet effet dans l'enceinte des synagogues [33].

Les rabbins ont fixé à six heures le délai devant s'écouler entre la consommation de viande et celle d'un produit lacté. Les traditions familiales respectent cette abstinence le plus souvent d'un repas à l'autre.

Si le mélange viande-poisson [102] est considéré comme malsain par le Talmud, l'association poisson-

1. Protéine animale, à l'aspect de gelée, extraite du collagène et obtenue sous l'action de la chaleur.

laitages est traditionnellement évitée chez les musulmans [110] et reconnue comme un « danger pour le corps » par la *Halakha* (en hébreu, « aller »), guide officiel de la vie religieuse et civile du judaïsme [32].

104. Les boissons alcoolisées sont-elles autorisées par le judaïsme ?

On pense souvent à tort que le judaïsme interdit de consommer du vin. Il n'en est rien. Lors de la cérémonie du mariage [115], les jours de fête [52-57] et de *shabbat* [9], une bénédiction sur un verre de vin (*Kiddouch*) est toujours effectuée. Même les affligés se doivent de boire à cette coupe lors du *shabbat*, alors que le vin leur est interdit au cours du premier mois de deuil [146].

La Genèse [10] attribue à Noé la première vigne : « Noé, homme de sol, commença à planter la vigne » (9, 20) et le Deutéronome la considère comme symbole de fertilité et d'abondance (33, 28). Cependant, les abus d'alcool y sont dénoncés à plusieurs reprises : « Ayant bu du vin, il [Noé] s'enivra et se dénuda au milieu de sa tente » (Genèse 9, 21) ; lorsque les filles de Loth furent privées d'homme, elles décidèrent : « Faisons boire du vin à notre père et couchons avec lui » (Genèse 19, 32-38). De ces amours incestueuses naquirent deux fils.

En souvenir des libations idolâtres, une loi interdit le vin produit par un non-juif lorsqu'il est fabriqué sans le contrôle d'une autorité rabbinique, mais n'interdit pas strictement sa consommation : « Il n'y a pas de joie sans vin » (*Pessa'him* 109a).

« Depuis les temps les plus reculés, le vin est utilisé par toutes les religions pour le culte. À certaines époques, les païens furent si attachés à leurs croyances que tout vin valable était consacré à leurs idoles. C'est en ces temps-là que nos sages interdirent de boire du vin préparé par des non-juifs ou du vin préparé par des juifs mais touché par des idolâtres, car on pouvait les soupçonner de consacrer ce vin à leurs idoles » (rabbin S. Wagschal).

Ainsi, seul le vin fabriqué, de la presse du raisin jusqu'à sa mise en bouteilles, par un juif pratiquant, sous le strict contrôle rabbinique, est autorisé à la consommation et au culte. Les *shomrim* (en hébreu, « surveillants ») sont les seules personnes aptes à effectuer les diverses opérations suivant les instructions du producteur : mise en route du fouloir et de l'égrappoir, pressurage, tirage, filtration, prélèvement d'échantillons, ouverture et fermeture des cuves, contrôle des degrés alcooliques, etc. Et cela jusqu'à la mise en bouteilles ! Le personnel non juif ne pourra les manipuler qu'une fois que celles-ci seront hermétiquement bouchées.

Tout le matériel est « cachérisé » par des jets de vapeur : pompes, cuves, tuyauteries, pressoirs, matériel de mise en bouteilles ; et cela toujours avec un soin extrême pour éliminer toute impureté. Les cuves de stockage auront été purifiées par trois bains successifs d'eau froide de vingt-quatre heures chacun. Quant au collage[1], il sera effectué de préférence avec de l'albu-

1. Introduction d'une substance collante dans le vin afin de le clarifier et de le rendre limpide.

mine, car la colle de poisson peut être fabriquée à partir d'espèces sans écailles interdites dans le judaïsme [102]).

Sur chaque bouteille, la mention « casher » est notée sur le bouchon, l'étiquette, la capsule et la collerette. Ces différents éléments, apposés par les *shomrim*, certifient que le vin est strictement casher. Ces mêmes procédés sont observés pour tous les alcools (champagne, anisette, etc.).

105. Sous quelle impulsion les chrétiens ont-ils aboli l'observance des interdits alimentaires ?

Lors du premier concile de Jérusalem [23], l'Église chrétienne s'oppose au respect de tout interdit alimentaire édicté par l'Ancien Testament, conformément aux paroles de Jésus : « Écoutez et comprenez. Ce n'est pas ce qui entre dans la bouche qui rend l'homme impur, mais ce qui sort de sa bouche, voilà ce qui rend l'homme impur » (Matthieu 15, 10-11). Il conseillait aux païens et aux juifs convertis à la Nouvelle Alliance [5] une meilleure entente au sein de la communauté (prudence dans les paroles et les actes) plutôt qu'un respect strict de la Loi de l'Ancien Testament [10].

Les Actes des Apôtres [11] nous confirment l'abolition des interdits alimentaires par Dieu le Père en nous rapportant un après-midi de la vie de saint Pierre :

> « Le lendemain, comme ils étaient en route et approchaient de la ville, Pierre monta sur la terrasse, vers

la sixième heure, pour prier. Or il eut faim et voulut manger. Pendant qu'on préparait son repas, il tomba en extase. Il vit le ciel ouvert et un objet en descendre, une sorte de grande nappe, retenue par les quatre coins et s'abaissant vers la terre. Il y avait dedans tous les quadrupèdes et les reptiles de la terre et les oiseaux du ciel. Une voix lui dit : "Debout, Pierre, tue et mange." Pierre répondit : "Certainement pas, Seigneur, car je n'ai jamais rien mangé de souillé ni d'impur." Mais la voix s'adressa de nouveau à lui : "Ce que Dieu a déclaré pur, ne l'appelle plus souillé." Cela se répéta jusqu'à trois fois, et aussitôt après, l'objet fut remporté au ciel » (Actes des Apôtres 10, 9-16).

Dans son Épître aux Galates, saint Paul nous conseille non pas de suivre des interdits alimentaires stricts, mais de « marche[r] selon l'Esprit » (Saint) [25], cela pour ne pas succomber aux « désirs de la chair [...] ». Car « si vous êtes conduits par l'Esprit, vous n'êtes point sous la Loi » [de l'Ancien Testament] (5, 16-18). C'est dans sa première Épître aux Corinthiens que l'on trouve clairement exposée l'attitude à observer : « Tout ce qui se vend au marché, mangez-le sans poser de question par motif de conscience ; car la terre est au Seigneur, et tout ce qui la remplit » (10, 25-26). En effet, « tout ce que Dieu a créé est bon et aucun aliment n'est à proscrire, si on le prend avec action de grâces » (1 Timothée 4, 4).

Quant aux protestants, ils ont violemment réagi contre la réglementation de l'alimentation dès le XVIe siècle, refusant de se mortifier par ce biais pour acheter la grâce divine ; de distinguer les jours gras des jours maigres, les jours de fête des jours de jeûne, tout ce qui allait à l'encontre des préceptes de saint Paul sur l'observance des temps (Galates 4, 10-11) ; d'observer des jeûnes à des moments particuliers de l'année liturgique ; de s'abstenir de viande et de graisses animales les vendredis [106] et pendant le carême [68], toutes les nourritures étant pures aux yeux du divin tous les mois de l'année. À leur manière, ils respectaient le Psaume repris, comme nous l'avons vu plus haut, par saint Paul dans sa lettre aux Corinthiens (10, 25-26).

Néanmoins, pour tous les chrétiens, « le règne de Dieu n'est pas affaire de nourriture ou de boisson, il est justice, paix et joie dans l'Esprit-Saint » (Épître aux Romains 14, 17).

106. Quelle est l'origine de l'abstinence de viande le vendredi dans le catholicisme et l'orthodoxie ?

Selon une tradition populaire, les catholiques devraient s'abstenir de manger de la viande le vendredi en regard de la multiplication des pains et des poissons effectuée par Jésus pour nourrir les disciples venus l'écouter sur les bords du lac de Tibériade – même si jamais aucune preuve n'est venue confirmer que ce miracle eut lieu un vendredi.

L'origine de cette recommandation voulait être un rappel des souffrances et de la mort de Jésus le vendredi de la Passion [5]. En commémoration de ces tragiques événements, les catholiques mangent du poisson, les juifs nouvellement convertis au christianisme suivant ce rite de deuil [146] toujours en vigueur de nos jours. Les mets festifs n'ont pas leur place sur les tables un jour d'affliction. Il y a quelques années, ce conseil résonnait tant comme un ordre chez les fidèles de France que toutes les boucheries restaient closes tous les vendredis de l'année.

« Mais la définition théologique n'est pas la classification zoologique. Est considérée comme poisson toute bête qui fréquente la mer ou les cours d'eau. Il est donc autorisé de manger du canard le vendredi, à condition qu'il soit sauvage[1]. »

De nos jours, si le jeûne est suivi strictement par les orthodoxes et les catholiques de rite oriental, les catholiques[2] de plus de 14 ans ne mangent pas de viande le mercredi des Cendres, les vendredis du carême et le vendredi saint [69]. Les autres vendredis de l'année, l'abstinence n'est plus obligatoire. Nombre de fidèles y restent très attachés.

Cette pénitence se doit d'être accompagnée par des actions fraternelles individuelles ou collectives. Sans elles, elles n'auraient aucun sens spirituel.

107. Pourquoi les chrétiens ont-ils choisi le poisson pour emblème ?

Symbole de vie et d'abondance, les premiers chrétiens prirent pour emblème le poisson. Plusieurs siècles plus tard, ils choisiront la croix [14].

1. François Lebrette et François Guénet, *Fêtes et célébrations religieuses d'antan*, *op. cit.*

2. D'après la constitution apostolique *Poenitemini* du pape Paul VI (1966).

Entre-temps, ils utilisèrent le mot *Ichthus* (en grec, « poisson »), idéogramme[1] de la formule *Iesous Christos Theou Huios Sôter* (« Jésus-Christ [5], Fils de Dieu, Sauveur »), en souvenir des paroles de Jésus à ses futurs disciples Pierre et André : « Venez à ma suite et je vous ferai pêcheurs d'hommes » (Matthieu 4, 19).

Il est vrai qu'avant d'être des pêcheurs d'âmes [112], ils furent de véritables pêcheurs : « Le poisson figure [...] la multitude des chrétiens et l'ensemble de l'humanité, dans lesquels Jésus puis les apôtres jettent leurs filets[2]. » Sans doute le poisson a-t-il été l'emblème de reconnaissance des chrétiens au temps des persécutions romaines.

Cet animal aquatique a la particularité de garder les yeux ouverts, qu'il soit mort ou vivant. Ainsi, il ne laisse jamais prise à la malveillance. Dans les pays méditerranéens, il n'est pas rare qu'hommes et femmes portent des poissons en pendentifs pour éloigner d'eux le mauvais œil [91].

108. À quelle date la coutume de distribuer des œufs en chocolat à Pâques est-elle apparue ?

Pendant le Ier millénaire, la consommation d'œufs[3] était interdite pendant le carême [69]. Symboles de

1. On le retrouve souvent gravé sur les monuments funéraires chrétiens.

2. Pierre Norma, *Dictionnaire encyclopédique de la Bible*, *op. cit.* Notons que le filet représente également l'action divine ramenant les hommes à la lumière.

3. Mais aussi de viande, de fromage et autres produits laitiers, et d'alcool.

fécondité, de fertilité et de lumière, les œufs figurent plus encore la résurrection de Jésus-Christ [5]. D'ailleurs, la tradition a encouragé leur consommation le jour de sa rupture, le dimanche de Pâques [58].

La coutume de distribuer de véritables œufs aux enfants sages « serait née en Alsace vers la fin du XVe siècle, d'où elle se serait répandue dans toute l'Europe, jusqu'en Grèce et en Russie[1] ». C'est en Allemagne qu'est née l'idée de les suspendre aux branches des arbres. Quant à celle de les dissimuler dans les jardins, elle fut largement inspirée par la tradition juive suivant laquelle, la veille de la Pâque [57], les enfants sèment des morceaux de pain dans la maison pour que leur père les cherche dès la tombée de la nuit, à la lueur d'une bougie.

Alors que les pays d'Europe centrale ont conservé la tradition de peindre des œufs et de se les échanger après la messe du dimanche de Pâques sur le parvis des églises, la France a adopté les œufs en chocolat depuis un siècle environ. De nos jours, cette allégorie chrétienne est déclinée à foison pour le plaisir des gourmands :

• la poule, sans qui l'œuf n'existerait pas – et *vice versa* !

• le poisson, symbole des premiers chrétiens avant la croix [14] ;

• le lièvre – une légende alsacienne du XVIe siècle mentionne que ce petit animal si fécond aurait pondu des œufs de Pâques ;

---

1. Éloïse Mozzani, *Le Livre des superstitions. Mythes, croyances et légendes*, éd. Robert Laffont, coll. « Bouquins », 1998.

• les cloches : selon une légende du XIIe siècle, parties à Rome le jeudi saint, elles en reviennent en semant des œufs dans les jardins le matin du dimanche de Pâques. S'explique ainsi leur silence pendant ces quatre jours de célébrations…

Tous ces animaux mis à l'honneur au début du printemps figurent la renaissance de la vie au début de la belle saison. Bien évidemment, ces friandises devraient être dégustées après la messe du dimanche de Pâques, jamais avant. Du moins si l'on veut voir en elles le symbole de la résurrection de Jésus.

109. Pourquoi les musulmans s'abstiennent-ils de manger de la viande de porc et de cheval ?

« Illicites ont été déclarés pour vous la chair de la bête morte, le sang, la chair du porc et de ce qui a été consacré à un autre qu'Allah, la chair de la bête étouffée, de la bête tombée sous des coups, de la bête morte d'une chute ou d'un coup de corne, la chair de ce que les fauves ont dévoré – sauf si vous l'avez purifiée –, la chair de ce qui est égorgé devant les pierres dressées » (Coran 5, 3).

Dans le Coran, à plusieurs reprises, Dieu interdit, entre autres, la consommation de « la chair du porc » sans expliquer le fondement de cette prescription. Il le qualifie même de « souillure immonde ». Au fil des traditions, les hommes ont recherché son origine. En vain.

Selon une légende arabe, après plusieurs jours de voyage, les passagers de l'Arche de Noé ne supportent plus l'affreuse puanteur se dégageant des ordures et des excréments accumulés dans l'embarcation. Favorable à leurs supplications, Dieu intervient. Il passe sa main sur le dos de l'éléphant et de l'anus du pachyderme naît le goret. À peine a-t-il vu le jour qu'il dévore les immondices jonchant le sol. Depuis, tout ce qui provient de cet animal est prohibé.

Au-delà des croyances populaires, on relève des faits prétendument historiques, mais nullement référencés, ni dans le Coran ni dans la Sunna [12]. Ils relèvent donc de la légende : les premiers temps, le prophète Mohammad autorise les musulmans à se nourrir de porc. Un jour, une partie de l'animal rend malade la communauté. Le Prophète décide qu'ils s'abstiendront de s'en nourrir, le reste étant toujours autorisé. Nul ne sait aujourd'hui quelle partie fut déclarée illicite, une des générations ayant omis de passer l'information à la suivante. Pour ne pas transgresser l'interdit décrété par Mohammad, les musulmans s'abstiennent de manger de la viande porcine.

À l'interdiction du porc s'ajoute celle de la viande chevaline pour tout musulman. Plus exactement, il est déconseillé d'en consommer. Pourquoi ?

C'est la jument El-Bourak qui permit à Mohammad d'effectuer un voyage nocturne (*isra'*) [79]. Sa monture le transporta de Médine jusqu'à Jérusalem. Arrivée au dôme du Rocher, elle s'envola, traversa les sept cieux où Mohammad rencontra les prophètes (Adam, Noé, Abraham [3], Moïse [4], David, Salomon et Jésus [5]), avant d'arriver devant le trône de Dieu (huitième ciel). Par Lui, il prit connaissance des obligations relatives à la prière [38, 43, 47] qu'il devait ordonner à son peuple et des comportements éthiques des musulmans. En souvenir d'El-Bourak, ceux-ci s'abstiennent de se nourrir de viande chevaline.

Si la chair des ânes et des mulets a aussi été prohibée[1], c'est dans le dessein de faciliter l'essor économique et social par leur louable contribution aux travaux des champs et au transport des personnes et des marchandises. Mais les avis des différents courants sont partagés sur ce point.

En revanche, la consommation de la chair des ovins, bovins[2] et chameaux[3] est autorisée par le Coran.

110. Existe-t-il un interdit pour les musulmans vis-à-vis des poissons ?

Selon les paroles du prophète Mohammad, l'eau de mer est pure et bonne pour les ablutions à effectuer avant la prière rituelle [43].

Quant au poisson, qu'il provienne des mers ou des rivières, il est licite à la consommation : « Licites ont

1. « Il a créé le cheval, le mulet, l'âne pour que vous les montiez et comme apparat » (Coran 16, 8).

2. « Il a mis pour vous, en vos troupeaux, portage et vêture. Mangez de ce qu'Allah vous a attribué » (Coran 6, 143).

3. « Les chameaux ont, par Lui, été créés pour vous. Pour vous s'y trouvent vêture et utilités et nourriture dont vous mangez » (Coran 16, 5). Certaines écoles prescrivent de refaire ses petites ablutions avant la prière après avoir mangé de la viande de chameau. Sans doute en raison de son odeur tenace.

été déclarés pour vous le gibier de la mer et la nourriture qui s'y trouve : jouissance pour vous et pour les voyageurs » (Coran 5, 96). Si les chiites [24] s'autorisent seulement les poissons à écailles, il n'en est pas de même pour les sunnites. En revanche, aucune règle rituelle n'est édictée vis-à-vis de la pêche par les uns et les autres.

Selon la tradition populaire, rêver que l'on mange du poisson est de bon augure et source de prospérité. D'ailleurs, inscrit au menu d'un repas de mariage [114-116], il est un gage de fécondité pour les jeunes époux en Inde comme au Maghreb.

Quant aux fruits de mer, coquillages et crustacés, tous les musulmans peuvent en consommer, sauf certaines écoles sunnites qui les proscrivent.

111. Quelle sorte d'interdit frappe les boissons alcoolisées dans l'islam ?

Le Coran interdit strictement la consommation d'alcool au même titre que l'adoration des statues [36]. D'une recommandation, elle est devenue au fil de la Révélation coranique une stricte interdiction, comme le soulignent les versets suivants :

« Les Croyants t'interrogent sur les boissons fermentées et le jeu de hasard. Réponds-leur : “Dans les deux, sont pour les hommes un grand péché et des utilités, mais le péché qui est en eux est plus grand que leur utilité” » (2, 219).

« Ô vous qui croyez ! N'approchez point de la prière alors que vous êtes ivres, avant de savoir ce que vous dites ! » (4, 43).

« Ô vous qui croyez ! Les boissons fermentées, le jeu de hasard[1], les pierres dressées et les flèches divinatoires sont seulement une souillure procédant de l'œuvre du Démon. Évitez-la ! Peut-être serez-vous bienheureux » (5, 90).

Pourquoi ? Selon un hadith, « l'alcool est la mère de tous les vices et la cause de tous les malheurs ». Ce breuvage, il est vrai, peut influer malencontreusement sur les actes et la conscience du fidèle, dans sa vie quotidienne aussi bien que spirituelle. Il est donc par nature considéré impur. Enfreindre cette règle entraîne des conséquences pénales selon la loi musulmane. Il n'en est pas de même pour les autres règles alimentaires.

Aussi, des musulmans s'interdisent[2] de cultiver la vigne pour fabriquer du vin, de le commercialiser et de le servir à celui qui va le consommer. Pourtant le Maghreb, région dont la population est principalement musulmane, est riche en crus. Avant sa colonisation par les Français (1830), aucune vigne n'y était cultivée. Ce sont les colons qui arrachèrent les cultures de blé pour les remplacer par des pieds de vigne. L'Histoire ne nous dit pas pourquoi, depuis l'indépendance de l'Algérie (1962), les cultures antérieures n'ont pas été rétablies. Sans doute faut-il y voir des raisons économiques.

1. Où le gain d'argent est possible : casino, loterie, courses de chevaux, etc.

2. Il devrait en être de même pour tout ce qui porte atteinte à la santé de l'homme : tabac, drogue, etc.

L'interdiction de consommer de l'alcool s'étend à la drogue et au tabac. Tous ces excitants détériorent la santé du fidèle et entraînent sa dépendance. Ils sont strictement proscrits. Il en est de même des jeux du hasard.

Chapitre VI

La vie à deux

112. Les hommes auraient une âme. Et les femmes[1] ?

Dans le judaïsme, Dieu insuffle le souffle de vie (en hébreu, *ruah*) – à l'homme comme à la femme – dès sa création : « L'Éternel Dieu forma l'homme de la poussière de la terre, il souffla dans ses narines un souffle de vie et l'homme devint un être vivant » (Genèse 2, 7). Il en est de même dans l'islam et dans le christianisme. Ce souffle de vie se compose d'une âme et d'un corps – selon les rabbins, « l'âme humaine vient du ciel, le corps vient de la terre » (Sifré Deutéronome 306, 132a) –, inaliénables l'une et l'autre pendant leur séjour terrestre, et cela indépendamment de leur composition chromosomique qui les fait soit homme (XY), soit femme (XX).

1. D'après Olivia Cattan et Isabelle Lévy, *La Femme, la République et le bon Dieu*, Presses de la Renaissance, 2008.

Mais qu'en est-il de l'Église catholique ? A-t-elle effectivement osé affirmer en des temps anciens que la femme n'avait pas d'âme, faisant ainsi un véritable affront à la moitié de l'humanité dont dépend la naissance de l'autre ? D'ailleurs, les évêques de l'Église universelle ont-ils seulement entrepris de s'interroger sur ce point ? Rappelons les faits tels qu'ils se sont déroulés, et tordons le cou une dernière fois à cette légende populaire inopportune.

En l'an 585 se tint le concile de Mâcon [23]. Dans son *Histoire des Francs*[1], l'évêque Grégoire de Tours raconte la méprise d'origine purement linguistique : « Il y eut dans ce concile un évêque qui disait que les femmes ne pouvaient être appelées *homo* (homme). Cependant, il se tint tranquille lorsque les évêques lui eurent fait entendre raison, en citant le passage de l'Ancien Testament, qui dit qu'au commencement, quand Dieu créa l'être humain, il le créa mâle et femelle, et lui donna le nom d'Adam[2], ce qui veut dire homme de terre, appelant ainsi du même nom d'*homo* la femme et l'homme. D'ailleurs, notre Seigneur Jésus-Christ [5] est aussi appelé Fils de l'Homme, parce qu'il est né de la Sainte Vierge [26], qui est une femme. » Il s'agit donc d'une simple question de vocabulaire, et non d'une tergiversation sur le fait de reconnaître ou non une âme à la femme. D'ailleurs Jacqueline Picoche, professeur émérite à l'Université de Picardie, nous apporte quelques précisions sur cette vaine polé-

1. Paleo éd., 2001.
2. Genèse 5, 2.

mique[1] : « Ce qui s'est passé, c'est une brève discussion linguistique en marge des sessions. Ce concile réunissait des évêques qui n'étaient pas tous de fins lettrés et ne lisaient pas tous les jours Virgile et Cicéron. Comme il était question de l'âme de *homo*, l'un d'eux demanda : "Et *femina*, alors, elle n'a pas d'âme ? — Bien sûr que si, lui répondirent ses collègues plus cultivés. Le mot *homo* réunit en lui ce qu'on appelait jadis *vir* et aussi *femina*. Même les petits enfants au berceau d'un sexe ou de l'autre relèvent de la dénomination *homo* et sois bien sûr que tous ces gens-là ont une âme !" C'est le *Dictionnaire historique et critique*[2] du protestant Pierre Bayle qui est à l'origine de la légende d'un concile s'interrogeant sur l'existence ou non d'une âme chez les femmes, comme l'a montré Emmeline Aubert dans une communication au colloque "La Religion et les femmes[3]". »

La femme serait donc l'égale de l'homme sous le regard de Dieu. Assurément, elle aurait un corps et une âme comme toute créature. Si l'existence du premier est éphémère, la seconde est immortelle. Donc aucune inégalité de fait n'est à souligner dans la Bible. Pour l'islam, l'homme et la femme sont égaux ; sur le plan biologique, ils sont complémentaires.

1. Lettre du 19 novembre 2003 adressée à l'auteur.
2. Rédigé entre 1695 et 1697.
3. « La femme a-t-elle une âme ? Histoire d'un mythe, du concile de Mâcon à nos jours », in *La Religion et les femmes*, actes du colloque réunis par Gérard Cholvy, Centre régional d'histoire des mentalités, Université Paul-Valéry, Montpellier III, 2002.

Quant à savoir si la femme a un esprit, Descartes affirmait : « L'esprit n'a pas de sexe. » Espérons que nul n'en doute de nos jours.

113. Quelle valeur les religions monothéistes attachent-elles à la virginité ?

Véritable symbole de pureté et d'innocence, la virginité des jeunes filles doit être respectée jusqu'au soir des noces. Aussi la chasteté est-elle de rigueur pendant le célibat. Par conséquent, les relations sexuelles hors mariage sont strictement interdites par les trois religions monothéistes [1].

Aux temps bibliques, en cas de relations sexuelles hors mariage d'un homme avec une femme fiancée avec un autre, tous deux étaient exécutés par lapidation : « Si une jeune fille vierge est fiancée, et qu'un homme la rencontre dans la ville et couche avec elle, vous les amènerez tous deux à la porte de la ville, vous les lapiderez, et ils mourront, la jeune fille pour n'avoir pas crié dans la ville, et l'homme pour avoir déshonoré la femme de son prochain [8]. Tu ôteras ainsi le mal du milieu de toi » (Deutéronome 22, 21).

En revanche, « si un homme séduit une vierge qui n'est point fiancée et qu'il couche avec elle, il paiera sa dot [119] et la prendra pour femme. Si le père refuse de la lui accorder, il paiera en argent la valeur de la dot des vierges » (Exode 22, 16-18).

La tradition musulmane met au centre de ses attentions la virginité des jeunes filles, protégée tel un trésor par les parents et la fratrie tout entière. Dès les premiers signes de puberté, elles ne peuvent plus aller seules hors de leur domicile ; leurs échanges verbaux illicites et leurs rencontres de hasard sont observés de près par les frères et les voisins ; leurs moindres écarts sont rapportés à leurs parents afin qu'ils leur rappellent la vertu. Quant à la virginité des jeunes hommes, la tradition y est beaucoup moins attachée, même si « ceci n'est pas en accord avec l'islam recommandant la chasteté du jeune homme et la virginité de la jeune fille pour préserver les deux sexes de la fornication et de la débauche » (recteur Khalil Merroun).

Cela n'empêche aucunement ces messieurs d'exiger la rigoureuse « pureté » de leur future épouse. Selon la coutume, qui n'est pas en voie de disparition dans toutes les familles, mère et belle-mère se font un devoir d'examiner minutieusement le drap maculé après la nuit de noces. Aussi de futures mariées se font-elles reconstruire l'hymen pour l'occasion ! Le recteur Khalil Merroun qualifie cela d'« acte barbare qui dénature le sens de la religion face à la pudeur et au respect de la femme ».

De plus, et c'est à souligner, « la virginité n'est pas une condition au mariage ». Il est dit dans le Coran que si le marié découvre que la jeune épouse n'est pas vierge à son mariage et ne le divulgue à personne, Allah les enveloppera de sa protection. Néanmoins, épouser une vierge est une recommandation du Prophète.

La pratique du drap taché de sang a été abandonnée par le judaïsme et le christianisme, qui préfèrent tabler sur la confiance entre les deux fiancés. Cet usage est toutefois relaté dans le Deutéronome comme moyen de faire la preuve de la virginité de la jeune épousée lorsque celle-ci lui est contestée :

« Si un homme, ayant épousé une femme et cohabité avec elle, la prend en haine, invente contre elle des prétextes d'accusation et répand sur son compte un bruit calomnieux en disant : "Cette femme, je l'ai épousée, et en m'approchant d'elle, je ne l'ai point trouvée vierge", le père et la mère de la jeune femme se nantiront des preuves de sa virginité qu'ils produiront devant les anciens de la ville, au tribunal. Et le père de la jeune femme dira aux anciens : "J'avais donné ma fille pour épouse à cet homme, et il l'a prise en haine ; et maintenant il invente des prétextes d'accusation, disant : 'Je n'ai pas trouvé chez ta fille le signe de la virginité.' Or, voici la preuve de la virginité de ma fille !" Et ils déploieront le drap devant les anciens de la ville. Alors, les anciens de cette même ville se saisiront de l'homme et le châtieront » (22, 13-18).

En ces temps reculés, le drap était donc conservé précieusement par les parents de la jeune mariée au cas où, un jour, il leur serait nécessaire de prouver la virginité de leur fille le soir de ses noces. Heureusement, cette pratique n'a plus cours.

114. Le mariage est-il encouragé par les trois religions ?

Aucune religion n'encourage le célibat. L'islam considère « ceux qui vivent en célibataires comme étant de la pire espèce » ! Quant au christianisme, souvent l'on croit que Jésus a imposé aux prêtres [39] le célibat. Il n'en est rien [29].

Toutes les religions estiment le mariage [115-116] comme un gage d'épanouissement de l'homme et de la femme. Pourtant, dans le judaïsme, « c'est au jeune homme de chercher femme, car, explique le Midrash[1], si un objet a été perdu, qui ira à sa recherche, sinon son propriétaire ? Or Adam a perdu une côte, à lui de la retrouver. Si lui-même n'y parvient pas, ses parents, ses amis l'y aideront[2] ». Selon le *Zohar*, le mariage est « la redécouverte de deux âmes qui furent unies avant la naissance ».

Vénérée lorsqu'elle est épouse et mère de plusieurs enfants (particulièrement si ce sont des fils), la femme est considérée impure au moment des pertes sanguines (judaïsme, islam). Surtout, elle est désignée comme responsable du péché originel car, en plus de la sentence divine d'enfanter dans la douleur [124], Dieu ajouta : « La passion t'attirera vers ton époux, et lui te dominera » (Genèse 3, 16). Bien des hommes s'accommodent de ce verset. Pis encore, certains jugent la femme comme un être sans âme [112].

Si l'on peut convenir avec le rabbin Haïm Tordjman[3] que « l'homme et la femme sont différents par nature », on est agréablement surpris de la position du judaïsme :

> « [...] Adam a été créé à partir de la terre, d'une matière informe. Il est donc nécessaire à l'homme de fournir beaucoup d'efforts pour s'élever, d'où le nombre de commandements importants auxquels il

1. Premier livre de commentaires de la Torah.
2. Ernest Gugenheim, *Le Judaïsme dans la vie quotidienne*, *op. cit.*
3. *Mazal Tov', le premier guide de la cérémonie juive*, éd. Consistoire israélite de Paris, 1995-1996.

doit se soumettre. Ève a été créée à partir de l'homme, elle est donc moins attachée à la terre. Elle ne provient pas d'une matière brute, d'où cette sensibilité esthétique, d'où cette finesse, ce raffinement et cet esprit déductif que la femme possède. »

On pourrait conclure qu'au fil de ses créations Dieu a affiné son œuvre. L'être féminin en est la dernière touche.

Depuis ses origines, le judaïsme encourage le mariage – « L'Éternel Dieu dit : “Il n'est pas bon que l'homme soit seul ; je lui ferai une aide digne de lui” » (Genèse 2, 18) –, mais aussi la fidélité dans le couple.

À sa manière, le *Zohar Béréchit* nous explique l'amour entre deux êtres de sexe opposé :

> « Avant son apparition dans ce monde, chaque âme contient le masculin et le féminin unis dans une même création. Lorsque l'âme descend sur terre, les deux parties se séparent et pénètrent dans deux corps différents. Au moment du mariage, Dieu les réunit comme ils l'étaient à l'origine et de nouveau ils se retrouvent pour former un seul corps et une seule âme » (91, 2).

Les rabbins nous enseignent si besoin est que « l'amour que nous manifestons à l'égard de nos parents ne doit pas porter ombrage à notre couple ». Et *vice versa*, pourrions-nous ajouter, ceci afin de respecter le commandement divin d'honorer père et mère [8]. Pas question non plus de vivre en célibataire : « Quiconque vit seul vit sans bénédiction », enseignent les sages. D'ailleurs, « que fait le Saint, béni soit-il, depuis la Création ? Il forme des couples ! » (Tanhouma

Ki Tissa V). Mais les rabbins ne sont pas dupes quant aux difficultés de la vie à deux. Selon le rabbin Yohanan, « le mariage est plus difficile que l'ouverture de la mer Rouge » (TB Sanhédrin 22 a) !

La célébration du mariage peut avoir lieu dans une synagogue [33] ou en plein air, hormis les jours du *shabbat* [9] et de certaines fêtes. Sous le dais, les mariés sont unis. « L'époux s'engage vis-à-vis de sa femme à ne point la frustrer de sa nourriture, de son habillement, ni de son droit conjugal » (Exode 21, 10). En effet, même lorsque l'acte d'amour est dépourvu de toute finalité reproductrice (femme stérile, enceinte ou ménopausée), il est toujours considéré comme une bonne action dans le cadre marital. L'union physique des époux devient l'instrument de leur union spirituelle. « Celui qui honore sa femme s'enrichit », enseigne le Talmud.

Un proverbe yiddish affirme : « Dieu ne pouvait être partout à la fois, c'est pourquoi il a créé la mère juive ! » Si des textes du Moyen Âge précisent que la femme doit tenir son foyer afin de laisser son époux libre pour étudier les Écritures sacrées, ils ne sont plus suivis scrupuleusement par les juifs d'aujourd'hui. Certains ont aussi abandonné la coutume du *lévirat*[1] exigeant qu'un homme épouse la femme de son frère défunt qui n'a pas laissé de descendance.

Influencée par l'Ancien Testament, la morale chrétienne a pu donner l'impression de renforcer le devoir de soumission et de dévouement de la femme dans le cadre du mariage. Ainsi a été interprétée la phrase de

1. Elle est maintenue de nos jours en Anatolie (Turquie).

saint Paul : « Vous qui craignez le Christ, soumettez-vous les uns aux autres ; femmes, soyez soumises à vos maris comme à Dieu, car le mari est le chef de la femme tout comme le Christ est le chef de l'Église » (Éphésiens 5, 22-23). Mais dans le christianisme, le mariage est essentiellement le sacrement de l'amour reçu de Dieu et partagé entre les deux conjoints. Pendant onze siècles, il « ne se célébrait pas au cours d'une messe ; primitivement, il était célébré au domicile du *pater familias*, même si des bénédictions chrétiennes étaient prononcées. Puis les mariages eurent lieu devant l'église. Puis, enfin, à l'intérieur[1] ». Et cela jusqu'à nos jours.

Selon la Lettre encyclique[2] du pape Paul VI sur la transmission de la vie par les époux dans le cadre de leur vie conjugale[3] :

> « Le mariage n'est [...] pas l'effet du hasard ou un produit de l'évolution de forces naturelles inconscientes : c'est une sage institution du Créateur pour réaliser dans l'humanité son dessein d'amour. Par le moyen de la donation personnelle réciproque, qui leur est propre et exclusive, les époux tendent à la communion de leurs êtres en vue d'un mutuel perfectionnement personnel pour collaborer avec Dieu à la génération et à l'éducation de nouvelles vies. De plus, pour les baptisés, le mariage revêt la dignité de

1. Olivier Florant, *Ne gâchez pas votre plaisir, il est sacré*, Presses de la Renaissance, 2006.

2. Lettre du pape aux évêques du monde entier ; on la désigne par les premiers mots de la première phrase.

3. *Humanae vitae*, 25 juillet 1968.

signe sacramentel de la grâce, en tant qu'il représente l'union du Christ et de l'Église[1] [35]. [...] C'est avant tout un amour pleinement humain, c'est-à-dire à la fois sensible et spirituel. Ce n'est donc pas un simple transport d'instinct et de sentiment, mais aussi et surtout un acte de la volonté libre, destiné à se maintenir et à grandir à travers les joies et les douleurs de la vie quotidienne, de sorte que les époux deviennent un seul cœur et une seule âme et atteignent ensemble leur perfection humaine. C'est ensuite un amour total, c'est-à-dire une forme toute spéciale d'amitié personnelle, par laquelle les époux partagent généreusement toutes choses, sans réserves indues ni calculs égoïstes. [...] C'est encore un amour fidèle et exclusif jusqu'à la mort. [...] C'est enfin un amour fécond, qui ne s'épuise pas dans la communion entre époux, mais qui est destiné à se continuer en suscitant de nouvelles vies. »

Si le protestantisme ne reconnaît pas le mariage comme un sacrement [17], il en est autrement dans le rite orthodoxe. Les époux « sont couronnés de gloire et d'honneur » à la fin de la célébration liturgique par la couronne d'épines (celle de leur Maître et celle des martyrs).

Selon l'islam, il incombe aux hommes de prendre soin des femmes et de leur assurer leur entretien. Les femmes vertueuses sont celles qui invoquent Dieu et qui sauvegardent ce que Dieu a protégé. « Celles dont

1. Pour avoir dit que l'amour ne passait pas par les prêtres, Marguerite Posete comparut devant le tribunal de l'Inquisition de Paris et fut brûlée vive en 1310.

vous redoutez l'indocilité, faites-leur la morale, désertez leur couche, corrigez-les » (Coran 4, 38). Cependant, un hadith[1] du Prophète tempère ces propos : « Comment l'un de vous peut-il frapper son épouse comme on frappe un esclave, alors que le soir même il aura peut-être avec elle des rapports conjugaux ? » Par ailleurs, le Coran insiste dans divers versets sur l'amour et l'indulgence entre les époux.

L'islam recommande le mariage à tous (à l'exception de ceux qui s'avèrent incapables d'en assumer les devoirs). Selon le Prophète, « celui qui renonce au mariage par peur du poids de la famille ne fait pas partie des nôtres ».

Conformément au droit islamique, le mariage n'est pas un sacrement religieux, mais un contrat validé par les deux époux [116], un acte consacré par un imam et une assemblée de croyants. Il sera célébré à la mosquée [37] ou dans tout autre lieu, à la condition (qui n'est pas toujours respectée) du consentement exprès de la future épousée. Les époux, accompagnés de leurs tuteurs, lisent l'acte juridique de leur union puis récitent la première sourate (*Fatiha*) en conclusion de la cérémonie. Elle est suivie par de joyeuses festivités.

Lors de l'établissement du contrat de mariage, l'épouse a la possibilité d'imposer au mari une clause de monogamie [120]. Si elle prend cette précaution, l'époux ne pourra contracter un nouveau mariage qu'à la condition que son épouse soit gravement malade, stérile ou dans l'incapacité de respecter ses obligations maritales. Si le fait lui déplaît, elle pourra demander le divorce [117].

1. Hadith rapporté par Bukhârî et Muslim.

La loi islamique prévoit l'obligation d'une dot [119] que le prétendant s'engage à verser à sa future épouse. Elle en disposera comme bon lui semblera : « Et remettez aux femmes leur dot de bonne grâce. Si toutefois, elles vous en abandonnent une partie, de leur propre gré, disposez-en en toute sérénité et de bon cœur » (Coran 4, 3). Nul ne pourra en soustraire la moindre part par la contrainte (parents, tuteur, etc.). Le prophète Mohammad [7] dissuade chacun de la prétention d'une dot au montant exorbitant : « Les meilleures épouses sont celles au visage le plus gracieux et à la dot la plus mince. »

115. Religions et cérémonies nuptiales

Dans le judaïsme, la cérémonie du mariage est si sacrée qu'elle est appelée *kidouchin* (en hébreu, « sanctification »).

Les préparatifs du mariage sont marqués par diverses coutumes. Par exemple, pendant l'office du *shabbat* [9] précédant le mariage (ou faisant suite au mariage dans la tradition séfarade [21]), le fiancé (la fiancée dans les communautés libérales) est appelé à lire la Torah [10]. S'ensuit une bénédiction des fiancés. Par tradition, ils ne devront pas se revoir avant le jour « J ». Actuellement, cette coutume n'est pas respectée par tous.

La veille du mariage, la femme (et parfois l'homme) se rend au *mikvé* [83] (en hébreu, « bain rituel »).

Après que les proches se sont installés dans la synagogue[1] [33], les fiancés et leurs parents les suivent et vont se placer sous le dais nuptial (en hébreu, *houppa*),

1. Ou ailleurs : le divin est partout.

symbole de leur nouveau foyer. Non loin d'eux se tiennent les deux témoins des futurs mariés.

Le fiancé se revêtira de son *talith* (en hébreu, « châle de prière » [44]). Sa fiancée se tient à sa droite, pour respecter le verset du Cantique du Cantique : « Ta princesse se tient à droite. »

Au cours de la cérémonie sont célébrées les fiançailles, suivies du mariage. Aussi y aura-t-il deux bénédictions sur une coupe de vin [9].

Après le premier *Kiddouch*[1], le fiancé passe l'alliance[2] au doigt de sa fiancée en prononçant la formule consacrée : « Avec cette bague, tu m'es consacrée [en tant qu'épouse] selon la tradition de Moïse et d'Israël. » En l'acceptant, la fiancée devient son épouse. Il n'y a pas nécessairement échange d'anneaux entre les deux époux (sauf chez les libéraux). Auparavant, le '*Hathane* (en hébreu, « fiancé ») aura soulevé le voile de la *Kalla* (en hébreu, « choisie ») pour s'assurer qu'il n'y a pas eu substitution, à l'exemple de Laban qui avait amené Léa et non Rachel jusqu'à la tente de Jacob. Alors seul l'époux signe la *ketouba* (en hébreu, « contrat de mariage ») [116], contresignée par deux témoins. Ensuite, elle est lue à haute voix à l'assistance. Enfin, le marié enveloppe son épouse de son *talith* et le second *Kiddouch* est effectué. Au cours de la cérémonie nuptiale, sept bénédictions auront été prononcées.

---

1. « Béni sois-Tu, Éternel notre Dieu, Roi de l'univers, qui crées le fruit de la vigne. »
2. Un simple anneau, sans pierre ni gravure, car tous les hommes sont égaux devant le divin. Son cercle symbolise la perfection et la continuité de leur relation, sans heurt ni séparation.

À la fin des solennités, il est de coutume que l'époux casse un verre. Véritable rite de deuil en ce jour de joie, il rappelle à la communauté la destruction du Temple de Jérusalem et l'attente de sa reconstruction, préalable nécessaire à la venue du Messie [156]. À son bris, toute l'assemblée crie « *Mazal Tov* » (en hébreu, « bonne chance ! »). La cérémonie du mariage (comme beaucoup d'autres) doit se tenir en présence d'un *minyan* [40].

Selon certains usages, notamment ashkénazes, les futurs mariés jeûnent le jour de leur mariage pour se faire pardonner des fautes commises à l'orée de leur nouvelle vie. Aussi les jeunes mariés prennent-ils une collation après la cérémonie et profitent-ils du droit de s'isoler qui vient de leur être accordé. Suit une fête très conviviale où il est de bon ton que chacun se réjouisse, chante et danse avec les mariés et leurs familles.

Dans le catholicisme, le mariage est un sacrement [17]. À la différence du judaïsme et de l'islam, il n'est pas une obligation pour tous puisque certains fidèles, hommes et femmes, peuvent faire le choix de la virginité [113] et du célibat [29, 114].

« Le mariage ne doit exister qu'entre deux personnes, c'est-à-dire entre l'homme et la femme : des deux il se forme comme une seule chair, et le lien nuptial est, de par la volonté de Dieu, si intimement et si fortement noué qu'il n'est au pouvoir de personne de le délier ou de le rompre [117]. L'homme s'attachera à son épouse, et ils seront deux en une seule chair[1]. »

---

1. Pape Léon XIII (1810-1903), *Arcanum divinae*, lettre encyclique sur le mariage chrétien, 1880.

Pendant la préparation du mariage, les fiancés rencontrent quatre fois environ le prêtre célébrant sur une période de trois mois. Ensemble, ils aborderont les thèmes autour de la vie de couple. C'est aussi un temps de réflexion consacré au choix des textes et des chants qui composeront la célébration nuptiale, un temps de cheminement spirituel nécessaire avant la réception de l'un des sept sacrements [17] de l'Église catholique. Si tous deux sont catholiques, ils pourront demander une messe et la communion (eucharistie [41]). Si l'un est catholique, l'autre chrétien (voire d'une autre religion), ils pourront obtenir une bénédiction de leur union sans communion. Pour les Églises protestantes, si les deux fiancés sont chrétiens, le sacrement de la sainte Cène au cours de la cérémonie sera possible pour chacun d'entre eux.

Le mariage est généralement célébré dans la paroisse de la fiancée, le plus souvent un samedi, rarement un dimanche (sur autorisation de l'évêque [29]). Lors de la cérémonie seront lus trois passages des Écritures : l'un tiré de l'Ancien Testament, suivi d'un psaume chanté, le deuxième tiré d'une Épître du Nouveau Testament et enfin un extrait des Évangiles. Si ce dernier doit être lu obligatoirement par le prêtre ou le diacre, les deux précédents peuvent l'être par les proches. L'homélie faite par le prêtre ou le diacre précède l'échange des consentements des fiancés.

L'un après l'autre, chacun exprime son consentement, ses vœux et son engagement envers l'autre, d'égal à égale, face à Dieu. Suit la bénédiction de leur union par le prêtre, qui proclame son caractère indissoluble. Les mariés échangent leurs alliances : « Je te donne cette alliance, signe de notre amour et de notre fidélité. » Le couple devient mari et femme lors des consentements et non pas au moment de l'échange des alliances, car celles-ci ne sont que le symbole de leur union.

Le prêtre prononce la bénédiction nuptiale. Les époux récitent ensuite une prière de leur choix, voire de leur composition. Suivent une prière universelle (Notre-Père, par exemple), puis un chant pour la procession des dons et la prière sur les offrandes. Le pain et le vin sont alors consacrés. Ensuite vient le sacrement de l'eucharistie.

Parfois, les jeunes mariés confient leur amour à la Vierge Marie [26] : ils déposent un bouquet de fleurs au pied de sa statue en récitant un Ave Maria.

Les mariés et leurs témoins signent l'acte de mariage sur le registre. Suivent les félicitations de l'assistance, l'inévitable séance photos sur le parvis de l'église [35] et le banquet où famille et amis sont conviés.

Selon l'islam, le mariage est l'un des signes de la sollicitude de Dieu pour l'humanité. La cérémonie se déroule par tradition deux heures après le coucher du soleil[1], le plus souvent au domicile de l'épousée, parfois dans l'enceinte de la mosquée [37]. La remise de la dot [119] aura précédé sa célébration. Celle-ci ne peut se tenir pendant la période du pèlerinage à La Mecque [49].

Sont interdits un trop grand écart de condition sociale, et, pour la femme musulmane, un conjoint d'une autre appartenance religieuse [118]... En cas de mariage polygame [120], il est prohibé d'épouser la sœur d'une de ses femmes (sauf après divorce ou décès

1. De préférence un jeudi : le Prophète se serait marié ce même jour.

de celle-ci). Quant aux fiancés, ils ne doivent avoir aucun lien par le sang (pour éviter les mariages consanguins) ou le lait (inceste prohibé [133]). Concernant l'âge, la seule condition requise est que les époux aient atteint celui de la puberté.

Assistés par deux témoins[1], les jeunes époux se tiennent auprès de l'imam. La jeune fille est représentée par son tuteur matrimonial (en arabe, *wali*), en général son père, son frère ou son oncle. Elle a la possibilité de ne pas assister à son propre mariage et d'être représentée par son seul tuteur qui doit agir selon la volonté de la mariée. Dans le cas d'une fille vierge, par pudeur, son silence vaut approbation. En revanche, une femme divorcée ou une veuve n'est pas obligatoirement représentée par un tiers.

Aucune femme ne peut être donnée en mariage sans que son consentement ait été clairement exprimé au préalable. Il ne doit en aucune façon être suggéré ou sous-entendu.

Si le mariage se tient contre son gré, il sera considéré comme nul. S'il n'a pas été consommé, la dot sera rendue en totalité et le mariage annulé.

L'imam fait un discours à l'intention des futurs époux et de la famille rappelant l'importance de leur bonne entente et du respect des valeurs musulmanes dans leur couple. La récitation de la première sourate du Coran, la *Fatiha*, clôt la cérémonie.

S'ensuivra une grande fête où la famille et les amis seront invités. Elle pourra durer plusieurs jours dans une abondance de mets, de chants et de danses.

1. Ils doivent être pubères, musulmans, masculins et sains d'esprit.

116. Le mariage sous contrat divin

Si le mariage est sacrement dans le catholicisme et l'orthodoxie, il n'est pas reconnu comme tel dans le protestantisme : la bénédiction de Dieu est invoquée sur le couple et son projet de vie commune. Les deux conjoints apposent leur signature sur le registre du lieu de culte.

En revanche, dans le judaïsme comme dans l'islam, le mariage n'est pas un sacrement, mais un contrat consacré par des témoins sous le regard de Dieu.

Dans le judaïsme, la *ketouba* (en hébreu, « acte de mariage ») est établie en araméen avec le fiancé par le rabbin qui présidera la prochaine cérémonie nuptiale. La présence de la femme n'est pas proscrite. Y sont notés, entre autres, les engagements d'ordre matériel et moral assumés par le marié à l'égard de son épouse, notamment l'établissement d'une dot [119] et contre-dot, en cas de dissolution du mariage par divorce [117] ou décès de l'époux. Elle sera signée par le rabbin, le marié[1] et les deux témoins, soit avant la cérémonie, soit sous le dais nuptial [115]. Elle sera lue au cours de la cérémonie par le rabbin devant toute l'assemblée réunie.

La *ketouba* sera conservée précieusement par les époux dans l'enceinte de leur foyer. Elle leur sera exigée pour la circoncision de leur petit garçon [134] ou le mariage de leurs enfants, voire du divorce du couple. Ce document prouve leur judéité, car leurs propres

1. Dans le judaïsme libéral, par les deux époux s'engageant mutuellement l'un vers l'autre.

parents respectifs ont chacun dû présenter les *ketouba* de leurs parents pour se marier (ou leur certificat de conversion). Si ce document a de nos jours une valeur strictement religieuse dans tous les pays du monde, il a en outre une valeur civile en Israël.

Conformément au droit islamique, le contrat de mariage est établi par le juge (en arabe, *cadi*) et les deux fiancés (parfois le père de la fiancée remplace sa fille) quelques jours avant la cérémonie, ou la veille. Les conditions de vie ou les exigences de l'un ou de l'autre peuvent être notées par le juge après accord mutuel du couple : lieu de vie, exercice professionnel, monogamie ou polygamie [120], etc. Si l'option de la monogamie est retenue, l'époux pourra contracter un nouveau mariage à la seule condition que son épouse soit gravement malade, stérile ou dans l'incapacité de respecter ses obligations maritales. Si le fait lui déplaît, elle pourra demander le divorce [117].

117. Le divorce est-il accepté par les trois religions monothéistes ?

Selon l'Ancien Testament, l'homme peut répudier son épouse lorsqu'il a trouvé en elle quelque chose qui lui faisait honte :

> « Lorsqu'un homme aura pris et épousé une femme qui viendrait à ne pas trouver grâce à ses yeux, parce qu'il a découvert en elle quelque chose de honteux, il écrira pour elle une lettre de divorce, et, après la lui avoir remise en main, il la renverra de sa maison » (Deutéronome 24, 1).

En revanche, selon le Talmud, « les pierres de l'autel [du Temple de Jérusalem] elles-mêmes pleurent si un mari répudie la femme de sa jeunesse sans motif grave ».

De nos jours, le divorce reste autorisé par le judaïsme pour dissoudre une union malheureuse. Il peut être sollicité par l'homme ou la femme. Mais le Talmud autorise un homme à répudier sa femme après dix ans de mariage si aucun enfant n'est né de leur union pendant ce laps de temps.

Quand la réconciliation est impossible, après le divorce civil édicté par les autorités compétentes, un scribe (en hébreu, *sofer*) rédige un acte de divorce (en hébreu, *guet*) en trois exemplaires manuscrits, devant un tribunal rabbinique (trois juges et deux témoins). L'un sera conservé par le tribunal, les deux autres remis à chaque partie. Il sera exigé d'elles dans le cadre d'un nouveau mariage religieux, toujours autorisé. La femme devra patienter trois mois avant de pouvoir se remarier, cela afin de s'assurer de son état de grossesse ou de non-grossesse à la date de sa séparation. L'homme pourra prendre une nouvelle épouse après le temps calendaire de trois fêtes religieuses.

Depuis ses origines, l'Église chrétienne s'est formellement opposée au divorce, l'Évangile de Matthieu en témoigne :

> « Les pharisiens l'abordèrent pour lui tendre un piège ; ils lui dirent : “Est-il permis de renvoyer sa femme pour n'importe quel motif ?” Il répondit : “N'avez-vous pas lu qu'au commencement le Créateur les fit mâle et femelle et qu'il a dit : ‘Pour cette

raison, l'homme se détachera de son père et de sa mère pour s'attacher à sa femme, et les deux deviendront un seul être' ? Ainsi, ils ne sont plus deux, mais un seul. Donc, ce que Dieu a uni, l'homme ne le sépare pas" » (19, 3-6).

Selon les catholiques, le mariage est l'engagement d'un couple devant Dieu pour la vie entière. Par leur union sacrée, leur amour devient « le signe de l'amour indéfectible de Dieu pour l'humanité et du Christ pour son Église » (Paul VI). La fidélité entre les époux est prônée :

> « Vous avez entendu qu'il a été dit aux anciens : "Tu ne commettras pas d'adultère." Et moi, je vous dis que quiconque regarde une femme avec convoitise a déjà commis dans son cœur l'adultère avec elle » (Matthieu 5, 27-28).

À l'inverse de ce qu'autorise le judaïsme, le remariage est refusé aux divorcés catholiques[1]. Néanmoins, l'Église se réserve la possibilité d'annuler un mariage à la demande des époux, après passage devant un tribunal ecclésiastique[2]. Les causes retenues : immaturité affective de l'un ou des deux conjoints, impuissance, homosexualité [121], refus d'avoir des enfants ou de la vie conjugale. Le jugement est rendu après enquête auprès des proches. Les informations recueillies resteront confidentielles. Aucun jugement sur les biens matériels et la garde

1. L'Église accorde les sacrements aux divorcés non remariés et ne vivant pas en concubinage.

2. Il en existe douze en France.

des enfants ne sera rendu. Bien évidemment, si le mariage est déclaré nul, les enfants issus de cette union n'en seront pas pour autant considérés comme illégitimes. Si la dissolution du mariage est prononcée, un certificat est remis à chaque partenaire, il leur permettra de se remarier ultérieurement devant l'Église. En cas de refus, les époux pourront se pourvoir auprès du tribunal du Vatican [23]. Seront strictement de son premier ressort les demandes d'annulation de mariage sollicitées par les rois, les princes et les hautes autorités, pour éviter que les évêques subissent d'éventuelles pressions pour se ranger aux volontés des uns ou des autres.

L'Église orthodoxe déclare le mariage indissoluble, mais accepte le divorce comme un moindre mal. Elle consent dès lors à donner les sacrements aux divorcés et à leur remariage, après prononciation de leur divorce respectif par le tribunal ecclésiastique.

Dans le protestantisme, le mariage n'est pas considéré comme un sacrement. La bénédiction de Dieu est invoquée sur le couple et sur son projet de vie commune. En cas d'échec, les protestants reconnaissent la possibilité de divorcer sans pour autant exclure les fidèles de la sainte Cène. Une bénédiction pourra avoir lieu à l'occasion d'un nouveau mariage.

Comme le judaïsme, l'islam reconnaît la prédestination des époux : « Et parmi ses Signes, il a créé un compagnon pour vous parmi les vôtres, afin que vous puissiez vivre en tranquillité avec eux, et il a mis l'amour et la miséricorde entre vos cœurs » (Coran 30, 20). Et il autorise le divorce, même s'il le réprouve :

« Il n'est rien parmi les choses licites que Dieu déteste plus que le divorce[1]. »

Une épouse peut en faire la demande si son mari la maltraite, ou s'il est impuissant, débauché, qu'il souffre d'une maladie chronique ou mentale, qu'il l'abandonne ou se convertit à une autre religion. Normalement, elle pourra conserver le bénéfice de sa dot [119].

De multiples procédures destinées à ralentir ou à éviter la séparation des époux sont prévues avant qu'elle soit définitivement avalisée par les tribunaux compétents (*oulémas*).

Après un divorce, le plus souvent, la femme ne se remarie pas[2] ni ne vit en concubinage, afin de ne pas être déchue du droit de garde de ses enfants (si elle est de religion musulmane), jusqu'à la puberté de ses fils ou jusqu'au mariage de ses filles. À l'âge pubère, le garçon pourra choisir de vivre auprès de son père ou de sa mère. La femme divorcée habitera à une distance permettant au père d'exercer son droit de surveillance et de visite. Par le droit islamique, ce dernier reste tenu de verser une pension alimentaire pour ses enfants et de veiller à leur bonne éducation.

« Les femmes divorcées laisseront écouler le temps de trois menstrues avant de se remarier. Elles ne doivent point cacher ce que Dieu a créé dans leur sein, si elles croient en Dieu et au jour dernier. Il est plus équitable que les maris les reprennent quand elles sont dans cet état, s'ils désirent la paix » (Coran 2, 228).

En cas de répudiation (et non de divorce), le Coran accorde à l'homme un délai de réflexion pour revenir

1. Hadith rapporté par Abû Dâwud.
2. Usage populaire non dicté par le droit islamique.

sur sa décision : « Ceux qui font vœu de s'abstenir de leurs femmes auront un délai de trois mois. Si pendant ce temps-là ils reviennent à elles, Dieu est indulgent et miséricordieux » (2, 226).

Le divorce sera prononcé définitivement après trois répudiations successives (Coran 2, 229). Il pourra y avoir remariage avec la même femme si entre-temps celle-ci s'est remariée avec un autre homme qui l'aura lui-même répudiée (de manière naturelle et non par ruse). Dans tous les cas, la loi coranique recommande au mari d'éviter de maltraiter ou de mépriser son épouse (Coran 2, 230) et *vice versa*. Si elle est en cours d'allaitement de leur dernier enfant, il sera tenu de lui verser un salaire jusqu'au terme des deux années [133].

118. Les religions face aux couples mixtes[1]

Pour les juifs

Selon le judaïsme, quarante jours avant la conception de l'embryon, une voix céleste proclame à qui il est destiné par le mariage. Lorsque l'âme [112] d'un homme descend pour la première fois en ce monde, l'âme sœur de sa compagne (en hébreu, *zivoug*) le suit. Se marier, c'est retrouver « sa moitié ».

Les âmes du peuple d'Israël et celles des autres peuples ne se trouveraient pas dans le même réservoir[2]. Les rabbins en concluent : un partenaire non juif ne

1. Extraits de Isabelle Lévy, *Vivre en couple mixte. Quand les religions s'emmêlent..., op. cit.*
2. Selon l'Avoda Zara 5a.

pouvant pas être l'âme sœur d'un juif, l'ultime complétude des deux partenaires ne pourrait jamais être atteinte. Cela est fort regrettable pour l'un et l'autre. On peut donc en conclure : le judaïsme s'oppose au mariage mixte. Aucune cocélébration aux côtés d'un autre référent religieux, ni bénédiction de cette union n'est possible. Le Deutéronome le confirme : « Tu ne contracteras point de mariage avec ces peuples, tu ne donneras point tes filles à leurs fils, et tu ne prendras point leurs filles pour tes fils ; car ils détourneraient de moi tes fils, qui serviraient d'autres dieux, et la colère de l'Éternel s'enflammerait contre vous : Il te détruirait promptement » (7, 3-4).

Il y a bien longtemps, « n'importe quel israélite pouvait se marier avec une étrangère, précise le rabbin Michel Serfaty. Elle était admise lorsqu'elle intégrait le groupe, dans ses rites et ses croyances. La notion de conversion est arrivée au cours de l'an – 440 de notre ère, lorsque Noémie a pris pour les judéens la décision de répudier leurs épouses étrangères. C'est dans le livre de Ruth que l'on retrouve les premières expressions de l'abandon d'une culture pour l'adoption d'une autre : "Ruth répondit : Ne me presse pas de te laisser, de retourner loin de toi ! Où tu iras j'irai, où tu demeureras je demeurerai ; ton peuple sera mon peuple, et ton Dieu sera mon Dieu ; où tu mourras je mourrai, et j'y serai enterrée" (1, 16-17). De l'adoption d'une terre, on accepte d'y être inhumé. Dans son essence, le judaïsme a toujours été ouvert aux autres religions pour les accueillir dans son sein, à l'exclusion des sept peuplades chaldéennes considérées comme "abominables". »

De nos jours, dans le judaïsme orthodoxe (donc conservateur), la conversion pour motif marital est découragée. La position est quelque peu différente pour le Mouvement juif libéral de France (MJLF), comme l'expose le rabbin Daniel Farhi : « Le judaïsme libéral ne célèbre pas d'union mixte : les deux futurs conjoints doivent être juifs, de naissance ou par conversion[1]. » Ainsi, le MJLF est contre les mariages mixtes, mais accepte les conversions en vue du mariage. La nuance échappe à la rigueur de la pensée populaire, et pourtant elle est d'importance. « Nous croyons que le mariage est une motivation valable pour la conversion, qui reste une procédure longue et difficile ; mais fonder un foyer, transmettre la religion juive, c'est ce qui compte », conclut-il.

Pour les chrétiens

Pendant des siècles, le christianisme a interdit les mariages entre chrétiens appartenant à des Églises différentes [22]. Il n'en est plus de même de nos jours, mais cela ne va pas sans contrainte.

Le plus souvent, chaque conjoint garde son appartenance religieuse, tout en s'engageant dans la communauté de l'autre ; tous deux enseignent à leurs enfants leurs traditions pour qu'ils puissent faire leur choix en temps voulu ; ensemble, ils recherchent une spiritualité commune en créant des rituels spécifiques. Ces couples n'encourent-ils pas le risque de fonder une troisième Église ? Sans doute est-ce pour ces raisons (et bien d'autres) que les Églises recommandent à leurs fidèles le mariage dans leur communauté ecclésiale. Quant aux

1. *Convictions, Les étapes de la vie*, Mouvement juif libéral de France, 2006.

familles catholiques, beaucoup font le choix d'une simple union civile : « Comme cela, si cela ne marche pas, ma fille pourra se remarier à l'Église ! »

Pour les catholiques

Un catholique ou un catéchumène[1] peut se marier avec un protestant ou un orthodoxe. Le mariage entre deux baptisés est sacramentel.

Si la cérémonie nuptiale est célébrée par un prêtre à l'église catholique, les fiancés demanderont préalablement à l'évêché une « dispense de religion mixte ». Si les futurs époux choisissent qu'elle soit consacrée par un pasteur au temple ou par un prêtre orthodoxe dans son église, l'évêché leur délivrera une « dispense de forme canonique ». En son absence, le mariage ne serait pas validé par l'Église catholique, mais seulement par l'Église protestante. Quant aux orthodoxes, ils considèrent comme mariage religieux seulement le mariage célébré au sein de leur Église.

Si la participation d'un prêtre catholique n'est pas désirée par les fiancés, il ne leur sera pas pour autant autorisé d'organiser deux célébrations religieuses distinctes, où l'échange de leurs consentements serait exprimé par deux fois. Le couple recevrait le sacrement du mariage doublement, et cela est formellement proscrit par les Églises.

La célébration de l'union entre catholique et protestant ou entre catholique et orthodoxe peut se faire en présence d'un prêtre et d'un pasteur, à l'église ou au temple, selon les vœux des futurs mariés. Lors d'une

1. Personne recevant un enseignement religieux en vue de son baptême.

cérémonie œcuménique, il est fréquent que la liturgie soit confiée au prêtre et la prédication au pasteur. Rien n'interdit qu'il en soit différemment. Peu importe le choix, l'Église catholique recommande que le mariage ne comporte pas d'eucharistie [41]. Quant à l'Église orthodoxe, elle ne permet pas de « mariages mixtes ou œcuméniques ».

Le catholique doit promettre de « faire son possible » pour que ses enfants soient baptisés et éduqués dans son l'Église, tout en respectant les exigences de conscience de son conjoint. Rien n'est demandé au chrétien non catholique sur ce point. Tous deux s'engageront toutefois à instruire leurs enfants dans la foi chrétienne, à vivre en fidélité et en amour.

Selon le père Bertrand Derville, « la célébration de l'union d'un couple mixte est possible dans l'enceinte de l'Église, mais sans sacrement ni eucharistie. Pour ce faire, le prêtre de la paroisse demandera à l'évêché une "dispense de disparité de culte". Elle est pratiquement toujours accordée si la personne non baptisée est en accord avec les éléments essentiels du mariage chrétien : liberté, fidélité, indissolubilité et ouverture à la fécondité. Il sera néanmoins demandé à la personne catholique de faire son possible pour assurer le baptême et l'éducation de ses enfants dans la communauté catholique ».

Avec une dispense de « disparité de culte », le mariage est possible entre catholiques et juifs pour l'Église, mais pas pour le judaïsme, qui refuse tout mariage mixte. La cocélébration d'une telle alliance par un prêtre et un rabbin (sauf si ce dernier est désapprouvé par ses pairs) dans une église [35] ou unc synagogue [33] est inenvisageable.

Il en sera de même pour le mariage entre catholiques et musulmans. Quant à l'islam, s'il autorise le mariage de l'homme avec une chrétienne ou une juive, il s'y oppose formellement pour la femme musulmane (ni chrétien ni juif). Elle doit épouser un musulman pour que sa descendance soit reconnue par sa communauté d'origine. Si le couple décide de célébrer son mariage dans l'enceinte de la mosquée, il lui faut savoir qu'une cocélébration y est impossible.

Pour les protestants

Pour le protestantisme, le mariage est une institution humaine au cours de laquelle les époux demandent à Dieu de bénir leur union. Il en est de même pour les divorcés.

Les couples mariés civilement seraient mariés aussi devant Dieu. Le pasteur Jacques-Noël Péres s'en explique : « Pour nous, protestants, le mariage n'est pas un sacrement, c'est un acte de la vie publique. Le mariage à l'église n'est pas obligatoire. Nous demandons une bénédiction sur un acte déjà accompli à la mairie. La diversité confessionnelle dans un foyer n'est donc pas un problème théologique. La question se pose pour l'éducation religieuse des enfants. Il importe de choisir une religion et d'instruire les enfants dans cette voie. Il est vain de prétendre que les enfants devront eux-mêmes choisir plus tard[1]. »

1. Pierre Chouchan, *Couples mixtes pour le meilleur et pour le pire. Voyage dans l'intimité des familles juives et non juives*, éd. Romillat, 2000.

Les Églises protestantes luthériennes et réformées invitent le conjoint non protestant à prendre contact avec son Église d'origine afin qu'il y ait une reconnaissance réciproque de leur mariage.

Que la célébration se passe à l'Église (selon le rite catholique) ou au temple (selon le rite protestant), le pasteur et le prêtre collaborent pour la préparation et la célébration dans le respect des convictions de chacun. Avec les mariés, ils réfléchissent notamment au témoignage de leur différence dans l'éducation de leurs enfants, chacun apportant auprès d'eux la spécificité de sa foi. Les jeunes époux seront invités à rejoindre des groupes de foyers interconfessionnels, lieux d'échange et d'accompagnement.

Les Églises protestantes évangéliques émettent une plus grande réserve sur des cérémonies interconfessionnelles, mais elles accueillent généralement la participation d'un prêtre lors d'une célébration dans leur enceinte.

Une cocélébration œcuménique entre un pasteur et un rabbin, ou un pasteur et un imam, reste invraisemblable.

Pour les chrétiens orthodoxes

« Dans le cadre d'un couple mixte chrétien, la célébration du mariage peut être orthodoxe, accorde Hiéromoine Nestor. Si en Russie des prêtres refusent par méfiance de célébrer des unions orthodoxe-catholique, en France ils l'acceptent par condescendance vis-à-vis de leurs frères et sœurs.

« Si les fiancés ont choisi de recevoir le sacrement du mariage par une autre Église (catholique ou protestante), il ne nous sera pas possible de le doubler : catholique + orthodoxe ou protestant + orthodoxc. Cela serait une négligence des règles ! Éventuellement une prière en action de grâces pourra être donnée par l'Église orthodoxe, jamais une nouvelle célébration religieuse de l'union.

« Lors de la préparation du mariage, rien n'est imposé aux couples mixtes, particulièrement à propos de l'éducation religieuse de leurs enfants à naître. La décision sera prise en temps voulu par les parents, en lien avec le prêtre orthodoxe si besoin est.

« Si l'un des fiancés est de religion juive ou musulmane, aucune bénédiction ne pourra être donnée au couple par l'Église orthodoxe. »

La sentence du prêtre orthodoxe Hiéromoine Nestor reste sans appel : les deux prétendants doivent être chrétiens. La demande pourra être réexaminée après la conversion éventuelle du conjoint non orthodoxe.

Pour les musulmans

Selon le Coran, il est autorisé aux hommes musulmans « d'épouser les filles honnêtes des croyants et de ceux qui ont reçu les Écritures avant vous [...] (5, 7) ». En revanche, il est précisé : « N'épousez pas les femmes idolâtres tant qu'elles n'auront pas cru. Une esclave[1] croyante vaut mieux qu'une femme libre idolâtre, quand même celle-ci vous plairait davantage » (2, 220).

Mohammad n'a pas épousé que des femmes de sa communauté (entre autres, il s'est marié avec Marie la copte). C'est pourquoi les hommes musulmans ont le droit d'épouser des femmes de leur religion, mais aussi des juives et des chrétiennes. Les femmes athées ou idolâtres, voire polythéistes telles que les hindoues, leur sont interdites.

1. Qu'on épousera dans le dessein de l'affranchir.

Quant à la femme, son époux doit être obligatoirement né musulman ou converti à l'islam. Pourquoi ? La descendance du couple sera de confession musulmane si l'homme est musulman, la religion étant transmise par le père [132]. Les enfants d'une musulmane ne seront pas musulmans si le père est d'une autre religion. Mais la conversion est possible à ce dernier, si elle est sincère et sans contrainte.

La cérémonie se tiendra à la mosquée face à un imam (ou dans tout autre lieu neutre : salle des fêtes, domicile, etc.). Si le couple préfère l'église, rarement un membre de la communauté musulmane y participera en raison de la présence de statues [36].

119. La dot relève-t-elle d'une prescription religieuse[1] ?

La dot est une des plus anciennes coutumes matrimoniales. Si dans le judaïsme et le christianisme, elle est à présent oubliée, elle demeure une condition obligatoire à remplir pour la validation d'un mariage [114 à 116] dans l'islam.

Dans le judaïsme, le montant de la dot apportée par les parents de la jeune fille était autrefois notifié dans la *ketouba* (en hébreu, « contrat de mariage » [116]).

La dot était constituée d'une somme d'argent, de biens mobiliers et de bijoux. En fonction de son montant, une jeune fille avait plus ou moins de chances de faire ou non « un bon mariage ». Aussi,

1. D'après Olivia Cattan et Isabelle Lévy, *La Femme, la République et le bon Dieu*, *op. cit.*

le père, le fils aîné et parfois même la jeune fille se tuaient à la tâche pour constituer une dot et un trousseau convenables afin que l'honneur de toute leur famille soit sauf le jour dit. « Au retour de la synagogue, après la cérémonie nuptiale qui avait lieu l'après-midi, on allumait des chandelles devant le rabbin et on lui apportait la dot déposée jusque-là en mains sûres. Il la comptait avec soin et la remettait au fiancé en déclarant, selon une formule consacrée, que l'honneur était satisfait[1]. » Aussi la fille sans dot était-elle considérée comme « une laissée-pour-compte, une pauvre de rien du tout ». Il ne lui restait qu'à épouser un veuf ou un vieil homme.

« Le mariage juif a commencé à évoluer à partir de 1870 lorsque des hommes de la bourgeoisie juive ont commencé à épouser des femmes dépourvues de dot. Mais il faut attendre véritablement la fin de la Grande Guerre pour voir reculer l'importance de la dot, au profit des revenus venant d'une activité professionnelle de la femme[2]. » De nos jours, les fiancés s'offrent des cadeaux, mais cet « apport dans la corbeille des fiançailles » n'est plus une condition au mariage.

Dans les familles catholiques, certains parents n'hésitaient pas à marier leur fille à un voisin rustre ou un cousin éloigné pour accroître ou préserver leur patrimoine. Ils échangeaient leur propre fille contre une pâture, une ferme, un immeuble, voire une particule ou

---

1. Freddy Raphaël, *Le Mariage juif dans la campagne*, http://www. judaisme.sdv.fr

2. Marion Kaplan, « Jüdisches Bürgertum. Frau, Familie und Identität im Kaiserreich », *Studien zur jüdischen Geschichte, III*, Dölling und Galitz, Hambourg, 1997 (trad. de l'allemand par Ingrid Strobl).

un nom de famille prestigieux. Et peu importait que la dot revînt à la jeune fille ou à son père : la fiancée était vendue au plus offrant telle une vulgaire marchandise ! Si d'anciennes familles catholiques tiennent encore à marier leur fille ou leur fils avec une personne « du même rang », la dot ne représente plus une obligation.

Il n'en est pas de même pour l'islam. Dans la religion musulmane, la dot versée par le futur époux à la fiancée est un droit : « Et donnez aux épouses leur *mahr* (en arabe, "dot") de bonne grâce » (Coran 4, 4).

Pas de dot, pas de mariage. Les fiancés (le plus souvent le futur époux et le père de la promise) conviennent de son montant avant le mariage (préalablement fixé par la fiancée ; son père n'est présent que pour faire appliquer la décision de sa fille). Selon Mohammad, « les meilleures épouses sont celles au visage le plus gracieux et à la dot la plus mince ». Son versement met l'homme devant ses responsabilités de devoir subvenir aux dépenses de son futur foyer.

Par pudeur, beaucoup de musulmans l'appellent « le cadeau de la fiancée ». D'ailleurs, la jeune femme pourra en disposer comme bon lui semble. « Si toutefois, elles vous abandonnent une partie de leur dot de leur plein gré, disposez-en en toute sérénité et de bon cœur » (Coran 4, 4).

Alors que dans le judaïsme et le catholicisme, la dot devait être apportée par la femme dans le mariage, représentant une garantie pour son avenir marital, la dot dans l'islam est apportée par l'homme et appartient de plein droit à la femme dès son mariage. Elle pourra refuser de remplir ses devoirs conjugaux jusqu'à sa remise en totalité.

En cas de divorce, elle en conservera le bénéfice, sauf en cas d'adultère. S'il a lieu avant la consommation du mariage, elle en gardera la moitié : « Et si vous divorcez d'avec elle sans l'avoir touchée, et après fixation de la dot, versez-lui la moitié de ce que vous avez fixé, à moins qu'elle ne s'en désiste ou que se désiste celui qui a entre ses mains la conclusion du contrat de mariage. Le désistement est plus proche de la piété » (Coran 2, 238).

Si le mari décède avant la consommation du mariage, l'intégralité de la dot reviendra à sa veuve.

120. Pourquoi la polygamie est-elle repoussée par le judaïsme et le christianisme, mais acceptée par l'islam ?

Si Abraham, Isaac, Ésaü (« Ésaü prit ses femmes parmi les filles de Canaan : Ada, fille d'Élon, le Héthien ; Oholibama, fille d'Ana, fille de Tsibeon, le Hévien… » [Genèse 36, 2]), David (« David prit encore des femmes à Jérusalem » [1 Chroniques 14, 3]) et Jacob (« Jacob se leva, et il fit monter ses enfants et ses femmes sur les chameaux » [Genèse 31, 17]) eurent plusieurs épouses, jamais à eux cinq ils ne concurrencèrent le roi Salomon. Son harem dénombrait sept cents épouses (étrangères pour la plupart : « Le roi Salomon aima beaucoup de femmes étrangères, outre la fille de Pharaon : des Moabites, des Ammonites, des Édomites, des Sidoniennes, des Héthiennes… » [1 Rois 11, 1]) et trois cents concubines (« Il eut sept cents princesses pour femmes et trois cents concubines ; et ses femmes détournèrent son cœur » [1 Rois 11, 3]), dont la reine de Saba (mère de Ménélik… et des Falashas[1]) ! Déjà les rabbins limitaient le nombre des épouses à quatre. L'islam les suivit plusieurs siècles plus tard en adoptant le principe d'équité : « S'il prend une autre femme, il ne retranchera rien pour la première à la nourriture, au vêtement et au droit conjugal » (Exode 21, 10).

La polygamie s'est perpétuée jusqu'à l'exil de Babylone (IVe siècle avant J.-C.) alors que le Talmud la condamnait sévèrement. En 1950, la polygamie a été strictement interdite pour tous les juifs du monde par une assemblée rabbinique en Israël, même si les Black Hebrews[2] désirent la remettre à l'honneur. Sans succès.

La monogamie a été prônée par le christianisme dès ses débuts, même si saint Augustin (354-430) a autorisé le mari d'une femme stérile à prendre une concubine [123]. Quant à saint Paul, il ordonne aux maris d'aimer leurs femmes « comme Christ a aimé l'Église, et s'est livré lui-même pour elle » (Éphésiens 5, 25). « C'est ainsi que les maris doivent aimer leurs femmes comme leurs propres corps. Celui qui aime sa femme s'aime lui-même » (Éphésiens 5, 28).

Harun Yahia[3] nous rappelle que le verset réglementant la polygamie dans l'islam « a été révélé après la

1. Juifs d'Éthiopie.
2. Noirs américains immigrés en Israël, qui observent un judaïsme strict et pratiquent la polygamie. Ce dernier point ne leur permet pas d'être reconnus par la communauté juive internationale.
3. *Es-Salam*, n° 21, mars-avril 2001.

guerre d'Ohoud, dans laquelle des douzaines de musulmans furent tués, laissant derrière eux des veuves et des orphelins dans le besoin [...] ». Le Coran a alors fait œuvre de bienfaisance en accordant à l'homme la polygamie : « Épousez celles qui vous agréeront, ou deux, ou trois, ou quatre » (4, 3). Toutes doivent bénéficier des mêmes égards de la part de leur époux. De même pour leurs enfants.

La polygamie n'a jamais été exigée ni encouragée par l'islam en toutes circonstances, même si le prophète Mohammad a été l'époux de quinze femmes sur décision divine. D'ailleurs, un verset coranique la rend quasiment impossible par le fait que si l'on craint d'être injuste envers ses épouses, on se doit de n'en épouser qu'une seule (Coran 4, 3).

De nos jours, la Tunisie (1957) et la Côte d'Ivoire (1964) l'interdisent ; l'Algérie l'autorise, mais elle y tombe en désuétude ; le Maroc tente de l'abolir ; l'Égypte et la Syrie la découragent par leur législation ; le Mali (1962) et le Sénégal (1972) restreignent le nombre des épouses (de une à quatre, conformément au Coran) et encouragent la monogamie. On peut expliquer le maintien de la polygamie dans de nombreux pays africains par le fait que les rapports sexuels y sont prohibés pendant la grossesse et la période d'allaitement [133]. La polygamie permet de remédier à la frustration sexuelle masculine. L'allaitement artificiel lève l'interdit plus rapidement.

Lorsque l'époux musulman choisit la polygamie comme mode marital, cela doit être consigné dans son premier contrat de mariage [116]. Sa promise en sera officiellement informée à la lecture du contrat. Elle se réserve le droit de l'accepter ou non (pas toujours dans les faits, il est vrai). De même pour les épouses à venir. Selon l'islam, la polygamie ne doit pas être subie, mais acceptée par les conjoints.

121. Quelle attitude observent les trois religions monothéistes vis-à-vis de l'homosexualité ?

Le Lévitique est explicite : « Ne cohabite point avec un mâle, d'une cohabitation sexuelle : c'est une abomination » (18, 22). Le Deutéronome l'est plus encore : « Il n'y aura pas de courtisanes sacrées parmi les filles d'Israël ; il n'y aura pas de sodomie parmi les fils d'Israël » (23, 17).

En gaspillant sa semence dans des actes sexuels impurs, l'homme ne remplit pas son obligation de « croître et de multiplier » [126]. « Selon les kabbalistes, les spermatozoïdes qui sont émis en vain viennent engrosser Lilith, la mère des démons[1]. » Aussi la pédérastie est-elle proscrite au même titre que l'inceste[2] ou la zoophilie par les textes hébraïques. L'homosexualité féminine n'est jamais abordée ni dans la Bible ni dans le Coran, sans doute parce que sans pénétration ni semence, on ne peut prétendre à la concrétisation de l'acte sexuel.

1. André Chouraqui, *Les Dix Commandements aujourd'hui*, éd. Robert Laffont, 2000.

2. « Tu ne découvriras pas la nudité de ton père ni la nudité de ta mère » (Lévitique 18, 7). Par ce verset pudique sont prohibées les relations sexuelles d'un enfant avec un de ses parents. L'inceste porte autant atteinte à la sainteté de Dieu qu'à l'intégrité de chacun.

Si le Lévitique juge l'homosexualité comme une abomination méritant la mort (20, 13), d'où la destruction des villes de Sodome et Gomorrhe et de leurs habitants, de nos jours, jamais un homosexuel ne sera rejeté par la communauté, même s'il reste condamnable par ses actes, chacun gardant l'espoir d'une modification d'attitude dans un proche avenir : soit revirement de ses tendances, soit abstinence sexuelle.

Au temps du christianisme primitif, l'homosexualité, qui était fréquente, bénéficiait de l'indulgence de la population. Pour saint Paul, elle caractérise ceux qui se sont éloignés de Dieu et qui restent prisonniers de leurs passions avilissantes. Pour preuve, son Épître aux Romains :

> « C'est pourquoi Dieu les a livrés à des passions infâmes : car leurs femmes ont changé l'usage naturel en celui qui est contre nature ; et de même les hommes, abandonnant l'usage naturel de la femme, se sont enflammés dans leurs désirs les uns pour les autres, commettant homme avec homme des choses infâmes, et recevant en eux-mêmes le salaire que méritait leur égarement. Comme ils ne se sont pas souciés de connaître Dieu, Dieu les a livrés à leur sens réprouvé pour commettre des choses indignes » (1, 26-28).

Les siècles suivants, l'Église catholique proscrira l'homosexualité, la qualifiant de « péché grave », n'admettant pas le plaisir sexuel qui n'ait pas pour seul objectif la procréation. Tandis que les Églises protestantes adopteront une attitude plus tolérante, l'Église orthodoxe la considère toujours comme un péché.

Toutes ces Églises s'accordent pour ne jamais rejeter un des leurs, même s'il est condamnable par ses actes ou ses attitudes.

L'homosexualité est nommée dans le Coran « ce que faisait le peuple de Loth » en rappel des peuples de Sodome et Gomorrhe qui s'adonnaient à la sodomie au temps d'Abraham (26, 165-175).

Elle est condamnée au même titre que d'autres perversions sexuelles, telles que l'adultère, l'inceste et la fornication. Elle est considérée comme un péché grave, punissable de mort par lapidation (peine qui se fonde sur le fait que Dieu a détruit Sodome et Gomorrhe en faisant tomber une pluie de pierres sur ces deux villes). Depuis ses origines, le droit musulman tente d'adoucir cette sanction. L'homosexualité reste néanmoins illégale dans les pays musulmans.

122. Le plaisir sexuel est-il sacré[1] ?

Pour le judaïsme, le plaisir sexuel relève autant de la nature humaine que de la spiritualité. Aussi est-il réglementé : l'acte charnel doit se pratiquer dans le cadre du mariage [114 à 116], du 14e au 28e jour du cycle menstruel féminin [83] et pendant les maternités[2] [129], y compris les jours de *shabbat*[3] [9], avec régularité et entre époux consentants. Certaines pratiques comme la sodomie, la masturbation et l'homosexualité [121] sont

1. D'après Olivia Cattan et Isabelle Lévy, *La Femme, la République et le bon Dieu, op. cit.*
2. Sauf contre-indication médicale.
3. Ketouba 62b.

proscrites[1]. Contrairement aux idées reçues, le plaisir n'est pas toujours lié à la procréation (même si certains penseurs, tel Maimonide, le préconisaient).

La loi juive prescrit que l'époux se doit d'amener sa femme au plaisir et à son épanouissement avant lui-même. « Celui qui honore sa femme s'enrichit » selon le Talmud. Si l'homme se doit de « souffrir de désir », la femme doit l'aider à prolonger les préliminaires, cela pour un véritable partage de l'orgasme. Quant au baiser, il est recommandé au moment le plus fort du plaisir par le *Zohar*[2] pour une meilleure communion des corps, des cœurs et des âmes [112] des amants, unis dans un même élan d'amour.

Dans le Cantique des Cantiques, poème érotique à la sensualité torride, la bien-aimée est comparée à un jardin aux fruits excellents. « Le chant de l'époux et celui de l'épouse s'entrelacent et se répondent, et la composition même des poèmes est à l'image de l'enlacement de tendresse et d'amour des époux. Les mots disent clairement et joyeusement l'attirance mutuelle des époux dans le total respect de leur intégrité personnelle. On ne peut qu'être frappé de la profonde unité qui règne entre les élans des cœurs, des âmes et des corps, et touché par la jubilation – stupeur et admiration – qu'expriment les époux à l'égard de tous les signes et manifestations de leur masculinité et de leur féminité[3]. »

1. Ainsi que l'adultère et l'inceste.

2. Livre de la Kabbale qui analyse les textes bibliques pour en révéler le sens caché.

3. Yves Semen, *La Sexualité selon Jean-Paul II*, Presses de la Renaissance, 2004.

« À nul endroit il n'est question d'enfant ou de grossesse. S'y mêlent seulement désir, plaisir, langueur, fougue amoureuse, étreintes, frémissements, jubilation des retrouvailles, torture en l'absence de l'être aimé, odeurs de corps, parfums champêtres, bijoux et parures... Bref, c'est l'amour physique, l'amour-passion. [...] Selon la tradition talmudique, l'union mystique de l'homme et de la femme révèle l'unicité de Dieu en montrant que l'amour d'un homme et d'une femme les fait "une seule" chair, à l'image du "Dieu Un" qui les a créés. Réunir en une seule chair l'homme et la femme, c'est réunir les deux moitiés du Tétragramme divin [2], ajouteront les écrits de la Kabbale [16] [...][1] »

Selon Mgr Michel Dubost, « Jésus n'a jamais rien dit sur la sexualité. C'est l'Église qui a formulé les interdits. Ainsi, saint Paul pensait qu'il était bon pour l'homme de s'abstenir de la femme. La religion catholique estimait que la vie sexuelle et la vie spirituelle étaient liées, aujourd'hui, notre époque les oppose. Les grands mystiques utilisaient la symbolique la plus érotique pour décrire leurs élans vers Dieu, comme sainte Angèle de Foligno qui, méditant sur sa croix, ose écrire qu'elle était tellement enflammée qu'elle se dépouillait de ses vêtements pour s'offrir à Dieu ». Ainsi faire l'amour et apporter de la jouissance à son conjoint est grâce divine.

« Pour l'Église, la sexualité est bonne puisque voulue par Dieu, comme en témoigne le récit de la Genèse [10]. Le plaisir sexuel est bon si l'union est fondée sur

1. Olivier Florant, *Ne gâchez pas votre plaisir, il est sacré*, *op. cit.*

l'amour et le respect mutuel – signes de l'amour d'un Dieu bon qui ne veut que du bien à ses créatures. L'idéal de l'amour conjugal se vit dans la fidélité monogame et féconde, et ce jusqu'à la mort...[1] »

Ainsi, prendre du plaisir dans les relations sexuelles dans le cadre du mariage n'est pas un péché[2]... « Il serait antinaturel et dangereux pour la santé de l'amour et de la chasteté conjugale qu'une femme tienne pour imperfection la jouissance sensuelle dans l'union. Cela conduirait à la frigidité et au dégoût de l'union et à la névrose » (pape Jean-Paul II[3]).

Déjà, saint Jean Chrysostome (IIIe siècle) « ne réserve pas la sexualité à la procréation. Pour lui, "le mariage a été donné pour étancher le feu de la nature". Et saint Paul[4] en est témoin, disant : "À cause des fornications, que chacun ait sa femme", non "à cause de la procréation". Et de nouveau il leur prescrit de s'unir, non "afin de devenir pères de nombreux enfants", mais quoi ? "Afin que Satan ne vous tente pas", dit-il. Et plus loin il ne dit pas : "S'ils désirent des enfants", mais quoi ? "S'ils ne se contiennent pas, qu'ils se marient"[5] ». Ce saint ose aller jusqu'à comparer le sperme à de « l'or le plus pur », à « un parfum liquide[6] ».

Si le Nouveau Testament [11] aborde peu la question de la vie conjugale et familiale, on ne peut omettre de rappeler le geste fort érotique de Marie

1. *Ibid.*
2. Le vagin doit être le seul réceptacle du sperme.
3. Cité par Yves Semen, *La Sexualité selon Jean-Paul II*, *op. cit.*
4. 1 Corinthiens 10, 22.
5. Olivier Florant, *Ne gâchez pas votre plaisir, il est sacré*, *op. cit.*
6. Douzième homélie sur l'Épître aux Colossiens.

Madeleine envers Jésus lorsqu'elle lui verse du parfum sur les pieds et les lui caresse avec ses cheveux [85]. En revanche, pendant les quatre premières années de son pontificat, Jean-Paul II a consacré ses audiences générales à « la théologie du corps », une approche aussi originale que parfaitement méconnue sur le corps, la sexualité et le mariage. Selon lui, « la sexualité est d'essence divine. [...] C'en est fini des critiques perpétuellement ressassées envers l'Église : l'Église contre le corps, contre le sexe, contre le plaisir... Non, l'Église est radicalement pour ! Elle est la seule à être véritablement pour, car elle seule est dépositaire de la vérité totale sur le corps humain et la sexualité, celle qui permet à l'homme et à la femme de parvenir à leur accomplissement par le don sincère d'eux-mêmes[1] ». Jamais la femme ne devra être considérée comme « un "objet" de "domination" et de "possession" de l'homme[2] ».

Pour le Coran [12], l'acte charnel est une bénédiction divine recommandée par Dieu : « Elles [les femmes] sont un vêtement pour vous et vous êtes un vêtement pour elles... Cohabitez avec elles et recherchez ce que Dieu a prescrit pour vous[3]. » Même si son but ultime reste la procréation, nul n'a le droit d'interdire, y compris pour lui-même, une quelconque jouissance que Dieu a créée pour ses créatures.

« Selon un hadith, "dans chaque partie de votre corps, il y a une aumône". Aussi peut-on être un

1. Cité par Yves Semen, *La Sexualité selon Jean-Paul II*, *op. cit.*
2. *Ibid.*
3. Coran 2, 187.

musulman fidèle, respectueux des textes sacrés et faire de la jouissance du plaisir une condition spirituelle, si toutefois elle est vécue dans le respect mutuel des deux conjoints. Le droit au plaisir pour l'homme et la femme n'est pas tabou dans l'islam à condition qu'il soit dans l'acte licite, c'est-à-dire hors de tout adultère », rappelle le recteur Khalil Merroun. D'ailleurs, Mohammad aimait les femmes et il ne s'en cachait pas : « Trois choses de votre monde d'ici-bas me furent rendues dignes d'amour : le parfum, les femmes et la prière [43][1]. »

Néanmoins, comme le judaïsme et le christianisme, l'islam impose des limites aux relations sexuelles entre époux : elles sont prohibées pendant les règles[2], la grossesse[3], les heures de jeûne du *Ramadan* [75] ; l'islam interdit la sodomie, l'infidélité, la masturbation et l'homosexualité [121]. L'acte sexuel pouvant être considéré comme un acte cultuel, il est demandé au musulman de faire ablutions et prière avant et après.

Que vous soyez du sexe masculin ou féminin, si vous êtes mariés, ne boudez pas votre plaisir… Il est sacré !

1. Hadith rapporté par Ahmad et Al-Nassa'i.
2. « Prophète, on t'interroge sur la menstruation, dis : "C'est une souillure. Tenez-vous à l'écart des femmes durant leur menstruation ; ne les approchez pas, tant qu'elles ne sont pas pures." » (Coran 2, 222). Cela n'empêche aucunement les époux de se rapprocher physiquement l'un de l'autre.
3. Même s'il n'existe aucune contre-indication médicale concernant les rapports sexuels durant la grossesse.

123. Pourquoi la stérilité est-elle mal perçue par les trois religions ?

Selon la Bible, la procréation est le but majeur de l'union physique d'un homme et d'une femme dans le cadre du mariage : « Croissez et multipliez et remplissez la terre » (Genèse 1, 28). La stérilité est vécue comme la sanction d'une faute commise par le passé, la rupture d'un interdit cultuel ou la conséquence d'un mauvais sort jeté sur la jeune femme (jamais sur l'homme !), avant ou après son mariage. Dans la Genèse nous sont contées les mésaventures de Sarah (entre autres femmes stériles), acceptant que son mari Abraham [3] prenne pour seconde épouse sa servante Agar afin qu'elle lui assure une descendance légitime.

Le Talmud affirme : « L'homme ne sera quitte de la *mitsva* (de l'hébreu, "commandement") de procréation que s'il a déjà des enfants » (Yebamot, Mishna 6), car « celui qui ne s'applique pas à remplir son devoir de procréer, c'est comme s'il commettait un meurtre et réduisait l'image de Dieu ». Pour le judaïsme, c'est donc un devoir pour l'homme de fonder une grande famille (au moins un garçon et une fille, plus si c'est sans danger pour la mère, afin de remplacer son couple dans la génération suivante) dans le cadre du mariage [114]. Il n'en est pas de même pour la femme. Selon ce même ouvrage, « une femme sans enfant, c'est comme si elle était morte ». Dans les milieux orthodoxes, les couples peuvent divorcer après dix ans de mariage infécond.

Selon la lettre encyclique du pape Paul VI[1] sur la transmission de la vie par les époux dans le cadre de

1. *Humanae vitae*, 25 juillet 1968.

leur vie conjugale : « Tout acte matrimonial doit rester ouvert à la transmission de la vie. » Néanmoins, « la fécondité biologique n'est pas exigée d'un couple biologiquement infécond. Un mariage, dans l'Église catholique, est valide même si un homme et une femme sont stériles. L'Église catholique marie des personnes ayant depuis longtemps passé l'âge de la fécondité[1] ».

Il y a encore quelques décennies, lors de la célébration d'un mariage à l'église, les familles veillaient à ce que personne de malveillant ne noue l'aiguillette ou ne jette un mauvais sort sur les jeunes époux. Si quelqu'un nouait un lacet ou prononçait dans le dos des mariés des paroles maléfiques, le couple pouvait être frappé de stérilité pour un jour, un an ou à jamais. Lorsque l'aiguillette avait été nouée, des pratiques magico-religieuses étaient entreprises pour rompre la malédiction : oraisons adressées à des saints aux noms évocateurs (saint Phallier, saint Foutin, etc.), exorcismes, messes, jeûnes, aumônes, pèlerinages [49]. La pratique de l'aiguillette était si courante que la plupart des mariages se célébraient dans la plus grande intimité pour tenter d'y échapper.

« Celui qui a eu des enfants n'est pas mort », dit un proverbe maghrébin. « Bien élevés et éduqués, ils sont la continuité de soi dans ce bas monde après le voyage éternel » (recteur Khalil Merroun). Une généreuse descendance assure la pérennité du couple au fil des géné-

1. Olivier Florant, *Ne gâchez pas votre plaisir, il est sacré*, *op. cit.*

rations à venir. Aussi, la femme musulmane stérile est repoussée par sa belle-famille, parfois répudiée par son conjoint. Comme dans de nombreuses communautés, la faute est toujours rejetée sur la femme, jamais sur l'homme, la tradition populaire confondant impuissance et stérilité.

Un point à noter : le Coran interdit l'adoption, même pour des couples stériles : « Dieu ne fait vos fils de ceux que vous adoptez » (33, 4). Pourtant, Mohammad a eu un fils adoptif, Zayd. Dans les pays musulmans, cette pratique est remplacée par la *kafala*. Cette procédure permet à un adulte (stérile ou non) de se voir confier la garde d'un mineur jusqu'à sa majorité par suite d'un abandon ou d'un accord passé avec ses parents biologiques pourvus d'une nombreuse progéniture.

Conformément au Coran, le père adoptif ne donnera pas son nom[1] de famille à l'enfant adopté afin de préserver son éventuelle filiation légitime et son héritage (33, 5). Lorsque cet enfant sera en âge d'engendrer, il pourra ainsi transmettre le nom de son père prématurément disparu. On peut aisément conclure que cette pratique sous-entend que tout enfant naît d'un père reconnu. Toute relation sexuelle étant prohibée hors mariage dans les trois religions monothéistes [1], on comprend pourquoi ce cas n'est pas envisagé. Le devenir de ces enfants est malheureusement souvent chaotique au sein de leur communauté d'origine.

1. « Donnez-leur le nom de leur père : c'est plus équitable auprès de Dieu ; si vous ignorez leur père, qu'on les tienne pour vos frères en religion ou pour vos clients » (Coran 33, 5).

124. Tu enfanteras dans la douleur…

En allant à l'encontre du verset biblique : « À la femme, Il [Dieu] dit : "J'aggraverai tes labeurs et ta grossesse ; tu enfanteras avec douleur ; la passion t'attirera vers ton époux, et lui te dominera" » (Genèse 3, 16), l'anesthésie péridurale a tourmenté bien des esprits.

Pourtant, les religions ont assoupli leurs propres interprétations de ce verset, laissant les parturientes libres de leur choix. Ainsi, le pape Pie XII, remettant en cause de nombreux discours antérieurs, accepte la pratique de la prophylaxie des douleurs de l'accouchement (1956). Ce n'est pas pour autant que toutes les femmes catholiques s'autorisent l'anesthésie par péridurale.

Quant aux juives et aux musulmanes, alors que leurs traditions autorisent les traitements antalgiques en toutes circonstances (y compris l'anesthésie péridurale), souvent elles y renoncent, cherchant à donner un sens positif aux douleurs de l'enfantement.

Selon les coutumes populaires du Maghreb, l'entente parfaite au sein du couple pendant la grossesse (et en dehors) garantirait un accouchement sans douleur. Les croyances seraient-elles au-dessus des lois de Dame Nature ?

125. Sur le plan religieux, en quoi l'insémination artificielle pose-t-elle problème ?

L'insémination artificielle est autorisée par la loi juive traditionnelle si le mari est le donneur du sperme recueilli dans un préservatif [127] lors d'une relation sexuelle interrompue (et non après masturbation) et si l'épouse est la donneuse des ovocytes. Quant à la fécondation *in vitro*, elle est licite si nécessaire à la procréation. L'autorisation préalable d'un rabbin décisionnaire est obligatoire. Elle sera interdite si le conjoint est décédé (conformément à la loi française).

En ce domaine, la loi musulmane s'apparente à la loi juive, exception faite de l'autorisation préalable d'un imam, non requise pour entreprendre la démarche. Si le couple en éprouve le besoin, il pourra le solliciter pour un conseil ou un soutien spirituel.

Dans le judaïsme et l'islam, la nécessité d'un don de gamètes (sperme ou ovocytes) remettrait en cause la filiation de l'enfant à naître. En revanche, si la loi islamique interdit formellement aux couples stériles de faire appel à une mère porteuse (l'enfant serait considéré comme illégitime), cela peut être possible pour le judaïsme sous certaines conditions très strictes. En effet, le judaïsme n'y est pas pleinement favorable en raison des conséquences psychologiques indéniables sur l'enfant et les adultes.

Autour de ces différentes interrogations, le christianisme fait preuve de nuances selon les communautés.

L'Église catholique autorise l'insémination artificielle si toutefois elle respecte une filiation légitime (aucun don de sperme ou d'ovocytes) et exclut tout recours à la fertilisation *in vitro*. Outre que l'enfant ne serait pas né du fruit de l'amour de ses parents, mais d'une manipulation en laboratoire, se pose la question difficile du devenir des ovules fécondés surnuméraires. Il n'est pas question d'envisager leur destruction, voire leur utilisation pour la recherche scientifique (cellules souches, par exemple). La même question se pose aussi pour le judaïsme et l'islam.

Le protestantisme laisse le couple confronté au problème de stérilité libre de mettre en œuvre une démarche de procréation médicalement assistée ; il n'y oppose aucun interdit sur les différentes méthodes proposées. Le pasteur peut proposer un accompagnement spirituel aux intéressés si toutefois ils le désirent.

En somme, pour les trois religions, l'insémination artificielle est possible à condition de respecter la filiation légitime (sauf pour le protestantisme). Si le don de gamètes n'est pas autorisé, c'est pour que nul ne soit jamais confronté un jour à venir à un hypothétique inceste sans même le savoir.

126. Pourquoi y a-t-il un refus général de la contraception ?

Depuis la nuit des temps, les religions ont condamné à divers degrés la contraception au nom du caractère sacré de la vie. On peut expliquer cette attitude par le fait qu'il n'y a pas si longtemps, le taux de mortalité infantile restait très élevé. De nos jours, des arguments relatifs aux conditions de vie (logement, école, loisirs, travail, etc.) ou de santé permettent d'apporter des nuances aux premiers refus de ces religions.

Fidèle au Lévitique, la femme juive respecte un temps d'isolement de sept jours à la fin de ses règles : « Lorsqu'une femme éprouvera le flux, elle restera sept jours dans son isolement » (15, 19). Rabbi Méïr explique dans le Talmud qu'une « intimité excessive engendre la lassitude ; par conséquent la Torah [10] ordonne la séparation de sept jours, afin que la femme soit aimée comme le jour où elle se tint sous le dais nuptial [115] » (Nidda

32 a) et plus encore. On peut en conclure que les lois de pureté (en hébreu, *nidda*) [83] contribuent à l'équilibre du couple en le prémunissant contre l'excès et l'habitude de l'amour conjugal. Cette séparation physique recrée le temps platonique des fiançailles en favorisant le dialogue et le respect envers l'autre. Tout contact chargé d'émois sexuels est évité pendant ce laps de temps. Cette abstinence drastique prend fin au soir du quatorzième jour après l'immersion complète (en hébreu, *tebila*) de la femme dans un bain rituel[1] (en hébreu, *mikvé*). Cela accompli, les époux se retrouveront physiquement en pureté et en sainteté. L'abstinence sexuelle rigoureuse que les couples observent pendant les quatorze premiers jours de chaque cycle menstruel explique l'origine de familles nombreuses.

Quant à la contraception, elle est strictement interdite à l'homme dans le cadre du mariage, qu'il s'agisse de préservatif [127], de vasectomie ou d'interruption de coït. Heureusement, elle peut être concédée aux femmes après la naissance d'un garçon et d'une fille, la mission du couple de pouvoir être remplacé ayant été remplie (les juifs orthodoxes autorisent la contraception uniquement si la santé physique ou mentale de la femme est en danger). Parfois, elle est accordée après la naissance de plusieurs enfants, même du même sexe.

De nos jours, seules les méthodes contraceptives naturelles (méthode des températures des docteurs Ogino et Knauss ou méthode de l'étude des modifica-

1. Il rappelle le baptême chrétien. On trouve des *mikvaots* dans l'enceinte des synagogues.

tions de la glaire cervicale des docteurs Billings) sont licites. La ligature des trompes (sauf en cas de protection maternelle), la pilule contraceptive et le stérilet sont prohibés (sauf autorisation préalable d'un rabbin décisionnaire donnée au cas par cas). Ces méthodes contraceptives pouvant entraîner des pertes sanguines en dehors des règles, les périodes d'abstinence en seraient allongées d'autant.

Selon les chrétiens, le mariage est l'engagement d'un couple devant Dieu pour la vie entière. Par leur union sacrée, leur amour devient « le signe de l'amour indéfectible de Dieu pour l'humanité, du Christ pour son Église ». La lettre encyclique du pape Paul VI[1] sur la transmission de la vie par les époux dans le cadre de leur vie conjugale précise :

> « Ce n'est donc pas un simple transport d'instinct et de sentiment, mais aussi et surtout un acte de la volonté libre, destiné à se maintenir et à grandir à travers les joies et les douleurs de la vie quotidienne, de sorte que les époux deviennent un seul cœur et une seule âme [112] et atteignent ensemble leur perfection humaine. C'est ensuite un amour total, c'est-à-dire une forme toute spéciale d'amitié personnelle, par laquelle les époux partagent généreusement toutes choses, sans réserves indues ni calculs égoïstes. […] C'est encore un amour fidèle et exclusif

1. *Humanae vitae*, 25 juillet 1968. Il est à souligner que cette encyclique a été très mal comprise par la plupart des catholiques. Beaucoup d'entre eux se sont éloignés de l'Église, se sentant en porte-à-faux face à ses exigences.

jusqu'à la mort. [...] C'est enfin un amour fécond, qui ne s'épuise pas dans la communion entre époux, mais qui est destiné à se continuer en suscitant de nouvelles vies. »

Si le concile de Vatican II [23] (1962-1965) accepte la régulation des naissances afin que chaque couple choisisse son nombre d'enfants, l'Église catholique n'autorise pas la contraception par des moyens artificiels, interdit réitéré par le pape Paul VI[1] :

« [...] Nous devons encore une fois déclarer qu'est absolument à exclure, comme moyen licite de régulation des naissances, l'interruption directe du processus de génération déjà engagé, et surtout l'avortement directement voulu et procuré, même pour des raisons thérapeutiques [128]. Est pareillement à exclure [...] la stérilisation directe, qu'elle soit perpétuelle ou temporaire, tant chez l'homme que chez la femme. [...] L'Église, en revanche, n'estime nullement illicite l'usage des moyens thérapeutiques vraiment nécessaires pour soigner des maladies de l'organisme, même si l'on prévoit qu'il en résultera un empêchement à la procréation, pourvu que cet empêchement ne soit pas, pour quelque motif que ce soit, directement voulu. [...] Elle condamne comme toujours illicite l'usage de moyens directement contraires à la fécondation (pilule, stérilet, préservatif...), même inspiré par des raisons qui peuvent paraître honnêtes et sérieuses. [...] On peut craindre aussi que

1. *Humanae vitae*, 25 juillet 1968.

l'homme, en s'habituant à l'usage des pratiques anticonceptionnelles, ne finisse par perdre le respect de la femme et, sans plus se soucier de l'équilibre physique et psychologique de celle-ci, n'en vienne à la considérer comme un simple instrument de jouissance égoïste, et non plus comme sa compagne respectée et aimée. [...] Selon le vœu déjà formulé par Pie XII, la science médicale réussit à donner une base suffisamment sûre à une régulation des naissances fondée sur l'observation des rythmes naturels » (méthode des températures des docteurs Ogino et Knauss ou méthode de l'étude des modifications de la glaire cervicale des docteurs Billings).

Si pour des raisons physiologiques, psychiques ou sociales sérieuses, les méthodes naturelles ne peuvent être raisonnablement appliquées, les époux pourront se déterminer pour un autre type de méthode tout en gardant « leur cœur disponible à l'appel de Dieu, attentif à toutes possibilités nouvelles qui remettraient en cause leur choix ou leur comportement d'aujourd'hui » (Évêques de France).

Parallèlement à ces recommandations, l'Institut national de la démographie constate dans une de ses enquêtes que les catholiques utiliseraient pilule contraceptive et stérilet sans différence notable avec le reste de la population (juin 2002).

Dans le protestantisme, il est laissé à la responsabilité de chaque couple de choisir, s'il le désire, la méthode de régulation des naissances ou de contraception qui lui convient le mieux.

L'Église orthodoxe privilégie la liberté des couples en la matière et ne donne aucune directive spécifique, si ce n'est l'interdiction de la stérilisation perpétuelle.

L'islam autorise la contraception si une nouvelle grossesse risque d'affecter la santé de la femme. Pourtant, de nombreux juristes reconnaissent comme un devoir moral pour tout musulman de fonder et d'entretenir une famille nombreuse.

Le préservatif, la pilule[1] contraceptive et le stérilet seront autorisés dans le strict cadre du mariage. Bien entendu, les méthodes contraceptives naturelles (méthode des températures des docteurs Ogino et Knauss et méthode de l'étude des modifications de la glaire cervicale des docteurs Billings) pourront être préconisées. Seule la stérilisation perpétuelle est considérée comme illicite par la Sunna [12].

La tradition populaire a aussi ses méthodes dont elle affirme la véracité : la femme maghrébine qui ne désire plus avoir d'enfant ou qui souhaite espacer les futures naissances enterre le placenta de son dernier accouchement avec une grosse aiguille et du sel. De nombreux bambins pourraient témoigner que ce procédé n'est pas toujours d'une grande efficacité.

---

1. Pendant le pèlerinage à La Mecque, la femme mariée non ménopausée peut prendre une pilule contraceptive pour éviter d'avoir ses règles pendant cette période, de manière à ne pas se retrouver sur une terre sainte en situation d'impureté. Si, sur place elle a ses règles, elle ne participera pas aux prières, ni ne fera les circonvolutions autour de la Kaaba.

127. Sur quels principes repose l'interdiction du préservatif dans le christianisme ?

Dans *Le Monde* du 1er décembre 2000, Henri Tincq rapporte les conclusions d'une rencontre de théologiens et de médecins au Vatican [23] autour du sida[1] :

« [Elle] s'est achevée […] par une nouvelle et violente condamnation de toute politique de prévention fondée sur le préservatif. Mgr Javier Lozano Barragan, président du conseil pontifical chargé des questions de santé, a fait observer que "le préservatif ne sert pas à grand-chose", puisque l'épidémie progresse. La chasteté "est la loi de Dieu", a-t-il ajouté. Le préservatif est "moralement non licite", parce que "la vie produite par un rapport social n'appartient pas à l'homme, mais à Dieu". Même pour un couple dont l'un des partenaires est malade du sida, "le préservatif n'est pas admis", a-t-il souligné. […] Depuis l'encyclique *Humanae vitae* de Paul VI en 1968, l'Église catholique condamne tout moyen chimique (pilule) ou prophylactique (préservatif) qui a pour but de barrer la voie à la transmission de la vie. Mais, malgré le recours à des moyens identiques – le préservatif –, l'attitude qui consiste à empêcher la transmission de la mort ne peut pas être confondue avec la précédente. […] Dès 1988 en France, le cardinal Lustiger avait lancé aux personnes contaminées :

1. Dans le monde, en 2007, 33 millions de personnes vivent avec le virus du sida. Chaque jour, le VIH infecte plus de 6 800 personnes (sources Onusida, Institut de veille sanitaire [INVS]).

“Prenez les moyens que l’on vous propose par respect pour vous-même et pour les autres. Vous ne devez pas donner la mort.” Les combats d’arrière-garde menés par les réseaux archiconservateurs du Vatican témoignent d’une méconnaissance non seulement du principe du “moindre mal” traditionnel en théologie morale, mais aussi d’une Écriture sainte qui a fait du “Tu ne tueras pas” son principal commandement [8]. »

Ainsi, contrairement au Vatican prônant la fidélité et la chasteté sans vouloir tenir compte de la triste réalité du terrain, des prélats catholiques (Afrique, Brésil, France…) recommandent l’utilisation du préservatif pour endiguer l’épidémie du sida. Sans doute est-ce pour aller à l’encontre de tels propos que le pape Benoît XVI a confirmé lors de son premier voyage en Afrique en mars 2009 la position de l’Église catholique : « On ne peut pas résoudre le problème du sida avec la distribution de préservatifs. Au contraire, cela augmente le problème. » Jean-Paul II, son prédécesseur, n’avait jamais été aussi loin.

Aucune directive n’est donnée à ce propos par les Églises protestante et orthodoxe, chacun étant responsable de ses actes et libre d’agir selon sa propre conscience.

Quant au judaïsme, s’il interdit strictement le préservatif comme mode contraceptif dans le cadre du mariage [126], les rabbins conseillent d’y recourir pour se protéger du virus (ce serait un suicide [150] que de s’en abstenir) ou pour préserver son partenaire (cet acte serait comparable à un meurtre [8]) lorsqu’on ne peut s’empêcher d’avoir des rapports sexuels réprouvés (adultère, concubinage, homosexualité [121]). L'autorisation d'un rabbin décisionnaire sera délivrée au cas par cas (en pratique, beaucoup s'en dispensent et agissent en conscience).

L'islam autorise le préservatif dans le cadre d'une contraception maritale. Le recteur Khalil Merroun précise : « Des musulmans déclarent utiliser le préservatif pour se protéger du sida, car le musulman se doit avant tout de préserver son corps et son esprit de toute maladie qui le conduirait à la perdition, la fornication comme le meurtre. »

Rappelons en conclusion que toutes les religions considèrent comme illicite toute relation sexuelle hors du cadre marital.

128. En quoi diffère l'attitude des trois religions face à l'interruption volontaire de grossesse ?

En vertu du commandement biblique « Tu ne tueras point » [8], repris dans l'Évangile de Matthieu – « Vous avez entendu qu'il a été dit aux anciens : "Tu ne tueras point" ; celui qui tuera sera passible de jugement » (5, 21) –, l'abrègement de toute vie est explicitement interdit.

Mais à partir de combien de semaines un embryon peut-il être considéré comme animé d'une vie autonome ? Voyons avec Xavier Ternisien[1] le point de vue des différentes religions :

1. *Le Monde*, 21 décembre 2000.

« Saint Thomas d'Aquin avait [...] soutenu la thèse de "l'animation médiate", selon laquelle l'âme est "infusée" dans le corps embryonnaire à un stade déterminé de l'ontogenèse, fixé par lui à quarante jours ; elle ne coexiste donc pas avec le corps au moment de la conception. Il en déduisait [...] : si l'avortement est un "péché grave", il n'est pas un homicide lorsqu'il est pratiqué avant la formation du fœtus [...]. Les théologiens catholiques évitent aujourd'hui de recourir au concept d'"animation". Ils se bornent à affirmer que l'embryon possède un "caractère humain" dès la conception. Pour le père Patrick Verspieren, directeur du département d'éthique biomédicale du centre Sèvres, "le stade embryonnaire représente le commencement d'une vie". L'Église catholique s'oppose par conséquent à toute réification de l'embryon, qui ferait de lui un moyen, un matériau pour la recherche. Elle refuse également de fixer des "stades" ou des "seuils" d'humanité. [...] En mettant l'accent sur la dignité du biologique, la position catholique a le mérite [...] de rejeter le "dualisme" (la distinction entre âme [112] et corps), et donc de ne pas prêter le flanc au reproche – longtemps adressé au christianisme – de déprécier le corps [...].

« Pour Jean-Daniel Causse, professeur à la faculté de théologie protestante de Montpellier [...] "exister, c'est avoir son être à l'extérieur de soi. Le sujet humain est institué en dehors de lui-même par un désir qui l'a appelé, par une parole qui le précède". Le théologien protestant Jean-François Collange considère que "le concept le plus adéquat pour traduire dans la culture contemporaine [...] 'l'âme' est celui de personnalité" : c'est-à-dire une réalité qui n'est pas donnée immédiatement, mais qui se construit dans la dimension du temps et à travers la relation à l'autre. D'après les théologiens catholiques [...], si la nature de l'embryon dépend du projet formé sur lui, le risque n'est-il pas de considérer que l'enfant non désiré n'est pas un être humain ?

« Les positions des religions juive et musulmane se situent dans [...] un raisonnement de type juridique à partir des textes de leur tradition respective. Les rabbins, en se fondant sur le Talmud, considèrent qu'un avortement avant le quarantième jour est licite. "Mais cela ne signifie pas qu'avant quarante jours il n'y a rien, précise le rabbin Gilles Bernheim[1]. La position juive ne doit pas être prise comme une base de permissivité. Elle est une construction juridique qui a d'abord pour but de fonder des règles de droit." À propos du clonage thérapeutique, il estime qu'"il peut être licite dans certaines situations".

« L'islam [...] répond en se fondant sur un passage du Coran (sourate 23) et sur un hadith (propos attribués au prophète Mohammad) : "[...] l'embryon ne doit pas être considéré comme un être humain avant le quarantième jour suivant sa conception", qui correspond au stade de "l'animation". La recherche sur les embryons surnuméraires et le clonage thérapeutique seraient alors licites, à condition qu'ils aient pour finalité le bien de l'humanité. »

Alors qu'en France l'accouchement précoce était pratiqué comme une méthode de contraception il y a encore quelques décennies (on utilisait pour leurs pro-

1. Actuellement grand rabbin de France.

priétés abortives le romarin, les feuilles de saule, la fougère, la prêle, le buis, le navet, le laurier et la sabine en tisane ou en tampon vaginal), les religions ont édicté leurs propres règles.

L'interruption volontaire de grossesse est strictement interdite par le judaïsme. Elle est assimilée à un meurtre : « Celui qui verse le sang de l'homme, son sang par l'homme sera versé, car l'homme a été fait à l'image de Dieu » (Genèse 9, 6).

L'interruption thérapeutique est acceptée lorsque la gestation représente un danger certain pour la santé physique ou psychique de la mère, chaque vie humaine valant autant que toute création. Au mieux, on procédera à l'interruption médicale dans les quarante jours, plus tard si besoin est. Les parents consulteront préalablement un rabbin décisionnaire.

L'Église catholique considère l'avortement comme un « crime abominable » ou un « meurtre délibéré d'un être humain innocent » (pape Jean-Paul II). D'ailleurs, « le droit canon sanctionne l'avortement d'une excommunication *latae sententiae*, c'est-à-dire qui n'a pas besoin d'être prononcée[1] ». Selon le concile Vatican II [23] (1962-1965), « l'avortement exige de chacun les plus grands efforts pour changer les causes sociales et culturelles qui le provoquent ». Pour la commission des Épiscopats de la Communauté européenne (6 juin 1991), « la vie est un don de Dieu à respecter, à aider dans son développement et à soigner depuis son origine jusqu'à sa fin. L'origine divine de la vie de l'homme,

1. Claire Legros, « La petite fille, l'évêque et le droit canon », *La Vie*, 12 mars 2009.

fait à l'image de Dieu, fonde la dignité inaliénable de l'homme indépendamment de son état du moment ».

Le pape Jean XXIII souligne :

« La vie humaine est sacrée dès son origine, elle engage directement l'action créatrice de Dieu. […] Le bien commun, la fin essentielle d'une société organisée, ne peut pas être atteint si le bien de chaque être humain n'est pas promu et défendu avec force. Toute personne est à respecter en tous ses droits, à commencer par le droit fondamental qu'est le droit à la vie. »

L'Église catholique condamne également l'avortement en cas de viol ou d'inceste. Selon elle, toute vie humaine a de la valeur dès les premiers instants de sa conception, quelles que soient les circonstances. Ainsi, en mars 2009, au Brésil, une équipe médicale et une mère ont été excommuniées pour avoir aidé une fillette de 9 ans, violée par son beau-père et enceinte de jumeaux, à avorter. Pour le violeur, aucune sentence de l'Église. « […] Le plus grave est l'élimination d'une vie innocente », selon Dom José Cardoso.

L'interruption thérapeutique peut cependant être acceptée si la vie de la mère est en danger. Les intégristes la refusent le plus souvent. Ce fait divers le démontre.

Pour l'Église protestante, la décision d'une interruption volontaire ou médicale de grossesse relève de la seule responsabilité de la femme ou du couple. Un accompagnement leur est proposé par le pasteur.

L'Église orthodoxe ne donne aucune directive sur cette pratique, son recours devant entraîner de la compassion… alors que le Symposium de bioéthique de l'Institut Saint-Serge de Paris, des 8 et 9 mai 1977, a arrêté l'idée de l'union de l'âme [112] et du corps dans l'être humain dès sa conception. Cette notion peut entraîner un refus des fidèles de toute interruption de grossesse.

Illicite selon le Coran[1], l'avortement peut être autorisé pour des raisons thérapeutiques. Dans ce cas, il ne sera pas forcément considéré comme un crime s'il est pratiqué avant le cent vingtième jour de gestation. « Selon une interprétation de la Révélation, ce pacte est scellé au cent vingtième jour de la vie de l'embryon. D'où il est conclu que l'avortement effectué après ce délai est un crime. Mais cela n'implique pas clairement qu'il est licite avant car, comme dans toute société traditionnelle, la venue d'un enfant est toujours considérée comme une bénédiction qu'il ne convient pas de refuser[2]. »

Dieu a interdit de tuer une âme. Aussi, en cas de mise en danger de la mère par la grossesse en cours, « on choisira de sauver la mère pour lui permettre d'élever ses derniers enfants en bas âge », insiste le recteur Khalil Merroun.

Se refusant à déterminer à quelle période exactement le corps se fait le récepteur de l'âme, l'islam demande

1. « Ne tuez pas vos enfants par crainte de la pénurie : à nous de leur octroyer comme à vous subsistance. Les tuer, c'est pure abomination ! » (17, 31).

2. Rochdy Alili, *Qu'est-ce que l'islam ?*, *op. cit.*

le respect de tout être humain dès sa conception. Pourtant, « pendant la guerre en Bosnie, un mufti égyptien [théologien qualifié en droit musulman] a publié une *fatwa* [32] [sentence à valeur légale] permettant aux femmes bosniaques musulmanes ayant été violées par des soldats serbes d'avorter au cours des quatre premiers mois de grossesse[1] ». Le pape Jean-Paul II l'avait refusé pour des femmes catholiques violées lors de ces mêmes événements tragiques.

1. Malcolm Clark, Malek Chebel, *L'Islam pour les nuls*, *op. cit.*

Chapitre VII

L'enfance et l'adolescence

129. Pour quelles raisons la mère doit-elle observer une période de post-partum de quarante jours selon les trois religions ?

Quels que soient les rituels respectés par les trois religions, la période de post-partum compte quarante jours. Pendant ce laps de temps, la jeune maman est parfois frappée d'impureté. Plusieurs interdits viennent compromettre ses activités habituelles jusqu'au jour de ses relevailles célébrant son retour à la vie quotidienne parmi les siens et sa potentialité de procréer de nouveau.

Le Lévitique nous rapporte :

> « L'Éternel parla à Moïse en ces termes : “Parle ainsi aux enfants d'Israël : lorsqu'une femme, ayant conçu, enfantera un mâle, elle sera impure durant sept jours comme lorsqu'elle est isolée à cause de sa

souffrance [124]. Au huitième jour, on circoncira l'excroissance de l'enfant [134]. Puis, trente-trois jours durant, la femme restera dans le sang de purification : elle ne touchera à rien de consacré, elle n'entrera point dans le saint lieu, que les jours de sa purification ne soient accomplis. Si c'est une fille qu'elle met au monde, elle sera impure deux semaines, comme lors de son isolement [83] ; puis durant soixante-six jours, elle restera dans le sang de purification" » (12, 1-5).

Ces prescriptions sont suivies de nos jours par les femmes juives pratiquantes nouvellement accouchées, comme la Vierge Marie [26] les a observées voici plus de deux mille ans en se présentant au Temple de Jérusalem pour la cérémonie de purification quarante jours après la naissance du Christ. Ses relevailles sont célébrées le jour de la Chandeleur [67].

Cet isolement ne doit aucunement être interprété comme un temps de vie mené à l'écart des siens, même si la femme est confrontée à certains interdits : elle n'a pas le droit de se retrouver en liesse dans le lit conjugal, de toucher des objets de culte, etc. (selon certaines traditions familiales), jusqu'à son retour de couches.

Le christianisme a pris le pas sur le judaïsme, puisque pendant plusieurs siècles les accouchées observaient ce temps des « relevailles ». Voici comment se déroulait le rituel catholique il y a encore quelques décennies :

« En France, la cérémonie a lieu le jour où la mère est censée se lever la première fois (quarantième jour). Elle sort de sa maison vêtue d'un vêtement spécial (cape bien enveloppante avec capuchon sur la tête). Dans la rue, elle doit marcher seule, sans se retourner. Arrivée à l'église, elle s'arrête sur le seuil : le prêtre la bénit, ce qui signifie qu'il lève l'impureté et exorcise le mal dont elle était souillée. De retour à la maison, il y a une petite fête avec les parrain, marraine [136] et apparentés. Les relevailles représentent la fin de la période de marge : la mère peut reprendre ses activités d'épouse, de travailleuse et de chrétienne[1]. »

Aucune pratique spécifique n'a remplacé cette cérémonie qui n'est plus observée aujourd'hui. Bien entendu, à la demande des parents, le prêtre peut procéder à la bénédiction de la mère et de l'enfant, comme dans le rituel orthodoxe.

La jeune maman orthodoxe communie le quarantième jour après son accouchement (pas avant sauf en cas de danger de mort). Entre-temps, le prêtre récite des prières au chevet de la mère et de l'enfant :

• le jour de sa délivrance :

« Garde-la, Seigneur, ainsi que l'enfant qu'elle a fait naître, à l'ombre de tes ailes, protège-la. […] Accorde-lui un prompt rétablissement. Guéris ses douleurs, donne à son âme et son corps vigueur et santé, délivre ses entrailles de toutes sortes de

1. Catherine Rollet et Marie-France Morel, *Le Temps de l'enfance. Tradition et modernité des soins aux tout-petits*, Fondation Mustela, 1982.

complications. Accélère le rétablissement de son corps affaibli, et fais que son nouveau-né puisse un jour se prosterner dans le temps terrestre préparé pour la gloire de ton saint nom. »

• le huitième jour, jour de l'imposition du prénom chrétien :

« Que la lumière de ton visage brille sur cet enfant, que la Croix de ton Fils unique soit imprimée sur son cœur. Donne-lui d'être agrégé[1] en temps voulu à ta sainte Église et de parvenir à la perfection par la communion aux redoutables mystères de ton Christ. »

« Puis le prêtre prend l'enfant dans ses bras, comme le fit jadis le vieillard Siméon recevant l'Emmanuel[2] dans le Temple, et chante l'hymne de la Présentation ou Chandeleur [3]. »

À son quarantième jour, l'enfant est présenté à l'Église. À quelques mois, l'enfant sera baptisé :

« Seigneur, qui protèges les enfants, rends-le digne, en temps opportun, de renaître par l'eau et par l'Esprit. Agrège-le au saint troupeau de tes spirituelles brebis. »

---

1. Il fait référence au futur baptême de l'enfant.
2. Il s'agit de Jésus.
3. *Médecine et religions. L'accompagnement médical dans le respect des croyances de chacun*, sous la direction de Maurice Crouzet, éd. Siloë, 1998.

Si l'enfant est déjà baptisé, il prend l'enfant et trace avec lui un signe de croix avec le doigt devant les portes de la nef, et répète à plusieurs reprises en différents points de l'édifice : « Le serviteur (la servante) de Dieu N… entre dans l'Église au nom du Père et du Fils et du Saint-Esprit[1]. » Il rend l'enfant au parrain après avoir chanté le Cantique de Siméon.

La jeune maman musulmane observe une période d'abstinence de quarante jours (ou jusqu'à la fin des pertes sanguines). Ainsi, pendant sa période post-partum, elle ne prie pas, n'observe pas le jeûne du *Ramadan*[2] [75], a le droit de réciter le Coran sans le toucher, a le droit d'invoquer le divin, etc. « Pendant ce temps, l'accouchée ne doit pas couper sa relation avec Dieu » (recteur Khalil Merroun).

Très vulnérables, la mère et le nourrisson sont le centre des attentions des proches, ils ne sont jamais laissés seuls. La jeune maman reçoit les conseils de femmes plus expérimentées (mère, belle-mère, etc.). Chacune prépare à son intention des mets réputés fortifiants.

À la naissance de l'enfant, après avoir invoqué le nom d'Allah, le père murmure à son oreille droite l'appel à la prière et à son oreille gauche l'annonce de la prière [130]. On coupe une touffe de cheveux au nouveau-né. Puis on offrira aux nécessiteux une aumône équivalant à son poids en or ou en argent.

Quelques jours plus tard, un repas préparé avec de la viande de mouton est servi aux invités. À cette occa-

1. *Ibid.*
2. Mais doit le reporter au-delà de ce laps de temps ; *idem* pour l'allaitement.

sion, selon la tradition, le père répète à haute voix plusieurs fois ses nom et prénoms au bébé, accueillis par les youyous[1] de l'assistance.

130. Réserve-t-on un accueil identique, dans les trois religions, à la naissance d'une fille ou d'un garçon ?

Nombreux sont les versets de l'Ancien Testament mettant sur un plan d'égalité fille et garçon. Pour preuve, ces exemples pris dans le Deutéronome [10] :

> « Mais le septième jour est le jour du repos de l'Éternel, ton Dieu : tu ne feras aucun ouvrage, ni toi, ni ton fils, ni ta fille… » (5, 14). « Mais c'est devant l'Éternel, ton Dieu, que tu les mangeras, dans le lieu que l'Éternel, ton Dieu, choisira, toi, ton fils et ta fille… » (12, 18). « Si ton frère, fils de ta mère, ou ton fils, ou ta fille… » (13, 6). « Tu te réjouiras devant l'Éternel, ton Dieu, dans le lieu que l'Éternel, ton Dieu, choisira pour y faire résider son nom, toi, ton fils et ta fille… » (16, 11). « Tu te réjouiras à cette fête, toi, ton fils et ta fille » (16, 14)…

Le Coran [12] nous apporte une réponse similaire sur l'attitude à observer :

> « À Dieu appartient la royauté des cieux et de la terre. Il crée ce qu'Il veut. Il fait don de filles à qui Il veut

1. Cris de joie et d'espérance poussés par les femmes arabes lors des grandes cérémonies familiales.

et don de garçons à qui Il veut. Ou bien, Il donne à la fois garçons et filles ; et Il rend stérile qui Il veut. Il est certes Omniscient et Omnipotent » (42, 48-49).

L'Évangile [11] de saint Matthieu, quant à lui, nous prévient : « Gardez-vous de ne mépriser aucun de ces petits ; car je vous le dis, leurs anges dans les cieux contemplent sans cesse la face de mon Père qui est dans les cieux » (18, 10).

Il n'y a pas si longtemps, l'usage populaire, en France comme dans de nombreux autres pays, désirait en début de fratrie un enfant du sexe masculin. Sa naissance renforçait le sentiment de virilité du père, précocement encouragé par la famille et son éducation. Son utilité dans le groupe social était confirmée : il prolongerait l'activité professionnelle du père, donnerait le nom de ses ascendants aux prochaines générations, prendrait en charge ses parents lorsqu'ils seraient devenus trop vieux pour s'assumer, etc.

Le petit garçon bénéficiait de toutes les attentions dès sa naissance, alors qu'on réservait à la petite fille une instruction moindre et des soins médicaux sommaires. Parfois on n'hésitait pas à se débarrasser sans aucune honte des filles dès leur naissance (comme on le fait encore de nos jours en Chine, en Inde… sans crainte d'être poursuivi par les autorités judiciaires, complices d'homicides par laxisme) : on les assassinait ou on les vendait à bas prix, quand on ne les abandonnait pas sur les marches d'un orphelinat ou d'une église [35].

Le Coran a violemment condamné l'infanticide des petites filles – « Ils sont certes perdants, ceux qui ont, par sottise et ignorance, tué leurs enfants […] »

(6, 141) –, mais également les différences dans l'éducation des enfants selon leur sexe. Le deuxième calife Omar disait : « Une chose me fait pleurer chaque fois que je m'en souviens [...] c'est lorsque je me souviens d'avoir enterré mes filles vivantes [...] » Le recteur Khalil Merroun nous rappelle que « dans un hadith, le Prophète fait l'éloge de celui qui a trois filles, qui subvient à leurs besoins et qui les éduque. Il bénéficiera du paradis. D'ailleurs, il en sera de même pour celui qui en aura deux, voire une seule ».

Quant à l'Église catholique, jamais elle n'a hésité à accorder une âme aux petites filles. Tordons le cou ici une dernière fois à cette légende inopportune [112].

Selon le judaïsme, le christianisme et l'islam d'hier et d'aujourd'hui, qu'il soit garçon ou fille, chacun a droit à une éducation (civile et religieuse), à des soins d'hygiène et médicaux, à l'amour de ses parents... Malheureusement, trop d'atteintes aux droits des enfants sont observées aux quatre coins du monde, parfois au coin de notre rue.

131. Quels rites religieux accompagnent la naissance d'un enfant ?

Les trois religions consacrent solennellement l'entrée du nouveau-né, qu'il soit fille ou garçon [130], dans leur communauté au cours d'une cérémonie officielle.

Dans le judaïsme, lorsque les prénoms hébraïque et usuel sont identiques, les parents du nouveau-né mâle refusent d'en faire part avant sa circoncision [134] au huitième jour. Ils seront annoncés officiellement lors de la célébration. C'est par un de ses prénoms, obligatoirement hébraïque, tiré le plus souvent de l'Ancien Testament, qu'il sera appelé à la synagogue [33] pour lire la Torah [10] et lors des célébrations données en son honneur : *bar-mitsva* [138], mariage [115], décès [145].

Pour une fille, dès le premier *shabbat* [9] après sa naissance a lieu la cérémonie de la bénédiction du nom (*Zevede Habath* chez les Séfarades [21], *Holograph'* chez les Ashkénazes). À la synagogue, le père est invité par le rabbin à lire l'extrait du jour de la Torah. Une bénédiction est ensuite faite au cours de laquelle la nouveau-née est prénommée. L'assistance accueille l'annonce de ses prénoms dans l'allégresse. Pendant cet office, des prières seront dites pour la santé de la maman et de l'enfant.

« Au sein du judaïsme, il existe plusieurs traditions autour de l'attribution du nom au bébé [...]. Chez les Ashkénazes, la tradition est de donner à l'enfant le prénom d'un aïeul décédé. Chez les Séfarades, on donne souvent à l'enfant le nom d'un aïeul encore en vie. Dans les deux cas, il s'agit de donner à l'enfant le nom d'une personne que l'on respecte[1]. »

En France, ces rituels sont encore très suivis aujourd'hui. Cependant, celui concernant la petite fille est parfois ignoré ou effectué dans l'irrespect des délais requis.

Ces solennités peuvent se tenir soit dans l'enceinte de la synagogue, soit au domicile des parents, soit dans

1. Ted Falcon, David Blatner, Josy Eisenberg, *Le Judaïsme pour les nuls*, *op. cit.*

une salle louée pour l'heureuse occasion. Elles s'achèvent par un repas offert aux convives.

Dans le catholicisme, on choisira de mettre l'enfant sous la protection d'un saint patron en lui donnant son prénom imposé solennellement le jour de son baptême. Par exemple, en Bretagne, une multitude de garçons et de filles portent le prénom de Marie afin d'être mis sous la protection de la Vierge [26] (plus particulièrement les familles de marins). Voici encore quelques décennies, la tradition populaire voulait que l'on évite d'appeler l'enfant par son prénom avant son baptême afin de ne pas risquer de le mettre en péril.

Le baptême catholique est célébré lorsque les parents le désirent (avant l'âge de 5 ans, le plus souvent). Dans plusieurs Églises protestantes (baptiste, pentecôtiste, etc.), les enfants patienteront jusqu'à l'âge de raison, bien que Jésus n'ait pas repoussé les enfants en bas âge, comme en témoigne ce passage de l'Évangile de Matthieu :

> « On lui présenta alors de petits enfants pour qu'il leur imposât les mains en faisant une prière. Mais les disciples les rabrouèrent. Jésus leur dit : "Laissez les petits enfants ; ne les empêchez pas de venir à moi. Car c'est à ceux qui leur ressemblent qu'appartient le royaume des cieux" » (19, 13-14).

Les Églises réformées et luthériennes accordent, sans doute pour cette raison, le baptême aussi bien aux adultes qu'aux enfants.

Une cérémonie pour l'imposition de son prénom chrétien est donnée à l'enfant orthodoxe au huitième jour de sa naissance. Au chevet de la mère, le prêtre donne une bénédiction à l'enfant : « Que la lumière de ton visage brille sur cet enfant, que la Croix de ton Fils unique soit imprimée sur son cœur. Donne-lui d'être agrégé[1] en temps voulu à ta sainte Église et de parvenir à la perfection par la communion aux redoutables mystères de ton Christ. » Puis il le prend dans ses bras et chante l'hymne de la Présentation ou Chandeleur [67]. Au quarantième jour, une cérémonie donnée dans l'enceinte de l'église scellera l'entrée de l'enfant dans la communauté orthodoxe (et la fin des relevailles de sa mère [129]).

Sept jours après la naissance de l'enfant musulman, la cérémonie de l'imposition du nom est célébrée. Le prophète Mohammad [7] a déclaré à ce propos : « C'est un droit de l'enfant sur son géniteur, le fait que celui-ci l'éduque bien et lui choisisse bien son prénom[2]. » De préférence, les parents de l'enfant, voire les grands-parents, choisiront un prénom inspiré par le Coran [12].

Selon les coutumes, à domicile ou dans une salle louée pour l'occasion, après avoir invoqué le nom d'Allah, le père murmure à l'oreille droite du nouveau-né (fille ou garçon) l'appel à la prière et à son oreille gauche l'annonce de la prière [130]. À haute voix, il lui répète plusieurs fois son prénom et son nom accueillis par des youyous[3] lancés par l'assistance. On coupe une touffe de cheveux au bébé. Il sera donné aux nécessi-

---

1. Il fait référence au futur baptême de l'enfant.
2. Hadith rapporté par Am Bayhaqî.
3. Cris de joie et d'espérance poussés par les femmes arabes lors des grandes cérémonies familiales.

teux ou à une association caritative une aumône équivalant à son poids en or, en argent, en espèces ou objets de valeur. Bien entendu, les indigents seront exemptés de ce don. Au préalable, pour satisfaire à la coutume, la mère aura teint avec application au henné [88] les mains, les pieds, parfois les cheveux de l'enfant. Un repas préparé avec de la viande de mouton est alors offert aux invités.

Cette cérémonie perdure en France. Famille et amis y sont conviés. C'est l'occasion de se retrouver, de partager des spécialités culinaires traditionnelles (couscous, tagines, pâtisseries, sirop d'orgeat, thé à la menthe, etc.), de danser sur des musiques familières, d'échanger des nouvelles de ceux restés au *bled* (en arabe, « pays »), tout en se replongeant dans les rites culturels de son pays d'origine.

132. Quel rôle détiennent père ou mère dans l'islam et le judaïsme ?

Dans le judaïsme, la religion est transmise à l'enfant par la mère, jamais par le père ! Dans le cadre d'une union mixte, si l'autorité parentale est détenue par les deux parents, seule la religion de la mère déterminera celle de leurs enfants. Cette attitude est quelque peu surprenante. Le théologien anglican James Parkes, éminent historien de l'Antiquité juive, nous l'explique :

> « L'adoption de la matrilinéarité juive est tardive et due à deux raisons : les enfants de mère juive et de père non juif étaient issus de viols perpétrés par des soldats ennemis et n'avaient de lien réel qu'avec leur mère. Il aurait été trop cruel et injuste de les exclure

du peuple juif. Par contre, les enfants de mère non juive et de père juif étaient le plus souvent issus de relations occasionnelles de voyageurs et de marchands juifs se déplaçant hors de leur patrie, il aurait été absurde de les déclarer juifs de naissance alors qu'ils ne connaissaient que l'environnement social et religieux païen de leur mère. Toujours est-il que la Loi talmudique a établi avec clarté l'identité juive des enfants nés de mère juive et l'identité non juive des enfants nés de mère non juive et de père juif. Pour ces derniers, les portes du judaïsme sont largement ouvertes, par la voie de la conversion. Ils peuvent rejoindre ainsi la foi des ancêtres de leurs pères[1]. »

Pour l'islam, l'enfant d'une union mixte [118] prend nécessairement la religion de son père. Seul, il détient l'autorité parentale, cela quelle que soit la religion de la mère. Selon l'islam :

> « [Le père] a le droit et le devoir d'assurer l'entretien du garçon jusqu'à sa puberté, et celui de sa fille jusqu'à son mariage ; d'assurer l'éducation et la formation religieuse des garçons, celles des filles étant plus volontiers assurées par la mère avec [l'autorité] du père ; d'exercer la puissance paternelle dans tout ce qui touche à la garde et à la défense, en toutes circonstances, des intérêts de l'enfant jusqu'à sa puberté[2]. »

1. D'après Franklin Rausky, « Mères juives : du mythe à la réalité », *Actualité Juive Hebdo*, n° 663, 6 juillet 2000.
2. *Es-Salam,* n° 14, mars 2000, p. 9-10.

Dans le contexte de l'immigration, l'autorité parentale est souvent partagée au quotidien pour l'éducation, la formation religieuse, les loisirs ; elle sera paternelle sur les questions de mariage et d'avenir professionnel. Le recteur Khalil Merroun ajoute : « L'islam considère la mère comme la première école. Quant à l'éducation, elle doit être partagée entre le père et la mère. »

Évidemment, il est difficile de déterminer la religion dans laquelle sera élevé un enfant né d'une mère juive et d'un père musulman, chacune de ces deux croyances lui reconnaissant une légitime appartenance à leur communauté respective. Cela explique pourquoi les femmes musulmanes sont explicitement incitées à épouser des hommes musulmans et les hommes juifs des femmes juives, pour éviter toute discorde dans les familles à ce propos[1]. [118]

133. L'allaitement, une prescription religieuse ?

Le Talmud préconise l'allaitement maternel pendant deux ans et qu'il ne soit jamais interrompu par une nouvelle grossesse pour ne pas risquer de mettre en danger le jeune enfant. Pour de nombreux rabbins, la mise à la disposition de lait maternisé casher ne dispense pas les mères d'allaiter leur enfant lorsque cela leur est possible.

Dans la tradition chrétienne, il y a quelques siècles, le nouveau-né n'était pas mis au sein avant son ving-

1. Cf. Isabelle Lévy, *Vivre en couple mixte. Quand les religions s'emmêlent…*, *op. cit.*

tième jour – et jamais avant son baptême [134] –, le temps pour sa mère d'évacuer les « humeurs » pouvant corrompre son lait : « La théorie médicale ancienne insiste en effet sur les dangers d'une évacuation simultanée [...]. Le lait est nécessairement de mauvaise qualité quand il est sécrété en même temps que le sang des "vidanges" ; c'est un lait qui est encore à moitié sang[1]. » Évidemment, ces croyances ne sont plus d'actualité en Occident et les jeunes mamans restent libres de décider du mode d'allaitement de leurs bébés. Pourtant, le christianisme prône depuis toujours l'allaitement maternel par ses abondantes représentations de la Vierge Marie [26] donnant le sein à son fils.

Pour les femmes musulmanes, l'allaitement de l'enfant est une obligation morale : « Les mères allaitent leurs enfants deux années entières [ceci] pour quiconque veut donner un complet allaitement » (Coran 2, 233). À l'âge adulte, un enfant allaité avec amour sera tendre et proche de sa mère. Le paradis [155] est aux pieds des mères, selon la tradition prophétique.

Le sein est donné à la demande du bébé, jamais en présence masculine, rarement à la vue d'une autre femme par crainte que l'envie ou le mauvais œil tombe malencontreusement sur le nourrisson. Il y est laissé même lorsqu'il ne tète plus, le bébé ayant besoin de respirer l'odeur et la chaleur de sa mère pour se rassurer et se développer sereinement. Pendant toute cette période, l'enfant échappe à

1. Clément Mesdon, *Fatales nourrices*, éd. Magellan, coll. « Les dossiers indiscrets de l'histoire », 1998.

l'autorité des autres membres de la famille, y compris celle de son père malgré ses doléances.

Selon la tradition populaire, si la maman en cours d'allaitement d'un jeune enfant tombe de nouveau enceinte, elle cessera brusquement ce mode alimentaire pour du lait maternisé donné au biberon, ce afin de ne pas mettre en péril la vie de l'embryon.

Au temps du Prophète, alors que le lait maternisé n'existait pas, le Coran proposait que l'enfant fût allaité par une autre femme que sa mère biologique (65, 6) lorsque la première était dans l'incapacité de le faire[1]. Ce recours crée un véritable lien de parenté entre leurs deux familles, comme nous le confirme Mohammad : « L'allaitement produit la même interdiction en matière de mariage [114-116] que produit l'enfantement[2]. » En effet, l'enfant ne pourra épouser le temps venu ni sa nourrice ni l'un de ses enfants, qu'il devra considérer comme ses frères et sœurs de lait. Si l'islam énonce clairement cet interdit dans ses livres de référence, il en est de même dans les autres traditions, même si, à notre connaissance, aucun écrit n'en fait état.

134. Sur quels principes reposent la circoncision et le baptême ?

La circoncision est une intervention chirurgicale consistant dans l'ablation du prépuce. En cas de phimo-

1. La fille de Pharaon dut aussi recourir à une nourrice pour allaiter Moïse qu'elle venait de sauver des eaux du Nil. Sans le savoir, elle choisit sa mère naturelle pour cela.
2. Hadith rapporté par Bukhârî.

sis (étroitesse du prépuce empêchant de découvrir le gland) ou de paraphimosis, elle est pratiquée à titre thérapeutique. Elle est davantage connue des populations en tant que rituel religieux (judaïsme, islam) ou initiatique (Afrique noire, par exemple).

La législation française autorise la circoncision, qu'elle soit prescrite pour des raisons d'ordre médical, rituel, hygiénique ou prophylactique des maladies sexuellement transmissibles, du cancer de la verge ou du col de l'utérus pour les femmes partenaires d'hommes circoncis. En France, plus de deux millions d'hommes sont circoncis.

Après le sacrifice d'Abraham sur son fils Isaac [3], la circoncision fit son entrée dans le judaïsme :

> « Dieu dit à Abraham : "Pour toi, sois fidèle à mon alliance, toi[1] et ta postérité après toi dans tous les âges. Voici le pacte que vous observerez, qui est entre moi et vous, jusqu'à ta dernière postérité : circoncire tout mâle d'entre vous. Vous retrancherez la chair de votre excroissance, et ce sera un symbole d'alliance entre moi et vous. À l'âge de huit jours, que tout mâle, dans vos générations, soit circoncis par vous ; même l'enfant né dans ta maison, ou acheté à prix d'argent parmi les fils de l'étranger, qui ne sont pas de ta race" » (Genèse 17, 9-12).

---

1. « La circoncision d'Abraham s'est produite le 10 *Tichri* qui sera par la suite le jour de *Yom Kippour*. Ce jour est aussi celui du non-sacrifice d'Isaac finalement délivré, celui aussi où Moïse redescendra du Sinaï avec les secondes Tables de l'alliance […] » (*Mazal Tov, le premier guide de la cérémonie juive*, 2008-2009, *op. cit.*).

En souvenir de l'Alliance divine avec le patriarche Abraham, les garçons sont intronisés publiquement par la circoncision[1] le huitième jour suivant leur naissance. Pourquoi huit jours ? Le chiffre huit se situant au-delà du cycle de la création du monde réalisé en sept jours, il nous propulse dans la dimension messianique. « La pratique de la circoncision du prépuce doit s'accompagner de la circoncision du cœur[2], à savoir un contrôle de soi, de ses émotions, de son langage. Tout acte juif induit par essence une remise en question, un bouleversement pour arriver à une certaine maîtrise de soi[3]. »

Pour la circoncision, le parrain (souvent le grand-père), assis sur la chaise du prophète Élie[4], tient l'enfant dans ses bras. Alors qu'il coupe le prépuce dans le strict respect des règles d'hygiène et d'asepsie, le *mohel*[5] récite une bénédiction rituelle. Les prénoms de l'enfant sont officiellement annoncés à l'assistance. C'est par son prénom hébraïque qu'il sera appelé à la synagogue [33] pour lire la Torah [10] et qu'il sera nommé lors de ses cérémonies religieuses à venir (*bar-*

1. Si un juif reste juif même s'il n'est pas circoncis à huit jours et plus, le judaïsme demande la circoncision aux convertis, alors que l'islam la recommande sans jamais l'exiger d'eux.

2. « Et l'Éternel circoncira ton cœur » (Deutéronome 30, 6).

3. *Mazal Tov, le premier guide de la cérémonie juive*, 2008-2009, *op. cit.*

4. Selon la tradition, le prophète Élie, ange de l'Alliance et protecteur de l'enfant, annoncera la venue du Messie.

5. Le *mohel* est un homme (jamais une femme) possédant les compétences chirurgicales et les connaissances religieuses nécessaires à cette pratique.

mitsva [138], mariage [115], décès [145]). Ensuite, les convives seront invités à partager un repas de fête.

Pour l'islam, la circoncision est un rite (et non pas une obligation religieuse) à satisfaire avant le mariage. En effet, le Coran n'en fait jamais mention. Pourtant, la quasi-totalité des hommes musulmans sont circoncis ; ils considèrent la circoncision comme un symbole d'esthétisme et de spiritualité, une justification pour une plus grande procréation à venir, la dîme payée par l'enfant pour devenir un adulte, une épreuve au caractère initiatique. Il est vrai, pour certaines écoles juridiques (chafiite, par exemple), la circoncision est obligatoire ; pour d'autres, elle est fortement recommandée. D'ailleurs, tous les compagnons du Prophète étaient circoncis. Quant à Mohammad lui-même, il serait né « circoncis par les anges », c'est-à-dire sans prépuce.

Par la *tahâra* (en arabe, « circoncision »), le garçonnet coupe le lien qui le retient au monde des femmes, commémorant ainsi le sacrifice[1] d'Abraham sur son fils Ismaël (fils d'Agar, servante de son épouse Sarah), comme le fait également la fête de l'*Aïd el-kébir* [74] clôturant le pèlerinage à La Mecque [18].

La *tahâra* a lieu entre les âges de 3 et 13 ans, selon les usages familiaux. Ce geste symbolique de purification marque l'entrée de l'enfant dans le monde des adultes. En France, il est pratiqué par une personne possédant un savoir-faire transmis par les anciens au pays, un chirurgien hospitalier musulman ou un chirurgien

1. D'après la tradition hébraïque, Abraham dut sacrifier Isaac (fils de Sarah, son épouse légitime).

non musulman assisté d'un religieux[1]. Dans les milieux ruraux et traditionalistes, 25 % des circoncisions se font à l'extérieur des institutions hospitalières, parfois au *bled* (en arabe, « pays »), pendant un séjour.

L'intervention est fixée de préférence le vendredi [9], mieux, un vendredi pendant le mois du *Ramadan* [75], mieux encore pendant la nuit du Destin : « La nuit du vingt-septième jour du *Ramadan* est encore plus propice car c'est la nuit de la destinée, laquelle a une valeur théorique de mille mois[2]. »

À cette occasion, la famille organise une grande fête pendant laquelle on sacrifie un ovin ou un caprin, comme Abraham l'a fait voilà plusieurs millénaires pour remercier Dieu d'avoir épargné son fils. Aucune cérémonie ne marque l'adolescence du garçon (contrairement à ce qui se passe chez les juifs avec la *bar-mitsva*). Dès sa circoncision, il peut commencer l'apprentissage de la langue arabe et l'étude du Coran [12].

« Elle enfanta son fils premier-né et, lorsque furent accomplis les huit jours pour sa circoncision, il fut appelé du nom de Jésus [5] » (Luc 2, 21). Ce témoignage nous confirme que le Christ fut circoncis au huitième jour, conformément au rituel du judaïsme.

Dès les premiers temps du christianisme, la question de savoir s'il fallait que les frères venus du paganisme

1. Le plus souvent, ce dernier n'est pas accepté dans l'enceinte du bloc opératoire. Il effectuera les prières accompagnant le rituel à l'extérieur de ce lieu où une hygiène stricte est respectée.

2. Malek Chebel, *Histoire de la circoncision, des origines à nos jours*, éd. Balland, 1997.

soient circoncis ou non fut âprement débattue. Si les incirconcis étaient acceptés parmi la communauté du Nazaréen, fallait-il les circoncire pour sacraliser leur entrée ?

> « Certaines gens, descendus de Judée, enseignaient aux frères : "Si vous ne vous faites pas circoncire selon la coutume de Moïse, vous ne pouvez pas être sauvés." Il s'ensuivit une polémique et une discussion assez vive entre eux et Paul et Barnabé. On décida que Paul, Barnabé et quelques autres frères monteraient à Jérusalem auprès des apôtres et des presbytres pour traiter cette question » (Actes des Apôtres 15, 1-2).

Après maintes controverses, l'Église chrétienne (sauf l'Église abyssinienne), par son concile de Jérusalem [23] (vers l'an 49), réfutera la circoncision en faveur du baptême. Saint Paul s'en explique :

> « Ce n'est pas ce qui se voit qui fait le juif, ni la marque visible dans la chair qui fait la circoncision, mais c'est ce qui est caché qui fait le juif, et la circoncision est celle du cœur, celle qui relève de l'Esprit et non de la lettre » (Romains 2, 28-29).

Pourtant, de nombreux chrétiens ont célébré le 1er janvier la circoncision de Jésus-Christ (le verset 2, 21 de l'Évangile de Luc le confirme) pendant des siècles, jusqu'aux années 1960 où sa mention a disparu de la majorité des calendriers… civils [50, 52] !

Dès ses origines, le baptême (du grec *baptizein*, « immerger ») est reconnu comme le rite d'initiation du christianisme, plus tard comme le premier sacrement [17] de tout chrétien. Jean le Baptiste le préconise aux juifs pour la rémission de leurs péchés. « Ils se faisaient baptiser par lui dans les eaux du Jourdain, en confessant leurs péchés » (Matthieu 3, 6). « Pour moi, je vous baptise dans l'eau en vue du repentir ; mais celui qui vient derrière moi, et je ne suis pas digne d'enlever ses chaussures, lui, vous baptisera dans l'Esprit-Saint et le Feu » (Matthieu 3, 11). Il prépare la venue de Jésus qu'il baptisera bientôt à sa demande : « Et il arriva, en ces jours-là, que Jésus vint de Nazareth en Galilée et fut baptisé par Jean dans le Jourdain. Dès qu'il sortit de l'eau, il vit les cieux se fendre et l'Esprit [25], comme une colombe, descendre sur lui. Et une voix vint du ciel : "Tu es mon Fils bien-aimé ; tu as toute ma faveur" » (Marc 1, 11). Les apôtres prendront la relève après la Pentecôte [59] : « Allez, faites de toutes les nations des disciples, les baptisant au nom du Père, du Fils et du Saint-Esprit » (Matthieu 28, 19).

Acte de foi par excellence, ce sacrement[1] donne au baptisé une renaissance par l'eau, source vive, révélatrice d'un monde nouveau, d'espoirs et de bienfaits. « Sans la parole, cette eau est une eau ordinaire, mais avec la parole de Dieu, c'est le baptême, c'est-à-dire une eau de grâce et de vie », précise le catéchète. Par le baptême, on entre dans le mystère de la mort et de la résurrection du Christ. D'ailleurs, le baptisé est habillé de blanc à l'instar du linceul de Jésus, symbole de la résurrection des corps promise par ce sacrement. Il per-

1. Le baptême est le premier des sept sacrements catholiques et orthodoxes et des deux sacrements protestants ; il est donc commun à toutes les Églises chrétiennes.

met de recevoir la grâce divine et de vivre en Fils de Dieu : « Nul s'il ne naît de l'eau et de l'Esprit ne peut entrer dans le royaume des cieux » (Jean 3, 5).

Pour administrer ce sacrement, le prêtre verse un peu d'eau bénite, à trois reprises, sur la tête du jeune baptisé[1]. Dans le même temps, il prononce la formule trinitaire : (prénom[2] de l'enfant) suivi de « Je te baptise au nom du Père, du Fils, du Saint-Esprit ». Suivent d'autres rites riches en symboles conservés par quelques communautés : un peu de sel sur la langue – le chrétien est le sel de la terre capable de donner de la saveur à l'existence ; une goutte d'huile consacrée avec laquelle on dessine une croix sur le front ; un cierge allumé à la main, la lumière de Jésus-Christ sur le monde ; deux témoins (le parrain et la marraine [136]) représentent la communauté accueillant le nouveau baptisé. En effet, en demandant le baptême pour leur enfant, ses parents s'engagent à lui donner une éducation chrétienne, c'est-à-dire dans la foi du Christ vivant et ressuscité.

Pour les protestants [6], le baptême[3] rappelle la grâce de Dieu qui s'étend sur tout être humain repenti qui s'engage dans une nouvelle vie spirituelle. « Les calvinistes (réformés) ne voient dans le baptême qu'un signe anticipé de cette nouvelle naissance. Pour eux, le baptême n'est pas nécessaire au salut. Quant aux baptistes,

1. C'est au Moyen Âge que l'Occident latin abandonne la pratique de la triple immersion pour quelques gouttes d'eau versées sur le front du jeune baptisé.

2. Inspiré par les Saintes Écritures, selon les vœux de l'Église.

3. Le baptême et la sainte cène sont les seuls sacrements reconnus par le protestantisme.

ils considèrent le baptême comme un simple acte d'obéissance[1]. »

Pour les orthodoxes, le jour de la naissance de l'enfant, une prière de reconnaissance et de purification pour la vie est donnée à la mère par le prêtre :

« Garde-la, Seigneur, ainsi que l'enfant qu'elle a fait naître, à l'ombre de tes ailes, protège-la. [...] Accorde-lui un prompt rétablissement. Guéris ses douleurs, donne à son âme et son corps vigueur et santé, délivre ses entrailles de toutes sortes de complications. Accélère le rétablissement de son corps affaibli, et fais que son nouveau-né puisse un jour se prosterner dans le temps terrestre préparé pour la gloire de ton saint nom. »

Au huitième jour, le prêtre fait la prière suivante sur l'enfant :

« Que la lumière de ton visage brille sur cet enfant, que la Croix de ton Fils unique soit imprimée sur son cœur. Donne-lui d'être agrégé en temps voulu à ta sainte Église et de parvenir à la perfection par la communion aux redoutables mystères de ton Christ. »

Il le prend ensuite dans ses bras, comme le fit le vieillard Siméon avec Jésus, et lui chante l'hymne de la Présentation [67].

À son quarantième jour, l'enfant est présenté à l'Église. À quelques mois, l'enfant sera baptisé :

1. Éric Denimal, *Oui, nous sommes protestants*, *op. cit.*

« Seigneur, qui protèges les enfants, rends-le digne, en temps opportun, de renaître par l'eau et par l'Esprit. Agrège-le au saint troupeau de tes spirituelles brebis. »

Si l'enfant est déjà baptisé, il prend l'enfant et trace avec lui un signe de croix avec le doigt devant les portes de la nef, et répète à plusieurs reprises en différents points de l'édifice : « Le serviteur (la servante) de Dieu N… entre dans l'Église au nom du Père et du Fils et du Saint-Esprit[1]. » Il rend l'enfant au parrain après avoir chanté le Cantique de Siméon.

L'Église orthodoxe a gardé le baptême par triple immersion[2], encouragé pour les enfants par le concile Vatican II [23], comme le Christ s'est plongé trois fois dans les eaux du Jourdain sous les yeux de Jean-Baptiste. Un véritable retour aux sources : le baptisé meurt et ressuscite avec le Christ. « En sortant de l'eau, écrit Nicolas Cabasilas, nous portons le Sauveur lui-même sur nos âmes, sur notre tête, sur nos yeux, dans nos entrailles mêmes, sur tous nos membres, pur du péché, libre de toute souillure, tel qu'Il est ressuscité. »

Par la foi, le sacrement s'accomplit. La chrismation (onction d'huile[3] signifiant « onction de l'Esprit-Saint ») suivra.

---

1. *Médecine et religions. L'accompagnement médical dans le respect des croyances de chacun*, *op. cit.*

2. Immersion totale du corps baptisé dans l'eau bénite par trois fois.

3. Appelé aussi le saint chrême, l'onction d'huile conférait à celui qui la recevait l'autorité, la puissance, l'incorruptibilité et la gloire divines.

Si le baptême ne peut être reçu qu'une seule fois au cours de l'existence, il ne peut jamais être effacé ou annulé[1]. Quant aux enfants décédés avant même d'avoir reçu le baptême, plus question pour eux de séjourner dans les limbes (lieu où ils ne connaîtraient pas les tourments de l'enfer sans toutefois jouir de la béatitude du paradis [155]). Le pape Benoît XVI en a décidé ainsi il y a peu.

« Alors qu'il n'était encore que le cardinal Ratzinger, [il] avait fait connaître, dès 1984, sa préférence personnelle pour l'abandon de l'hypothèse de l'existence des limbes [...] » Ce concept aucunement mentionné dans la Bible est né dans les premiers siècles du christianisme. « Dès le concile de Carthage, en 418, saint Augustin réfutait l'idée d'un séjour intermédiaire entre le paradis et l'enfer, pour les âmes des enfants morts sans être baptisés, et en tirait argument pour un baptême très précoce des enfants, notamment en raison de la mortalité infantile[2]. » Les limbes seront ainsi nommés à partir du XIIIe siècle. Pour les éviter, des parents choisissent de faire baptiser leurs enfants dès les premières heures après la naissance, d'autres n'hésitent pas à patienter plusieurs mois.

Alors que la mortalité infantile diminue au fur et à mesure des avancées de la médecine dès la fin du

1. Pourquoi l'Église catholique est-elle appelée « notre sainte Mère l'Église » ? Parce qu'elle donne naissance au nouveau chrétien dans les eaux des fonts baptismaux, comparées aux eaux du ventre maternel.

2. Menahem Macina, « Le Vatican relativise la croyance catholique dans l'existence des limbes », *Le Journal chrétien*, 21 avril 2007.

XVIIIe siècle, les baptêmes des nouveau-nés se font plus rares. En 1970, l'Église catholique reconnaît « le baptême de désir », c'est-à-dire que les parents de l'enfant décédé prématurément avaient exprimé l'intention de le baptiser. Pour ces enfants – « confiés à la miséricorde de Dieu », selon le *Catéchisme de l'Église catholique* (1992) –, un rite funéraire spécifique est mis en place, pour le plus grand réconfort de leurs parents.

135. Pourquoi le baptême des enfants est-il refusé par certaines Églises chrétiennes ?

Les premiers chrétiens, des adultes pour la plupart, au risque d'être persécutés – voire martyrisés –, s'engagent envers le Christ en recevant le baptême par immersion totale à trois reprises. Les immenses baptistères des églises des IIIe et IVe siècles en témoignent.

Au fil du temps, l'Europe devient majoritairement chrétienne. Au Moyen Âge, les baptêmes d'adultes sont exceptionnels, alors que les enfants de parents chrétiens sont couramment baptisés. Ce sacrement ne représente plus alors un engagement individuel de l'enfant. C'est pourquoi ses parents et l'Église qui l'ont guidé sur ce chemin se portent garants de sa future éducation chrétienne. Parrain et marraine [136], membres de cette même communauté, témoigneront de leur engagement pris lors de la cérémonie.

D'après certains docteurs de l'Église, l'enfant naît vierge de tout péché. En cas de décès prématuré, il sera accueilli au paradis [155]. Son baptême [134] cst donc inutile.

D'autres assurent que le nouveau-né doit être lavé par le baptême de la faute originelle commise par Adam et Ève. S'il meurt avant d'avoir reçu ce sacrement, il serait condamné à séjourner dans les limbes, à moins que sa jeune âme [112] devienne un feu follet tourmentant les vivants. Son corps ne peut alors être enterré dans une terre consacrée dans le cimetière paroissial. Aussi, le baptême des enfants se généralise.

Néanmoins, pour les nourrissons décédant avant d'avoir reçu ce sacrement, les théologiens du XVIe siècle inventent les « sanctuaires à répit » où l'on porte l'enfant mort. L'enfant y ressuscite symboliquement un court instant, le temps de recevoir le baptême et que son âme quitte en paix le monde des vivants. Cette pratique n'a pas apaisé la peine des parents. Elle a progressivement disparu à partir du XIXe siècle, comme l'existence des limbes (début du XXIe siècle).

L'Église d'aujourd'hui, consciente que tout nouveau-né ne peut commettre le mal, admet que l'enfant n'ira pas en enfer pour ne pas avoir reçu le baptême et reconnaît la validité d'un « baptême de désir » pour toute personne en danger de mort (enfant ou adulte).

Pour les autres, selon le droit canon [32], les parents ont l'obligation de faire baptiser leurs enfants lors des premières semaines suivant leur naissance[1] pour les laver du péché originel et marquer leur admission dans l'Église.

1. De la naissance à trois mois… alors que le concile de Trente (1563) a recommandé le baptême dans les trois jours suivant la naissance !

Si les Églises catholique, réformée et luthérienne pratiquent les baptêmes d'enfants et d'adultes, les Églises baptiste, pentecôtiste et autres reconnaissent uniquement le baptême d'adultes, affirmant que s'ils peuvent se rendre coupables de péchés, ils peuvent aussi se repentir et comprendre la rédemption.

Petite page d'histoire de France : un décret d'Henri II en 1556 rendait obligatoire la déclaration de grossesse. Cette injonction, renouvelée en 1708, avait pour but d'éviter que des enfants meurent non baptisés. L'absence de déclaration des enfants nouvellement nés entraînait la peine capitale. En 1731, cette peine fut commuée en bannissement. En 1801, la laïcisation de l'état civil (et le droit au divorce) par Napoléon a permis de délivrer les parents de toutes contraintes vis-à-vis des instances religieuses relatives à leurs enfants. La religion catholique n'était plus religion d'État mais celle de la majorité des Français.

136. Les rôles du parrain et de la marraine dans le christianisme

Le baptisé, qu'il soit enfant ou adulte, doit avoir un parrain et/ou une marraine. Selon le droit canon [32], ils doivent être homme et femme, jamais du même sexe. Le parrain et la marraine témoignent de la tenue de la célébration du baptême [134] ; ils secondent les parents de leur filleul(e) enfant dans son éducation spirituelle ; ou ils se portent garants du sérieux de la démarche de conversion de leur filleul(e) adulte et l'accompagnent sur le chemin de la foi en Jésus-Christ [5].

Pour l'Église catholique, le parrain et la marraine ne doivent pas être les parents du baptisé ; ils sont âgés de 16 ans ou plus, sont membres de cette même Église (baptisés et confirmés), vont à la messe régulièrement, sont pratiquants et ont une existence en cohérence avec l'Évangile [11]. Il faut qu'au moins l'un des deux (le parrain ou la marraine) soit catholique pratiquant.

Au-delà des croyances populaires, jamais un baptême chrétien n'engage quiconque à suppléer les parents en cas de défaillance ou de disparition ; il n'a qu'une valeur morale face à la loi. Il en est de même du baptême civil, appelé « républicain », créé par les révolutionnaires de 1789 pour faire concurrence au baptême religieux. Mais il n'est régi par aucun texte législatif, et les maires ne sont plus tenus de le célébrer. « Par ailleurs, ne s'agissant pas d'un acte d'état civil, le maire n'est pas autorisé à l'inscrire sur les registres de l'état civil. Ainsi, rien n'oblige l'officier d'état civil à recevoir une déclaration de "baptême" ou de "parrainage civil". Cela ne lui est pas interdit non plus, mais les certificats ou documents qu'il délivre pour l'occasion, ainsi que la tenue d'un registre officieux, ne présentent aucune valeur juridique. [...] Il vous est donc conseillé d'être désigné tuteur par voie testamentaire notariée ou sous-seing privé (article 398 du Code civil)[1]. » Ainsi, une visite chez le notaire s'impose pour confier assurément la garde d'un bambin à une personne en cas de disparition brutale de l'un de ses parents ou des deux.

1. Site Internet « Service public ».

Dans le judaïsme et l'islam, il n'existe point de parrain ou marraine ; tous les membres de la famille, voire de la communauté, endossent volontiers ce rôle en toutes circonstances, heureuses ou tragiques.

137. À quel événement est rattaché le rachat du premier-né masculin dans le judaïsme ?

Tout juif premier-né de sexe masculin, dont la mère ou le père n'est ni Cohen (ou Cahen, etc.) ni Lévy (ou Lévi, Lévis, Weil, etc.), doit être racheté par un Cohen le trente et unième jour après sa naissance.

Parce que Dieu sauva les premiers-nés d'Israël lors de la dixième plaie qui s'abattit sur l'Égypte [57], Il les destina aux hautes fonctions sacerdotales (prêtres) au Temple de Jérusalem. Après la faute commise par les Hébreux qui ont idolâtré le Veau d'or, seuls les lévites seront prêtres jusqu'à la destruction du second Temple (70 après J.-C.). Rachi[1] nous en explique la raison :

> « J'ai acquis les lévites par les premiers-nés et je les ai pris à leur place ; car le service incombait aux premiers-nés, mais, lorsque ceux-ci ont failli par le péché du Veau d'or, ils sont devenus inaptes, et les lévites, qui ne s'étaient pas adonnés à l'idolâtrie, furent choisis à leur place. Les premiers-nés furent disqualifiés pour le service du Tabernacle, mais conservent néanmoins la sainteté qui est en eux, cette

1. Nom donné au rabbin Salomon ben Isaac (1040-1105) de Troyes (France) qui eut une grande influence sur le judaïsme du Moyen Âge, notamment pour son commentaire du Talmud.

espèce de sainteté qui s'étend même jusqu'à l'animal d'un juif [...]. »

En souvenir de la charge sacerdotale au Temple de Jérusalem que tout premier-né de sexe masculin devait assurer, le *Pidyone Habene* consiste pour le père à demander à un Cohen de procéder au rachat de son premier-né[1]. En l'absence paternelle, le *Beth Din* de la ville s'en charge.

Bien entendu, il s'agit d'une célébration purement rituelle et non d'une affaire financière ! Célébration qui n'est pas nécessaire si la maman a donné précédemment naissance à un enfant mort-né ou si elle a fait une fausse couche.

138. Pour quelle raison y a-t-il un rite initiatique pour les garçons dans le judaïsme ?

Le rite d'initiation de l'adolescent juif existe depuis le XVe siècle, conformément au verset « Et l'enfant [Isaac] grandit, et il fut sevré et Abraham fit un grand festin le jour où Isaac fut sevré » (Genèse 21, 8). « Le Midrash considère qu'Isaac fit sa *bar-mitsva* à l'âge de 13 ans. D'autres confirment qu'il s'agit d'une loi transmise par Dieu à Moïse au Sinaï[2]. »

1. Seul le premier des jumeaux mâles sera racheté, pas le second. De plus, selon le rabbin Chelomo Zalman Auerbach, un garçon né d'une fécondation *in vitro* doit aussi être racheté. Cf. *Mazal Tov, le premier guide de la cérémonie juive*, 2008-2009, *op. cit*.

2. *Mazal Tov, le premier guide de la cérémonie juive, ibid.*

Le rite d'initiation de la jeune fille fut créé par Jacob Ettlinger, le grand rabbin néo-orthodoxe d'Altoona (États-Unis) au XIXe siècle, sans doute dans un désir d'égalité entre les deux sexes. Si les Ashkénazes [21] s'y plièrent aussitôt, les Séfarades attendirent la seconde moitié du XXe siècle pour le pratiquer.

Si le rite en faveur du garçon est strictement observé par tous, celui de la jeune fille est laissé au bon vouloir des parents et de l'intéressée. En effet, le rite d'initiation pour les jeunes filles n'est pas intégré dans l'office synagogal. Il n'est donc pas obligatoire.

La *bar-mitsva* (en hébreu « fils des commandements ») concerne le garçon qui a atteint l'âge de la majorité légale, 13 ans ; la *bat-mitzvah* (en hébreu « fille des commandements »), la fille de 12 ans.

Après la cérémonie, le garçon sera considéré comme un adulte dans sa communauté et devra remplir ses différentes obligations religieuses (prières, études des textes sacrés, jeûnes, etc.).

Lors de l'office du matin (lundi ou jeudi de préférence[1]), il revêt pour la première fois le *talith* et les *teffilines* [44]. Le rabbin l'aide à enrouler ces dernières sur le bras gauche et sur le front. Ensuite, seul, il lit le chapitre du jour de la Torah devant toute l'assistance. Il sera de nouveau mis à l'honneur au *shabbat* [9] suivant, lors de l'office.

La jeune fille aura droit à une cérémonie spécifique à la synagogue : ni port (illicite) du *talith* ni celui des

1. Jours de la sortie des rouleaux de la Torah et de leur lecture dans toutes les synagogues.

teffilines, pas plus que la lecture de la Torah [10]. Pourquoi ? Dans le judaïsme, la fille n'a aucune obligation religieuse liée au temps (prières, par exemple). Le rabbin Haïm Tordjman[1] explique cela très clairement :

> « [...] Adam a été créé à partir de la terre, d'une matière informe. Il est donc nécessaire à l'homme de fournir beaucoup d'efforts pour s'élever, d'où le nombre de commandements importants auxquels il doit se soumettre. Ève a été créée à partir de l'homme, et est donc moins attachée à la terre. Elle ne provient pas d'une matière brute, d'où cette sensibilité esthétique, d'où cette finesse, ce raffinement et cet esprit déductif que la femme possède. [...] »

On pourrait en conclure qu'au fil de ses créations Dieu a affiné son œuvre. Plus parfait que l'homme, l'être féminin n'a pas les devoirs à remplir liés au temps (telle la prière) mais d'autres relevant du foyer, de l'éducation des enfants, etc.

Échanges de cadeaux et soirées festives auxquelles seront conviés une multitude d'invités clôtureront les solennités religieuses.

Dans l'islam, il n'existe pas de cérémonie équivalente à la *bar-mitsva* juive ou à la communion chrétienne [139], ni pour le garçon ni pour la fille. Dans certains pays, la circoncision (selon l'âge à laquelle elle est pratiquée) marque le début de l'apprentissage du Coran [12].

1. *Mazal Tov, le premier guide de la cérémonie juive*, 1995-1996, *op. cit.*

139. Quelle importance revêtent dans le christianisme la première communion et la confirmation ?

La première communion a lieu vers l'âge de 7 ou 8 ans. Ce sacrement [17] suit celui du baptême [134]. Comme son nom le souligne, c'est la première union par l'hostie avec le corps et le sang du Christ. Les enfants ont donc reçu un enseignement biblique pour qu'ils aient conscience de l'importance de la cérémonie. Elle sera toujours précédée par leur confession (sacrement de réconciliation) auprès du prêtre, la première de leur existence de jeune catholique.

Suit la confirmation au début de l'adolescence (11-12 ans), qui confirme et renforce la foi reçue au baptême. En présence de l'évêque, le jeune renouvellera sa promesse de vivre en chrétien avec ses propres mots. Pour ce faire, il doit rédiger avant la cérémonie une lettre adressée à l'évêque, dans laquelle il expose ses motivations pour recevoir ce sacrement et son engagement face à ses convictions spirituelles.

Lors de la cérémonie (souvent en mai, mois de Marie [26]) rassemblant plusieurs enfants des deux sexes, l'évêque procède à l'imposition des mains (signe de transmission de l'Esprit-Saint [25]) sur la tête de chacun des postulants, suivie d'une onction d'huile bénite (symbole de la puissance divine) sur le front. Le jeune catholique est désormais considéré comme le Christ (en grec, « celui qui a reçu l'onction »).

Les Églises anglicane et protestantes ne reconnaissent pas la confirmation. Pour elles, seuls le baptême et la cène [41] sont des sacrements.

Pour les jeunes protestants, leur profession de foi confirmera leur engagement pris au baptême. C'est leur « confirmation ».

Les Églises orthodoxes donnent la confirmation immédiatement après le baptême, pratiquant ainsi l'initiation du nouveau chrétien lors d'une seule cérémonie.

Il en est de même pour les catéchumènes, les adultes non baptisés demandant à rejoindre l'Église catholique. Au cours de la même cérémonie, ils reçoivent le baptême, la première communion et la confirmation au cours de la veillée pascale (appelée aussi « vigile pascale ») [58, 69].

140. Les religions face à l'excision[1]

L'excision est l'ablation du clitoris entier et de certaines parties des petites lèvres. La plus commune dans le monde islamique, la *sunna*, prévoit l'ablation du clitoris ou de son prépuce. La plus extrême, l'infibulation, est pratiquée par les Soudanais et les Égyptiens. Cette opération consiste à enlever le clitoris, les petites et grandes lèvres. La vulve est ensuite suturée à l'aide de catgut, de fils de soie ou d'épines. Seul un orifice étroit est ménagé pour l'évacuation de l'urine, l'écoulement du flux menstruel et les relations sexuelles. Il est décousu puis recousu à chaque accouchement.

L'excision est pratiquée avec une lame tranchante, parfois un tesson de bouteille. Ces instruments ne sont

1. D'après Olivia Cattan et Isabelle Lévy, *La Femme, la République et le bon Dieu*, *op. cit.*

pas stérilisés. La petite fille, sans anesthésie préalable, est attachée ou maintenue par plusieurs femmes. L'étendue de la mutilation dépend de l'exciseuse. La plaie est ensuite recouverte de cendres ou de boue puis l'enfant s'assoit dans un seau d'eau glacée pour calmer la douleur et hâter la cicatrisation.

Les conséquences de cette mutilation génitale sont terribles, parfois mortelles : douleurs intenses, choc émotionnel, rétention urinaire ou du flux menstruel, rapports sexuels douloureux, frigidité, stérilité, innombrables difficultés lors des accouchements, hémorragie, septicémie… sans parler des répercussions psychologiques.

Dans le judaïsme, l'excision n'existe pas et « ne peut être en aucun cas comparée à la pratique de la circoncision [134] que subissent les nouveau-nés garçons. Comment comparer l'ablation de l'organe féminin et le fait d'enlever un petit bout de peau du sexe masculin ? » interroge le grand rabbin David Messas. Seuls les juifs éthiopiens, les Falachas, pratiquaient l'excision « par tradition tribale ». À leur arrivée en Israël, ils ont été contraints d'abandonner cette pratique ancestrale si répandue en Afrique.

Les Églises chrétiennes de ce même continent ont dû prendre position ces dernières décennies contre l'excision : de nombreux catholiques du sud du Nigeria, du Burkina Faso, du Kenya et de l'Afrique de l'Est la pratiquaient. Lors du séminaire « Excision : culture et religion » organisé dans le sud-est du Sénégal, en 1993, le révérend père Lopy a déclaré : « Si Dieu a trouvé que ce qu'il a réalisé dans l'homme comme dans la femme est absolument bon, pourquoi la lame, le couteau ou un tesson de bouteille viendraient-ils supprimer la merveille du Créateur ? » En 1995, l'archevêque de Dakar, le cardinal Hyacinthe Thiandoum, à l'occasion de la fête de l'Assomption [71], s'est également prononcé contre les mutilations sexuelles féminines en se référant au cinquième commandement : « Moïse interdit toute atteinte à la vie[1]. »

Qu'en est-il de l'islam face à l'excision ? La majorité des femmes excisées d'Afrique et du Moyen-Orient sont musulmanes. Pourtant l'excision va à l'encontre des préceptes islamiques prônant l'intégrité du corps. Selon le théologien Mohsen Ismaïl : « L'excision est une atteinte à la dignité de la femme. Aucun verset coranique, aucun propos prophétique ne recommande cette pratique barbare. Il s'agit plutôt d'une tradition ancienne qui rendait la femme responsable de tous les manquements à la morale et aux bonnes mœurs. La littérature juridique ancienne qui parle de cette pratique, sans la recommander formellement, l'évoque sous le vocable *khafdh* ou *khifâdh*, qui signifie l'affaiblissement du plaisir sexuel. Cette signification est connotée d'un raisonnement qui confère à la femme un statut inférieur à celui de l'homme. Dans le contexte actuel, cette pratique tribale est doublement condamnable, tant au niveau de la religion que des lois civiles. »

1. Amnesty International, *Mutilations sexuelles féminines. Les religions sont-elles impliquées ?*, Commission « Philosophies et religions », décembre 2005.

D'autres musulmans, fondamentalistes cela va de soi, légitiment l'excision. Tout en rejetant la sexualité [122] de la femme, ils justifient la continuité de cette pratique en invoquant des bénéfices pour la santé et l'hygiène de la gent féminine. Pour donner plus encore un caractère sacré à cette barbarie, ils se réfèrent à des paroles que le prophète Mohammad aurait adressées à une exciseuse : « Si tu coupes, n'exagère pas, car cela rend le visage plus rayonnant et c'est plus agréable pour le mari. » Selon d'autres rapporteurs, il lui aurait dit que « l'excision est le mérite des filles ». Pour de nombreux exégètes, ces paroles prophétiques, figurant dans la Sunna, seraient apocryphes. D'ailleurs, ni les femmes ni les filles du Prophète n'étaient excisées. Pourquoi Mohammad aurait-il demandé à ce que les autres femmes le soient ? « Preuve s'il en est que ce hadith est faible et erroné », conclut le recteur Khalil Merroun.

Selon Soheib Bencheikh, ancien grand mufti de Marseille : « La mutilation d'un être humain provoque la colère de Dieu et suscite l'indignation de ceux qui ont un minimum d'humanité. Le droit doit protéger l'individu de tout ce qui porte atteinte à son intégrité physique, qu'il vienne d'une religion ou d'une coutume amalgamée à une religion. La Création de Dieu ne se modifie pas[1]. »

Nous pouvons aisément conclure qu'aucune religion monothéiste – ni le judaïsme, ni le christianisme, ni l'islam – ne prône l'excision des petites

1. Soheib Bencheikh, *Marianne et le Prophète. L'Islam dans la France laïque*, Le Livre de Poche, n° 4340, 2003.

filles. Cette pratique relève d'une coutume tribale ancestrale à la croyance au Dieu unique. Elle reste illégale en France[1] comme dans plusieurs pays, y compris d'Afrique noire : Sénégal, Burkina Faso, Ghana, etc.

1. Depuis le 1er mars 1994, le Code pénal qualifie l'excision de violence sur mineure ayant entraîné mutilation. Lorsque la victime est une enfant de moins de 15 ans, la peine maximale est portée à quinze ans de réclusion criminelle, à vingt ans lorsque l'infraction est commise par les parents ou les grands-parents.

Chapitre VIII

Les religions face à la maladie et à la mort

141. Pourquoi les trois religions exigent-elles la transgression de tout interdit lorsque la vie d'un fidèle est en danger ?

Dans la médecine occidentale, les traditions s'effacent devant le savoir et la technique. Toutefois, l'attitude d'un patient face à la maladie, la douleur physique et la souffrance morale peut varier selon ses origines sociales, ses représentations culturelles et ses convictions religieuses. Dans l'accueil comme dans le traitement, connaître le patient pour mieux le comprendre peut aider à instaurer (ou à restaurer) le lien entre le personnel de santé, le patient et sa famille : « Oui, ils prendront soin d'aimer chacun son frère comme soi-même et de soutenir la main de l'indigent et du pauvre et de l'étranger, et de chercher chacun le bien-être de son frère » (Écrit de Damas 6, 20-21).

Pour la culture judéo-chrétienne, la maladie a fait son entrée dans le monde terrestre après la désobéissance d'Adam et Ève à l'ordre divin de ne pas manger du fruit de l'arbre de la connaissance [10]. Si l'homme sert l'Éternel, le Seigneur éloignera « la maladie du milieu de toi » (Exode 23, 25). « L'esprit de l'homme doit le soutenir dans la maladie. Mais l'esprit abattu, qui le relèvera ? » (Proverbes 18, 14).

De nombreux passages des Évangiles [11] nous rapportent que « Jésus parcourait toute la Galilée, enseignant dans les synagogues [33], prêchant la bonne nouvelle du royaume, et guérissant toute maladie et toute infirmité parmi le peuple » (Matthieu 4, 23).

Quant au prophète Mohammad [7], il nous assure par ses hadiths que « Dieu n'a pas fait descendre sur terre une maladie sans avoir, en même temps, fait descendre son remède ». Il précise : « Tout ce qui atteint le musulman – épuisement, maladie, chagrin, douleur, souffrance, angoisse, même une simple piqûre d'épine – lui vaut l'effacement d'une partie de ses péchés. » De plus, « Dieu ne charge une âme [112] qu'à concurrence de ce qu'elle peut supporter » (Coran 2, 286). Selon l'islam, après leur trépas, les corps parleront et se plaindront au Créateur des mauvais traitements subis lors de leur existence terrestre (alcool, tabac, etc., mais aussi manques de nourriture ou de sommeil [94]).

Sauf urgences vitales, le patient évitera consultation, examen médical ou intervention chirurgicale (et préparatifs) les vendredis pour les musulmans, samedis pour les israélites, dimanches pour les chrétiens, jours consacrés à Dieu [9]. Parfois, il appréciera de prendre conseil auprès d'une autorité religieuse concordante (appelée rabbin décisionnaire dans le judaïsme) pour rechercher le meilleur moyen de contourner les éventuelles prescriptions religieuses[1] ou d'obtenir auprès d'elle l'autorisation de les transgresser pour ne jamais mettre en danger sa propre existence ou porter atteinte à son intégrité physique ou mentale (*idem* pour ascendants, descendants, conjoint, etc.).

Une telle attitude peut surprendre, elle est néanmoins pleinement en accord avec les Écritures : l'Évangile de Matthieu affirme qu'« Il n'est pas le Dieu des morts, mais des vivants » (22, 32) ; la Bible et le Coran reprennent en de multiples occasions que « c'est Dieu qui donne la vie, c'est Dieu qui la reprend » ! L'homme, dépositaire du souffle divin, ne peut disposer de sa vie en aucune manière. Euthanasie [151] et suicide [150] sont strictement illicites. Les soins palliatifs commenceront lorsque toute thérapie sera vaine.

Dans le judaïsme et le christianisme, le croyant a l'obligation de prendre soin de son corps sain ou malade, par déférence à Celui « qui créa l'homme à son image » (Genèse 1, 27). Dans l'islam, Dieu a créé l'homme selon les meilleures proportions. Aussi, l'homme se doit de suivre les traitements et prendre les remèdes que la médecine lui propose pour recouvrer si possible la santé.

« Toute puissance vient de Dieu, je l'avoue : mais toute maladie en vient aussi ; est-ce à dire qu'il soit défendu d'appeler le médecin[2] ? » Certainement pas et en n'importe quelle situation. Qu'on se le dise !

---

1. Pose de valves cardiaques ou prises d'insuline d'origine porcine (judaïsme, islam), interruption médicale de grossesse, etc.
2. Jean-Jacques Rousseau, *Du contrat social*, Hachette Littératures, coll. « Pluriel », 2005.

142. Quelles sont les origines religieuses de la douleur physique et de la souffrance morale des hommes ?

Préalablement à la désobéissance divine d'Adam et Ève dans le jardin d'Éden, la douleur physique, la souffrance morale et la mort [145] n'étaient pas de ce monde. « Au commencement, il n'en était pas ainsi », souligne l'Évangile de Matthieu (19, 8).

Avant de les chasser du paradis [155], l'Éternel « dit à la femme : j'augmenterai la souffrance de tes grossesses, tu enfanteras avec douleur, et tes désirs se porteront vers ton mari, mais il dominera sur toi » (Genèse 3, 16) ; et à l'homme : « C'est à la sueur de ton visage que tu mangeras du pain, jusqu'à ce que tu retournes dans la terre, d'où tu as été pris ; car tu es poussière, et tu retourneras à la poussière » (Genèse 3, 19). Il en sera ainsi jusqu'au retour du Messie (christianisme, islam) ou jusqu'à son arrivée (judaïsme) [156]. Alors, « il essuiera toute larme de leurs yeux, et la mort ne sera plus, et il n'y aura plus ni deuil [146], ni cri, ni douleur, car les premières choses ont disparu » (Apocalypse 21, 4).

En attendant, « l'Éternel soutient [l'homme] sur son lit de douleur. [Il le soulage] dans toutes ses maladies » (Psaumes 41, 4). Quant à ses proches, ils doivent agir comme les amis de Job : « Et ils se tinrent assis à terre auprès de lui sept jours et sept nuits, sans lui dire une parole, car ils voyaient combien sa douleur était grande » (2, 13).

Dans le judaïsme, la souffrance n'est ni fortuite ni dénuée de sens, même si ce dernier reste caché au commun des mortels : « Dieu, ne me dis pas pourquoi je souffre car je ne suis pas digne de le savoir, mais aide-moi à croire que je souffre pour toi » (prière hassidique). Le divin récompense et châtie selon sa volonté, les hommes étant libres de leurs actions, capables de discerner le bien du mal. Si la souffrance devient un mode de punition, voire d'expiation, elle n'est pas un mode de rédemption. Aussi doit-elle être combattue, la mortification et le dolorisme n'ayant aucune raison d'être dans le judaïsme.

Dépositaire du souffle divin [112], l'homme a le devoir de se sauvegarder de toute souffrance, quitte pour cela à transgresser toutes prescriptions bibliques : *shabbat* [9], interdits alimentaires [99-104], jeûnes [53], etc.

> « Lui épargner la douleur est un impératif absolu car il n'y a pas de vocation à la souffrance de l'homme. Bien au contraire, notre devoir est de la combattre car elle empêche l'homme d'être pleinement conscient de son humanité[1]. »

Plus encore, douleurs et souffrances détourneraient son esprit de l'Éternel. Aussi, les traitements antalgiques sont acceptés, même ceux dérivés des plantes opiacées, prohibés en temps ordinaire. Si la douleur est à éviter, son expression reste autorisée : « Le souffle haletant, je parlerai le cœur aigu et je me plaindrai » (Job 7, 11).

---

1. Joseph Sitruk, grand rabbin de France, in *Soins*, n° 647, juillet-août 2000.

Dès son origine, « christianisme » a souvent rimé avec « dolorisme ». La souffrance physique étant considérée comme rédemptrice par souci d'imiter la Passion du Christ [5, 69], la douleur se trouvait alors assimilée au péché originel. Son acceptation était synonyme de dévotion envers Dieu, de purification de l'âme et du corps. Mais l'attitude de l'Église catholique vis-à-vis de la douleur s'est modifiée depuis quelques décennies. Après avoir pris acte des avancées notables de l'analgésie, le pape Pie XII a remis en cause nombre de discours antérieurs et demandé compassion envers la personne dolente, et non plus recherche volontaire de la souffrance !

Allant à l'encontre du verset biblique « Tu enfanteras dans la douleur » (Genèse 3, 16), il accepte la pratique de la prophylaxie des douleurs de l'accouchement (1956) et prône l'emploi des narcotiques dans le traitement des douleurs chroniques intenses en fin de vie, même si leur usage abrège sa durée (1957). Ces mêmes dispositions ont été réactualisées par Pie XII à de multiples reprises :

> « Si le mourant y consent, il est permis d'utiliser avec modération des narcotiques qui adoucissent ses souffrances, mais entraînent aussi une mort plus rapide. Dans ce cas, en effet, la mort n'est plus voulue directement, mais elle est inévitable et des motifs proportionnels autorisent des mesures qui hâteront sa venue » (9 septembre 1959).
>
> « L'acceptation de la douleur physique n'est qu'une manière, parmi beaucoup d'autres, de signifier ce qui constitue l'essentiel : la volonté d'aimer Dieu et de le servir en toutes choses. C'est dans la perfec-

tion de cette disposition volontaire que consistent avant tout la qualité de la vie chrétienne et son héroïsme. [...] Les souffrances aggravent l'état de faiblesse et d'épuisement physique, entravent l'élan de l'âme et minent les forces morales au lieu de les soutenir[1]. »

La foi peut devenir plus vive lorsque la douleur est soulagée. Si l'Église catholique préconise son soulagement depuis plus de quarante ans, la foi populaire a du mal à se défaire de sa recherche de la souffrance pour expier ses fautes et racheter son salut. Il n'est pas rare que des personnes (souvent très âgées et/ou pratiquantes) refusent les traitements antalgiques. Lorsque les personnels de santé n'arrivent pas à les convaincre du contraire, l'échange avec l'aumônier de l'établissement de soins ou le curé de leur paroisse est du meilleur aloi pour apaiser leur conscience.

Quant aux protestants et aux chrétiens orthodoxes, ils refusent toute valeur de salut ou d'expiation à la douleur. Présente dans notre monde depuis la faute originelle, elle est une épreuve imposée à l'homme non comme une punition ni un mode de rédemption, mais également comme un chemin permettant de révéler la vigueur de sa foi dans le divin. Dieu demeurera toujours à ses côtés.

Pour ces deux confessions, il reste légitime de combattre la souffrance avec les moyens thérapeutiques mis à notre disposition tout en apportant un soutien spirituel aux patients. D'ailleurs, les pays à majorité pro-

1. Pie XII, cité par Patrick Verspieren (père), in « Les discours sur la souffrance dans le catholicisme », revue *Laennec*, mars 1996.

testante sont à la pointe de la lutte contre la douleur et des soins palliatifs.

En ce qui concerne l'islam, Dieu éprouve l'homme par la maladie et la souffrance pour lui permettre d'affirmer sa foi. La douleur n'est donc pas la sanction d'une faute, elle lui est prédestinée. Il doit accepter son destin sans révolte. À l'occasion de la mort prématurée de son fils Ibrahim (née de Marie la copte), le Prophète a dit : « Le cœur s'afflige, les yeux versent des larmes, mais nous ne disons que ce qui puisse satisfaire Dieu. »

« Le Prophète vit un jour un vieillard se traînant lentement sur une route, soutenu par ses deux fils. Il demanda : "Qu'a-t-il donc à agir de la sorte ? — Il a fait vœu d'aller à pied", lui dit-on. "Certes, observa-t-il, Dieu n'a pas besoin du supplice que cet homme s'inflige à lui-même." Et de lui ordonner de prendre une monture[1]. »

Le dolorisme n'est pas reconnu par l'islam, ni le refus de thérapie, le divin ayant mis à la disposition de l'homme les moyens de le guérir ou de le soulager. Tout croyant se doit de les rechercher afin de rendre hommage à la grâce divine, même s'ils entraînent la transgression d'interdits (morphine et opiacés, prohibés en temps normal, par exemple). En cas d'échec de la médecine, le malade remettra son sort entre les mains de Dieu, gardant envers Lui une confiance immuable.

1. Robert Jaulin, *La Mort Sara*, *op. cit.* Notons que, selon un hadith, le voyage est une partie de la souffrance.

143. Pourquoi les Témoins de Jéhovah s'opposent-ils à la transfusion sanguine ?

Selon la Bible, le sang contiendrait l'âme [112] de toute créature divine (être humain ou animal). Sans doute est-ce pour cette raison que tout être en hémorragie est considéré impur par les religions juive et musulmane. Parmi les croyances populaires circule l'idée que, pendant ses menstruations, une femme a une influence funeste sur les choses qui l'entourent (elle empêcherait la pâte de lever, ferait aigrir le vin et tourner le lait, ternirait les miroirs, dessécherait plantes et cultures, ne pourrait monter une mayonnaise, etc.). Pourtant, un anonyme[1] (un homme ?), leur a rendu grâces avec délices :

> « La femme est plus douce et plus propre que l'homme parce que la nature, qui est notre mère provide, a pris un soin tout particulier de pourvoir à sa propreté. C'est pour cela qu'elle a inventé le merveilleux secret de la purifier tous les mois et de jeter au-dehors, mais par voie secrète, tout ce qui peut s'y rencontrer de superflu et d'impur, au lieu que l'homme, qui n'a point cet avantage, le rend par les pores qui se trouvent aux parties les plus apparentes, ce qui produit en lui ce teint grossier, cette crasse sordide, ce poil rebutant et cette barbe hideuse dont il est recouvert et qui ne sont autre chose que les excréments d'une chair vile et impure. »

---

1. Cité dans Fanny Beaupré et Roger-Henri Guerrand, *Le Confident des dames. Le bidet du* XVII*e au* XX*e siècle : histoire d'une intimité*, La Découverte, 1997.

Respectant le verset de la Genèse, « vous ne mangerez point de chair avec son âme, avec son sang » (9, 4), le judaïsme, l'islam et des Églises chrétiennes (Adventistes ; Églises chaldéenne, grecque et éthiopienne, etc.) égorgent les animaux autorisés et en répandent le sang sur le sol avant d'en manger la chair [99]. Tous ces courants religieux n'ont pas pour autant proscrit la transfusion sanguine en cas de force majeure.

Si la majorité des chrétiens ne se sont jamais interrogés à son propos (donc ne se l'interdisent pas), les juifs et les musulmans ne s'y opposent pas, se refusant à décliner tout traitement si cette attitude risque d'entraîner décès ou atteinte à l'intégrité physique ou mentale [141], quand bien même elle enfreindrait quelque sentence divine, cela afin de respecter le verset : « Tu ne commettras pas de meurtre » (Exode 20, 13) [8].

Quant aux Témoins de Jéhovah, s'ils s'interdisent de manger du sang, ils proscrivent la transfusion de sang et de ses composés majeurs (concentrés érythrocytaires, leucocytaires, plaquettaires, plasma), les considérant comme une consommation parentérale de sang. Les produits de fractionnement du plasma sont susceptibles néanmoins d'être admis par certains d'entre eux. La transplantation de moelle osseuse peut être tolérée par quelques-uns, le greffon étant considéré comme un tissu (même s'il contient du sang). Le recours quasi systématique à une transfusion postopératoire rend encore hésitante la majorité des fidèles face à cette thérapie (entre beaucoup d'autres).

> « [Les Témoins de Jéhovah] ne considèrent pas leur refus des transfusions sanguines comme un droit à la mort ni un moyen de mourir en martyr, mais un devoir

essentiel requis par des principes clairement exprimés dans la Bible. En vertu de leur échelle de valeurs, le respect de ce principe prévaut sur la vie sauvée en violation du respect du caractère sacré du sang. C'est pourquoi, même lorsque leur vie est en danger [...], ils maintiennent leur position. [...] Considérant le point de vue biblique et les dangers de la transfusion, les parents Témoins de Jéhovah étendent ce choix thérapeutique qu'est le refus sélectif des transfusions à leurs enfants. Ils savent aussi que le médecin a la possibilité, pour un mineur, de saisir l'autorité judiciaire pour administrer une transfusion contre leur volonté. [...] L'idée selon laquelle ces parents renieraient leur enfant transfusé contre leur gré, le considérant désormais comme impur, est erronée. [...] Il faut noter à ce propos qu'un Témoin de Jéhovah vit une transfusion forcée sur lui-même ou sur une autre personne comme un viol[1]. »

Ainsi, ils maintiennent leur refus de transfusion sanguine « même lorsque leur vie est en danger ». Cette position va bien entendu à l'encontre de la législation française exigeant assistance à toute personne en danger de mort ou de perte de son intégrité physique ou mentale.

144. La place de la personne âgée dans les religions

Aujourd'hui, vieillir semble être le comble du mauvais goût. Pourtant, la sénescence est l'étape définitive

1. Docteur Armine Najand, *L'Expérience des Témoins de Jéhovah. Consentement éclairé et transfusion sanguine*, éd. École nationale de la santé publique, 1996.

de la maturité humaine : « On vieillit insensiblement sans en avoir conscience, et au lieu d'être brutalement brisé par l'âge, c'est peu à peu que l'on s'éteint » (Cicéron). Alors que la publicité nous assène de dissimuler le moindre cheveu blanc dès son apparition, les Saintes Écritures nous enseignent que celui-ci est un signe de respectabilité et d'autorité. D'ailleurs, patriarches et matriarches affichent dans l'Ancien Testament des longévités extraordinaires.

Selon le pape Jean-Paul II, « ce qu'enseigne le commandement [8], c'est de faire preuve de respect envers ceux qui nous ont précédés et tout ce qu'ils ont fait de bien : "ton père et ta mère" indiquent le passé, le lien d'une génération à l'autre, la condition qui rend possible l'existence même d'un peuple. Selon la double rédaction proposée par la Bible (Exode 20, 2-17 ; Deutéronome 5, 6-21), ce commandement divin occupe la première place dans la seconde Table de la Loi[1], celle qui concerne les devoirs de l'être humain envers lui-même et la société. C'est aussi le seul commandement auquel est associée une promesse : "Honore ton père et ta mère, afin que se prolongent tes jours sur la terre que l'Éternel, ton Dieu, te donne" (Exode 20, 12 ; Deutéronome 5, 16)[2]. » Si nous prenons soin de nos anciens, en signe de bienveillance divine, nous vivrons plus longtemps.

1. Celle de droite.
2. « Lettre du pape Jean-Paul II aux personnes âgées », *L'Observatoire romain*, n° 44, 2 novembre 1999.

Cette même déférence est reprise par l'islam : « Marquez de la bonté envers les père et mère : si l'un d'eux doit atteindre la vieillesse auprès de toi, alors ne leur dis point : “Fi !” et ne les brusque pas, mais adresse-leur des paroles respectueuses, et par miséricorde abaisse pour eux l'aile de l'humilité ; et dis : “Ô mon Seigneur, fais-leur à tous deux miséricorde car ils m'ont élevé tout petit” » (Coran 17, 23-24). Comme le judaïsme et le christianisme, cette religion prêche le respect des parents (celui des grands-parents et des personnes âgées est sous-entendu), gardiens des valeurs spirituelles et familiales. « Selon le Coran, Dieu ordonne de n'adorer que lui et d'être bienfaisant envers ses parents, même s'ils ne sont pas musulmans, sauf s'ils lui ordonnent de se détourner de sa foi », ajoute le recteur Khalil Merroun.

« Le Coran insiste particulièrement sur la bonté envers les parents lorsque ceux-ci ont atteint le stade de la vieillesse. Cela ne signifie pas que l'on n'a pas à faire preuve de bonté envers eux à un autre moment de leur existence. Pour aider l'homme dans ce devoir, le Coran lui rappelle sa propre enfance[1], période durant laquelle il avait autant, sinon plus, besoin de ses parents qu'eux n'ont eu besoin de lui au moment de la vieillesse. Ses parents n'ont pas hésité à sacrifier leur repos et leurs désirs personnels pour son bien-être. Ils ont accueilli ses bêtises ainsi que ses sautes d'humeur avec amour, affection et tendresse. La moindre des choses serait donc de leur rendre la pareille, maintenant qu'ils se retrouvent dans le besoin[2]. »

1. Long allaitement par la mère.
2. « Le respect des parents », *Es-Salam*, n° 23, juillet-août 2001.

À l'instar du pape Jean-Paul II, nous constatons qu'« honorer les personnes âgées implique un triple devoir à leur égard : les accueillir, les assister et mettre en valeur leurs qualités. Dans beaucoup de milieux, tout cela se pratique presque spontanément, comme par une habitude très ancienne. Ailleurs, en particulier dans les nations les plus évoluées sur le plan économique, c'est un devoir d'opérer une inversion de tendance, pour faire en sorte que ceux qui avancent en âge puissent vieillir dans la dignité, sans devoir craindre d'être réduits à ne compter pour rien. Il faut se convaincre qu'il appartient à une civilisation pleinement humaine de respecter et d'aimer les personnes âgées, pour que, malgré l'affaiblissement de leurs forces, elles se sentent partie prenante de la société. Cicéron avait déjà observé que "le poids de l'âge est plus léger pour qui se sent respecté et aimé de la jeunesse"[1] ».

« Qui me fera trouver quelqu'un qui m'écoute ? » implorait Job[2]. Parler du passé permet à la personne âgée de revivre des moments de joie et de bonheur, une façon de se réconcilier avec son existence et de faire le deuil de ce qui est déjà perdu ou de ce qui le sera bientôt. Ce n'est pas parce qu'elle est inactive (voire clouée dans un fauteuil roulant) qu'elle n'a plus le désir de goûter aux petits bonheurs de la vie – la joie prolonge la vie, nous assure l'Ecclésiaste en d'autres termes –, qu'elle n'a plus le désir de la découverte et de l'entreprise, qu'elle n'a plus le droit de se révolter.

1. « Lettre du pape Jean-Paul II aux personnes âgées », *op. cit.*
2. Job 31, 35.

« Quand je cesserai de m'indigner, j'aurai commencé ma vieillesse » (André Gide).

« Les vieillards meurent parce qu'ils ne sont plus aimés » (Henry de Montherlant).

145. Comment la mort est-elle perçue par les religions monothéistes ?

Selon le judaïsme, le christianisme et l'islam, la mort est survenue dans l'existence humaine après la faute commise par Adam et Ève.

Ainsi, « ceux qui naissent sont destinés à mourir, et ceux qui meurent sont destinés à vivre » (*Pirké Avoth* 4, 22). Après l'achèvement de sa mission terrestre, au dernier souffle de vie, l'âme (en hébreu, *nephesh*) se sépare de son enveloppe charnelle pour rejoindre un monde proche de l'Éternel, le *Shéol*, lieu de béatitude [155] : « Ce monde-ci ressemble à un vestibule devant le monde futur : prends tes dispositions dans le vestibule pour être en mesure d'accéder au palais » (rabbi Yaacov, *Avot* 4, 16). C'est un véritable bienfait pour les hommes de ne pas connaître le jour de leur mort : « S'il avait le jour de sa mort sans cesse présent à l'esprit, il ne pourrait pas accomplir de *mitsvoth*[1], car l'idée de la mort l'affligerait sans cesse » (*Pessa'him* 54b).

Après la venue du Messie [156], au jour du Jugement dernier, seuls le corps et l'âme des justes seront de nouveaux réunis pour une vie éternelle au paradis, les autres connaîtront l'anéantissement : « Beaucoup de

1. En hébreu, « commandements » (pluriel de *mitsva*).

ceux qui dorment dans le sol poussiéreux se réveilleront, ceux-ci pour la vie éternelle, ceux-là pour l'opprobre, pour l'horreur éternelle » (Daniel 12, 2). Ainsi, « celui qui a fait de sa vie un sacrifice de réparation pour la multitude prolongera ses jours et verra la lumière » (Ésaïe 53, 10). Selon le judaïsme, l'être humain est maître de son libre arbitre. Il est donc responsable de ses actes et de ses paroles devant la justice des hommes comme de celle du divin.

En effet, le livre de Daniel (12, 2) nous assure que la plupart des âmes [112] des défunts se réincarneront pour connaître une vie terrestre de félicité. Le livre du prophète Ésaïe nous le confirme : « Alors le loup habitera avec la brebis, et le tigre reposera avec le chevreau ; veau, lionceau, et bélier vivront ensemble et un jeune enfant les conduira. Génisse et ours paîtront côte à côte, ensemble s'ébattront leurs petits ; et le lion, comme le bœuf, se nourrira de paille. Le nourrisson jouera près du nid de la vipère, et le nouveau-né avancera la main dans le repaire de l'aspic. Plus de méfaits, plus de violence sur toute ma sainte montagne ; car la terre sera pleine de la connaissance de Dieu, comme l'eau abonde dans le lit des mers » (11, 6).

En d'autres termes, « dans le monde à venir, il n'y aura ni nourriture, ni boisson, ni procréation, ni marchandage, ni haine, ni jalousie, ni conflit, mais en revanche, les justes seront assis avec des couronnes sur la tête et jouiront de la splendeur divine » (*Bérakhot* 17a).

Pour les chrétiens, la mort est l'entrée dans la plénitude de la vie en Dieu. « Mon royaume n'est pas de ce monde » a dit Jésus (Mathieu 18, 36). Il insista tant sur la nécessité de l'aspiration à une vie éternelle par tous que ses disciples s'attendaient à assister de leur vivant à l'avènement du Royaume éternel. Si le christianisme fut à certaines périodes exclusivement une religion de l'au-delà [154], à d'autres cette espérance servit de motivation pour rendre la vie terrestre plus conforme aux paroles du Christ.

Dieu statuera définitivement sur le sort des hommes le jour du Jugement dernier. « Il essuiera toutes larmes de leurs yeux. La mort ne sera plus. Il n'y aura plus ni deuil [146], ni cri, ni souffrance, car le monde ancien aura disparu » (Actes des Apôtres 21, 4). Les âmes des élus participeront à la vie éternelle auprès du Christ ressuscité dans le jardin d'Éden originel, le paradis[1]. Elles verront Dieu dans Sa miséricorde et Sa tendresse infinies.

Quant aux âmes des pécheurs morts sans s'être repentis de leurs plus graves péchés (entre autres, le refus absolu de Dieu), elles seront jetées dans les flammes de l'enfer[2], car « innombrables sont les appelés, mais peu sont élus » (Matthieu 22, 14).

La durée des châtiments a fait l'objet de bien des controverses depuis les temps les plus reculés du christianisme. Selon Origène[3], le temps passé en enfer par les pécheurs variait proportionnellement à l'importance des fautes commises. Avec le temps, l'effet purificateur

---

1. Dont les clefs, reçues de Jésus, sont gardées précieusement par saint Pierre selon la tradition populaire.

2. Le purgatoire, lieu de purgation des péchés véniels conduisant toujours au Ciel, est une pure création théologique. Il n'en est pas fait mention dans les Évangiles ni dans les Actes des Apôtres. Seuls les catholiques s'y réfèrent. L'abbé Pierre le considérait comme « un temps pour apprendre à aimer ».

3. Théologien chrétien du IIIe siècle.

serait obtenu par tous et les damnés pourraient enfin accéder au paradis.

La position d'origine fut vivement condamnée par le second concile de Constantinople (an 553) [23], les Églises orthodoxe et catholique préférant croire en un châtiment éternel en enfer pour les non-repentis. Au XVIe siècle, les Réformateurs leur emboîtèrent le pas. C'est pourquoi tout chrétien veille tout au long de son existence sur le salut de son âme, car le jour du Jugement dernier, « l'âme et le corps ressusciteront et seront réunis afin d'apparaître devant le tribunal divin » (Matthieu 10, 28). « Dieu jugera les vivants et les morts et se révélera dans sa miséricorde et sa lumière. […] Ils s'en iront, ceux-ci, au châtiment éternel, et les justes à la vie éternelle » (Matthieu 25, 40 ; 25, 46). « Ceux qui auront fait le bien pour une résurrection de vie ; ceux qui auront fait le mal pour une résurrection de jugement » (Jean 5, 29).

Comme dans le judaïsme et le christianisme, l'islam prône que Dieu insuffle l'âme au premier souffle de vie. À la mort, l'âme se sépare du corps. Celle des fidèles retourne auprès de Dieu, celles des parjures vont en enfer : « Nous sommes à Dieu et c'est vers Lui que nous retournerons » (Coran 2, 156). Échappant aux flammes de l'enfer, elles sont destinées à vivre au paradis : « En vérité, les pieux seront dans des jardins et une félicité, jouissant de ce que le Seigneur leur a accordé. » Le Seigneur les aura préservés du tourment de la fournaise. « Mangez et buvez en paix, en récompense de ce que vous avez fait, accoudés sur des lits alignés ! Nous leur aurons donné comme épouses, des houris aux grands yeux. […] Ils se passeront, dans ces jardins, des coupes au fond desquelles ne seront ni jactance ni incitation au péché. Pour les servir, parmi eux circuleront des éphèbes à leur service qui sembleront des perles cachées. Ils se tourneront les uns vers les autres, s'interrogeant. Ils diront : "Nous étions jadis, parmi les nôtres, pleins d'angoisse. Allah nous a favorisés. Il nous a préservés du tourment du Souffle Torride" » (Coran 50, 2). Les élus se retrouveront à la droite du Trône divin, les réprouvés à sa gauche [82].

Au Jour dernier (Jour du compte), Dieu fera disparaître tous les êtres humains sur la Terre comme au Ciel. Après nombre de bouleversements, le monde sera anéanti. Rien ni personne n'existera plus sauf Lui : « Quand la terre sera secouée de son séisme, que la terre rejettera ses fardeaux, que l'homme dira : "Qu'a-t-elle ?", ce jour-là elle rapportera ses récits, selon ce que lui a révélé ton Seigneur. Ce jour-là les humains surgiront des sépulcres, par groupes, pour que leur soient montrées leurs actions. Qui aura fait le poids d'un atome de bien le verra. Qui aura fait le poids d'un atome de mal le verra » (Coran 99, 1-8).

Afin de procéder au nouveau jugement des hommes, Il leur redonnera une seconde fois la vie d'un coup de trompette. « L'homme pense-t-il que nous ne rassemblerons pas ses ossements ? Oui ! Nous avons le pouvoir de remettre en place ses phalanges » (Coran 75, 3-4). Les anges déposeront sur les deux plateaux de la balance les feuillets sur lesquels sont inscrits leurs bonnes et mauvaises actions terrestres. Si certains les nient, d'autres les accuseront de les avoir commis avec eux [8]. Les idoles se retourneront contre ceux qui les ont adorées, les prophètes accuseront les peuples infidèles. Jésus [5] sera témoin contre les détenteurs de l'Écriture falsifiée (Ancien et Nouveau Testament), Abraham [3] intercédera pour ses parents idolâtres, Mohammad [7] implorera le pardon des femmes récemment converties, etc. Si Mohammad et les anges intercéderont en la faveur de tous, seul Dieu accordera le pardon pour certaines actions.

Tous devront passer sur le pont du Sirât, aussi fin qu'un cheveu, dressé au-dessus de la géhenne (enfer). Les croyants le traverseront sans difficulté et accéderont aux délices exquis du paradis, dans la surabondance des nourritures et le plaisir des sens. « Tous les élus auront alors le même âge – 33 ans, l'âge de Jésus [5] à sa mort – et auront la beauté de Joseph – le fils de Jacob, prénommé aussi Israël », précise le recteur Khalil Merroun. Ensemble, ils chanteront des louanges divines et proclameront l'unicité de Dieu. Seuls quelques élus contempleront la face divine de brefs instants. Quant aux infidèles, ils tomberont à jamais dans les abîmes de l'enfer.

146. Le deuil et ses rites

Pour mieux accepter la séparation, favoriser le recueillement et se consacrer au souvenir du défunt, le judaïsme a institué des rites de deuil très stricts. Pendant leur observation, les affligés prennent conscience du sens véritable de leur bref passage ici-bas.

Pour un père ou une mère, le deuil est observé pendant un an ; pour un frère, une sœur, un fils ou une fille[1], un époux ou une épouse, un mois. Dans la pratique populaire, une année, indépendamment du lien de parenté avec le défunt.

1. On ne porte pas le deuil d'un enfant mort avant l'âge de 30 jours.

Seuls les endeuillés doivent respecter les rites, se consacrer aux diverses démarches afférentes à l'inhumation [149], qui devra avoir lieu dans les meilleurs délais, et honorer le mort. Ils sont dispensés de tout commandement positif (pose des *tefillines*[1] [44], prière, bénédiction, étude de la Torah [10] et participation au *minyan*[2] [40]) avant l'enterrement.

La première semaine, ils restent nuit et jour au domicile du défunt. Sont prohibés travail et gain d'argent, relations conjugales, usage des cosmétiques, port de chaussures en cuir et de vêtements neufs, bain ou douche (mais lavage au gant possible), rasage (pour les hommes) ou épilation (pour les femmes), coupe des cheveux ou des ongles, achats, préparation des repas[3] (mais prise de nourriture possible), consommation de viande et de vin[4], promenades, étude de la Torah, participation à des réjouissances (sinon pour assister au mariage [114 à 116] ou à la cérémonie de la circoncision [134] de leurs propres enfants), etc.

Pendant ce laps de temps, les endeuillés n'exerceront ni démarche administrative (hors celles relatives aux funérailles), ni requête matérielle (par exemple, retrait du vestiaire et règlement de facturation de l'institution où le défunt est décédé).

---

1. Boîtes cubiques noires renfermant un parchemin sur lequel sont écrits quatre passages de la Torah. Munies de lanières, elles se fixent au bras gauche du fidèle puis autour de sa tête avant la prière.

2. Groupe d'au moins dix hommes majeurs religieusement pour que la prière soit mieux agréée.

3. Sauf si l'on vit seul et qu'on doit cuisiner pour se nourrir.

4. Conformément au verset : « Je ne mangeai pas d'aliment de choix, ni viande ni vin n'entrèrent dans ma bouche » (Daniel 10, 3).

Quant aux parents et amis, ils ont un devoir de visite aux endeuillés. Ils leur apportent un soutien moral et des plats simples prêts à réchauffer qu'ils peuvent partager.

Dans les maisons en deuil, il est de tradition de laisser brûler une veilleuse, symbole de l'âme [112] remontant vers Dieu. Souvent, elle est allumée pendant l'année entière et sera ranimée à chaque anniversaire du décès.

Les trois offices quotidiens sont célébrés dans la maison en deuil (ou à la synagogue) en présence du *minyan*. Ils sont suivis d'une étude religieuse et de la récitation du *kaddish*[1].

Chez les juifs originaires du Maghreb, la veille du septième jour est marquée d'une cérémonie de fermeture appelée *hesguer* ou *derach* : après la lecture de psaumes et d'extraits du *Zohar*, on lit de nouveau le *kaddish* et la prière des morts. La cérémonie s'achève par une collation servie à l'assistance (fruits secs, olives, etc.). Toutes les bénédictions dites sur les nourritures consommées par toutes les personnes présentes (famille et amis) contribueront à l'élévation de l'âme du défunt. Le lendemain, après s'être rendus à l'office du matin et au cimetière[2], les endeuillés reprennent le cours de leur vie privée et professionnelle.

Le deuil n'est pas pour autant arrivé à son terme. Il se poursuit pendant les trente jours (*chlochim*) après l'inhumation, selon des règles moins rigoureuses que la

---

1. Prière en araméen, dénommée à tort « prière des morts » : le *kaddish* est en fait une prière de sanctification.

2. Première fois depuis l'enterrement, car il est interdit d'y retourner entre-temps.

première semaine. Pour les enfants du défunt, il reste proscrit de se raser, de se couper les cheveux et les ongles, de porter un vêtement neuf, d'écouter de la musique, de participer à des réceptions (mariage, fiançailles, anniversaire), etc. Il prend fin le trentième jour au lever du soleil par une nouvelle cérémonie de fermeture (*hesguer* ou *derach*). Si une grande fête religieuse intervient au cours de cette période, le deuil prendra fin dès son début.

À la fin des *chlochim*, le deuil est levé pour le conjoint, les parents, les frères et sœurs du défunt. Seuls les orphelins (indépendamment de leur âge) devront consacrer douze mois à la douleur de la perte de leur père ou de leur mère. Ils se rendent matin et soir à la synagogue pour participer aux offices et réciter le *kaddish*. Selon le Talmud, le jugement des impies se poursuit pendant une année entière, celui des justes s'achève plus tôt. Par conséquent, il serait indécent de la part des orphelins de laisser supposer que leur parent soit jugé au terme des douze mois. C'est pour cela que, dès la fin du onzième mois, on cesse de dire le *kaddish*. Pour cette même raison, la cérémonie de clôture a lieu à la fin du onzième mois, alors que le deuil sera respecté jusqu'à la fin du douzième mois.

En mémoire du disparu, les Séfarades [21] se rendent régulièrement au cimetière pendant les douze mois ; les Ashkénazes s'en abstiennent avant l'anniversaire de l'inhumation, pour éviter tout amalgame avec un éventuel culte des morts.

Nul ne déposera de fleurs sur la pierre tombale, mais des cailloux en signe de l'irréductibilité de l'âme du défunt et du passage des proches venus s'y recueillir.

Des veilleuses sont allumées sur la pierre funéraire à la mémoire du défunt dans une enclave prévue à cet effet.

Veuves et veufs doivent laisser s'écouler un délai de trois mois pour les premières (afin de s'assurer qu'elles ne sont pas enceintes), trois fêtes religieuses pour les seconds, avant de se remarier. La mortification étant repoussée dans le judaïsme, les endeuillés doivent réapprendre à vivre dès la fin de la période de deuil.

À la fin du XIXe siècle, des rites de deuil sont coutumiers dans le christianisme. « Une année durant, l'usage voulait qu'une veuve portât le grand deuil en vêtements noirs, puis une année supplémentaire, le demi-deuil en gris ou en violet [93]. L'état de veuf était moins contraignant : un vêtement sombre et un brassard noir suffisaient, et pour une année seulement[1]. » S'y ajoute l'interdiction formelle de participer à toutes réjouissances (mariages, bals, etc.). Si leur respect s'est perdu en France (sauf pour les personnes âgées), il s'est maintenu en Méditerranée et en Europe de l'Est[2].

« Porter le deuil » faisait alors partie de la vie. Chacun le portait pendant près d'un tiers de son existence. Il permettait d'afficher sa peine, de la faire connaître, voire de se reconnaître entre endeuillés. Aujourd'hui, le port de signes distinctifs du deuil (la tenue, le brassard, la voilette, etc.) ont disparu. Ils ne sont plus de bon ton dans notre société d'aujourd'hui de laquelle sont exclues la maladie, la vieillesse [144] et la mort. Le

---

1. François Lebrette et François Guénet, *Fêtes et célébrations religieuses d'antan, op. cit.*

2. Certaines familles n'hésitent pas à porter le deuil alors que leur proche est agonisant, mais pas encore défunt.

temps du deuil n'existe plus, comme pour mieux ignorer sa propre mort.

Du fait de l'urbanisation, de la dispersion des familles, de l'individualisme, de nombreux rites ne sont plus respectés, tels que la veillée pendant les trois jours précédant l'enterrement[1], la présence de tous les proches aux funérailles, le cortège funèbre de l'église au cimetière, les cérémonies religieuses aux neuvième et quarantième jours après le décès, etc.

La tradition populaire impose encore des visites de condoléances aux proches et aux amis de la famille du défunt. Lorsqu'il apprit la mort de son ami Lazare, « alors, Jésus pleura » (Jean 11, 35). C'est pourquoi nul ne doit jamais se reprocher de verser des larmes pour la perte d'un être cher, ni de montrer sa peine de quelque manière que ce soit.

Dans l'islam, le deuil est de trois jours (en arabe, *azâ*, « consolation funèbre »), temps de présentation des condoléances par les proches parents et les amis. En cas d'absence, il est possible de les présenter au-delà de ce laps de temps. Généralement, les femmes reçoivent les femmes, les hommes les hommes dans des pièces séparées. Ensemble, ils pourront prier.

Pendant ce laps de temps, il est illicite de cuisiner dans l'enceinte de la maison du défunt. Aussi, les voisins apporteront des plats aux endeuillés.

Le but de l'*azâ* est d'inciter à la consolation en allégeant le mal et en soulageant le chagrin. L'islam condamne en effet vigoureusement les exagérations de

1. En référence à la résurrection de Jésus survenue le troisième jour.

larmes ou de sentiments, alors que la coutume désigne le blanc comme la couleur du deuil chez les sunnites et le noir chez les chiites [24]. À peine les trois jours se sont-ils écoulés que la vie courante de la famille doit reprendre son cours.

Lorsqu'elle perd son époux, la femme observe une période de deuil[1] de quatre mois et dix jours (sauf si elle est ménopausée), le temps de savoir avec certitude si elle est enceinte ou non. Le délai écoulé, elle pourra contracter un nouveau mariage (ce n'est pas toujours aisé dans les faits). Son nouvel époux pourra élever ses enfants à elle comme les siens, mais ne leur donnera jamais son patronyme. En effet, les enfants doivent porter le nom de leur père prématurément décédé pour qu'ils puissent le transmettre à leur tour à la nouvelle génération en temps voulu.

Les endeuillés ne manqueront pas de faire un don en faveur des nécessiteux et de remettre les affaires personnelles du défunt aux pauvres de la communauté. Les biens seront distribués au sein de la famille. Les jours suivant l'enterrement, ils liront le Coran à la mosquée [37] ou à leur domicile, implorant Dieu pour qu'il accorde à l'âme du défunt absolution et miséricorde.

Quarante jours après la mise en terre, lorsque l'âme s'est enfin libérée de son enveloppe terrestre pour rejoindre l'existence céleste, les proches viennent se recueillir sur la tombe du défunt. On y lit la profession de foi (*shahada* : « Je témoigne qu'il n'y a pas de divinité sauf Allah et je témoigne que Mohammad est l'envoyé de Dieu ») et la première sourate du Coran

1. Interdiction formelle de mettre du khôl et du henné, de se parfumer, de porter des toilettes aux couleurs éclatantes, etc.

(*Fatiha*) pour obtenir le pardon de ses péchés pendant sa vie terrestre.

Au cours des mois qui suivent l'enterrement, les proches entourent les endeuillés pour les soulager (moralement et matériellement) de l'absence du disparu. Bien entendu, ils devront prier à la mémoire du défunt au-delà de ce jour commémoratif. Ses enfants devront être prodigues en bonnes actions. Selon la tradition, ils pourront effectuer le pèlerinage à La Mecque [18] en faveur de leur parent défunt si celui-ci n'a pas eu le temps de l'entreprendre de son vivant.

147. Pourquoi la toilette du défunt avant la mise en bière est-elle recommandéepar les trois religions ?

Si le corps du défunt doit être lavé pour que son âme [112] se présente purifiée à son Créateur, un autre sens symbolique lui est conféré par l'imaginaire populaire : éliminer la souillure de la mort. Si, au fil des siècles, les femmes chrétiennes se sont octroyé ce devoir, il n'en est rien chez les juifs et les musulmans.

Dans le judaïsme, la *tahâra* (de l'hébreu « purification ») est confiée aux membres de la *'Hévra Kadicha*, expression araméenne signifiant « sainte assemblée », appelée aussi « Société du dernier devoir ». Effectuée le jour de la mise en bière dans la chambre mortuaire, elle n'aura jamais lieu ni le jour du *shabbat* [9] ni les jours de fêtes juives [52-57]. Les membres de la famille ne peuvent ni y assister ni y participer, par respect pour le défunt dénudé.

La toilette se caractérise par un rituel destiné à débarrasser le défunt de toute impureté avant sa présentation devant le tribunal céleste. Le corps est lavé intégralement, à l'eau et au savon, avec un gant, de la tête aux pieds, le côté droit puis le côté gauche [82]. L'idéal serait de purifier le corps dans un *mikvé*, mais cela est rarement possible. Ensuite, il est vidé de ses sécrétions avant d'être purifié rituellement par un rinçage continu. Le corps est séché. Les cheveux sont coiffés. Les ongles des mains et des pieds sont coupés et nettoyés. Certains ont coutume d'effectuer le rituel en silence (sauf s'il s'agit de communiquer au sujet de la *tahâra* elle-même), d'autres récitent entre autres des versets extraits du Cantique des Cantiques. Ce rituel caractérise la première étape de la libération de l'âme.

Le corps n'est ni habillé ni paré d'accessoires (ni bijou [91] ni alliance ni prothèses amovibles) conformément au verset : « Et lui-même, sorti nu du sein de sa mère, il s'en ira tel qu'il est venu et il ne prendra rien du fruit de son travail qu'il puisse emporter dans sa main » (Ecclésiaste 5, 14). Il est enveloppé dans un linceul blanc [148], en lin ou en coton, identique pour tous. « La raison pour laquelle on habille le mort avec un linceul de lin est que, de même que le *cohen gadol*, le grand prêtre, ne pénètre dans le Saint des Saints qu'avec des habits de lin fin, le mort aussi, qui doit se présenter devant son Créateur, doit être vêtu de lin[1]. » On marque aussi l'égalité des hommes devant la mort. L'homme pieux sera enterré avec son *talith* (châle de prière) [44]. Les franges en seront coupées, le trépassé ne pouvant plus honorer les commandements divins [8]. Aucun autre objet de culte n'est accepté, ni objet personnel dans le cercueil.

1. Rabbin Haïm Korsia, *La Kabbale pour débutants*, *op. cit.*

Le petit garçon décédé avant d'atteindre l'âge de 13 ans et qui n'a donc pu faire sa *bar-mitsva* [138] sera enveloppé dans son *talith qatan*[1], si toutefois il avait l'habitude d'en porter un de son vivant. S'il n'a pas été circoncis [134], c'est avant la *tahâra* qu'il le sera. De même, il sera nommé. La petite fille décédée avant d'avoir été nommée (en hébreu, *zéved habath*) [131] le sera avant son enterrement.

Les membres de la *'Hévra Kadicha* déposeront le défunt dans le cercueil[2] sur le dos, face vers le ciel, bras tendus le long du corps. À partir de ce moment, le corps du défunt ne sera plus touché par quiconque, même les proches. C'est pourquoi la toilette funéraire est effectuée par leurs soins quelques heures avant la levée du corps.

En témoignage de l'immortalité de l'âme, on allume une bougie à proximité de la tête dans le rite ashkénaze [21], une seconde sera mise aux pieds dans le rite séfarade. La lumière évoque l'accession de l'âme au séjour céleste. Les proches veilleront le défunt, nuit et jour, jusqu'à son enterrement afin de lui rendre honneur et lui montrer qu'ils ne l'abandonnent pas.

Aucune prescription particulière n'étant donnée à propos de la toilette funéraire par le christianisme, elle sera assurée par les proches ou les soignants en établissement de soins. Ils respecteront les éventuelles recommandations d'ordre culturel ou traditionnel données par le défunt avant son trépas

1. Petit châle de prière porté à même la peau, sous les vêtements.
2. En diaspora, il est de coutume d'y déposer une poignée de sable provenant de la terre d'Israël.

(vêtement, coiffure, bijoux, chaussures, accessoires, etc.). Par exemple, les Tsiganes lavent leurs morts avec de l'eau salée ; les Polynésiens talquent les plis du corps du défunt après la toilette pour éviter que des articulations trop raides ne l'empêchent d'atteindre le paradis [155] ; moines et moniales orthodoxes sont lavés par un membre du même sexe de leur confrérie à l'aide d'une éponge imbibée d'huile…

Les premiers chrétiens enveloppaient les corps des défunts dans un linceul, à l'instar de Jésus : « Et Joseph, ayant acheté un linceul, descendit Jésus de la croix, l'enveloppa du linceul et le déposa dans un sépulcre taillé dans le roc » (Marc 15, 46). Ce n'est qu'au XVIIIe siècle que le linceul fut abandonné par les chrétiens au profit de l'habillement des morts. On cherche depuis à redonner au défunt l'apparence d'une personne endormie. Aussi lui met-on ses plus beaux habits, le maquille-t-on pour lui donner l'apparence d'un bon teint… On l'enterre avec ses effets personnels, ses objets de culte, des missives de proches, des bijoux et de l'argent, au cas où il aurait besoin de payer son passage pour l'au-delà [154].

Les traditions varient sur le port des chaussures. Aux Antilles, on le refuse, mais on prend soin de mettre au défunt des chaussettes, bas ou collants pour qu'il n'ait pas froid. Si on le chaussait convenablement, il risquerait de venir tirer les oreilles des vivants la nuit ! Pour d'autres (Bretagne, Centre, Corse, etc.), il n'est pas imaginable que le mort se rende jusqu'au paradis pieds nus. Ailleurs, on prend soin d'attacher ensemble les deux lacets pour entraver la marche du défunt ou bien de joindre les chaussettes avec une épingle de nourrice pour lui éviter de revenir sur terre.

D'autres choisissent de ne pas les nouer : l'âme ne pouvant s'envoler, elle serait condamnée à errer et à importuner les vivants.

Si ces pratiques populaires ont pris la relève sur les traditions religieuses, c'est que de nombreuses personnes ont bien des difficultés à imaginer l'âme dépourvue de son enveloppe charnelle se présentant devant son Créateur, scène pourtant décrite dans la Bible. La nudité [81] du défunt est ressentie comme impertinence, indigence, voire offense des proches vis-à-vis de celui qui s'en va.

Selon les prescriptions de la Sunna, le corps du musulman est lavé et préparé rituellement par un ou deux bénévoles pieux, du même sexe que le défunt, conformément aux propos du Prophète : « Que les gens honnêtes se chargent de la toilette de vos morts. » Il sera ainsi purifié[1] avant de se présenter devant le Créateur. Un proche du défunt assiste à la toilette. Sa présence garantit le respect du cérémonial vis-à-vis de la famille. Parfois c'est celle-ci qui se charge de cette toilette, une manière de rendre hommage au défunt. Il est recommandé qu'un époux effectue la toilette de sa femme défunte et *vice versa*.

Le Dr Dalil Boubakeur, recteur de la mosquée de Paris, précise :

1. Selon les juristes coraniques, le musulman tombé à la guerre sainte n'a pas besoin d'être purifié, il l'est déjà par le sang qu'il a versé.

« On fait l'ablution[1] du mort comme pour la prière. Le corps est lavé de haut en bas trois fois avec de l'eau purifiée (ou bouillie) et une fleur de lotus[2], réputée pour enlever toutes les impuretés, puis embaumé. Si cela est insuffisant, on le lave cinq fois, la dernière avec du savon ou autre. S'il s'agit d'une femme, on dénoue ses cheveux pour les laver et on les tresse ensuite. Le Prophète l'a ordonné pour sa fille. On imprègne ensuite le corps avec du camphre ou autre. On procédera toujours dans un premier temps par la partie droite, puis par la partie gauche [82]. En cas d'absence d'eau, [...] on se contentera du *tayammoum* (en arabe, "roche") [47]. »

Les yeux ont été fermés. Bijoux (même l'alliance) et prothèses amovibles ont été ôtés.

Le lavage terminé, le corps est séché avec un linge propre. On parfume les parties du corps touchant le sol lors de la prière [43] (front, nez, paume des mains, genoux, plante des pieds).

Parfois, on lie ensemble les pieds ou les deux gros orteils pour entraver la marche du défunt et éviter qu'il ne revienne parmi les vivants (tradition populaire ne relevant pas d'une prescription religieuse).

Le corps est enveloppé dans un linceul[3] blanc, en lin ou en coton, sans couture, identique pour tous afin de marquer l'égalité des hommes devant la mort. Ceux qui

1. Identique aux ablutions majeures.
2. Parfois, simplement de l'eau.
3. Le plus souvent, un drap ou un métrage de tissu est fourni par les familles le moment venu.

ont fait leur pèlerinage à La Mecque [18] seront enveloppés nus dans l'*irham*, vêtement en coton blanc sans couture porté pendant leur périple. Pour l'homme, il comporte trois pièces ; pour la femme, cinq ; l'enfant, une à trois selon son âge et sa corpulence. Lors du pèlerinage, il aura été trempé dans la source Zemzem[1]. Selon la tradition populaire, cette précaution leur permettra de mieux affronter les tourments de la tombe avant d'accéder au paradis. Le recteur Khalil Merroun tient à préciser : « Rien ne peut sauver le défunt des ténèbres sauf les bonnes actions et la miséricorde divine. »

Le corps sera déposé par les bénévoles dans le cercueil après la toilette rituelle pour que nul autre n'ait besoin de le toucher. Il sera couché sur le dos, bien droit, les bras le long du corps, la tête tournée vers La Mecque (face à l'est, arrière de la tête à l'ouest).

Le recteur Khalil Merroun ajoute : « Ceux qui ont fait la toilette du défunt sont tenus de ne pas divulguer ce qu'ils ont vu pendant ce temps. De plus, ils devront faire leurs ablutions avant et après avoir pratiqué la toilette funéraire. »

148. Quelle est l'origine du linceul ?

Dans le judaïsme et dans l'islam, le corps du défunt est traité de façon semblable : lavé par des personnes pieuses, bénévoles et du même sexe que le trépassé. Celui-ci n'est ni habillé ni paré de bijoux [91] (pas même d'une alliance), accessoires ou prothèses.

---

1. Celle donnée par Dieu à Agar et à son fils Ismaël, après qu'Abraham les eut chassés de leur campement.

Ces deux religions restent fidèles au verset de l'Ecclésiaste : « Et lui-même, sorti nu du sein de sa mère, il s'en ira tel qu'il est venu, et il ne prendra rien du fruit de son travail qu'il puisse emporter dans sa main » (5, 14). Le Coran rappelle également que le retour de l'être humain vers Dieu se fera dans les mêmes conditions. Ses bonnes et ses mauvaises actions seront son passeport vers l'au-delà [154].

Pour l'un et l'autre, le corps des défunts est enveloppé dans un linceul blanc, en lin ou en coton, identique pour tous. Les musulmans qui auront effectué leur pèlerinage à La Mecque [49] seront enveloppés nus dans l'*irham* (vêtement en coton blanc porté lors du respect de ce pilier de l'islam [18]).

Par le simple apprêtement du défunt et des funérailles sans grande cérémonie, on marque l'égalité de tous devant la mort. Ni élément du quotidien, ni fleurs, ni photographie, ni objet de culte[1]… ne sera mis à côté ou déposé dans le cercueil.

Les premiers chrétiens enveloppaient le corps des défunts dans un linceul à l'instar de Jésus [5] :

> « Et Joseph, ayant acheté un linceul, descendit Jésus de la croix, l'enveloppa du linceul, et le déposa dans un sépulcre taillé dans le roc » (Marc 15, 46).

Ce n'est qu'au XVIIIe siècle que le linceul fut abandonné par les chrétiens au profit de l'habillement des morts. On cherche à redonner au défunt l'apparence

1. Une exception : dans le judaïsme, l'homme pieux sera enterré avec son *talith*. Les franges en auront été préalablement coupées.

d'une personne endormie. Pour ce faire, on lui met ses plus beaux habits, on le maquille pour lui donner l'apparence d'un bon teint… On l'enterre avec ses effets personnels, des missives de proches, des bijoux [91] et de l'argent, au cas où il aurait besoin de payer son passage pour l'au-delà [154].

Si cette pratique populaire a pris la relève sur les premières traditions, c'est que nombreux sont ceux qui ont bien des difficultés à imaginer l'âme [112] dépourvue de son enveloppe charnelle pour se présenter devant son Créateur, scène pourtant décrite dans la Bible. La nudité du défunt est ressentie comme impertinence, indigence, voire offense des proches vis-à-vis de celui qui s'en va. Les Églises chrétiennes ont laissé faire, autorisant prêtres et moniales à faire de même.

Ce changement n'a eu lieu ni dans le judaïsme ni dans l'islam, car rien ne le préconise dans l'Ancien Testament [10] ou dans le Coran [12]. Si un fidèle juif ou musulman émettait l'éventualité d'aller à l'encontre des prescriptions divines pour ses propres funérailles, il serait assuré de se voir refuser tout rituel religieux.

149. Pourquoi l'inhumation est-elle exigée par le judaïsme et l'islam alors que la crémation peut être acceptée par le christianisme ?

Les traditions juive et musulmane ne se reconnaissent pas dans la crémation depuis leurs origines.

L'inhumation est pour l'homme l'occasion de retourner à la terre dont il est né et de redevenir poussière, conformément au verset : « Tu es poussière et tu retourneras en poussière » (Genèse 3, 19). Jamais il n'a été écrit « ou en cendre » ! De plus, selon la tradition juive, l'homme ressuscitera le jour du Jugement dernier [154] grâce à un petit os, appelé en hébreu *niskouï*, que nulle putréfaction n'atteint. Si le corps passait par la crémation, l'âme serait alors privée à jamais de cette résurrection.

L'islam repousse toute pratique funéraire autre que l'inhumation : Dieu « a fait mourir [l'homme] et l'a enseveli » (Coran 80, 21). Quant à la résurrection, elle s'opérera à partir des ossements que Dieu fera revivre (Coran 36, 78-79).

Juifs et musulmans sont enterrés en pleine terre (pas de caveau), conformément à leurs croyances. En revanche, si une personne a été incinérée contre sa volonté (incendie, accident, shoah), ses cendres sont pures et elles seront mises en terre avec déférence.

Le christianisme, respectant l'Ancien Testament [10], a suivi la coutume ancestrale de l'inhumation jusqu'au XIXe siècle, à partir duquel de nombreux chrétiens ont choisi de recourir à la crémation des corps, rite remontant à l'Antiquité et très pratiqué par l'aristocratie au temps des Romains. Sans tarder, le Saint-Office du Vatican [23] a vivement réagi. Le 16 mai 1886, il a publié un décret dénonçant « les hommes de foi douteuse ou liés à la secte maçonnique qui travaillent activement à rétablir l'usage païen de brûler les cadavres humains ». Le corps détruit par le feu, symbole de l'enfer [155], ne pourrait ressusciter le jour du Jugement dernier. Dès lors, et jusqu'en 1963, les catholiques n'eurent plus le droit de se faire incinérer sous peine d'excommunication. En 1983, le droit canon [32] s'assouplit : « L'Église recommande vivement que soit conservée la pieuse coutume d'ensevelir les corps des défunts ; cependant elle n'interdit pas l'incinération, à moins que celle-ci n'ait été choisie pour des raisons contraires à la doctrine chrétienne » (1176, 3). Actuellement, l'incinération est rarement retenue par les catholiques pratiquants.

Corrélativement, les Églises orthodoxes[1] et protestantes ne se sont jamais prononcées de manière radicale à son propos.

Néanmoins, les orthodoxes la pratiquent peu[2] car ils la considèrent comme un déshonneur. Surtout, elle empêcherait la résurrection des morts le jour du Jugement dernier.

Quant aux protestants, ils l'ont autorisée depuis sa légalisation en France en 1887 et y recourent depuis en nombre. D'ailleurs, dans les pays à majorité protestante, la crémation est très développée (sauf chez les anglicans [22], adventistes et presbytériens qui s'y opposent formellement).

Selon la tradition chrétienne, la préservation du cadavre est considérée comme un indice de sainteté. De ce fait, la plupart des croyants se reconnaissent davantage dans l'inhumation, d'où l'existence en France de cimetières confessionnels antérieurs à la loi du 9 décembre 1905 séparant l'Église de l'État.

---

1. Dans de nombreux pays orthodoxes, on exhume les os des dépouilles enterrées cinq ans auparavant, on les lave et on les apporte à l'église pour un office commémoratif avant de les déposer dans un ossuaire.

2. La préservation des restes du défunt permettra sa prochaine résurrection. D'où la vénération des reliques des saints.

Dans les régions du Sud, on trouve des cimetières protestants et israélites[1] créés en dehors de toutes exigences légales, au temps où ces populations étaient persécutées et où on leur interdisait tout enterrement dans les cimetières environnant les églises.

Un cimetière musulman existe à Bobigny près de l'hôpital d'Avicenne (anciennement « Hôpital franco-musulman, financé par l'Algérie pour ses ressortissants, repris depuis par l'Assistance publique-Hôpitaux de Paris).

Du fait de la prescription et des tolérances qui leur sont accordées, ces cimetières continuent à fonctionner, mais nul n'a le droit d'en accroître l'enceinte, ni d'en créer de nouveaux sur le territoire français.

Pour satisfaire les demandes d'inhumation dans une terre consacrée, un décret de 1804 imposait la division de chaque cimetière en autant de carrés qu'il existait de religions représentées dans la commune ! Cette disposition a été abrogée par la loi du 14 novembre 1851. De nos jours, les cimetières proposent des espaces spécifiques créés à la demande des représentants des différents cultes résidant dans les villes aux alentours du cimetière. Ils sont appelés « carrés confessionnels ».

150. Pourquoi accorde-t-on aujourd'hui des funérailles religieuses aux suicidés ?

Selon une légende juive, rabbi Akiba, s'inspirant du Lévitique [10], définit ainsi le judaïsme à un païen qui

1. Beaucoup également dans l'est de la France.

l'interrogeait : « Aime Dieu plus que tout au monde et ton prochain comme toi-même. Cela est la Loi. Le reste est commentaire. » Il n'est pas dit : « Aime ton prochain plus que toi-même », ce qui nous projetterait hors de tout vécu, mais « comme toi-même », notion infiniment plus réaliste impliquant de s'aimer aussi, tout autant que son prochain. Seule l'acceptation de soi permet le don d'amour ou la relation d'amitié. Que serait cet amour ou cette amitié si je n'étais rien ou si je me comptais pour rien ?

L'homme a pour devoir de préserver la vie donnée par Dieu, la sienne ou celle d'un autre, conformément au commandement divin [8] : « Tu ne commettras pas de meurtre » (Exode 20, 13). Il n'est pas le maître de son existence, mais le simple intendant : « Pour ce qui est de votre sang, je le réclamerai » (Genèse 9, 5). Il ne peut en disposer. Le suicide est considéré comme un meurtre. En aucun cas, il ne peut être associé au martyre [20], ce dernier se justifiant exclusivement, pour le judaïsme, par la volonté de ne pas transgresser trois commandements divins : l'idolâtrie, le meurtre et l'inceste.

Cette religion distingue néanmoins deux origines possibles du suicide. Si le suicide est le fait de l'égarement d'une personne insensée (résultante d'une pathologie mentale), celle-ci ne peut être tenue pour responsable de son acte. Aucune sanction ne sera prise à son égard lors des funérailles. En revanche, dans le cadre d'un acte conscient et délibéré, elle sera inhumée dans un carré différencié, sans rituel liturgique. Cette mesure est rarement appliquée de nos jours, les hommes s'interdisant de juger autrui, ce droit revenant uniquement à Dieu.

Pour le christianisme[1], qui reprend le verset du Lévitique dans l'Évangile de Marc, « Tu aimeras ton prochain comme toi-même » (12, 31), le suicide va, selon le pape Pie XII[2], à l'encontre d'« un des principes fondamentaux de la loi naturelle et chrétienne annonçant que l'homme n'est pas maître et possesseur, mais seulement usufruitier de son corps et de son existence ». Bien avant, saint Augustin concevait le suicide comme un péché par essence.

Aussi, dès les premiers conciles [23] chrétiens, l'Église punit les suicidés en leur refusant des obsèques religieuses et en les excommuniant. Quant au droit médiéval, il prévoit la confiscation de la propriété du suicidé et décrète l'indignité du corps. Montesquieu en témoigne dans ses *Lettres persanes* : « Les lois sont furieuses en Europe contre ceux qui se tuent eux-mêmes : on les fait mourir, pour ainsi dire, une seconde fois ; ils sont traînés indignement par les rues ; on les note d'infamie ; on confisque leurs biens. » Jusqu'au début du XXe siècle, le suicidé catholique reste privé de sépulture consacrée.

Depuis le pape Jean XXIII, l'Église catholique ne se réserve plus le droit de lui refuser des obsèques religieuses (à moins que la personne en ait exprimé le refus de son vivant), évoquant le fait qu'il ne peut être tenu

1. Si l'Ancien Testament rapporte de nombreux suicides (le roi Saül et son écuyer…), le Nouveau Testament en évoque un seul, celui de Judas : « Alors Judas, qui l'avait livré, voyant qu'il était condamné, se repentit, et rapporta les trente pièces d'argent aux principaux sacrificateurs et aux anciens » (Matthieu 27, 3). « Judas jeta les pièces d'argent dans le temple, se retira et alla se pendre » (Matthieu 27, 5).

2. Actes du siège apostolique.

pour responsable de sa fin tragique. Tout en réprouvant fermement le suicide, mais ne s'octroyant pas le droit de juger les motivations d'un tel acte, l'Église confie le défunt à la Miséricorde de Dieu et invite ses proches à s'unir dans leur souffrance et leurs questionnements lors de la célébration des funérailles. Un bref réconfort pour ceux qui ne comprennent pas toujours l'acte du suicidé ou s'en accusent.

L'Église orthodoxe reste aussi le témoin de l'immense Miséricorde de Dieu. « Ceux qui se sont donné la mort dans un instant d'égarement », comme le proclament certaines litanies orthodoxes, ont droit comme tout défunt à des funérailles religieuses et à une messe quarante jours après leur décès. Dieu seul les jugera.

Le pasteur Martine Millet précise : « Jusqu'à la moitié du XXe siècle, le suicide était considéré comme une atteinte à la souveraineté de Dieu qui est le Maître de la vie[1], mais sans incidence sur la pratique des enterrements. Aujourd'hui, on sait qu'il y a de nombreuses causes qui poussent au suicide ; il n'est ni jugé ni condamné, mais il invite à une écoute et un dialogue approfondis des détresses humaines. »

Les funérailles d'un suicidé seront donc identiques à celles de toute autre personne : les célébrations servent à la consolation des vivants et non au défunt. Il sera sauvé non par ses œuvres, mais par la grâce divine. L'homme ne peut préjuger de celle-ci.

---

1. Conformément à la *Confession de foi de Westminster* (1649) qui « interdit de porter atteinte injustement, de quelque manière que ce soit, à notre vie ».

Comme dans le judaïsme et le christianisme, l'homme ne s'appartient pas dans l'islam. Selon le Coran, Dieu est l'auteur de sa vie : « C'est Dieu qui donne la vie, c'est Dieu qui la retire. » Aussi, il ordonne : « Ne vous tuez pas vous-mêmes, car Dieu ne cesse pas d'être miséricordieux avec vous. Et quiconque commet cela, par excès ou par iniquité, Nous le jetterons au feu, voilà qui est facile pour Dieu » (4, 30-33).

Ce dernier point est confirmé par un hadith rapporté par El-Bokhari :

> « Celui qui se jette du haut d'une montagne sera éternellement en enfer, où il ne fera que s'y jeter et s'y rejeter sans fin. Celui qui s'empoisonne et se tue tiendra son poison dans sa main en enfer, il ne fera que le boire et le boire pendant toute l'éternité. Celui qui se tue avec un objet de fer tiendra dans sa main cet objet en enfer, il s'en frappera sans cesse dans le feu de la Géhenne pendant toute l'éternité où il sera immortel. »

L'islam exige de tout musulman d'être fort et endurant face aux épreuves de la vie, y compris devant la maladie : « Un homme était atteint d'ulcères et il se tua. Dieu dit : "Mon serviteur m'a devancé pour ce qui est de sa vie, je lui déclare que le paradis lui est inaccessible" » (hadith), car seul Dieu « fait mourir et fait revivre » (Coran 53, 45). « Dieu aime le croyant fort », conclut le recteur Khalil Merroun.

Si l'islam réfute catégoriquement le suicide en toutes circonstances, les croyants n'estiment pas pour autant avoir le droit de juger les actes de l'un des leurs : Dieu reste l'unique juge des hommes. Le plus souvent, une cérémonie religieuse a lieu à la mémoire du suicidé.

Pour marquer le désaccord divin pour son acte, l'imam est remplacé parfois par un fidèle qui dirigera la prière à sa place. Plus rarement la cérémonie se tient en catimini, sans rituel religieux.

151. Pourquoi l'interdit de l'euthanasie est-il proclamé par les trois religions ?

Alors que l'euthanasie (du grec « bonne mort ») était admise par les sociétés antiques (Athènes, Rome, etc.) sur les enfants chétifs et les personnes âgées (entre autres), le droit français la condamne, l'assimilant à un homicide avec préméditation.

Considérée comme une véritable fuite de l'homme face à l'épreuve, elle est illicite pour les religions monothéistes [1] en vertu du commandement divin [8] : « Tu ne tueras point. » Seul le Créateur peut ôter la vie qu'Il a donnée, nul ne peut modifier l'échéance de l'existence, la sienne ou celle d'autrui.

Souvent, une prise en charge appropriée de la souffrance [142] (morale et physique) du requérant permet d'atténuer son mal-être et éloigner ainsi sa quête d'en finir avec la vie. Les trois religions se retrouvent dans cette même sollicitude.

Pour le judaïsme, le grand rabbin de France, Joseph Sitruk[1], nous le confirme :

> « Aider quelqu'un qui souffre est une évidence, mais le tuer ou contribuer à abréger sa vie est une faute lourde de conséquences pour l'avenir de notre société.

1. *Soins*, n° 647, juillet-août 2000.

[…] J'ai vu des personnes qui n'avaient pas pu se parler de toute leur vie et qui, dans un seul geste, un seul regard, un seul mot, le dernier, se disaient tout ce qu'elles avaient retenu. Comment pourrions-nous priver quelqu'un de cela ? C'est pour tous ceux qui pensent qu'il est trop tard que je veux affirmer que ce temps d'accompagnement est primordial dans chacune de ces secondes. »

Pour ce faire, il ne faut pas priver le mourant de sa lucidité et de sa conscience dans les derniers instants de sa vie. Le pape Pie XII rejoint le grand rabbin sur ce point :

« L'anesthésie (c'est-à-dire la suppression de la sensibilité générale et de la conscience), employée à l'approche de la mort dans le seul dessein d'éviter au malade une fin consciente, serait non plus une acquisition remarquable de la thérapeutique moderne, mais une pratique vraiment regrettable. »

Il apporte une nuance essentielle pour les malades en fin de vie :

« Écrasés par des souffrances physiques ou morales que personne n'arrive à atténuer, […] ils manifestent un désir de dormir, […] ils jugent n'avoir plus à accomplir de tâches qui requerraient leur lucidité. Dans ces cas, et eux seuls, si l'on veille à continuer les soins nécessaires et si le maniement des diverses médications manifeste que l'on a pour unique objectif d'arracher ces malades au mal qui les accable et non pas de hâter ou de provoquer leur mort, alors nous jugeons qu'il est acceptable d'induire et de maintenir plus ou moins longtemps un sommeil artificiel. »

En d'autres termes, l'Église catholique soutient la lutte contre la souffrance et encourage les soins palliatifs chez les patients en fin de vie. Son catéchisme apporte à ce propos quelques éléments d'appréciation importants :

> « La cessation des procédures médicales onéreuses, périlleuses, extraordinaires ou disproportionnées avec les résultats attendus, peut être légitime. C'est le refus de "l'acharnement thérapeutique". On ne peut pas ainsi donner la mort ; on accepte de ne pas pouvoir l'empêcher » (2278).

Quant à la légalisation de l'euthanasie, le conseil permanent de la Conférence des évêques de France exprime son opposition sans équivoque :

> « Nous sommes fermement persuadés que la loi ne doit pas accepter, encore moins légitimer l'euthanasie. [...] À ceux qui ont une responsabilité dans l'élaboration de la législation, nous ferons remarquer que s'ils désiraient faire face à quelques situations exceptionnelles vis-à-vis desquelles ils jugeraient que la loi doit faire silence, ils n'éviteraient pas des dérives allant beaucoup plus loin que ce qu'ils prévoyaient. Plus fondamentalement, nous pensons que personne ne peut s'adjuger le droit de disposer de la vie d'un autre homme, ni octroyer ce droit sous peine de ruiner le fondement de l'ordre juridique. Le respect de l'homme proche de sa mort, même et surtout s'il

désespère de lui-même et ne reconnaît plus de valeur à sa vie, passe par d'autres voies[1]. »

La position de l'islam sur la légalisation de l'euthanasie est quelque peu similaire :

« En matière d'euthanasie, le Coran n'autorise aucune exception, assure le Dr Dalil Boubakeur[2], recteur de la mosquée de Paris. La vie appartient à Dieu. La mort est un décret de Dieu (*ajal*). Seul Dieu fixe l'instant de la mort sans que la volonté humaine puisse interférer. Le médecin n'est que l'instrument de la volonté de Dieu et, en aucun cas, il ne peut avoir une prérogative sur la mort. Mettre un terme à une vie est donc un crime. [...] Les deux formes d'euthanasie, passive et active, relèvent d'une même intention et sont coupables de cette transgression du caractère sacré de la vie. En revanche, nous ne défendons pas pour autant l'acharnement thérapeutique, mais optons en faveur des soins palliatifs qui évitent aux hommes de souffrir inutilement. »

152. Pourquoi l'autopsie n'est-elle pas admise par le judaïsme et l'islam ?

Étant considérée comme une atteinte à la dignité des défunts, l'autopsie à caractère scientifique est interdite par

1. « Respecter l'homme proche de sa mort », déclaration du conseil permanent de la Conférence des évêques de France, *Les Grands Textes de la Documentation catholique*, n° 78, septembre 1991.
2. *Soins*, n° 647, juillet-août 2000.

les traditions juive et musulmane. Préserver l'intégrité du corps *post mortem* est une règle sacrée. Toute atteinte serait considérée comme une offense divine, Dieu étant le créateur de tout être vivant. Néanmoins, elle peut être acceptée par les familles lorsqu'elles obtiennent l'assurance que cet examen permettra d'accéder à de nouvelles connaissances médicales et de sauver d'autres vies.

Le christianisme n'a édicté aucune règle en la matière. Si le catholicisme laisse ses fidèles libres de leur choix, le protestantisme considère l'autopsie comme « le dernier acte médical pratiqué sur une personne qui a une histoire » et n'émet aucune opposition. Quant à l'orthodoxie, elle conseille de s'en écarter.

En France, si les familles peuvent – pour des motifs confessionnels, philosophiques ou autres – contester une autopsie à caractère scientifique sur un de leurs proches, nul ne peut s'opposer à celle sollicitée par l'autorité judiciaire devant procéder à une enquête pour élucider un décès suspect (crime, suicide, accident, attentat, etc.). De ce fait, les autopsies médico-légales sont acceptées par les représentants des différents cultes, même si elles sont contraires à leurs principes. S'ils allaient à leur encontre, ils pourraient être accusés de complicité.

153. Sur quel principe repose l'accord pour le don d'organes et le refus du don du corps à la science dans les trois religions ?

Le don du corps à la science

En France, chaque année, deux mille cinq cents personnes font don de leur corps à la science, par le biais d'établissements d'hospitalisation, d'enseignement ou de recherche médicale. Le don du corps est, d'un point de vue juridique, un acte de donation pour lequel on ne perçoit aucune rétribution. Il peut être engagé par toute personne majeure n'étant pas sous tutelle. La famille n'a aucun droit de regard ni d'opposition envers cette démarche, que ce soit du vivant ou après le décès de l'intéressé. Effectuer la double démarche de donner son corps à la science et ses organes reste possible, même si l'aboutissement de l'une exclut le plus souvent l'autre.

Pour faire mention de sa qualité de donateur, il faut en formuler personnellement la demande de son vivant, par une déclaration entièrement écrite à la main sur papier libre, datée et signée. Elle est à adresser à une faculté de médecine disposant d'un service de don du corps[1]. Dès sa réception, une carte officielle de donateur est envoyée à l'intéressé. Il devra la signer et la porter en permanence sur lui avec ses papiers d'identité. En cas d'annulation de sa donation, il lui suffira de déchirer sa carte, le corps étant admis uniquement avec le document original.

Au décès du donneur, sa carte sera remise à l'officier d'état civil lors de la déclaration à la mairie. L'autorisation pour « don du corps à la science » sera accordée sur production d'un extrait du certificat médical attestant que le décès ne pose pas de problème médico-légal (homicide ou accident de la voie publique, par exemple) et n'est pas la conséquence d'une maladie contagieuse.

1. Consulter le site Internet de l'Association française d'information funéraire – http://www.afif.asso.fr – pour connaître leurs coordonnées.

Parallèlement, la famille ou les proches contacteront sans délai par téléphone la faculté de médecine bénéficiaire (numéro indiqué sur la carte de donateur) afin d'organiser le transport du corps sans mise en bière (sans cercueil) dans un délai de vingt-quatre heures à compter de l'heure du décès et de quarante-huit heures si le décès a eu lieu dans un établissement de santé public ou privé disposant d'une chambre mortuaire. Il sera autorisé par le maire de la commune du lieu de décès.

Les établissements habilités peuvent être amenés à refuser un don lorsque le corps a été autopsié, le malade a subi récemment une opération, le décès pose un problème médico-légal, l'établissement n'a pas été prévenu à temps ou ne dispose pas de personnel disponible (samedis, dimanches, fêtes légales, ponts réglementaires, périodes de congé du personnel)[1].

Après étude anatomique en vue d'enseignement ou/et de recherche médicale, les déchets anatomiques seront incinérés. Les cendres seront dispersées de façon anonyme. Aucune cérémonie funéraire ne pourra être célébrée à cette occasion par la famille, aucune plaque commémorative nominative ne sera apposée dans l'enceinte de la faculté. Rien n'interdit à la famille de célébrer dans un autre lieu une cérémonie à la mémoire du défunt, sans qu'elle dispose du corps pour ce faire.

Si, selon la législation, les facultés de médecine bénéficiant du don du corps doivent prendre à leur

1. Conformément à la circulaire n° 794049 du ministère des Universités du 23 juillet 1979.

charge les frais de transport des corps avant la mise en bière et la crémation, dans les faits, une participation aux frais de fonctionnement du service sera réclamée à la famille, variable selon les sites.

Si le don du corps à la science n'a jamais été encouragé par le judaïsme et l'islam en raison de la crémation [149] des déchets anatomiques au fur et à mesure de l'étude de chaque pièce et l'absence de cérémonie funéraire, il n'en a pas toujours été ainsi pour le christianisme.

Pour preuve, le futur saint François de Sales (1567-1622), étudiant à Padoue, tomba malade. Croyant sa fin proche, il voulut léguer son corps à la faculté de médecine.

En revanche, si chez les protestants s'est épanouie l'iconographie de l'art de la dissection qui a culminé au XVIIe siècle dans les œuvres de Rembrandt et s'est développée au XIIIe siècle en Europe occidentale, il n'en a pas été de même en Europe de l'Est. Aussi, aucune règle n'a jamais été édictée par la religion orthodoxe sur ce point. D'ailleurs, à Byzance, les dissections n'étaient pas proscrites.

Sans conteste, les trois religions monothéistes [1] reconnaissent néanmoins le don du corps à la science – appellation actuelle des dissections anatomiques mettant plus l'accent sur le don que sur le devenir du corps – comme un élément très précieux pour la recherche et l'enseignement scientifiques. Au-delà des débats des différents courants religieux, le fidèle reste libre de prendre les dispositions qu'il désire face au devenir de son corps.

Le don d'organes

Ni l'Ancien Testament, ni le Nouveau Testament, ni le Coran, ni la Sunna n'approuvent ni ne condamnent le don d'organes, du fait que cette question ne pouvait être soulevée à l'époque des révélations successives du message divin. Aussi apparaissent des points de vue contradictoires au sein des différentes communautés.

Les religions juive et musulmane sont traversées par différents courants de pensée à propos du prélèvement d'organes sur une personne décédée, même si, pour toutes deux, il porte atteinte à l'intégrité physique du corps *post mortem*, créature de Dieu qui doit être respectée en vue de sa résurrection le jour du Jugement dernier [156].

Les juifs orthodoxes, conformément à la croyance que l'homme est une création divine, prônent l'intégrité du corps *post mortem*. Le corps humain, « écrin de l'âme [112] », est sacré. Comme une grande part de la communauté (et du public), ils ne reconnaissent pas le diagnostic de la mort encéphalique[1] comme une mort réelle, préférant se référer à des critères traditionnels comme la cessation conjointe des fonctions circulatoires, respiratoires et cérébrales.

Quant au rabbinat français (1978), s'appuyant sur les Écritures, il reconnaît la préservation de la vie comme un devoir divin et se déclare en faveur des prélèvements d'organes s'ils sont effectués avec l'intention expresse de sauver la vie d'autres personnes et si le donneur s'est montré explicitement, de son vivant, en faveur du don d'organes, après accord d'un rabbin

1. La mort du cerveau entraîne indubitablement l'arrêt à court terme des fonctions vitales de la personne.

décisionnaire. Les membres de la communauté juive restent très partagés sur ce point.

Néanmoins, le prélèvement d'organes sur un corps décédé en vue d'une greffe se heurte à trois interdits prônés par le judaïsme : aucun profit possible à tirer du cadavre (par exemple, financier), le corps ne sera pas mutilé par le prélèvement (rendre une apparence digne et honorable au corps après l'acte), le cadavre sera inhumé selon les rites. Si possible, le don d'organes ne devra pas retarder l'enterrement. La législation française permet le respect rigoureux de ces trois sentences.

Chez les musulmans, les positions relatives aux prélèvements d'organes se révèlent aussi contrastées que dans le judaïsme. Si le Haut Conseil religieux a délibéré en faveur de la greffe d'organes en 1982 (réaffirmé en 1997 au congrès d'Éthique de Beyrouth, Liban), toute la communauté ne se retrouve pas dans cette résolution.

S'appuyant sur les paroles du prophète Mohammad [7], certains affirment que la mort ne peut être attestée qu'à partir des signes de rigidité, lividité et hypothermie et se refusent à reconnaître la notion de mort cérébrale. D'autres attestent que le Coran ne s'oppose en aucune façon à apaiser la souffrance [142] de l'homme et à sauvegarder la vie. Pour ceux-ci, le don d'organes est admis lorsque le défunt y a préalablement consenti de son vivant. En l'absence de toute volonté exprimée en ce sens, les proches ou l'autorité religieuse pourront se prononcer en son nom et en conscience, chacun étant responsable de ses actes devant Dieu.

On retrouve dans l'islam les mêmes exigences que dans le judaïsme face au prélèvement d'organes : aucun objectif marchand, le corps ne sera pas mutilé par le prélèvement, le cadavre sera inhumé selon les rites dans les meilleurs délais.

Prônant au rang de valeurs essentielles la générosité et l'amour à l'égard de son prochain, l'Église reconnaît la transplantation d'organes comme un acte d'amour et de solidarité en regard de la souffrance d'autrui. Pourtant, la position des différents courants chrétiens diverge à ce sujet, même si tous admettent la mort encéphalique (constat laissé à la compétence médicale, aucun critère religieux ne définissant la mort corporelle) et si, pour de nombreux fidèles, cet acte n'est pas un obstacle à la perspective de la résurrection des morts le jour du Jugement dernier.

L'Église incite néanmoins les équipes médicales à respecter le consentement explicite du donneur (et de sa famille) et la dignité du corps *post mortem*. Cela est en parfaite conformité avec les paroles du pape Pie XII : « Cet acte n'apparaît pas comme une profanation s'il respecte la volonté exprimée (ou présumée) du défunt, la sauvegarde de la dignité du corps du défunt et par déférence des droits et des sentiments de ceux auxquels revient le soin du cadavre, en premier lieu de la famille[1]. »

Le pape Jean-Paul II a développé en diverses occasions la position favorable de l'Église pour le don d'organes tout en y apportant quelques limites reprises

1. Discours du 13 mai 1956, « Greffe chirurgicale et morale religieuse ».

par les Évêques de France[1] : « Il serait inhumain de procéder à des prélèvements en cas d'opposition, d'expression d'une profonde répugnance ou d'intense désarroi de la famille, ou à son insu. » Dans cette perspective, les équipes prélèveront un nombre limité d'organes et de tissus sur une même personne pour éviter toute incidence psychologique négative sur les proches.

Depuis janvier 1996, les évêques français invitent leurs fidèles à une réflexion en faveur du don d'organes :

> « Les greffes de tissus et d'organes permettent [...] de sauvegarder la vie ou d'améliorer considérablement l'existence de nombreux malades. [...] Ces prélèvements sont aujourd'hui trop peu nombreux. Bien des malades attendent très longtemps la greffe dont ils ont besoin. Du fait de cette attente, leur état peut s'aggraver au point de conduire à la mort, une mort qui aurait parfois pu être évitée.
>
> « L'Église catholique comprend qu'on puisse hésiter à consentir à ce que des prélèvements soient effectués après la mort sur son propre corps, et plus encore sur celui d'un proche parent. Mais elle voit dans le don de tissus ou d'organes, dans la mesure où il est décidé librement en esprit de solidarité avec ceux qui souffrent, une des formes les plus éloquentes de la fraternité humaine. [...]

1. Mgrs Albert Rouet (président), Jacques Noyer, Louis Dufaux, André Lacrampe, Gérard Defois, Bellino Ghirard, *Le Don d'organes : une forme éloquente de fraternité*, Commission sociale des Évêques de France, janvier 1996.

Nous invitons instamment à cette réflexion personnelle et à ces échanges, en famille et à l'intérieur des communautés, paroissiales et autres. En lançant cet appel, nous ne cherchons pas à faire pression sur les consciences. Nous vous incitons surtout à prendre conscience que la mort peut frapper chacun d'entre nous et nos proches de manière inopinée, bien avant une vieillesse avancée, et que si douloureuse qu'elle soit pour ceux qui nous aiment et que nous aimons, cette mort peut aussi devenir l'occasion d'un acte de solidarité de très grande valeur. »

Fidèle à l'enseignement du Christ pour le don de soi, l'Église protestante n'oppose aucune objection si le prélèvement d'organes n'est pas l'objet d'une visée marchande et s'il est effectué dans le respect du corps (attentes conformes à la législation française). Elle met en avant la liberté de consentement explicite du donneur et la responsabilité de conscience de chacun.

L'Église orthodoxe, quant à elle, considère le don d'organes comme un « acte d'altruisme et d'amour » en cas de mort encéphalique, même si nombre de ses fidèles préfèrent s'en écarter : la mort étant synonyme de naissance dans la vie spirituelle, ils désirent y parvenir avec un corps non mutilé.

Néanmoins, le judaïsme, le christianisme et l'islam autorisent toute transplantation d'organe (rein, moelle osseuse, partie de foie ou de poumon, etc.) d'un être vivant à un autre être vivant, si la vie du donneur n'est pas mise en danger, avec le consentement réciproque du donneur et du receveur et s'il n'existe aucune autre thérapie possible.

154. La croyance en l'au-delà est-elle identique au sein des trois religions ?

Selon le judaïsme : « Ceux qui naissent sont destinés à mourir, et ceux qui meurent sont destinés à vivre » (*Pirké Avoth* 4, 22). Après l'achèvement de sa mission terrestre, l'âme [112] se sépare de son enveloppe charnelle pour rejoindre un monde proche de l'Éternel, le *Shéol* [155], décrit comme un lieu de béatitude conforme aux paroles du prophète Ésaïe :

> « Alors le loup habitera avec la brebis, et le tigre reposera avec le chevreau ; veau, lionceau, et bélier vivront ensemble et un jeune enfant les conduira. Génisse et ours paîtront côte à côte, ensemble s'ébattront leurs petits ; et le lion, comme le bœuf, se nourrira de paille. Le nourrisson jouera près du nid de la vipère, et le nouveau-né avancera la main dans le repaire de l'aspic. Plus de méfaits, plus de violence sur toute ma sainte montagne ; car la terre sera pleine de la connaissance de Dieu, comme l'eau abonde dans le lit des mers » (11, 6-9).

Auparavant, tout être devra répondre de ses actes et de ses paroles devant l'Éternel car, par son libre arbitre, l'homme est pleinement responsable de ses choix :

> « Sache […] devant qui tu auras à rendre compte : devant le Roi des Rois, le Saint – béni soit-il » (Maxime des Pères 33, 1).

La vie humaine est placée sous le regard de Dieu, pendant laquelle chacun doit d'accomplir les six cent treize commandements divins [8]. Par leur accomplissement, l'âme participe à la manifestation du divin dans la Création tout en se "parachevant". À l'inverse, toute transgression la corrompt. Après le Jugement dernier [156], les justes auront une vie éternelle de félicité et jouiront de la splendeur divine, les autres connaîtront l'opprobre et l'anéantissement éternel.

Pour les chrétiens, la mort est l'entrée dans la plénitude du royaume de Dieu : « Et ils [les pécheurs] s'en iront, ces derniers au supplice éternel, et les justes à la vie éternelle » (Matthieu 25, 46).

Après le retour du Messie, les âmes des élus participeront à la vie éternelle auprès du Christ ressuscité dans le jardin d'Éden originel : « Il essuiera toutes larmes de leurs yeux. La mort ne sera plus. Il n'y aura plus ni deuil, ni cri, ni souffrance, car le monde ancien aura disparu » (Apocalypse 21, 4). Les âmes des pécheurs morts sans s'être repentis seront jetées dans les flammes de l'enfer, « car innombrables sont les appelés, mais peu sont élus » (Matthieu 22, 14). Aussi, tout chrétien doit veiller pendant son existence au salut de son âme.

Selon le Coran, comme dans le judaïsme et le christianisme, les âmes se sépareront des corps au moment de la mort :

> « En vérité, les pieux seront dans des jardins et en félicité, jouissant de ce que le Seigneur leur a accordé. Leur Seigneur les aura préservés du tour-

ment de la Fournaise. “Mangez et buvez en paix, en récompense de ce que vous avez fait, accoudés sur des lits alignés !” Nous leur aurons donné comme épouses des houris aux grands yeux. [...] Ils se passeront, dans ces jardins, des coupes au fond desquelles ne seront ni jactance ni incitation au péché. Pour les servir, parmi eux circuleront des éphèbes à leur service qui sembleront des perles cachées. Ils se tourneront les uns vers les autres, s’interrogeant. Ils diront : “Nous étions jadis, parmi les nôtres, pleins d’angoisse. Allah nous a favorisés. Il nous a préservés du tourment du souffle torride [l’enfer]” » (Coran 52, 17-27).

Les élus recevront le livret de leurs bonnes actions dans leur main droite [82] et se retrouveront directement dans les jardins du paradis ; les réprouvés recevront le livret de leurs mauvaises actions dans leur main gauche et se retrouveront dans les flammes de l’enfer. « Certes, la vie dernière est la véritable vie » (Coran 93, 4). « Mais vous préférez plutôt la vie présente, alors que l’au-delà est meilleur et plus durable » (Coran 97, 16-17).

Dans les religions monothéistes [1], la nature miséricordieuse de Dieu laisse espérer que toute condamnation dans l’au-delà laissera place un jour prochain à l’amour éternel.

155. Paradis, enfer ou purgatoire ?

« L’Église catholique considère que le purgatoire (du latin *purgare,* « purger ») est le lieu où les âmes [112] vont expier leurs péchés véniels et purger la peine qu'elles doivent en remplacement des péchés mortels qui leur ont été rituellement pardonnés. La durée du passage dans le purgatoire ainsi que la nature réelle des peines qui y sont subies ne sont pas connues et des messes sont dites pour ces âmes dans l'incertitude lors du jour des morts, au lendemain de la Toussaint [72]. » En somme, le purgatoire serait la salle d'attente du paradis.

« Dans le récit du Jugement dernier, rapporté par l'Évangile selon Matthieu au chapitre 25, il n'est fait référence qu'à deux destinées possibles pour l'homme : celle des "justes" et celle des "maudits". Aux uns le "Royaume" (verset 34), aux autres le "feu éternel" (verset 41). Pas de trace apparente, dans le Nouveau Testament, d'un état intermédiaire ou d'un troisième lieu entre ce que la tradition chrétienne a désigné sous le nom de paradis ou de ciel d'un côté, d'enfer de l'autre.

« Pourtant le récent *Catéchisme de l'Église catholique* réaffirme l'existence d'une purification après la mort (§ 1030), laquelle reçoit le nom de "purgatoire" (§ 1031).

« Selon l'historien [Jacques Le Goff], le purgatoire a connu une "longue période d'incubation". Au point de départ, il y a une coutume, répandue dans la plupart des cultures, en particulier dans le milieu juif, nourricier pour le christianisme, de prier pour le salut des défunts. L'idée d'un troisième lieu, différent du ciel et de l'enfer, est dans l'air. [...] Jusqu'à la fin du XIIe siècle, [...] on parle de "peines purgatives" ou, en référence à un verset d'une lettre de saint Paul (2 Corinthiens 3, 15) évoquant un salut "comme à travers le feu", de "feu purgatoire". Mais aux alentours de l'an 1070, l'adjectif se transforme en substantif : apparaît le purgatoire. [...] L'existence du purgatoire devient alors article de foi. Il est vu comme un lieu intermédiaire d'expiation ou de purification, une antichambre du paradis, même si c'est un lieu de souffrance intense, car il n'est pas possible de passer du purgatoire à l'enfer. [...] C'est du sein même de l'Occident que surgit, au XVIe siècle, la contestation la plus radicale du purgatoire. Elle a d'abord porté sur la question des indulgences [48], qui consistent en une "rémission de la peine temporelle due pour les péchés dont la faute est déjà effacée". Cette "remise de peine" est d'abord appliquée aux vivants, avant que le pape Boniface VIII ne l'étende aux défunts à l'occasion du jubilé de l'an 1300, inaugurant une pratique qui accroîtra le pouvoir de la hiérarchie de l'Église... avant de contribuer à le miner. [...] Au début du XVIe siècle en effet, les papes Jules II et Léon X recourent aux indulgences pour financer la construction de la basilique Saint-Pierre de Rome [23]. Un projet d'une telle ampleur est dispendieux. L'indulgence est lucrative. Il s'agit ni plus ni moins de donner aux fidèles la possibilité d'écourter le temps de purgatoire de certaines âmes, moyennant espèces sonnantes et trébuchantes. En Allemagne, l'archevêque Albert de Mayence donne sa caution à la prédication des indulgences. Le 31 octobre 1517, un moine augustin, Martin Luther [6], lui écrit pour le prier de mettre fin à une opération qu'il juge scandaleuse. À sa lettre, il joint quatre-vingt-quinze thèses ironiques "Sur la vertu des indulgences", en demandant une discussion théologique sur le sujet. Loin d'accéder à ce vœu, Albert dénonce l'impudent à Rome. L'affaire des indulgences sert de déclencheur à la Réforme. Dans l'esprit de Luther, les indulgences contredisent son expérience spirituelle, base de toute sa théologie : Dieu n'exige pas de l'homme la justice, mais l'octroie gratuitement à celui qui met sa foi dans le Christ.

« Face à la contestation protestante, le concile de Trente [23] (1563) réaffirme l'existence du purgatoire[1]. »

On peut aisément conclure que le purgatoire est une pure création théologique catholique, les Évangiles n'en faisant aucune mention. La durée des châtiments des pécheurs en enfer a fait l'objet de bien des controverses : pour certains, leur séjour y est proportionnel à l'importance de leurs fautes et peut ouvrir vers un passage vers le paradis ; pour d'autres, le châtiment pour les non-repentis serait éternel. Ce dernier point a été retenu par les Églises orthodoxe et catholique lors du second concile de Constantinople.

Si le protestantisme reconnaît l'existence de l'enfer et du paradis, il nie celle du purgatoire et des limbes [134]. Le pasteur Martine Millet souligne : « Ce mot [enfer] n'appartient plus au répertoire des protestants de la famille de Luther et de Calvin [6] ; on parle plus facilement de jugement, conscient qu'il appartient à Dieu seul de juger. En revanche, ce mot fait encore partie du vocabulaire des "évangéliques" [22] qui annoncent un enfer brûlant. »

---

1. Robert-Jacques Thibaud, *Dictionnaire des religions*, *op. cit.*

Il en est de même pour l'Église orthodoxe qui refuse même la répartition des âmes entre « justes » et « damnés ».

Pour le catholicisme, les clefs du paradis auraient été confiées par Jésus à saint Pierre, le premier des papes [29] : « Et moi, je te dis que tu es Pierre, et que sur cette pierre je bâtirai mon Église [...]. Je te donnerai les clefs du royaume des cieux » (Matthieu 16, 18-19). D'ailleurs, sur les armes du Vatican [23] figurent deux clefs entrecroisées. Pierre aurait été ainsi investi du pouvoir de condamner ou d'absoudre les péchés des hommes, de les admettre ou de les exclure du paradis.

Pour le judaïsme, ni purgatoire ni limbes. Le paradis ou l'enfer, alors ?

> « Si surprenant que cela paraisse, la Bible ne dit rien de ce qui se passe après la mort. En revanche, la tradition rabbinique et la Kabbale [16] en parlent très abondamment. D'une part, on y enseigne que l'âme est jugée dans une sorte de purgatoire appelé improprement l'enfer, la *géhenne*. Pour les kabbalistes, l'âme peut également se réincarner, en principe jusqu'à quatre fois, pour réparer sur terre les erreurs qu'elle a pu commettre ou ses manquements à l'éthique et à la Loi [32].
> « Selon la mystique juive, le mort voyage vers la grotte des patriarches et y rencontre Adam, sous les traits d'un être de lumière. Il revoit sa vie entière et passe jusqu'à un an dans la *géhenne* – au cours de ces onze mois pendant lesquels les proches récitent le *kaddish* [146] –, après quoi il atteint un niveau

plus élevé, une forme de paradis, ou bien il retourne sur terre selon un processus de réincarnation appelé *gilgoul*[1]. »

Ainsi, « les âmes qui, au cours de leur passage sur terre, ont négligé de cultiver la perfection doivent faire l'expérience d'une incarnation dans un autre corps et même réitérer cette expérience nombre de fois jusqu'à ce qu'elles puissent retourner purifiées vers les plus hautes lumières de l'union transformante. En vérité, ce retour de l'âme sur terre s'opère afin que celle-ci puisse accomplir son propre *tikoun* ("réparation")[2] ».

Dans l'islam, il en est de même que dans le judaïsme : pas de purgatoire, pas de limbes… Enfin, pas pour tous les musulmans. En effet, « certains commentateurs voient dans la sourate 7, 46-48 une évocation de ce que peuvent être les limbes. Ce passage parle de personnes qui se trouvent sur les "hauteurs". De là-haut, elles voient ceux qui sont en enfer endurer leurs supplices et ceux qui sont dans le ciel[3] vivre dans la félicité. Ces personnes sur les hauteurs n'appartiennent ni à l'un ni à l'autre groupe. Il semble qu'elles n'iront jamais en enfer. Les interprétations diffèrent quant à savoir si elles pourront un jour aller au ciel[4] ».

Aux élus musulmans, les délices du paradis (en arabe *al-janna*, « le jardin ») : « Semblance du Jardin [d'Éden]

1. Ted Falcon, David Blatner, Josy Eisenberg, *Le Judaïsme pour les nuls*, *op. cit.*
2. Zéno Bianu, *Sagesses de la mort en Orient en Occident,* éd. Albin Michel, coll. « Spiritualités vivantes », 1998.
3. En fait, le paradis.
4. Malcolm Clark, Malek Chebel, *L'Islam pour les nuls*, *op. cit.*

dont les prémunis ont reçu la promesse : il y a là des ruisseaux d'eau toujours courante[1], et des ruisseaux de lait à la saveur inaltérable, et des ruisseaux d'un vin[2] délicieux à boire, et des ruisseaux de miel clarifié. Ils y ont des fruits de toutes espèces et le pardon de leur Seigneur » (Coran 47, 15) ; aux pécheurs, les flammes de l'enfer : « La géhenne sera sûrement leur lieu de rendez-vous à tous ; elle a sept portes, et chaque porte en aura sa part déterminée [de pécheurs] » (Coran 15, 44). Selon l'islam, l'enfer aurait sept niveaux. « Les musulmans fervents seront au premier niveau, les incroyants païens à l'avant-dernier, et les hypocrites (ceux qui ont fait semblant de soutenir Mohammad, mais se sont en fait secrètement opposés à lui) seront au dernier niveau (sourate 4, 145). Les musulmans du premier niveau finiront par être délivrés grâce à la miséricorde de Dieu : les hypocrites, en revanche, ne tireront jamais bénéfice de la miséricorde divine. Les anges gardent chacune des portes[3]. » À chaque niveau son supplice : on mange des fruits brûlant les entrailles, on prend des bains d'eau bouillante, etc.

On ne peut évoquer le paradis musulman sans parler des houris, ces femmes perpétuellement vierges, belles « comme un croissant de lune », au teint d'albâtre et aux yeux de gazelle, dévouées aux seuls plaisirs des élus d'Allah. Mais quel est le paradis réservé aux femmes ? Rien dans le Coran à ce propos, par pudeur sans doute.

---

1. Il s'agit du Tigre, de l'Euphrate, de l'Oxus et de l'Indus.
2. Alors que tous les alcools sont interdits au musulman pendant sa vie terrestre, le vin du paradis ne rend pas ivre.
3. Malcolm Clark, Malek Chebel, *L'Islam pour les nuls*, *op. cit.*

156. À propos du Messie…

Promis depuis l'aube de l'humanité, le Messie est espéré par les hommes depuis des millénaires. Annoncé par les prophètes, aussi bien dans la Bible (Ancien et Nouveau Testament) que dans le Coran, il est toujours attendu par les juifs, tandis que les chrétiens et les musulmans l'ont déjà reconnu en Jésus (en hébreu *Yeshua,* « le Sauveur »).

Le Messie (en hébreu, *massiah* ; en latin, *messias* ; en arabe, *messih*) signifie « celui qui est oint », soit « frotté d'huile ». Plus encore, dans l'ancien Israël, il est considéré comme le rédempteur, soit le sauveur du monde, promu à l'accomplissement d'une éminente mission : la restauration de la nation juive.

Plusieurs textes de l'Ancien Testament annoncent l'avènement d'un souverain puissant issu de la lignée du grand roi David. Véritable instrument de Dieu, il donnera au peuple d'Israël victoire et prospérité éternelles. Plusieurs versets en témoignent : « Il donnera la puissance à son roi, et il relèvera la force de son oint » (1 Samuel 2, 10). Ou encore : « Pourquoi les rois de la terre se soulèvent-ils et les princes se liguent-ils avec eux contre l'Éternel et contre son oint ? » (Psaumes 2, 2). Des rabbins affirment que si tous les juifs du monde respectaient les six cent treize commandements [8] de la Torah, d'autres seulement deux *shabbat* [9] au cours de leur existence, le Messie arriverait enfin.

Le christianisme, issu du judaïsme, reconnaît en Jésus le Messie annoncé par les prophètes. Les premiers disciples de Jésus le reconnurent comme tel sans hésitation. Dans le Nouveau Testament écrit en grec, *Khristos* (qui signifie « oint » en français) désigne Jésus de Nazareth, celui qui renouvelle l'alliance d'Abraham en l'étendant à tous les peuples. D'où le nom de Christ employé parfois comme nom commun, parfois comme nom propre, par les évangélistes [11].

Le Coran affirme que Jésus est le Messie attendu par les hommes : « [...] le Messie, fils de Marie [...] » (9, 31).

> « [...] Sans voir en lui le Fils de Dieu, Jésus est reconnu comme le Messie – l'oint de Dieu – et éminent prophète. [...] Jésus parle de lui-même en ces termes dans le Coran : "Je suis en vérité le serviteur de Dieu. Dieu m'a donné le livre et a fait de moi un prophète. Il a fait de moi un être béni en toutes circonstances. Il m'a ordonné d'accomplir la prière et l'aumône ma vie durant, et d'être bon envers ma mère. Il ne m'a pas fait violent ni malheureux. Et que la paix soit sur moi le jour où je naquis, le jour où je mourrai et le jour où je serai ressuscité vivant" (Coran 19, 30-33). [...] Les musulmans attendent son retour – sa parousie –, puisqu'il est annonce de l'Heure, celle du Jugement dernier[1]. »

Jésus confirmera la continuité des messages divins en se référant au dernier livre révélé, le Coran.

Avant de les chasser du paradis [155], l'Éternel « dit à la femme : j'augmenterai la souffrance de tes grossesses, tu enfanteras avec douleur [142], et tes désirs se porteront vers ton mari, mais il dominera

1. Ghaleb Bencheikh, *Alors, c'est quoi l'islam ?*, *op. cit.*

sur toi » (Genèse 3, 16) ; et à l'homme : « C'est à la sueur de ton visage que tu mangeras du pain, jusqu'à ce que tu retournes dans la terre, d'où tu as été pris ; car tu es poussière, et tu retourneras à la poussière » (Genèse 3, 19).

Le jour de la venue du Messie parmi les hommes se tiendra le Jugement dernier. Seuls le corps et l'âme des justes seront réunis pour une vie éternelle de félicité. Ils seront assis, des couronnes sur la tête, et jouiront de la splendeur divine (jamais de la contemplation de Dieu pour les juifs). Le Messie « essuiera toute larme de leurs yeux, et la mort [154] ne sera plus, et il n'y aura plus ni deuil [146], ni cri, ni douleur [142], car les premières choses ont disparu » (Apocalypse 21, 4).

Quant aux autres, ils connaîtront l'anéantissement : « Beaucoup de ceux qui dorment dans le sol poussiéreux se réveilleront, ceux-ci pour la vie éternelle, ceux-là pour l'opprobre, pour l'horreur éternelle » (Daniel 12, 2).

Le Messie sera-t-il un descendant du roi David ou Jésus ? Nul ne peut le dire à ce jour ; pas plus que la date de sa venue. En effet, des rabbins orthodoxes ont affirmé que le Messie viendrait lorsque apparaîtraient simultanément trois signes :

• des chariots sillonnìeraient à grande vitesse les rues de Jérusalem (Nahum 2, 4) ;

• des hommes volants comme des oiseaux protégeraient la ville sainte (Ésaïe 31, 5) ;

• le désert reverdirait en Israël (Ésaïe 35, 1).

On peut associer ces trois signes aux inventions suivantes de l'homme : l'automobile, l'avion et la maîtrise de l'agriculture. Pourtant, le Messie est toujours attendu.

Au « Jour dernier » ou « Jour du compte », Dieu fera disparaître tous les êtres humains, sur la Terre comme au Ciel. Après nombre de bouleversements, le monde sera anéanti. Rien ni personne n'existera plus sauf Lui : « Quand la terre sera secouée de son séisme, que la terre rejettera ses fardeaux, que l'homme dira : "Qu'a-t-elle ?", ce jour-là elle rapportera ses récits, selon ce que lui a révélé ton Seigneur. Ce jour-là, les humains surgiront des sépulcres, par groupes, pour que leur soient montrées leurs actions. « Qui aura fait le poids d'un atome de bien le verra. Qui aura fait le poids d'un atome de mal le verra » (Coran 99, 1-8).

Afin de procéder au nouveau jugement des hommes, Il leur redonnera une seconde fois la vie d'un coup de trompette : « L'homme pense-t-il que nous ne rassemblerons pas ses ossements ? Oui ! Nous avons le pouvoir de remettre en place ses phalanges » (Coran 75, 3-4). Les anges déposeront sur les deux plateaux de la balance les feuillets sur lesquels sont inscrites leurs bonnes et mauvaises actions terrestres. Si certains les nient, d'autres les accuseront de les avoir commises avec eux. Les idoles se retourneront contre ceux qui les ont adorées, les prophètes accuseront les peuples infidèles. Jésus sera témoin contre les détenteurs de l'Écriture falsifiée (Ancien et Nouveau Testament). Avec la permission divine, Mohammad et les anges intercéderont en faveur de quelques-uns, mais seul Dieu leur accordera le pardon pour certaines actions.

Tous passeront sur le pont du *Sirât* aussi fin qu'un cheveu. Les infidèles tomberont à jamais dans les abîmes de l'enfer, tandis que les croyants le traverseront sans difficulté. Quelques élus contempleront de brefs instants la face divine. Tous accéderont aux délices exquis du paradis dans la surabondance des nourritures et le plaisir des sens. Promises aux élus, les femmes y retrouveront la fleur de leurs vingt ans, chanteront des louanges divines et proclameront l'unicité de Dieu.

Brève chronologie des trois religions monothéistes

Judaïsme

Avant J.-C.	
v. 3760	Naissance d'Adam et Ève.
v. 3000	Construction d'une arche par Noé pour échapper au déluge de quarante jours qui détruira l'humanité. Seuls Noé, sa famille et les animaux embarqués dans l'arche échappent au châtiment divin.
v. 1850	Abraham [3] et sa famille partent pour le pays de Canaan sur ordre divin.
v. 1825	Naissance d'Isaac, fils cadet d'Abraham et fils unique de Sarah.
v. 1785	Naissance de Jacob et d'Ésaü, jumeaux.
v. 1785-1708	Conflit sur le droit d'aînesse entre Jacob et son frère Ésaü.

v. 1708-1688	Mariage de Jacob avec les deux filles de Laban, Léa puis Rachel. Naîtront douze fils et une fille (Dina) de ces unions. À son retour à Canaan, Jacob reçoit le nom d'Israël à la suite de son combat contre un ange.
v. 1650-1635	Mort de Jacob.
v. 1550-1450	En Égypte, Pharaon fait des Hébreux un peuple d'esclaves [57].
v. 1530	Naissance de Moïse [4]. Trois mois plus tard, il sera sauvé des eaux par Batiya, fille du Pharaon. Il grandira à la cour royale d'Égypte. Comme il intervient par deux fois en faveur des Hébreux, pour se préserver de toutes conséquences désastreuses, il s'enfuit dans le désert.
v. 1450	Fin du séjour de Moïse dans le désert où l'Éternel, représenté par le Buisson ardent, lui donne pour mission de libérer les Hébreux de l'esclavage. Aaron, son frère aîné, sera à ses côtés.
Avant 1450	Négociation de Moïse auprès de Pharaon. L'Éternel envoie sur l'Égypte dix plaies pour le faire plier. À la dernière (la mort des premiers-nés mâles), il cédera. Périple des enfants d'Israël dans le désert jusqu'à leur arrivée au mont Sinaï.
1450	*Au 40e jour sur le mont Sinaï, Moïse reçoit les premières Tables de la Loi [8].*

	Entre- temps, les enfants d'Israël, désespérant de revoir Moïse, érigent un Veau d'or qu'ils déifient. Moïse brise les Tables, élimine les fauteurs de troubles et remonte sur le Sinaï pour recevoir de nouvelles Tables. Suivra la construction du Tabernacle dans le désert selon les indications de l'Éternel.
1449	Moïse envoie douze explorateurs pour une mission de renseignement en pays de Canaan, la Terre promise. À leur retour, dix d'entre eux manifestent leur découragement face aux difficultés auxquelles ils devront faire face. Le peuple d'Israël se révolte contre Moïse. Dieu veut les anéantir, Moïse intercède en leur faveur. La peine est commuée en interdiction d'entrer en pays de Canaan.
1449-1411	Errance dans le désert pendant quarante ans, le temps que les générations qui ont participé à la révolte disparaissent. Moïse survivra au périple avec son frère Aaron et sa sœur Myriam, ainsi que Josué et Caleb.
1411	Mort de Myriam. Les enfants d'Israël ont soif. Dieu ordonne à Moïse de frapper un rocher de son bâton. Il hésite. Pour ne pas avoir eu une confiance sans faille dans le divin, il est condamné à ne jamais fouler la terre de Canaan. Mort d'Aaron, chargé du culte. Son fils Éléazar prendra sa suite et ses descendants à venir.

1410	Arrivée des Hébreux à la lisière de Canaan. Moïse ne pouvant y pénétrer à cause de l'ordre divin, il désigne Josué comme successeur. Moïse mourra sur le mont Nébo, son lieu de sépulture est inconnu. Les Hébreux franchiront le Jourdain et feront la conquête de Jéricho en sept jours.
1380	Mort de Josué.
1030-1010	Règne de Saül.
1003-970	Règne de David qui donne Jérusalem comme capitale d'Israël. Il y fait installer l'Arche sainte [33].
970-931	Règne de Salomon, fils de David. Il fera construire le Temple de Jérusalem [33] (966-959). L'Arche d'alliance est déposée dans le Saint des Saints.
597-586	Nabuchodonosor tient le siège de Jérusalem. Il s'achèvera par la destruction du Temple.
Fin 586	Nabuchodonosor nomme Guedalya [53] gouverneur de la province de Judée en raison de son pacifisme. Il réorganise la vie quotidienne et religieuse des Hébreux. Ses accommodements avec la tutelle chaldéenne déplaisent : il est assassiné. Suit la déportation des Hébreux en Babylonie.
538	Cyrus autorise les Juifs à retourner à Jérusalem et à y rebâtir le Temple. Deux

	ans plus tard, la première pierre est posée.
516	Achèvement du second Temple.
480-455	Le courage de la reine Esther en Perse [56] pour sauver son peuple.
168	*Le Temple de Jérusalem est blasphémé par l'occupant : il est dédié à Zeus. Antiochos interdit le respect du shabbat [9] et de la circoncision [134], et ce avec l'intention que le judaïsme disparaisse. Le livre des Maccabées [10] relate de nombreuses histoires de personnes ayant choisi de mourir plutôt que d'enfreindre les commandements divins.*
165	*Juda et ses compagnons reconquièrent Jérusalem et sortent tous les objets incultes du Temple. Le miracle de Hanoukka [55] a lieu lors de la cérémonie de purification.*
v. 100	La communauté des esséniens à Qûmran pratique l'agriculture et l'artisanat, respecte des règles strictes de pureté dictées par l'Éternel. Les rouleaux de la mer Morte témoignent de leur quotidien et de leur spiritualité.
Avant 19	Hérode commence la rénovation du Temple de Jérusalem.
Après J.-C.	
6	Un recensement, organisé sous Publius Sulpicius Quirinius, gouverneur de Syrie,

	provoque une révolte dirigée par Judas le Galiléen, point de départ du mouvement des zélotes, refusant de se soumettre à la volonté de Rome. Ils joueront un rôle central dans l'agitation de la Judée jusqu'à la grande révolte.
26-36	Ponce Pilate est procurateur de Rome en Judée.
68-69	Les Romains règnent quasiment sur toute la Judée et tiennent le siège à Jérusalem.
Avant 70 (9 Av)	Titus incendie le Temple [10]. Des insurgés s'échappent. Certains tiennent quelques jours la ville haute de Jérusalem. Les survivants se réfugieront à Massada (région de la mer Morte). Plusieurs mois après, refusant de se rendre à l'ennemi, ils choisiront de se suicider [150].
Fin 70	La Judée devient une province romaine.
129	L'empereur Hadrien veut reconstruire en lieu et place du Temple de Jérusalem un temple à la gloire de Jupiter. Il interdit strictement la circoncision. Les juifs se révoltent pour la seconde fois sous l'autorité du rabbin Akiba.
135	*Après la révolte de Bar Kohba, Hadrien interdit l'étude de la Torah [10], la circoncision, le shabbat.*
200	Fin de la rédaction de la Mishna.
Fin du IVe siècle	Fin de la rédaction du Talmud de Jérusalem.

499	Fin de la rédaction du Talmud de Babylone.
1807	En France, création du Consistoire israélite [28].

Christianisme

– 6 ou – 4	Naissance de Jésus [5].
30	Crucifixion de Jésus. Naissance de l'Église primitive à Jérusalem.
46-52	Paul, premier missionnaire chrétien.
49	Concile de Jérusalem [23].
50-100	Rédaction du Nouveau Testament [11].
67	Pierre est martyrisé à Rome.
115	Le pape Sixte Ier institue la fête de Pâques [58].
325	Concile de Nicée [23].
335	Inauguration du Saint-Sépulcre [5].
381	Concile de Constantinople [23].
382-406	Traduction de la Bible en latin (la Vulgate) par Jérôme.
431	Concile d'Éphèse [23].
451	Concile de Chalcédoine [23].

525	Le calendrier [50, 52] établi par Denys le Petit débute à la naissance de Jésus.
730-732	L'empereur Léon III interdit l'adoration des icônes [36] ; le pape l'excommunie.
961	Fondation du mont Athos, haut lieu de l'orthodoxie, par Athanase de Trébizonde [22].
1054	Le patriarche de Constantinople Michel Cérulaire refuse de reconnaître la primauté pontificale en Léon IX. Ils s'excommunient réciproquement. C'est le schisme [22].
1140	Gratien fonde le droit canon [32].
1215	Concile de Latran IV [23].
1309-1377	Papauté en Avignon pour échapper à l'instabilité politique en Italie.
1378-1417	Grand schisme au sein même de l'Église catholique à la suite de l'invalidation du pape Urbain VI, remplacé par Clément VII.
1379	John Wycliff réfute la doctrine de transsubstantiation [41], appelle à la pauvreté, refuse l'intermédiaire de l'Église entre Dieu et les hommes. C'est le début de la Réforme protestante [6].
1414-1418	Concile de Constance [23].
1505	Construction de la basilique Saint-Pierre de Rome [29, 48].

1517	Martin Luther [6] publie en latin ses « quatre-vingt-quinze thèses » : il condamne la cupidité de l'Église et remet en cause les indulgences [48].
1517-1648	Début de la Réforme protestante. Guerres de religion en France et en Allemagne.
1523	Ulrich Zwingli convainc la ville de Zurich d'adopter ses principes religieux et sociaux, fondés sur les Saintes Écritures et non sur les dogmes de l'Église.
1529	La seconde diète de Spire impose le catholicisme dans tous les États allemands. De nombreux princes la refusent, ils sont appelés « protestants » [6].
1530	Confession d'Augsbourg : la proclamation des principes de Martin Luther à l'empereur Charles Quint est repoussée. Elle sera le fondement de l'Église réformée.
1534	Le roi Henri VIII d'Angleterre rompt avec Rome et proclame l'autonomie du clergé d'Angleterre n'ayant pas pu obtenir du pape Clément VII l'annulation de son mariage [117] avec Catherine d'Aragon [22].
1536	Jean Calvin [6] rédige l'*Institution de la religion chrétienne*. Elle sera le fondement de l'Église réformée de France (huguenots).

1542	Fondation de l'Inquisition par le pape Paul III.
1545 à 1563	Concile de Trente [23].
1555	Paix d'Augsbourg : fin des guerres de religion en Allemagne.
1562 à 1598	Guerres de Religion en France entre protestants et catholiques. Elles s'achèvent par le couronnement d'Henri IV, protestant converti au catholicisme, et la proclamation de l'édit de Nantes (reconnaissance du culte protestant).
1572	Massacre des protestants pendant la nuit de la Saint-Barthélemy (du 23 au 24 août). Début d'une nouvelle guerre de Religion.
1582	Création du calendrier grégorien par le pape Grégoire XIII [50].
1598	L'édit de Nantes marque la fin des guerres de Religion entre catholiques et protestants et la liberté de culte pour les protestants.
1685	Révocation de l'édit de Nantes par Louis XIV. De nombreux protestants émigrent vers l'Allemagne et la Suisse.
1715	Premier synode du Désert. Les protestants se réorganisent clandestinement.
1787	Édit de Tolérance accordant aux protestants et aux juifs un état civil mais pas la liberté religieuse.

1801	Concordat de 1801 entre Napoléon Ier, Premier consul, et le pape Pie VII pour une réorganisation entre le clergé français et l'État laïc.
1854	L'Immaculée Conception [27] est un dogme.
1917	Le pape Benoît XV promulgue le nouveau code du droit canon [32]. Révisé à partir de 1963, il sera promulgué par Jean-Paul II vingt ans plus tard.
1929	Le Vatican [23] est un État.
1950	L'Assomption [71] est un dogme.
1962-1965	Concile de Vatican II [23].
1999	Jean-Paul II rencontre le chef de l'Église orthodoxe. Cela ne s'était pas produit depuis le schisme d'Orient de 1054.

Islam

571	Naissance de Mohammad [7] à La Mecque [18].
610	Début de la Révélation coranique au Prophète par l'ange Gabriel pour restaurer et parachever la religion originelle de l'humanité.
Début 613	Début de sa prédication.

620	Voyage nocturne au cours duquel le Prophète est emmené de La Mecque à Jérusalem, monté sur sa jument [79].
622 (16 juillet)	À cause de l'hostilité des notables de La Mecque, Mohammad émigre à Médine où il fonde la première communauté de croyants et le premier État musulman. C'est le début de l'hégire. Cette date marque l'an 1 du calendrier musulman [50].
623	Après la mort de Khadîdja [619], sa première épouse, Mohammad se mariera avec plusieurs femmes. Il bénéficiera d'une dispense spéciale lui permettant de ne pas se limiter à quatre épouses [120].
624	Mohammad reçoit la Révélation de ne plus prier en direction de Jérusalem, mais de La Mecque [38] et de respecter le jeûne pendant le mois de *Ramadan* [75].
625	Lors de la bataille d'Ohoud, soixante-dix compagnons de Mohammad sont tués. La Révélation divine autorise la polygamie pour que leurs veuves et leurs orphelins puissent vivre décemment.
629	Premier pèlerinage à La Mecque [18, 49] pour Mohammad et ses compagnons.

632	Mort du fils du Prophète, Ibrahim. Dernier pèlerinage à La Mecque [18, 49]. Maladie et mort de Mohammad à Médine le 8 juin dans les bras de Aïcha, son épouse préférée. Début de la gouvernance par des califes, à la fois chefs d'État et directeurs religieux. Le premier sera Abû Bakr (632-634). Il rassemblera les révélations divines faites au Prophète : elles constitueront le Coran [12].
634-644	Omar, deuxième calife.
644-656	Othman, troisième calife. Il permettra que la transcription du Coran arrive à son terme.
656	Ali, quatrième calife et premier imam, gendre de Mohammad. Son autorité est contestée.
657	Bataille entre Ali et le chef des Omeyyades. Ali en sort déstabilisé.
661	Assassinat d'Ali, considéré comme le successeur légitime de Mohammad. Le mouvement chiite est fondé. Début du pouvoir dynastique avec les Omeyyades.
680	Mort de Hussein, fils d'Ali et petit-fils de Mohammad, au cours de la bataille de Kerbela (Irak). Séparation définitive entre chiites et sunnites [24].
691	Construction du Dôme du Mocher et de la mosquée d'Al Aqsa à Jérusalem [49].

Bibliographie

Textes fondateurs

La Bible, traduction du texte original par les membres du rabbinat français, sous la direction du grand rabbin Zadoc Kahn, éd. Colbo, coll. « Judaïca poche », 1994.

La Bible (Ancien et Nouveau Testament), éd. Maxi-Poche, coll. « Sagesse », 2002.

Les Évangiles et les Actes des Apôtres, traduction sur le texte grec avec introductions et notes par Charles Augrain et Robert Tamisier, éd. Médiaspaul, 1989.

Le Coran, présentation par Mohammad Arkoun, éd. Garnier Flammarion, n° 237, 1970.

Ouvrages et documents

Alili Rochdy, *Qu'est-ce que l'islam ?*, La Découverte/ Poche, 2000.

Ashkenasi Jacob, *Le Peuple juif et ses contacts avec le monde méditerranéen*, Édisud, 2005.

Auby Jean-François, *Les Obsèques en France*, Presses universitaires de France, coll. « Que sais-je ? », 1997.

Bagot Jean-Pierre (traduit de l'allemand par), *Mémoire du christianisme*, Larousse, 1999.

Banon Patrick, *Signes et symboles religieux*, Flammarion, coll. « Les ABCdaires », 2005.

BEAUDE Pierre-Marie, *Premiers Chrétiens, premiers martyrs*, Gallimard, coll. « Découvertes », 1993.

BENCHEIKH Ghaleb, *Alors, c'est quoi l'islam ?*, Presses de la Renaissance, 2001.

BENOIST Luc, *Signes, symboles et mythes*, Presses universitaires de France, coll. « Que sais-je ? », 1998.

BERNHEIM Gilles, *Petit Traité sur l'islam à l'usage des juifs*, Association consistoriale israélite de Paris, département « Torah et Société », 1998.

BIANU Zéno, *Sagesses de la mort en Orient en Occident*, Albin Michel, coll. « Spiritualités vivantes », 1998.

Bicentenaire du Grand Sanhédrin (1807-2007), brochure éditée par les Consistoire central, Union des communautés juives de Paris et Consistoire de Paris-Île-de-France, 2007.

CABANÈS (Dr), « Le nœud de l'aiguillette », in *Les Dossiers indiscrets de l'histoire* (15 volumes), Magellan, 1998.

Calendrier du bicentenaire (5769), éd. Consistoire des communautés juives de Paris-Île-de-France, 2008-2009.

Charte du culte musulman en France, Conseil représentatif des musulmans de France, Institut musulman de la mosquée de Paris, 1994.

CHEVALIER Jean et GHEERBRANT Alain (dir.), *Dictionnaire des symboles*, Robert Laffont, 1997.

CLARK Malcolm, CHEBEL Malek (pour l'adaptation française), *L'Islam pour les nuls*, First Éditions, 2008.

COUNT Earl W. et COUNT Alice Lawson, *L'Histoire de Noël*, La Table ronde, 1997.

CRÉTIN Nadine, *Fêtes et traditions occidentales*, Presses universitaires de France, coll. « Que sais-je ? », 1999.

CROUZET Maurice (dir.), *Médecine et religions. L'accompagnement médical dans le respect des croyances de chacun*, Siloë, 1998.

DELCAMBRE Anne-Marie, *L'Islam des interdits*, Desclée de Brouwer, 2003.

DELUMEAU Jean, *Des religions et des hommes*, Desclée de Brouwer, 1999.

DENIMAL Éric, *Oui, nous sommes protestants*, Presses du Châtelet, 2002.
DESEILLE Archimandrite Placide, *Histoire d'une déchirure. Orthodoxie et catholicisme*, éd. Monastère Saint-Antoine-le-Grand, 2007.
DESMASURES Jules, *Sur l'origine et le caractère de nos principales fêtes religieuses et profanes*, éd. Lacour-Rediviva, 1996.
DIF Malika, *Être musulmane aujourd'hui. Statut juridique de la femme musulmane selon l'islam*, éd. Tawhid, 1999.
DUES Greg, *Guide des coutumes et traditions catholiques*, traduit de l'anglais et adapté par Emmanuelle Billoteau, Bayard, 2004.
FALCON Ted, BLATNER David, EISENBERG Josy (pour l'adaptation française), *Le Judaïsme pour les nuls*, First Éditions, 2008.
FLORANT Olivier, *Ne gâchez pas votre plaisir, il est sacré*, Presses de la Renaissance, 2006.
FONTANA David, *Le Langage secret des symboles*, Solar, 1995.
GAGNIÈRE Claude, *Au bonheur des mots*, Robert Laffont, 1989.
GUGENHEIM Ernest (rabbin), *Le Judaïsme dans la vie quotidienne*, Albin Michel, 1992.
GUGENHEIM Michel (rabbin), *Les Derniers Devoirs. Le rituel juif du deuil*, Association consistoriale israélite de Paris, 1994.
HANUS Michel (Dr), GUETNY Jean-Paul, BERCHOUD Joseph, SATET Pierre (sous la dir. de), *Le Grand Livre de la mort à l'usage des vivants*, Albin Michel, 2007.
HATTSTEIN Markus, *Les Grandes Religions*, Könemann, 1998.
Histoire des religions, Librio, coll. « Mémo », 2008.
Humanae vitae, Lettre encyclique du pape Paul VI, 25 juillet 1968.
JOMMIER Jacques, *Pour connaître l'islam*, Cerf, 2001.
KOLATCH Alfred J., *Le Livre juif du pourquoi*, éd. MJR, coll « Savoir », Genève, 1981.

KORSIA Haïm, *La Kabbale pour débutants*, éd. Trajectoire, 2009.

La Signification des rites, Alliance mondiale des religions, éd. Desiris, 1993.

LE GOFF Jacques, *La Bourse et la vie. Économie et religion au Moyen Âge*, Hachette Littératures, coll. « Pluriel », 1997.

LEBRETTE François et GUÉNET François, *Fêtes et célébrations religieuses d'antan*, Presses de la Renaissance, 2008.

LENOIR Frédéric et MASQUELIER Ysé R. (dir.), *Encyclopédie des religions*, Bayard, 2000.

MADAULE Jacques, *Jérusalem, Cité sainte de trois religions*, Robert Laffont, coll. « Les Hauts Lieux de la spiritualité », 1984.

MALHERBE Michel (dir.), *Encyclopédie des religions de l'humanité*, Fleurus, 1997.

—, *Les Religions de l'humanité*, éd. Critérion, 1992.

Mazal Tov, le premier guide de la cérémonie juive, éd. Consistoire israélite de Paris, 1995-1996 et 2008-2009.

MORDILLAT Gérard et PRIEUR Jérôme, *Corpus Christi*, Mille et Une Nuits-Arte Éditions, 1997.

MOZZANI Éloïse, *Le Livre des superstitions. Mythes, croyances et légendes*, Robert Laffont, coll. « Bouquins », 1998.

NAJAND Armine (Dr), *L'Expérience des Témoins de Jéhovah. Consentement éclairé et transfusion sanguine*, éd. École nationale de la santé publique, 1996.

NORMA Pierre, *Dictionnaire encyclopédique de la Bible*, éd. Maxi-Poche, coll. « Références », 2002.

PAPIN Yves D., *Trésors des expressions bibliques et mythologiques*, Belin, 1989.

SEMEN Yves, *La Sexualité selon Jean-Paul II*, Presses de la Renaissance, 2004.

SEVIN Marc, *Grands et petits mots de la Bible*, Bayard, 2003.

SPENCER Colin, *Histoire de l'homosexualité de l'Antiquité à nos jours*, Pocket, 1995.

SUFFERT Georges, *Tu es Pierre. L'histoire des vingt premiers siècles de l'Église*, Le Livre de Poche, 2001.

TAGER Djénane Kareh, *Vivre la mort. Voyages à travers les traditions*, éd. Kiron, 1999.

Théo. L'encyclopédie catholique pour tous, éd. Droguet-Ardant-Fayard, 1989.

THIBAUD Robert-Jacques, *Dictionnaire des religions*, éd. Maxi-Poche, coll. « Références », 2000.

TORAHVAL Yves, *L'ABCdaire de l'islam*, Flammarion, 2000.

TRIGILIO John (père), BRIGHENTI Kenneth (père), LARTIGUE Pierre (père – pour l'adaptation française), *Le Catholicisme pour les nuls*, First Éditions, 2006.

UNTERMAN Alan, *Dictionnaire du judaïsme. Histoire, mythes et traditions*, éd. Thames & Hudson, 2003.

VALLET Odon, *Petit Lexique des idées fausses sur les religions*, Albin Michel, 2002.

ARTICLES ET REVUES

La mort et l'au-delà », *Panorama. L'Espérance chrétienne*, hors-série, n° 24, mars 1997.

« La mort. Ses gestes, ses rites », *Actualité des religions*, guide hors-série, n° 1, 2000.

« Le Don d'organes : une forme éloquente de fraternité », Commission sociale des Évêques de France, janvier 1996.

« Le mariage en islam », *Es-Salam*, n° 14, mars 2000.

« Les rituels contemporains d'accompagnement et d'obsèques dans différentes cultures », *Revue de la fédération JALMALV*, n° 52, mars 1998.

« Respecter l'homme proche de sa mort », déclaration du Conseil permanent de la Conférence des Évêques de France, *Les Grands Textes de La Documentation catholique*, n° 78, Paris, septembre 1991.

BENAMOU M., M'BARGA C., M'BARGA J.-P., PIAZZA D'OLMO M., « Le sens donné à la douleur : rôle de la culture, de la religion et de la personnalité », *Migrations Santé*, n° 73, octobre 1992.

Boubakeur Dalil (docteur, recteur de l'Institut musulman de la mosquée de Paris), « Droit des mourants sur les vivants ou devoir des vivants envers les morts », Actes du colloque du 29 avril 1993 à Villejuif.

—, « L'Abord spirituel de la mort. Préparation à l'ultime voyage », Actes du colloque du 24 octobre 1998 à Calvi.

Brisebarre Anne-Marie, Dutripon Michèle, Flandrin Jean-Louis, Madrid Simone, Nizard Sophie, « Information diététique », *Journées d'études de l'ADLF*, numéro spécial n° 4, Perpignan, oct.-nov.-déc. 2000.

Chouchena Emmanuel (grand rabbin), Flandrin Jean-Louis, Kristeva Julia, Zeghidour Slimane, « Religion et alimentation », *Nervure. Journal de psychiatrie*, vol. 8, n° 6, septembre 1995.

Conte Charles (dir.), « Mon Dieu, pourquoi tous ces interdits ? », *Panoramiques*, n° 11, 4e trimestre 1993.

Evdokimov Paul, « L'Église orthodoxe », tiré à part, revue *Verbum Caro*, Presses de Taizé, non daté.

Jaffré Dan, « Les plus anciennes Torah », *Biblia*, n° 73, novembre 2008.

—, « Les synagogues au fil du temps et des cultures… », *Biblia*, n° 73, novembre 2008.

—, « Que faut-il pour être juif ? », *Biblia*, n° 73, novembre 2008.

Langlois Claude, « Catholicisme, douleur et dolorisme (XIXe-XXe). La modernité de Pie XII », revue *Laennec*, mars 1996.

Lubecki Feiga, « Première coupe de cheveux au troisième anniversaire du petit garçon juif », *La Sidra de la semaine*, Beth Loubavitch, 11 novembre 2000.

Mahran Maher, « L'islam et la planification familiale », *Santé du monde*, avril 1989.

Rausky Franklin, « Mères juives : du mythe à la réalité », *Actualité Juive Hebdo*, n° 663, 6 juillet 2000.

TAGER Djénane Kareh, « Les religions et la bioéthique », *Actualité religieuse*, n° 115, octobre 1993.

TEBBAL Abd el-Halim, « L'eau et la purification en islam », *Es-Salam*, n° 23, juillet-août 2001.

TERNISIEN Xavier, « L'embryon au microscope des grands monothéismes », *Le Monde*, 21 décembre 2000.

TINQ Henri, « Cacophonie dans l'Église catholique sur le sida et le préservatif », *Le Monde*, 1er décembre 2000.

VERSPIEREN Patrick (père), « Les discours sur la souffrance dans le catholicisme », revue *Laennec*, mars 1996.

YAHIA Harun, « La femme musulmane entre tradition et modernité », *Es-Salam*, n° 21, mars-avril 2001.

Table des matières

Pour faire part de vos témoignages
ou pour en savoir plus sur les activités
d'Isabelle Lévy
(livres, articles, conférences, etc.),

vous pouvez consulter son site Internet :
http://www.levyisabelle.net

ou lui écrire :
isabellelevy@yahoo.fr

Composé par Nord Compo
à Villeneuve-d'Ascq (Nord)

Imprimé en Allemagne par
GGP Media GmbH, Pössneck
en juillet 2016

POCKET – 12, avenue d'Italie – 75627 Paris cedex 13

Dépôt légal : janvier 2011
Suite du premier tirage : juillet 2016
S20647/04